A TRAVERS L'AFRIQUE CENTRALE

DU CAP
AU LAC NYASSA

PAR

ÉDOUARD FOÀ

CHARGÉ DE MISSION PAR LE MINISTÈRE DE L'INSTRUCTION PUBLIQUE

Ouvrage accompagné de seize gravures, d'après des photographies
D'UNE CARTE
ET D'UN VOCABULAIRE

PARIS
LIBRAIRIE PLON
E. PLON, NOURRIT ET Cie, IMPRIMEURS-ÉDITEURS
RUE GARANCIÈRE, 10

1897
Tous droits réservés

A TRAVERS L'AFRIQUE CENTRALE

DU CAP
AU LAC NYASSA

L'auteur et les éditeurs déclarent réserver leurs droits de reproduction et de traduction en France et dans tous les pays étrangers, y compris la Suède et la Norvège.

Cet ouvrage a été déposé au ministère de l'intérieur (section de la librairie) en janvier 1897.

DU MÊME AUTEUR :

Le Dahomey, 1 vol. grand in-8° de 430 pages, avec 17 planches ou gravures hors texte, plans et cartes coloriés (*Bibliothèque de l'explorateur*). — Paris, A. Hennuyer. 1895.

Mes grandes chasses dans l'Afrique centrale, 1 vol. gr. in-8° de 340 pages, avec 76 gravures dessinées en collaboration par MM. Émile Bogaert et Paul Mahler, d'après les dessins et les documents de l'auteur. — Paris, Firmin Didot et Cie. 1895.

A TRAVERS L'AFRIQUE CENTRALE

DU CAP
AU LAC NYASSA

PAR

ÉDOUARD FOÀ

CHARGÉ DE MISSION PAR LE MINISTÈRE DE L'INSTRUCTION PUBLIQUE

Ouvrage accompagné de seize gravures, d'après des photographies

D'UNE CARTE

ET D'UN VOCABULAIRE

PARIS

LIBRAIRIE PLON

E. PLON, NOURRIT et Cie, IMPRIMEURS-ÉDITEURS

RUE GARANCIÈRE, 10

1897

Tous droits réservés

A

LA SOCIÉTÉ DE GEOGRAPHIE DE PARIS

TÉMOIGNAGE DE GRATITUDE

AVANT-PROPOS

En 1890, j'eus la bonne fortune d'être envoyé en mission au Zambèze par un Comité composé de personnalités en vue à Paris et à Londres : le célèbre explorateur anglais, le capitaine Lovet Cameron, en faisait partie. Ce Comité projetait, si les résultats de mon exploration étaient satisfaisants, d'exploiter le territoire et d'y créer de nombreux débouchés pour notre commerce.

Je compte publier plus tard les notes volumineuses que j'ai rapportées sur les résultats scientifiques du voyage : ethnographie, géologie, flore, faune, climatologie, etc.

Quant à présent, j'ai voulu seulement essayer de raconter, sans fatiguer trop le lecteur, les péripéties, incidents et circonvolutions d'un long voyage à travers l'Afrique centrale, au milieu de peuples peu connus et de régions trop ignorées. Aussi n'ai-je pas décrit plusieurs itinéraires déviant de la ligne droite, tels que le haut Zambèze par Chicoa et Sébastião Moraes; je n'ai pas davantage parlé des sondages du bas Zambèze que j'ai effectués à deux époques de l'année. Je me suis attaché principalement aux parties remplissant des blancs sur la carte et par conséquent plus particulièrement intéressantes pour la géographie.

Ce livre a été commencé et terminé dans les régions dont il contient la description, et où je suis encore. J'y continue mes études, avec le vif désir de justifier à la fois l'accueil qui a été fait à mes premiers essais et la flatteuse distinction qu'ils m'ont valu. Puissé-je réussir!

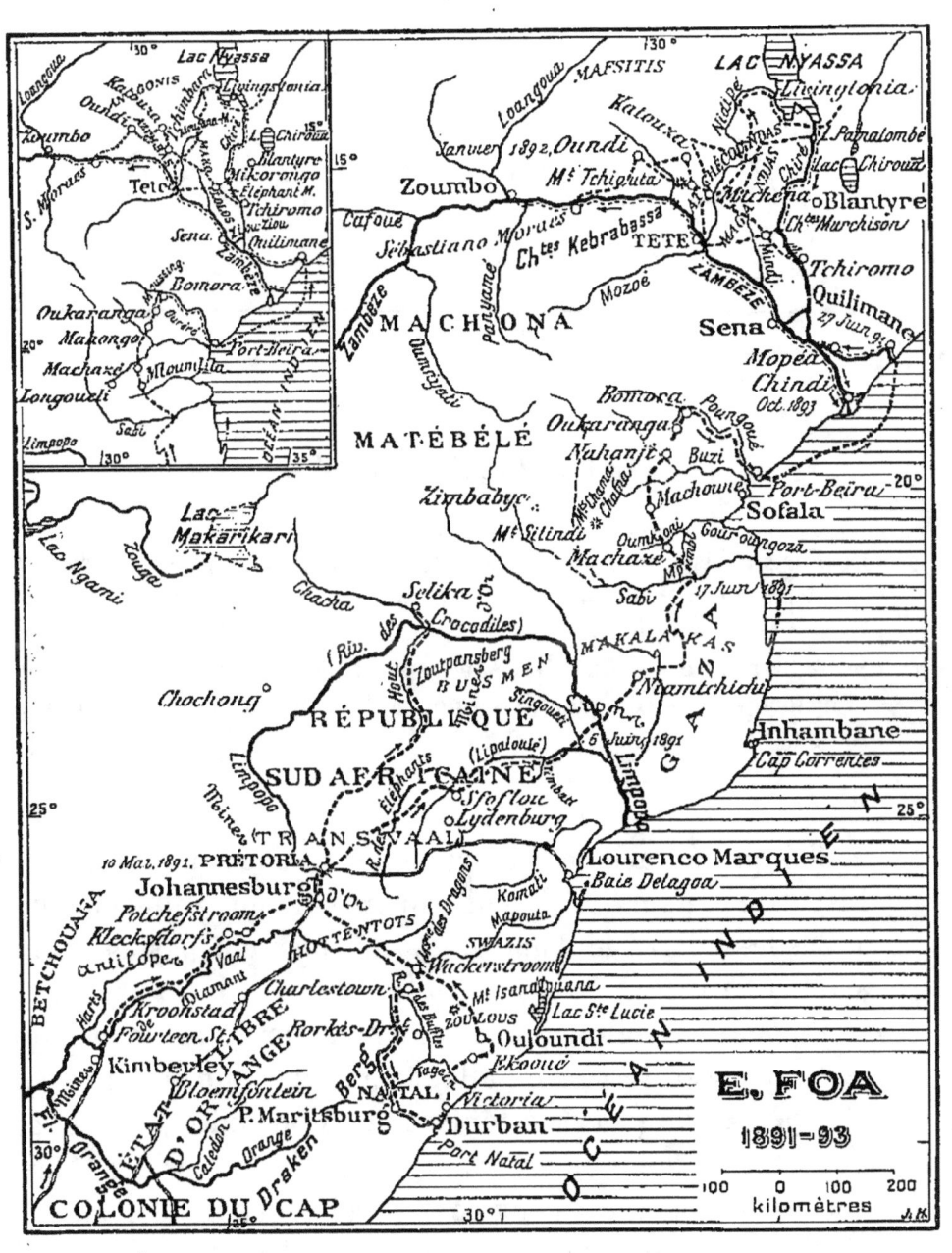

A TRAVERS L'AFRIQUE CENTRALE

DU CAP AU LAC NYASSA

CHAPITRE PREMIER

De Paris à Lisbonne. — Un accident à la frontière. — A travers l'Espagne et le Portugal à toute vapeur. — Le *Dunotar-Castle*. — Notre voyage. — Madère. — Comment je m'imaginais le Cap. — La réalité. — La ville, son aspect. — Quelques mots sur son historique. — Géographie, topographie, altitude, climat, population, commerce.

J'ai quitté Paris le 8 mars 1891 au soir, me rendant à Lisbonne, pour m'y embarquer sur un paquebot du « Castle-Mail », le *Dunotar-Castle,* où mon passage était arrêté d'avance.

Comme d'habitude, je m'éloignais de notre beau pays le cœur plutôt serré : en allant vers l'inconnu, on ne peut s'empêcher de penser à tout ce que l'on quitte, et l'on se demande ce que l'on trouvera qui vaille le sacrifice. Mais ces tristes pensées s'envolent vite !... Le lendemain, à l'aube, le train traversait un décor charmant; le soleil brillait, le printemps avait mis son costume de fête. Autour de moi, les visages nouveaux de mes compagnons de voyage, à peine entrevus la veille sous leur coiffure de nuit, m'offraient autant d'énigmes à déchiffrer : que peut être chacun de ces inconnus? Quelle part a-t-il sur la grande scène de la vie? Quelle est l'importance de son rôle? L'esprit se distrait ainsi, dans des suppositions souvent ridicules, mais qui sont inévitables en pareil cas.....

Nous traversions la France à toute vapeur; les petites stations passaient rapides, à peine entrevues, ainsi que les gardes-barrières, immobiles à leur poste, leur drapeau roulé à la main. Que c'est donc monotone! Le chemin de fer offre à l'homme d'affaires un moyen de transport commode; mais l'artiste, le poète, doivent regretter l'ancienne diligence, aux relais interminables, à l'allure lente, qui permettait de rêver et d'admirer tout à loisir le panorama. De la portière d'un express, on voit l'horizon qui court, les arbres, les maisons, les rivières, les lacs, les étangs qui fuient, se poursuivant dans une sarabande échevelée, les premiers plans qui tournent en sens contraire et les fils télégraphiques qui lentement descendent et remontent pour retomber encore brusquement : un arrêt subit, quelques sifflets, un jet de vapeur, des marchands de journaux, des chariots à roulettes, de nouvelles figures, et on repart. Et c'est ainsi jusqu'à destination.

A la frontière espagnole, quelque chose rompt la monotonie du voyage : nous avons notre petit accident de chemin de fer. C'est un éboulement qui force le train à s'arrêter à Lisages; la voie est complètement couverte des débris d'une tranchée sur un parcours de quatre-vingts mètres; il faut revenir sur ses pas et aller rejoindre le prochain embranchement. Tout le monde descend dans un village. On cherche, à quelque distance, deux ou trois vieilles diligences espagnoles, aux essieux grinçants, aux ferrures rouillées, guimbardes qui ne s'attendaient certainement pas à travailler encore sur leurs vieux jours. On y attelle pêle-mêle grands ou petits chevaux et mulets, sous des harnais étranges, et les voyageurs montent à l'assaut des véhicules. Une charmante miss anglaise s'insère de vive force entre le cocher et un autre voyageur.

N'ayant pas trouvé place dans cette première expédition, je regarde partir nos compagnons. La première diligence a pris l'avance, elle traverse le petit défilé au bas de notre colline. Le tableau est très réussi : nous voici ramenés au temps de nos pères, en Espagne. Je cherche de l'œil les brigands qui ont dû arrêter autrefois la vieille voiture, dans ce même défilé. Que ne donnerais-je, en ce moment, pour entendre le bruit de leurs carabines et les cris des voyageurs, pour voir le désordre, les chevaux renversés? Je volerais au secours de la miss anglaise, je la sauverais!... Hélas! les brigands sont bien malades depuis le jour où est née la première locomotive. Peut-être sont-ils morts.

Notre tour de partir ne tarde pas à venir, et, au bout de quatre heures, tout le monde est rendu à Saint-Sébastien où l'express nous attend. Le steeple-chase recommence à travers l'Espagne. A Irun, visite de nos bagages, qui sont scellés jusqu'à la frontière portugaise. Nous sommes des colis en transit.

A Madrid, deux heures d'arrêt, avec les joies d'un voyage par le chemin de fer de ceinture, afin de changer de station et de train. Le pays que nous traversons depuis la frontière est rocailleux et sauvage, les habitations rares, souvent l'aspect désolé; j'ai compté vingt et un tunnels. Après Madrid, et au fur et à mesure que l'on se rapproche du Portugal, les montagnes s'éloignent avec leurs cimes couvertes de neige; les prairies et les cultures deviennent de plus en plus fréquentes; les oliviers, les vignes, les paysans au travail donnent au pays un air plus riant. La végétation sauvage reparaît de temps en temps sur son fond pierreux; puis voici les derniers villages espagnols avec quelques costumes aux vives couleurs.

Après avoir traversé pendant une journée des gorges profondes et côtoyé des précipices inquiétants, nous entrons dans le royaume de Portugal. C'est décidément beaucoup plus gai, sinon aussi pittoresque, que la partie de l'Espagne que nous venons de parcourir. La population semble ici très agglomérée, et elle tire parti de tout. Des cultures, des plantations d'arbres fruitiers au milieu desquelles apparaissent des maisonnettes blanches, des troupeaux de chevaux en liberté gardés par un berger à la capa multicolore, du bétail en quantité, défilent sans interruption sous nos yeux.....

Nous voici à Lisbonne le 11 au soir, après soixante-dix-huit heures de chemin de fer.

Le *Dunotar-Castle* n'étant pas arrivé, je me mets à visiter la ville. Les Portugais me reçoivent avec leur amabilité habituelle. Partout ils m'ont toujours fait l'accueil le plus cordial et offert la plus franche hospitalité, aussi bien dans la capitale que dans les colonies : ma seule qualité de Français a toujours suffi, que j'eusse ou non des lettres de recommandation.

Lisbonne rappelle les villes d'Italie, avec leur beau soleil et leur population au teint brûlé. Vue du Tage, la ville se présente comme une longue bande blanche, placée légèrement en amphithéâtre. Ses environs sont charmants.

Le 13, enfin, le paquebot attendu arrive sur rade pour repartir quelques heures après; je n'ai que le temps de prendre congé de mes nouveaux amis et de me rendre à bord de ce superbe navire, le plus beau que possède la Castle-Mail C°. Il jauge cinq mille cinq cents tonnes et contient d'amples appartements où deux cents passagers de première classe tiennent à l'aise et jouissent des derniers perfectionnements inventés pour leur bien-être.

On part. Nous sommes cent trente-cinq passagers. Personne ne se connaît. On reste en petits groupes éloignés les uns des autres; chacun étudie son voisin à la dérobée, échange des impressions avec un parent ou un ami, ou les garde pour soi, s'il est seul. Dans un coin, quelques-uns des plus curieux et des moins patients se font désigner par les stewards les propriétaires des noms inscrits sur la liste imprimée des passagers.

Le pont est si vaste qu'il n'y a aucune promiscuité; tout le monde a de l'espace. Le soir, une bande de musiciens écorche d'une façon lamentable quelques morceaux invariables; mais ne nous plaignons pas trop et rappelons-nous que nous sommes en plein Océan, loin des concerts Lamoureux; c'est un orchestre de voyage.

Nous filons entre quatorze et quinze nœuds à l'heure : nous avons six mille quatre-vingts milles marins à parcourir pour atteindre le cap de Bonne-Espérance, plus de la moitié du globe!

A Madère, je retrouve mes vieux souvenirs. Plusieurs fois, à plusieurs années d'intervalle, au cours de mes pérégrinations en Afrique, j'ai foulé ce sol, visité ces sites charmants. Je ne connais rien de plus joli que Madère, avec ses collines toujours vertes, ses coquettes maisons perdues dans la verdure, ses paysans avenants et ses jolies paysannes. La nature a été généreuse pour la petite île. Elle l'a dotée d'un climat agréable, d'une température presque égale toute l'année, d'une abondance de production extraordinaire. Toutes les plantes exotiques, si délicates dans nos serres, s'y acclimatent en pleine terre : des fruits innombrables et exquis, une vue admirable, rien ne manque à Madère. Si je pouvais admettre qu'on pût vivre et être heureux ailleurs qu'à Paris, c'est à Madère que j'irais planter ma dernière tente.

Nous nous rembarquons après quelques promenades en

voiture à bœufs et en traîneaux. Ce dernier genre de locomotion est une des originalités du pays : point n'est besoin de neige ni de verglas. Le pavage des rues est fait de petits cailloux ronds et très bien nivelés sur lesquels on glisse beaucoup mieux qu'on ne roule. Les insulaires ont un traîneau très simple et peu coûteux : c'est une planchette sur laquelle ils se tiennent debout, les rênes à la main ; un animal y est attelé, âne, bœuf ou cheval, et ils glissent silencieusement par la ville.

Après Madère, la glace fond déjà un peu dans les relations entre compagnons de voyage ; on commence à se connaître. Il y a plus de quarante dames, dont quelques-unes sont charmantes, des demoiselles à marier, des officiers anglais au monocle vissé dans l'arcade, des ingénieurs rêvant mines d'or au Mashonaland, de riches propriétaires du Cap, un célèbre joueur de billard, champion anglais en tournée, avec sa femme et ses deux filles, un Hollandais qui ne dit jamais que « Kaapstad » et qui déblatère à tout propos contre les Anglais et leur invasion, un riche directeur de mine d'or de Johannisburg avec toute sa famille (à peu près quinze personnes, dont chacune a, selon son sexe, un domestique ou une femme de chambre, ce qui fait trente individus), un jockey qui veut faire connaissance avec les hippodromes de l'Afrique du Sud, une veuve intéressante, un docteur et sa femme, couple charmant, deux jeunes Anglais, les frères Beddington, qui vont entreprendre une tournée de chasse, une jeune fille sous la garde d'une tante allant retrouver son fiancé au Cap, et une foule de gens dont je n'ai pas fait la connaissance.

Le temps est magnifique, la température très douce. Le soir, on danse sur le pont jusqu'à onze heures et demie ; la gaieté et l'entrain se mettant de la partie, on organise, dans la journée, des sports avec prix : courses au pas, au pas de gymnastique, saut, criquet, cock-fighting. Ce dernier exercice est assez amusant à voir : deux messieurs s'assoient sur le pont en chien de fusil; un manche à balai est passé sous leurs jarrets et repose sur les deux avant-bras, les mains sont croisées en avant des genoux. Dans cette position, on met les adversaires face à face, et c'est avec la pointe des pieds qu'ils cherchent à se culbuter mutuellement, ne pouvant remuer ni bras ni jambes sous aucun prétexte; le vaincu roule piteusement sur lui-même d'une façon assez bouffonne pour l'assistance. Les Anglais appellent ce jeu le combat de coqs.

En dehors des repas, les officiers du bord apparaissent peu sur le pont des premières, sauf le jeune docteur, qui est réellement encombrant. Quant au capitaine, chose rare à bord des grands paquebots, il ne témoigne à ses passagers qu'une médiocre sympathie.

Nous faisons la visite inévitable dans la machine. Les mécaniciens nous mènent au fond du navire admirer ces engins gigantesques qui fonctionnent irréprochablement nuit et jour; ils nous en expliquent les principales qualités, les derniers perfectionnements : c'est, nous disent-ils, une machine à triple expansion, dont la chaudière dévore cent dix tonnes de charbon par vingt-quatre heures; pour en graisser l'énorme mouvement, on n'use pas moins de cent vingt litres d'huile dans le même espace de temps! Une machine adjacente de dix-huit chevaux alimente deux énormes dynamos qui nous distribuent à profusion la lumière électrique. Nous visitons ensuite les chaudières, puis la chambre et les appareils frigorifiques, les étables du bord, les basses-cours, etc.

Vers le 25 avril, nous voyons la terre pour la première fois depuis Madère; c'est le pays des Namaquas ou Damaraland. Un petit cap se distingue dans l'éloignement, c'est Walfish-Bay; le tout disparaît bientôt.

Les relations deviennent plus amicales entre passagers.

Je me suis lié avec les frères Beddington; il est entendu avec eux que nous tâcherons de faire ensemble une partie du voyage par terre. Les demoiselles à marier flirtent en toute liberté, les filles du champion sourient chacune aux saillies plus ou moins spirituelles d'un prétendant : l'aînée a adopté un des officiers à monocle; la cadette, un ingénieur. La veuve intéressante ne quitte plus le jeune docteur; leurs fauteuils étroitement joints dans un coin du pont, ils échangent des conversations interminables; on se demande ce qu'ils peuvent se dire. Le Hollandais voltige de l'une à l'autre comme le papillon sur les fleurs. Le soir, on s'invite à dîner par petits paquets à de petites tables, les dames en décolleté, les messieurs en habit; cela devient charmant; il est regrettable que nous soyons sur le point d'arriver.

Car nous devons arriver le 25 ou le 26. Le voyage aura duré dix-huit jours de Darmont au Cap : c'est le plus rapide qui ait été accompli par la Compagnie. Les passagers regrettent de se quitter; des larmes brillent dans les yeux de plusieurs misses; on échange son adresse, on se promet des nouvelles, sauf à s'oublier, quelques minutes après avoir débarqué, aussi totalement que si l'on ne s'était jamais connu.

Le 26, à minuit, au moment où nous nous y attendions le moins, la machine s'arrête, un bruit de voix se fait entendre sur le pont, puis des chaînes d'ancre et des commandements partent de la dunette. Nous montons sur le pont. Dans la nuit noire, on aperçoit à deux ou trois cents mètres une raie de lumière. C'est la ville du Cap.

Un remorqueur s'approche aussitôt : on lui jette deux cent trente-cinq sacs de correspondance. C'est la *Royal Mail*. Le petit vapeur s'éloigne aussitôt avec sa proie, et tout rentre dans le calme.

Étrange, l'impression qu'on éprouve sur le navire

NATAL. — NÉGRESSE BLONDE

désormais immobile. Plus de mouvement, plus de ces trépidations ni de ces oscillations auxquelles on commençait à s'accoutumer. Plus de vie : tout est calme. Seul, dans la machine, le bruit d'une petite pompe, comme les derniers battements de ce grand cœur. Les passagers ont disparu dans leurs cabines. Personne ne se voit plus. Quelques voix au loin ; des barques qui passent sous la poupe avec des gens au langage inconnu.

Je cherche à me figurer la ville que j'aurai demain sous les yeux : quelques maisons, une civilisation naissante, des Européens et la population bariolée des ports de mer africains. Quant au décor, sans doute cette belle végétation du Cap qui marie les plantes des tropiques à celles des régions tempérées. Je rentre dans ma cabine sur cette consolante perspective. Consolante, mais, hélas ! trompeuse, comme il arrive fréquemment en pareil cas.

A l'aube, en effet, il pleuvait. Pendant la nuit, le *Dunotar* s'était rapproché ; nous étions à quai. Du haut du pont, j'aperçus de nombreux parapluies, une boue jaunâtre et liquide, de grands fiacres à deux chevaux, éclaboussés jusqu'aux lanternes, des baraquements, des hangars encombrés de marchandises, une foule de blancs qui allaient et venaient déjà le carnet à la main, des charbonniers amenant des charrettes de houille, des commissionnaires, des interprètes (d'après ce que disait leur casquette), des courtiers d'hôtels, des camions, des brouettes, des chariots à bras : en un mot, tout cet encombrement de quais, cette agitation qui indiquent une civilisation des plus avancées. Au fond, dans le lointain, une ville européenne. Comme décor, une grande montagne grise couronnée de nuages surplombant la ville, qu'elle semble écraser. Au-dessus, un ciel gris et triste.

Mes illusions s'étaient évanouies. Un peu plus tard, arrivèrent des omnibus crottés, chargés de voyageurs également crottés, aux parapluies nombreux, aux figures sérieuses d'Anglais affairés. Dès qu'on eut posé la passerelle, après les formalités sanitaires, le pont fut envahi par une foule de gens de toutes sortes, parents ou amis de nos compagnons de voyage, industriels divers, simples curieux venus pour gêner la circulation.

Nous débarquons et nous sommes immédiatement saisis par les griffes inquisitoriales de la douane. Cette respectable administration a une peur effroyable de la dynamite. Tout nouvel arrivant est considéré, en principe, comme en ayant caché jusque dans sa canne ou la coiffe de son chapeau. Un rouleau de documents que le Hollandais tenait à la main fut emporté soigneusement dans le bureau de l'inspecteur : c'était sans doute une cartouche dissimulée.

Après un examen minutieux et le règlement intégral de nos droits, nous sommes libérés.

La douane du Cap perçoit 25 francs d'entrée par canon de fusil. Pour un revolver et cinq fusils (dont un à un canon) j'ai à payer la modique somme de 250 francs! On comprend aisément que la colonie n'ait pas pécuniairement besoin de la métropole.

Nous montons dans un des grands fiacres à quatre places; avec un bruit de ferrailles et un tremblement de vitres assourdissant, l'automédon nous conduit en ville. Le trajet entre les docks et le centre dure environ un quart d'heure, le long des docks, à travers des chantiers, des terrains vagues et des embranchements de voies ferrées.

Je cherche toujours des indigènes : j'en aperçois quelques-uns, vêtus à l'européenne, parlant un mauvais anglais, n'ayant du noir que la couleur.

Les rues du Cap sont très propres et très gaies. Les maisons sont très bien alignées; la plupart des constructions neuves, dans la rue principale, sont ornementées d'une façon originale; leur architecture est tout à fait fantaisiste :

ce sont des bâtiments à un ou deux étages surmontés de clochetons, agrémentés de guirlandes, d'encadrements agréables à l'œil et peints en rouge, en rose, en bleu clair ou en jaune imitant la pierre de taille.

La plupart de ces monuments ont une multiple destination. La Banque, le Club, des magasins de nouveautés, le Muséum et quelques maisons particulières sont dans ce cas : ce sont, pour ainsi dire, des corps de bâtiment. Les Anglais les désignent sous le nom général de « buildings ».

Au fond de la rue principale, le Jardin botanique jette une note gaie sur l'ensemble. Malgré la pluie, les trottoirs sont encombrés de passants. Voici des vitrines arrangées avec assez d'art, entre autres celle d'un magasin de produits africains, qui est vraiment ravissante avec ses plumes d'autruche, ses coffrets de bois rares, ses bijoux du pays, et une foule de menus objets, griffes de lion montées sur or, sculptures sur bois, travaux en ivoire, le tout disposé avec goût, ce qui est fort rare pour un magasin anglais, car, en général, on y possède bien peu l'art de l'étalage. Mais sachons gré aux étrangers des efforts qu'ils font pour nous imiter.

Toutes ces jolies choses coûtent, d'ailleurs, des prix exorbitants : beaucoup plus qu'à Paris.

Les hôtels de la ville sont affreux : tout est sale, mal administré ; quant à leur cuisine anglaise, je m'abstiendrai d'en décrire les nombreux défauts : elle est ignoble. Dans la guinguette de nos faubourgs, chez le dernier de nos marchands de vin, on mange mieux qu'à bord des fastueux paquebots anglais. Pendant la traversée, je me suis fait un régime à moi. Mon alimentation a consisté en quelques farineux avec du café et du thé, du plum-pudding, du homard et des tartelettes. J'ai dû abandonner à leur malheureux sort des mets que je connaissais de longue date : dinde à la colle de pâte (caper sauce), navets en compote, colle de pâte sucrée et parfumée (lisez blanc-manger), et une foule d'autres délicatesses qui font les délices de nos voisins d'outre-Manche et dont l'énumération serait fastidieuse.

Il y a bien au Cap un hôtel où on est convenablement logé : c'est l'« International »; mais il est situé beaucoup trop loin de la ville pour ceux qui y ont des occupations.

Le directeur du Muséum, pour lequel j'avais une lettre d'introduction, eut l'amabilité de me laisser visiter à mon aise les collections, la bibliothèque et les ateliers d'empaillage. Son établissement possède des spécimens magnifiques et très complets de la faune locale en général et d'antilopes en particulier. M. Perringuet, un de nos compatriotes, a bien voulu nous en faire admirer tous les détails.

J'eus le plaisir de rencontrer à Cape-Town deux autres Français : M. Batérat, gérant d'une maison anglaise, et le comte de Vasselot, inspecteur des eaux et forêts, chargé d'une mission par notre gouvernement et auquel j'étais recommandé. Ces messieurs m'ont fait un accueil on ne peut plus cordial ; ils m'ont beaucoup facilité les recherches que j'avais à faire et m'ont même remis des lettres d'introduction pour d'autres Français en résidence à Kimberley et au Transvaal.

Sans essayer, moi simple passant, de faire l'historique du Cap, je voudrais donner ici un aperçu de la formation de la colonie.

On sait qu'elle était autrefois une des possessions de la Hollande, qui en confia l'administration, en 1652, à la Compagnie néerlandaise des Indes; c'est à cette époque que celle-ci créa au cap de Bonne-Espérance la première station de ravitaillement destinée à ses navires.

En 1795, à la suite de plaintes adressées au gouvernement contre la tyrannie de la Compagnie et les désordres de son administration, l'Angleterre intervint et obtint une première fois le Cap, qu'elle garda, sans trop y faire de changements, jusqu'en 1803, et qu'elle consentit alors à rétrocéder à la République de Batavie parce que, ayant à sa propre porte de grands intérêts à défendre, il lui était impossible de s'en occuper. Mais, en 1807, le Royaume-Uni reprit le gouvernement de l'ex-colonie hollandaise, et il l'a gardé depuis.

Les Hollandais ont toujours formé la majorité de la population blanche du Cap. Les Boers d'aujourd'hui sont les descendants, pour la plupart, de ces premiers occupants, croisés soit avec des Anglais, soit même avec des Français, anciens huguenots qui émigrèrent à la suite de la révocation de l'édit de Nantes et se réfugièrent dans ce pays, lequel devint pour eux une seconde patrie. C'est ce qui explique que tant de Boers aient des noms français, tels que Durand, Maret, Dupuy, etc. Quant au mot boer, qui veut dire fermier, paysan, en hollandais, il provient de ce qu'ils s'adonnèrent exclusivement à la culture.

Tant que l'Angleterre se borna à administrer le Cap avec modération, à n'y introduire que des réformes raisonnables, les Boers vécurent en paix avec tous, s'occupant de leurs fermes et de leur bétail plutôt que des affaires gouvernementales; mais lorsque les abus commencèrent, les premières plaintes se firent entendre, la bonne harmonie cessa de régner.

Des réclamations inutiles on en vint aux protestations et même à l'insurrection. Après s'être soumis au gouvernement anglais et avoir fourni des soldats aux contingents locaux, les Boers s'y refusèrent plus tard, et une dernière mesure (je veux parler de l'abolition de l'esclavage, qui fut décrétée en 1834) rendit toute entente impossible entre eux et l'Angleterre.

Tous ceux d'entre eux qui étaient riches avaient un grand nombre d'esclaves; ces travailleurs, qui composaient presque entièrement leur fortune, étaient indispensables à leur prospérité de grands propriétaires cultivateurs. Le gouvernement de Sa Majesté avait bien décidé qu'une indemnité serait attribuée à chaque fermier par tête d'esclave libéré, mais ce prétendu dédommagement était dérisoire et ne représentait pas le quart de leur perte.

Un grand mouvement d'opposition se manifesta. A sa tête se mirent tous les riches que ruinait la décision du gouvernement. Celui-ci ayant refusé d'apporter aucune modification aux conditions de l'émancipation, ils résolurent d'abandonner leur patrie adoptive et d'aller en chercher une autre. Plus de dix mille mécontents, emmenant leur famille entière, leur bétail et leur matériel, passèrent la rivière Orange, qui formait la limite nord de la colonie du Cap, et ils fondèrent le « Vrij Staat » ou « État libre d'Orange ». Ce fut le début du grand mouvement d'émigration d'où sortit également et un peu plus tard le Transvaal, dont nous parlerons plus loin.

Un grand nombre de Boers cependant restèrent au Cap, et même, aujourd'hui, ils y sont plus nombreux que les Anglais.

La paix s'est d'autant plus facilement établie entre eux, que ceux qui n'avaient pas émigré en 1834 avaient peu d'esclaves : ils ont donc eu moins à souffrir de l'émancipation, et ils en ont conçu moins d'irritation que leurs compatriotes des États voisins.

Le gouvernement du Cap est autonome depuis 1872 : il est composé de cinq ministres et d'un parlement qui en est responsable vis-à-vis du Royaume-Uni. Le gouverneur occupe, comme la reine en Angleterre, des fonctions purement honorifiques et représentatives.

Tels sont, en ce qui concerne les Européens, les principaux événements qui eurent lieu dans la colonie depuis qu'elle existe.

Quant aux rapports avec les indigènes, sauf quelques campagnes contre leurs voisins, les Basoutos et les Cafres, les premiers colons ne semblent pas s'en être beaucoup préoccupés.

La population noire se composa, surtout dès le début, de Hottentots, de Basoutos, de Béchuanas et, pour une moindre part, des vrais aborigènes du Cap. L'invasion européenne les chassa tous peu à peu des centres de civilisation, et, si on en compte encore aujourd'hui une population d'environ soixante-quinze mille, on voit fort peu de noirs dans les villes civilisées telles que le Cap, Port-Élisabeth, East-London, etc. Et pourtant, sans les indigènes, il eût été impossible aux premiers Boers de mettre en valeur les immenses étendues de terrain pour la culture desquelles tous leurs esclaves étaient insuffisants. Le gouvernement, dès 1859, eut besoin du concours de la population locale pour les premiers travaux qu'il entreprit : routes, quais, ports, et plus tard pour le chemin de fer du Cap aux mines de diamant de Kimberley et à Port-Élisabeth.

L'indigène du Cap s'est rapidement poli à ce contact prolongé avec les Européens. La civilisation est aujourd'hui fort avancée chez lui, et, presque partout dans la colonie, on parle anglais plutôt que hollandais.

Les villes se multiplient et prennent chaque jour plus d'importance; le pays se couvre de voies de communication, et, sauf au nord-ouest, dans la partie sud du Namaqua, dans le Great Bushmanland et le Kaarenveld, où il n'y a encore que des fermes, le reste du Cap peut être considéré comme civilisé.

D'après les dernières conventions internationales, la colonie du cap de Bonne-Espérance est bornée : au nord-ouest, par l'Ovampo, Damara ou Namaqualand, le Béchuanaland, l'État libre d'Orange; au nord-est, par le Basoutoland; à l'est, par le Griqualand.

Le British Béchuanaland, le West Griqualand, le Basoutoland, le Griqualand et le Pondoland ne sont que des protectorats auxquels l'Angleterre tient d'ailleurs énormément. Elle ne les annexe pas à sa colonie, parce que les rendements de ces divers territoires, encore peu civilisés, n'atteindraient pas le chiffre des dépenses résultant de l'administration civile. Elle préfère attendre. On a d'ailleurs tenté d'annexer le Basoutoland après de sanglantes guerres en 1879 ; on a vite compris que c'était une sottise, et que mieux valait laisser ce pays progresser de lui-même, ce qui arriverait sûrement par le contact des voisins. On le laissa peu à peu tranquille, et il se développe aujourd'hui sous l'œil protecteur du gouvernement britannique, prêt à le happer quand il sera bon à quelque chose.

L'étendue du territoire du Cap proprement dit est d'environ cent soixante-six mille kilomètres carrés. Deux grandes chaînes de montagnes le traversent en diagonale du nord-ouest au sud-est. Elles forment les dernières ramifications des monts Drakensberg, et, sous le nom de monts Nieuweveld, Kouga Hills, etc., elles se terminent par quelques massifs épais tels que la Table-Mountain au Cap et le Corkscomb près de Port-Élisabeth. Les altitudes des diverses ramifications de cette chaîne ne dépassent pas 1,580 mètres (Colesburg). D'autres montagnes ou pics se rencontrent ayant une certaine élévation : Grahamstown (567), Bedford (850), Graddock (1,000), Middleburg (1,400), etc.

La capitale, Cape-Town, l'ancienne Kaapstad des Hollandais, est située par 35°5 latitude sud et 18°27 longitude est du méridien de Greenwich, au fond d'une petite baie ouverte au nord, ayant environ deux milles et demi de largeur et à peu près la même profondeur : c'est Table-Bay. Ce petit golfe est formé par un promontoire terminé par deux petits caps, Mouille et Green-Point.

Table-Bay est situé à trente milles au nord du vrai cap de Bonne-Espérance. Cette ville est née et s'est développée au pied d'une grande montagne allongée, dont les parois presque verticales portent un plateau aussi large au sommet qu'à la base. De cette forme vient son nom : Table-Mountain. Les habitants ajoutent que la nappe y est toujours mise, à cause des nuages qui en quittent rarement le sommet. Son altitude est de 1,185 mètres au-dessus du niveau de la mer.

Elle domine la baie à laquelle elle a donné son nom et se présente en diagonale du nord-ouest au sud-est.

A l'extrémité de Table-Mountain, isolé d'elle et exactement au sud de la baie, se dresse le pic du Diable, presque aussi élevé que la montagne voisine (1,100 mètres), et, au sud de la ville, un autre mont terminé par un pic double que l'on compare à un lion couché : c'est le Lion's Head et le Lion's Rump (710 mètres).

La température y est excessivement douce en toutes saisons, m'a-t-on dit. Lors de mon passage, en avril, c'est-à-dire déjà à la fin de l'automne, — c'était l'époque de la vendange, — j'ai constaté en moyenne 26° à midi, à l'ombre, les jours de soleil, 17° la nuit et 23° les jours de pluie. Les saisons sont ici, comme on sait, à peu près l'inverse de celles de l'hémisphère boréal. Le printemps comprend août, septembre et octobre; l'été, novembre, décembre et janvier; l'automne, février, mars et avril; l'hiver, mai, juin et juillet. En réalité, on peut décomposer les saisons en saison sèche, d'avril à août, et en saison des pluies, de septembre à mars.

Les jours les plus longs atteignent quatorze heures; les plus courts sont de dix.

Les environs de Cape-Town sont ravissants : derrière Table-Mountain, un vaste plateau s'étend vers le sud-ouest, couvert de villas et de fermes prospères. La vigne croît sur les collines. A Wynberg, à quelques heures de distance, l'élite de la société se donne rendez-vous.

Quelle que soit leur patrie, Asie, Amérique, Europe, Afrique tropicale ou septentrionale, les fruits du monde entier croissent ici merveilleusement. La flore locale, si riche en tous genres, est unique pour la variété et la beauté des orchidées. J'en ai pu admirer de très beaux spécimens au Jardin botanique de la ville.

La population de Cape-Town s'élève, d'après les dernières statistiques, à soixante-trois mille habitants. Celle de la colonie atteint aujourd'hui plus de deux millions six cent mille âmes.

Le commerce du Cap tend à augmenter de jour en jour, au fur et à mesure que des débouchés nouveaux se créent au nord. C'est par là et par le Natal que s'alimente aujourd'hui toute l'Afrique australe jusqu'au bassin du Zambèze. Les importations et exportations, qui n'étaient respectivement, il y a dix ans, que de 75 et 58 millions à peine, ont monté l'année dernière, les premières à 274,625,000 francs et les secondes à 219,432,000 francs. Cela tient en grande partie à l'ouverture du Béchuanaland, du Matabéléland et à l'exploitation du Mashonaland, qui ont attiré ces dernières années dans leurs régions une population exotique très nombreuse.

Une des principales industries est, comme on sait, l'élevage des autruches.

J'ai visité pendant mon voyage plusieurs de ces fermes, dont l'administration est très intéressante.

CHAPITRE II

Du Cap à Kimberley. — Description succincte de la ville. — Visite aux mines de diamants. — L'extraction du minerai. — Les floors, le lavage, le triage. — Production moyenne et prix. — Quelques mots sur la couleur du diamant. — Comment je fus sur le point de devenir propriétaire.

Quelques jours après notre arrivée au Cap, nous nous mettions en route pour Kimberley. Les frères Beddington s'étaient joints à moi dans ma marche vers le Nord.

Nous pouvions profiter du chemin de fer jusqu'à Kimberley. A cette époque, la ligne ne dépassait que de quelques kilomètres l'emplacement de la ville.

Ce railway, qui est à voie étroite, parcourt un pays fort accidenté. Les rampes sont beaucoup plus dures que nous n'avons l'habitude d'en voir en Europe, les courbes plus petites de rayon; il en résulte que la vitesse ne dépasse pas quinze à seize kilomètres à l'heure, et que les trains s'arrêtent, pour ainsi dire, à chaque instant.

Les wagons sont tout petits, du système à couchettes. Chaque compartiment forme quatre lits superposés par deux, perpendiculairement à la voie.

Il n'y a pas encombrement de voyageurs, ce qui est fort agréable, au moins pour ceux qui prennent le train, car la Compagnie doit être certainement d'un avis contraire.

Le pays traversé a je ne sais quoi de nouveau, de différent; cela doit provenir, sans doute, de la nature de la végétation et de la constitution géologique du sol. Le paysage est, en général, assez accidenté au début, et il garde cet aspect pendant tout le parcours.

Vers neuf heures du matin, dix heures après notre départ, nous arrivons au pied de la grosse ramification des monts Drakensberg, qui s'appellent ici les monts Nieuweveld. Une petite station avec buffet (?), Mayes-Fontain, nous offre un déjeuner anglais : le porridge fume dans des assiettes grasses portant des marques de doigts ; on se hâte, on se hâte tellement que l'un de mes compagnons grimpe en wagon en oubliant son pardessus : je le console en lui affirmant que ce vêtement sera de la plus grande utilité au barkeeper, par les froides matinées d'hiver.

Un peu plus loin, nous entrons dans des gorges abruptes, extrêmement pittoresques. La construction du chemin de fer a dû coûter bien des peines et demander un dur labeur, à travers ces régions accidentées. De tous côtés, des collines pierreuses, couvertes de bouquets de fougères à demi desséchées. Peu de végétation. Au loin, semblant nous cerner, de grandes montagnes bleuâtres, plongées encore dans la brume du matin.

La température moyenne est de 15 à 18 degrés pendant les vingt-quatre heures.

A la sortie des gorges, quelques plaines jonchées de débris calcaires, d'éclats de quartz granitique, avec des troupeaux d'ânes, de bestiaux, de moutons ou de chèvres, gardés par des Malais. Çà et là, une maisonnette où, parfois, sèchent au soleil des débris d'antilope. Peu de faune sauvage.

Arrivée à onze heures à Grootfontain. Il est à remarquer que la plupart des noms du pays se ressemblent. Ici ce ne sont partout que des « fontain » ; au Transvaal, des « berg » ou des « burg ». Les rivières ont toutes changé leurs noms indigènes pour des appellations de bêtes ; nous verrons plus tard la rivière des Buffalos, celle des Élands, celle des Crocodiles, celle des Éléphants, etc.

Le train décrit, grâce à l'exiguïté de ses wagons et à son peu de rapidité, des courbes excessivement prononcées. La voie ferrée est un véritable zigzag accidenté de rampes et de descentes très fréquentes.

Tantôt d'une portière, tantôt de l'autre, nous voyons passer notre locomotive, accomplissant péniblement ses détours laborieux. Haletante, essoufflée, elle lance par hoquets entrecoupés ses flocons de vapeur blanche.

Le pays semble désert; pas un habitant, pas un village, pas un toit ne s'offre à la vue. Vers le milieu du deuxième jour, nous apercevons, sur une éminence, un petit groupe d'habitations malaises : quatre ou cinq cases carrées en paille et en bois couvertes de chaume, un chariot à bœufs sans attelage, au brancard couvert de loques, de la viande séchant au soleil, quelques ustensiles de ménage et deux ou trois habitants composent le tableau.

Haltes à Prince Albert Road et Friederburgroad : à quatre heures, arrivée à Beaufort-West : buffet. C'est la première ville ou plutôt le premier village que nous voyons depuis notre départ. Il est plein d'animation. Les environs sont cultivés, il y a quelques fermes aux alentours et un peu plus de gaieté.

Nous passons notre temps fort agréablement. Dans notre compartiment, nous sommes seuls. Nous mangeons toute la journée; c'est peut-être l'air du pays qui nous ouvre l'appétit. Entre Mayes-Fontain et Beaufort-West, c'est-à-dire en dix heures, nous avons consommé, à trois, quatre kilos de gruyère et une quinzaine de livres de raisin, le tout avec beaucoup de pain.

La nuit suivante ou plutôt le matin, il m'arrive un accident qui eût pu être fort désagréable. A défaut d'oreiller, j'avais mis sous ma tête ma pharmacie de voyage. Or, nous dormions avec les fenêtres ouvertes, et mon traversin improvisé se trouvait de niveau avec l'ouverture de la vitre de côté. La couchette étant un peu courte pour moi, il est probable que j'ai poussé, en m'étendant, ma pharmacie vers la fenêtre, et, au moment où je m'éveillai, je la sentis qui glissait et tombait sur la voie.

Le train allait de son allure de tramway : je calculai en une seconde les chances que j'avais ; j'ouvris la portière, je me laissai tomber sur le ballast, je courus ramasser ma pharmacie et, après une course assez vive, je rattrapai le wagon, tout cela sans que ni chef de train ni mécanicien ait seulement remarqué mon escapade !...

Le télégraphe suit la voie ferrée : il y a cinq fils montés sur des poteaux en fer.

La distance qui sépare Cape-Town de Kimberley est d'environ douze cents kilomètres. Peu après le village d'Orange, nous passons la rivière de ce nom sur un pont qui a trois ou quatre cents mètres de longueur. Les rives sont couvertes de verdure, de fleurs, d'oiseaux. Il y a dans les environs, nous dit-on, beaucoup d'antilopes et de gibier.

A Belmont, autre ville assez importante, nous apprenons qu'il y a un champ de courses. Où le sport va-t-il se nicher ? Je croyais que l'on commençait par bâtir les villes et par se civiliser avant de créer des hippodromes ; mais il paraît qu'ici c'est le contraire. Amusons-nous d'abord, dit-on, nous penserons ensuite à notre bien-être.

Le pays n'a plus cet air sauvage qu'il avait au début de notre parcours ; mais il est encore loin d'être plat : ce sont des vallées et des collines, les unes et les autres peu accentuées. Les Anglais ont un terme qui définit bien ce genre de pays, en le comparant à la mer dans ses ondulations : ils l'appellent « a Zolling country ».

Les pierres et les blocs granitiques deviennent de plus

en plus rares : c'est, après Belmont, de la bonne terre noire à culture ; mais le pays semble peu doté par la nature en ce qui concerne les cours d'eau.

De nombreuses fourmilières ou taupinières, ayant la forme de petits dômes, s'élèvent à perte de vue dans les plaines.

Beaucoup de chevaux en liberté paissent de tous côtés.

Nous apercevons à quelque distance la route qui conduit à Kimberley : au milieu d'un nuage de poussière, une petite carriole du pays, que nous perdons bientôt de vue, en suit les sinuosités.

Après Wimbledon et une autre petite rivière, la « Modder », nous arrivons à Beaconsfield, qui touche à Kimberley, et où sont les premières mines de diamant.

Nous voici enfin dans la ville après un voyage de trois jours. Kimberley est l'activité même : on n'y voit pas, comme au Cap, des monuments fantaisistes, des constructions coûteuses : au contraire, la plupart des maisons sont en terre rouge, couvertes de quelques feuilles de zinc ; il est clair que la population considère ici le côté pratique des choses.

La ville, qui paraît déjà ancienne, n'est pas très grande, surtout si on ne tient compte que de Kimberley proprement dit : les rues sont pour la plupart sinueuses, les maisons avançant plus ou moins, au gré de leurs propriétaires ; le pavé n'existe pas, et la chaussée est plutôt une route poussiéreuse qu'une rue. Les magasins ont peu d'étalage ou n'en ont pas, sauf quelques devantures de marchands de nouveautés avec leurs mannequins, et deux ou trois boutiques modernes. Les différents entrepôts ou lieux de commerce sont dans de simples maisons d'habitation ; ces dernières ont rarement plus d'un étage, la plupart n'ont qu'un rez-de-chaussée. Les voitures sont rares, les distances étant courtes dans la ville ; mais il y a de nombreux loueurs de chevaux et de véhicules de tous genres, pour les promenades d'affaires ou de plaisir dans les environs. La poste, autant que je puisse me souvenir, est le seul édifice nouveau, à l'exception de la maison appartenant au Club; elle est construite avec luxe et confort, entourée d'un joli jardin et d'une grille qui borde la rue principale. Un service de tramways mène de la ville à ses différents faubourgs, car le vieux Kimberley est toujours le centre des affaires, bien qu'ayant cessé d'être le théâtre de l'extraction du diamant.

Les gisements de diamants sur lesquels la ville est construite furent mis en exploitation en 1871 par la Compagnie de Beers, puis abandonnés, soit parce que d'autres mines donnaient un rendement supérieur, soit aussi parce que l'on s'exposait à détruire la ville à force de creuser sous son emplacement.

En désertant ces chantiers, on y a laissé des trous qui sont de véritables précipices mesurant cent ou deux cents mètres de large sur autant de profondeur; de minces garde-fous en fil de fer garantissent seuls d'une chute les étrangers qui se promènent isolément la nuit dans la ville mal éclairée.

Autour du vieux Kimberley, séparés de la ville par ces précipices, se sont créés peu à peu, au fur et à mesure de l'accroissement de la population et du développement des affaires, une foule de faubourgs ou centres d'exploitation dont les principaux appartiennent presque en entier à des Compagnies plus ou moins puissantes.

Parmi les premières, nous citerons de Beers, The Kimberley, The Bulfontain, The Consolidated, et, parmi les autres, Otto's Kopje, Sainte-Augustine Mine, Kampfer's Dam, Taylor's Kopje, Doyl's Kopje, Olifant's Kopje. Des milliers de noirs et de blancs sont à leur service.

Sans compter le personnel nombreux attaché aux Compagnies minières, il y a à Kimberley une foule de « diggers », qui y forment une véritable population flottante.

Le *digger* est un type que l'on devait rencontrer dans l'ancienne Californie; il n'existe plus guère aujourd'hui que dans l'Afrique du Sud, où la liberté d'action, la demi-civilisation et les chances de gain sur un sol riche sont faits pour l'attirer.

Le digger, c'est le vieux pionnier : à l'écouter, il a toujours découvert de nombreux filons dont on l'a frustré, ou bien il n'a pas eu de chance : c'est son voisin qui les a trouvés. Il a généralement à vendre ou à négocier un terrain où il sait qu'il y a des diamants. Il essaye ainsi de soutirer de l'argent aux gogos qui veulent bien le croire sur parole.

Le digger est toujours vieux ou d'un certain âge; il est généralement d'un caractère tellement intraitable et si indépendant qu'il ne peut rester sous les ordres de personne; il préfère errer seul à l'aventure, sur son chariot, ou la pioche sur l'épaule, en quête de richesses dont il n'a jamais su profiter et ne profitera jamais. S'il gagne de l'argent, et il en gagne souvent énormément, il le dépense aussitôt d'une façon stupide, sans compter, cessant de travailler jusqu'à ce qu'il retombe de nouveau dans la misère. C'est pourquoi, au Transvaal et partout ailleurs où les diggers s'abattent, toutes choses atteignent des prix ridicules par leur exagération; la population minière vient dépenser ses économies au fur et à mesure qu'elle en réalise; l'argent n'a point de valeur pour elle : il est si vite gagné! J'ai vu des diggers vendre à une Compagnie tel filon qu'ils avaient mis quelquefois à peine deux semaines à découvrir et qui leur rapportait 1,000 ou 2,000 livres sterling. Huit jours après, ils avaient mangé l'argent et parcouraient de nouveau le pays, fouillant le sol de leur œil scrutateur et exercé.

Au demeurant, les diggers sont sans patrie : ce sont des aventuriers ; on ne sait ni d'où ils viennent ni ce qu'ils ont fait dans leur vie. C'est, en général, l'écume de toutes les nations, le rebut de la société, des échappés du bagne ou des déserteurs, qui se sont lancés volontiers dans cette vie aventureuse que l'on mène dans l'Afrique du Sud, ce paradis de l'indépendance : personne ne peut venir les troubler ; ils jouent du couteau et du revolver quand le wiskey a coulé trop abondamment, et ils meurent un jour au coin d'un bois, seuls et misérables, sans que personne se soucie d'eux ou s'inquiète de leur disparition.

Au milieu de la ville de Kimberley existe une immense place où se tient, à certaines dates, un marché de toutes espèces de choses. On y voit arriver des centaines de grands chariots attelés de douze, quinze, dix-huit et jusqu'à vingt bœufs. La plupart de ces véhicules sont à vendre, et il est rare qu'ils ne trouvent pas preneur le même jour. Il y a un tel va-et-vient de population entre Kimberley, le Transvaal et les contrées intérieures, que ces marchés sont toujours excessivement animés. On y vend tous les articles de ménage, vêtements, armes, outils, machines qui ont rapport à l'exploitation privée, c'est-à-dire au « prospecting ».

Le « prospecteur » est un individu qui a généralement une grande connaissance pratique des quartz aurifères ou des terrains susceptibles de contenir de l'or. Il va à travers le pays, examinant les divers terrains, tenant compte de tout ce qui peut le confirmer dans sa supposition que tel ou tel endroit renferme un filon. Comme, pour s'en assurer, il a besoin d'examiner les couches inférieures du sol, il creuse des trous ronds d'environ un mètre cinquante de diamètre, qui atteignent quelquefois six et sept mètres de profondeur ; à l'aide d'une poulie et d'un seau, il remonte à la surface et examine minutieusement la terre et les déblais. L'examen, tant des matériaux extraits que des parois du puits, lui démontre-t-il qu'il s'est trompé, il va recommencer ailleurs.

Mais certains prospecteurs ont pour ainsi dire le flair : ils travaillent presque à coup sûr. Les diggers s'y entendent pour la plupart à merveille.

Je reviendrai plus tard sur les intéressants travaux des prospecteurs, car ils ne visent que l'or, les mines de diamants étant si rares qu'on ne tente même pas d'en découvrir. On connaît aujourd'hui à peu près tous les gisements diamantifères du Cap et des environs, et leur emplacement appartient à des Compagnies ou à des particuliers depuis le lendemain même de leur découverte.

En dehors de Kimberley, qui embrasse une vaste mine ayant plus de cent kilomètres carrés, il n'y a pas d'autres gisements connus dans la colonie du Cap proprement dite.

L'État libre d'Orange est bien mieux doté sous ce rapport. Il a été trouvé des mines à Fauresmith, à Jacobsdal, près de la rivière Riet, à la même longitude que Kimberley, un peu plus au sud, enfin sur les bords de la rivière Vaal, des deux côtés ; l'occupation de la rive droite assure donc des champs diamantifères au Transvaal, qui possède déjà des mines d'or en pleine prospérité.

Je n'ai visité que Kimberley. Je ne connais donc que les mines qui s'y trouvent.

Les précipices dont j'ai parlé marquaient les travaux d'exploitation de la Compagnie Old de Beers, en 1871. La nouvelle mine est à quelque distance de la ville. Elle est la plus intéressante de toutes, non seulement parce qu'elle a donné les plus beaux résultats, mais aussi parce que ses travaux ont atteint une plus grande profondeur que ceux de ses concurrentes.

Grâce à de bonnes lettres de recommandation de Londres, j'obtins à Kimberley une autorisation personnelle pour visiter les mines de Beers dans tous leurs détails. Cette faveur est très difficile à obtenir, surtout pour des étrangers ; et, même lorsqu'on l'a obtenue, on est encore soumis à une foule d'ennuyeuses formalités qui se renouvellent chaque matin, si la visite dure plusieurs jours.

Le directeur des mines de Beers à Kimberley voulut bien charger un des ingénieurs de me montrer tous les détails de l'exploitation du diamant, depuis le moment où on l'extrait de la terre jusqu'à celui où il est mis en vente.

Avant de visiter les mines, nous sommes allés voir l'habitation du personnel, profitant ainsi de la matinée du dimanche, jour où l'on ne travaille pas.

Dans une enceinte close de hauts murs, fermée par des corps de bâtiment et dont on ne peut sortir sans passer par des corps de garde, se trouvent réunis plus de trois mille noirs de toutes les races des environs : Delagoas, Griquas, Bechuanas, Zoulous, Cafres, Hottentots, etc. C'est le compound ou kraal des mineurs.

L'enceinte immense est de forme carrée ; tout autour, des bâtiments n'ayant qu'un rez-de-chaussée encadrent une grande cour de près de cent mètres de côté.

On y remarque une chapelle, une école pour les enfants et des magasins vendant toutes les denrées à l'usage des noirs du kraal. Ils ne peuvent acheter que contre des fiches spéciales que délivre la Compagnie ; aucune monnaie n'a cours.

Le compound comprend, en outre, un hôpital et une salle de spectacle, où les indigènes se donnent à eux-mêmes des représentations.

Ces hommes sont engagés par la Compagnie de Beers pour travailler dans ses mines pendant un an ; ils signent des contrats en règle. C'est une détention de douze mois qu'ils acceptent, car ils ne peuvent plus quitter le compound sous aucun prétexte.

Leurs salaires sont de 15 à 30 schellings par semaine

(18 fr. 75 à 37 fr. 50), selon leur travail et leur spécialité. Ils doivent se nourrir eux-mêmes. Ils se procurent au bureau de la Compagnie les fiches-monnaie dont ils ont besoin et achètent ce qui leur est nécessaire aux magasins dont j'ai parlé, qui sont de véritables bazars.

On sait le peu qu'il faut au noir pour se nourrir et le prix modique de sa nourriture. Il peut donc économiser les trois quarts de son salaire, épargne qui est considérable, si on compare le prix de la main-d'œuvre de toutes les autres exploitations à celui des mines.

Aussi les Compagnies trouvent-elles autant de noirs qu'elles en veulent, malgré la dureté du métier, malgré la détention continuelle et les mesures de précaution auxquelles elles les soumettent.

La Compagnie possède également une petite milice formée de sujets éprouvés, qui fait la police, monte la garde, et procède, quand il y a lieu, aux exécutions.

La milice vient chercher les mineurs au compound et les conduit au travail. Elle veille nuit et jour aux abords de la mine. Le travail terminé, elle conduit les travailleurs désignés pour la visite de précaution et elle les ramène ensuite au kraal.

Cette visite de précaution a pour but de s'assurer si certains noirs, chargés d'un travail délicat, n'ont pas volé de diamants pendant la journée. On les conduit, entièrement nus, dans une pièce, où se renouvelle la scène que l'on voit dans certains conseils de revision, quand il y a un major minutieux.

Après cette visite (visite s'il en fut jamais) a lieu celle des condamnés. Ces derniers sont tous des noirs qui, ayant volé des diamants, accomplissent leur temps de travaux forcés dans la mine même. Au moindre mouvement suspect, les gardes, qui ont toujours l'arme chargée, ont ordre de tirer sur eux.

Malgré toutes ces précautions, des vols considérables ont continuellement lieu. Les Compagnies s'y sont résignées après de vaines tentatives pour les empêcher; dans leur bilan de fin d'année, elles font la part des vols, estimés à au moins 10 pour 100 du rendement.

Après le compound, je continue ma visite le lendemain par une descente dans le puits. Vêtu d'un complet de mineur européen, j'entre dans un ascenseur qui s'engouffre avec une rapidité inquiétante dans les profondeurs de la terre en suivant un plan incliné; nous descendons, nous descendons toujours. La flamme de nos lampes devient de plus en plus terne au fur et à mesure que la composition de l'air se modifie; on sent aussi comme une oppression, un poids sur la poitrine; on voudrait déjà être dehors pour respirer le grand air à pleins poumons.

Cette sensation désagréable ne dure fort heureusement que quelques instants. Arrivé dans les galeries, on s'habitue un peu à cette atmosphère humide et lourde. A la profondeur de trente-cinq à quarante mètres, nous faisons un tour dans les couloirs, remplis d'agitation, où circulent les wagonnets, où les pics travaillent à briser le dur minerai, au fond d'une foule de détours en cul-de-sac.

Soudain, un éclair livide jaillit de l'ombre, une explosion formidable se fait entendre, produisant une commotion qui vous arrête le cœur et la respiration, en même temps qu'elle vous secoue ou vous fait trébucher. Ces coups de mine souterrains, dans un étroit espace, produisent une sensation nerveuse des plus désagréables; un coup de canon n'est rien auprès de ce bruit, que j'ai entendu à plusieurs reprises; non seulement le tympan semble vouloir éclater, mais le pouls cesse de battre et le souffle est brusquement refoulé dans la poitrine par l'expansion des gaz. Toutes les lampes sont généralement éteintes dans un rayon de plus de cinquante mètres; on est plongé dans l'obscurité la plus profonde ; l'idée que vous venez d'échapper à une catastrophe vous traverse l'esprit. Mais la voix de votre guide vous rassure : ce n'est rien, un peu de dynamite pour détacher un bloc rebelle.

Toutes les lampes se rallument, le bruit des pics reprend de nouveau dans la pénombre avec quelques fragments de conversation entre mineurs, entrecoupés de coups de pioche, du bruit des chariots qui roulent, du grincement des ascenseurs, des éclats de voix des ingénieurs et des contremaîtres.

Après une promenade sur ce qui peut être considéré comme le premier étage, à rebours, nous reprenons place dans la cage et nous descendons au second (toujours à rebours!). Nous voici à environ soixante ou soixante-dix mètres de la surface. Même sensation, mêmes coups de dynamite, lampes encore plus vacillantes et humidité plus considérable.

Nous continuons notre descente et nous nous arrêtons enfin à cent dix-huit mètres. Les travaux ne dépassent pas cette profondeur. L'ascenseur ne vient pas jusqu'ici : on achève le trajet à l'aide d'échelles.

Bien que le spectacle soit on ne peut plus intéressant, je commence à désirer vivement me trouver dehors; il me semble que ce sera un immense soulagement pour moi que de respirer le grand air. On se sent moralement écrasé, enterré vivant dans ces couloirs : ce n'est là évidemment qu'une impression causée par une première descente sous terre. Il n'y a à craindre, dans ces mines, aucun des dangers que l'on rencontre dans les exploitations de houille : en général, les galeries se soutiennent d'elles-mêmes, étant taillées dans une matière que le pic a de la peine à entamer, et les lampes n'ont pas de protection. A certains intervalles, pourtant, on a constaté dans la mine de Beers la présence du grisou : les hommes du métier l'attribuent, soit à de minces couches de charbon que l'on rencontre dans la coupe du terrain, soit à de la pyrite, qui se trouve en certaine quantité dans la formation des couches profondes et qui prend feu au contact de l'air. Il est aussi certaines galeries où la prudence a exigé que l'on étayât les parois. Des éboulements se sont produits à plusieurs reprises, tuant des centaines de travailleurs.

Nous reprenons notre échelle et nous nous rapprochons de la surface. En revenant sur nos pas, nous prenons des échantillons des diverses couches géologiques que je désire garder.

Avec une amabilité et une patience rares, l'ingénieur m'a fait un véritable cours technique pendant près de trois heures que nous avons passées dans les galeries, et j'essayerai de faire profiter le lecteur de ce qu'il m'a expliqué avec beaucoup de clarté sur la composition géologique des mines de diamants. Vu mon incompétence, je ne me permettrai pas la moindre supposition sur la formation primitive, d'autant plus que c'est presque une énigme, même pour des ingénieurs qui ont passé de longues années à l'étudier. On admet seulement que l'origine des gisements diamantifères est due à une éruption volcanique, à une poussée de bas en haut.

A la surface, est un terreau rouge et argileux, que j'ai rencontré souvent en Afrique; il produit une poussière fine et pénétrante qui donne à tout une teinte rougeâtre. C'est le sol superficiel de Kimberley.

Cette couche de *redsoil*, comme on l'appelle ici, a environ un mètre d'épaisseur. Au-dessous, se trouvent environ quatre-vingts mètres de schiste de diverses couleurs, peu résistant au pic, qui prend le nom de « black-shale ». A la surface, ces schistes sont de couleur claire jaunâtre ou gris, entremêlés de dolérite et de diorite, puis noirs au-dessous. Ils sont mélangés ou entrecoupés par des couches d'une foule d'autres matières, telles que argile noire, carbonates de fer et de chaux, pyrite, etc.

Enfin, au-dessous encore, à une profondeur de soixante-dix à cent trente mètres, suppose-t-on, se trouve le « hardrock », qui est une couche de mélaphyre ou roche pyroxanique qu'on n'a pas encore traversée entièrement.

La couche intermédiaire de quatre-vingts mètres dont je viens de parler forme le véritable terrain diamantifère et porte le nom de « blue-ground », à cause de sa couleur bleu foncé, verdâtre ou vert clair.

Il paraît même que le terrain diamantifère offre plusieurs autres variétés. Son aspect, sa composition, sa couleur et sa consistance diffèrent selon les endroits. Néanmoins, il est à remarquer qu'il se distingue essentiellement des terrains environnants, et qu'il offre à un œil exercé certains caractères qui ne laissent aucun doute sur les richesses qu'il contient.

Ce blue-ground se décompose avec le temps au contact de l'air et prend une teinte jaunâtre ou gris clair. Comme on le verra plus loin, c'est sur ce phénomène qu'est basé le système d'exploitation de la mine. Il s'ensuit que les couches supérieures, les schistes de couleur claire de la surface, ne sont en somme que du blue décomposé : c'est ce qu'on appelle le « yellow-ground ».

Les machines d'extraction, auxquelles nous rendons visite ensuite, nous offrent le spectacle d'une énorme quantité de minerai sortant des entrailles de la terre. De puissants treuils mettent en mouvement un va-et-vient de récipients cylindriques à poulies glissant sur quatre câbles ronds en fils d'acier, parallèles au plan incliné dont j'ai déjà parlé. Grâce à un ingénieux mécanisme, le tub arrive, bascule, décharge son contenu (environ trente pieds cubes de minerai) et repart sans l'aide de personne. Au-dessus des immenses fosses dont j'ai parlé, des centaines de câbles, tendus comme un gigantesque filet, sont couverts de tubs qui montent et descendent, donnant au coup d'œil une animation extraordinaire, un air de fourmilière indescriptible.

Il est assez original de se faire transporter par un de ces véhicules aériens. On y éprouve une sensation analogue à celle que donne une ascension en ballon. En bas, au fond, semblables à de petits êtres microscopiques s'agitant dans tous les sens, on voit les travailleurs préposés au service de l'énorme entonnoir.

Lorsque le minerai arrive de la mine, il est chargé sur des wagonnets de chemin de fer. La voie ferrée conduit aux terrains de dépôt qu'on appelle « floors ».

Sur ces floors, le chemin de fer apporte les matières et les hommes les éparpillent en une couche d'épaisseur régulière, les gros morceaux debout. On expose ainsi le blue-ground à l'air et aux intempéries afin qu'il se décompose. Il perd graduellement sa couleur, pâlit et prend une teinte jaunâtre ou gris clair. Lorsqu'il est désagrégé, il se brise plus facilement et peut être utilisé.

La décomposition peut durer de dix jours à six mois, selon la quantité d'eau que l'on jette dessus à défaut de pluie.

Le « yellow-ground » n'a pas besoin de cette préparation, puisqu'il est déjà tout décomposé naturellement. Il y a fort longtemps que les Compagnies ont épuisé la couche qu'elles ont trouvée à la surface des schistes noirs.

Les « floors » demandent à être fort étendus. Quand on pense que les machines d'extraction amènent journellement à la surface une moyenne de cinq cents loads par jour, ce qui fait environ trois cent douze tonnes (à six cent vingt-cinq kilos le load), et que certaines Compagnies travaillent jour et nuit, on a une idée des terrains qui sont nécessaires pour étaler une aussi énorme quantité de minerai. Aussi a-t-on été obligé d'étendre ces « floors » jusqu'à de grandes distances de la ville. Le chemin de fer particulier de la Compagnie y emporte le blue-ground et rapporte celui qui, déposé là quelque temps auparavant, se trouve décomposé et prêt à subir la troisième opération, qui est le lavage.

Les machines à laver (depuis 1878 tout se fait à la vapeur) sont destinées à séparer les graviers, pierres, minéraux, etc., de la matière qui les tenait agglomérés, ainsi que des calcaires plus légers. Ce mortier est dissous par des agitateurs : des courants d'eau le délayent et l'emportent, tandis que la partie solide et non soluble reste dans l'appareil.

Pour définir d'un mot les laveuses, on peut dire qu'elles se composent d'une succession de tamis aux mailles progressivement serrées, qui laissent passer le minerai pendant que des agitateurs et de grands jets d'eau le débourbent et nettoient ses résidus, qu'ils classent par taille.

La première grille ou tamis arrête les gros blocs non décomposés; la dernière retient les plus petits fragments solides. Le courant entraîne les matières légères, tandis que les pierres précieuses, diamants, rubis, grenats, et les silicates restent au fond à cause de leur poids spécifique.

Ces résidus, très jolis à l'œil, offrent des pierres d'à peu près toutes les couleurs, exactement triées d'après leur taille.

Au sortir des laveuses, ils sont passés dans un berceau ou *craddle* (c'est l'appareil des anciens laveurs d'or) qui achève leur nettoyage et classe de nouveau les pierres par poids. On trouve déjà pendant cette opération bon nombre de beaux diamants. Des Européens surveillent continuellement le travail du « craddle ».

Après ce dernier nettoyage mécanique, les résidus, placés dans des wagonnets doublés en zinc et fermés à clef, sont portés aux ateliers de triage.

Là, dans une grande pièce bien éclairée de face, sont des tables couvertes de tôle sur lesquelles on place les graviers en tas.

Un ouvrier blanc pour les gros, des noirs pour les petits, procèdent à l'opération si minutieuse du triage. Muni d'une lame de fer, le trieur amène une petite quantité de pierres prises au tas; il les écarte d'un coup sec, regarde, pose sa lame et prend par-ci par-là un diamant qu'il jette dans une tire-lire en fer-blanc fermée à clef, placée devant lui; il jette un nouveau coup d'œil et pousse le tout à gauche.

Lorsqu'il a examiné tout le tas, un autre ouvrier prend sa place et recommence le même travail de gauche à droite. Les détritus qui restent après ces deux examens sont jetés dehors, formant de véritables collines, où l'on remarque des grenats en abondance; mais ils n'ont, paraît-il, aucune valeur.

A la fin de la journée, le chef du service de triage recueille le contenu des tire-lires dont il a la clef.

La proportion du diamant trouvé dans les « Diamond Field's » du Cap varie de un à huit carats par mètre cube de blue-ground.

Les diamants du Cap ne peuvent lutter, comme éclat, avec ceux du Brésil ou de l'Inde. On y trouve fort rarement un diamant vraiment blanc; il s'y mêle toujours, si beau qu'il soit, un reflet de couleur quelconque, le plus souvent jaune, et il paraît que, seul, le diamant blanc peut produire de beaux feux.

En dehors des feux blancs, il y en a qui ont une couleur décidée : tels sont le brun foncé, noir, jaune paille, orange, vert, rose, bleu ou fumé (*smoked*).

A sa sortie des laveuses, il est terne, d'une apparence cornée; cela tient à une mince couche d'une matière spéciale qui l'enveloppe : on l'en débarrasse en le plongeant dans l'acide azotique en ébullition.

Sa forme est excessivement variée, mais toujours régulière en elle-même : elle est hémiédrique, dodécaédrique, octaédrique ; les arêtes en sont dures ou arrondies, les faces plates, concaves ou convexes. On en voit rarement de cubiques et peu de sphériques.

Quant à la grosseur, elle est très variable : on trouve des pierres depuis un trentième de carat, c'est-à-dire de la taille d'une petite tête d'épingle, jusqu'à quatre cent cinquante-sept, quatre cent soixante et quatre cent soixante-dix-huit carats. Ces derniers, qui sont les plus gros qu'on ait trouvés, atteignent le volume d'un œuf de dinde.

Je terminerai le récit de ma visite aux « Diamonds Fields » par quelques chiffres de statistique que je dois à l'amabilité de M. D..., un compatriote, un des plus importants courtiers en diamants de Kimberley, lequel m'a montré plus de dix millions de francs de diamants bruts.

La valeur moyenne du carat sur le marché de Kimberley était, à cette époque, de 24 schellings 9, c'est-à-dire à peu près 29 francs. Ce prix est soumis à des fluctuations continuelles, à cause des mouvements du marché en Europe. En outre, la valeur du carat diffère également selon la provenance, certaines mines produisant des diamants supérieurs à ceux de leurs concurrentes.

Le produit des quatre mines principales réunies avait donné, dans la dernière période de deux années, c'est-à-dire de 1888 à 1890, les chiffres approximatifs suivants :

ANNÉES	PRODUCTION MOYENNE EN CARATS		VALEUR EN FRANCS au prix de 29 FRANCS LE CARAT
	PAR MOIS	PAR AN	
1888	239.658	2.875.903	83.401.187
1889	258.475	3.101.700	89.949.300
Total des deux années..		5.977.603	173.350.487

Pour mieux se faire une idée de ce que représentent 173 millions de francs, réduisons les carats en kilogrammes : nous obtenons le chiffre de mille trois cent cinquante-huit kilos cinq cents grammes, presque une tonne et demie de diamants !

M. D... m'en a montré chez lui des tas énormes. Quand on voit tant de richesses à la fois, elles ne produisent pas d'effet. On dirait des morceaux de verre. D'ailleurs, la taille les change totalement. Nous en avons vu de taillés, dans des écrins magnifiques, de toutes les formes et de toutes les grandeurs, depuis le grain de millet jusqu'à l'œuf de pigeon.

Aucun étranger ne peut acheter un diamant, quel qu'il soit, sans un permis délivré par le gouvernement et portant le nom du vendeur avec la description détaillée de la pierre.

C'est la poste qui transporte dans le monde entier la plus grande partie des richesses des « Diamonds Fields ».

J'ai parlé de l'agitation de Kimberley : c'est une véritable fourmilière ; tout le monde a la fièvre du diamant. On ne trouve par les rues que gens occupés par ce commerce : courtiers, employés de Compagnies, négociants, diggers et... chevaliers d'industrie.

Ces derniers, dont il faut se garder soigneusement, se présentent habituellement sous l'aspect du monsieur qui possède une mine appelée à donner les plus beaux résultats et qui cherche un bailleur de fonds pour les premiers frais de l'exploitation : à l'appui de son dire, il sort de sa poche des plans, des lettres à signature illisible, des échantillons alléchants provenant de la fameuse mine en détresse. Il commence par emprunter de l'argent, si on veut bien lui en prêter, et reparaît rarement.

Il y a ensuite l'industriel qui cherche à vendre un « claim », c'est-à-dire une concession contenant des diamants à foison ; étant dans la misère, il se contentera de peu. On va visiter le terrain et on trouve du minerai diamantifère qu'il a eu le soin d'y placer. Il sait, ajoute-t-il, qu'il a la fortune sous la main, mais il n'a pas de capitaux, etc. Qu'il vende seulement 200 livres sterling son claim, dont il connaît bien la non-valeur, et le voici fort content, comme on pense, du petit tour qu'il a joué.

Si grossiers que soient ces pièges, employés depuis longtemps et auxquels personne ne devrait plus se laisser prendre, il y a toujours des gens qui s'y font attraper. J'en sais quelque chose, car, quelques jours avant notre départ de Kimberley, la fièvre du diamant nous saisit, nous aussi : c'était contagieux.

Un samedi matin, vers dix heures, une nouvelle courut à laquelle tout le monde, à commencer par nous, prêta une oreille attentive. On disait que des diamants avaient été découverts dans un endroit non fréquenté, à Wesselton. Le propriétaire du terrain qui les avait trouvés n'en avait pas avisé le gouvernement, et il avait même commencé l'exploitation sans patente, comme en témoignaient des machines à bras. Aux termes de la loi, il risquait de perdre son terrain pour défaut de déclaration. Or, en pareille occurrence, le sol est au premier arrivant. Si donc il perdait son procès, il suffisait d'avoir piqueté un claim (1) de trente et un mètres carrés sur le terrain en question pour devenir concessionnaire du gouvernement. On recevrait alors un certificat de possession avec lequel on pourrait disposer de la propriété, à condition qu'elle fût mise en exploitation dans un délai convenu.

Le procès devant être jugé le surlendemain lundi (le dimanche est un jour sacré), il n'y avait pas de temps à

---

(1) Je reviendrai plus loin sur ces claims, qui sont un des caractères intéressants de ces pays de mines.

perdre. Tout Kimberley se transporta à Wesselton. Le trajet est d'environ trois quarts d'heure. Les routes se couvrirent rapidement de véhicules de toutes sortes, de cavaliers et de piétons, dont la longue colonne soulevait un nuage de poussière. C'était à qui arriverait le plus vite pour choisir son emplacement.

Les frères Beddington et moi, nous sautons sur des chevaux de louage, et nous voici à Wesselton.

La propriété en question est une immense plaine avec quelques éminences. Une légère végétation occupe la surface, et le « yellow-ground » se trouve immédiatement en dessous; pour les gens d'expérience, la vue de ce terrain ne laisse aucun doute : un trésor est caché dedans !

Déjà, il y avait foule; on eût dit un champ de courses : au fait, n'était-ce pas une véritable course qui y amenait tant de monde? Des baraques s'élevaient de tous côtés, abritant sous une toile de tente, ici un bar, là un magasin de comestibles, plus loin le bureau de l'enregistrement des claims.

Sans perdre de temps, nous nous faisons désigner un bon coin par un vieux digger à qui nous graissons la patte : des piquets portant nos noms sont enfoncés, conformément au règlement, et nous courons à l'enregistrement. Comme il fallait que le lundi matin les claims fussent travaillés, nous prenons un digger à nos gages pour qu'il commence les trous.

A cinq heures du soir l'immense plaine, couverte de piquets à perte de vue, avait l'apparence d'une grande herse. Il ne restait pas un mètre carré du terrain qui n'eût un destinataire, pour le cas où le premier occupant serait condamné à perdre ses droits. Les retardataires ne trouvaient plus d'espace libre et s'en retournaient la mine déconfite.

Nous rentrâmes à l'hôtel, parlant exploitation minière,

rendement et frais, ni plus ni moins que des capitalistes à la veille d'un contrat. Les frères Beddington émettaient l'intention d'exploiter eux-mêmes leur propriété : l'un d'eux, trouvant le pays agréable, comptait acheter un cottage dans les environs et y habiter pendant ses voyages d'inspection; l'autre préférait confier les travaux à une Compagnie responsable. Quant à moi, comme je ne veux pas de propriété en Afrique, j'attendrais les premiers résultats et je vendrais au plus offrant, échangeant ainsi mes diamants contre des obligations de la ville de Paris!...

Nous quittâmes Kimberley sans attendre le résultat du procès, et je n'en ai plus entendu parler depuis. Mais il est probable que le tribunal s'est contenté de condamner le propriétaire à une forte amende, en lui laissant, moyennant finance, la jouissance et l'exploitation de son bien.

C'est égal, j'ai bien failli devenir grand propriétaire dans les « Diamonds Fields ».

CHAPITRE III

Fin du réseau ferré. — Péripéties et détails du voyage en coach. — Rencontre d'un charlatan. — Arrivée à Johannisburg. — Visite aux mines d'or. — Extraction et manipulations diverses. — L'or en barre. — Quelques mots sur l'histoire du Transvaal et de l'État libre d'Orange. — Organisation politique. — Progrès actuels. — Les derniers noirs indépendants. — Projet de voyage à Natal.

A l'époque où j'ai traversé l'Afrique australe, la voie ferrée ne se prolongeait que de quelques milles au delà de Kimberley, jusqu'à Fourteen Streams (1). Le trajet est l'affaire de quatre heures environ.

Le voyage en chemin de fer était terminé. De longtemps je ne devais plus user de ce moyen de locomotion.

Nous allions faire connaissance avec un autre mode de transport. On nous avait bien parlé du « coach », à bord du paquebot et au Cap; mais nous supposions que c'était une simple diligence ou quelque chose d'approchant.

A Fourteen Streams, nous prenons nos tickets et nous allons voir le fameux coach. C'est une longue voiture dont les essieux supportent directement la caisse, sans ressort aucun, comme dans les tombereaux; trois banquettes

(1) Depuis cette époque, les travaux ont été poussés avec ardeur : le réseau ferré va aujourd'hui de Kimberley à Johannisburg. Une autre ligne pénètre dans le Béchuanaland, jusqu'à 150 milles au nord de Mafeking.

parallèles entre elles et perpendiculaires à la longueur composent son aménagement. A la partie supérieure, une toiture en bois, couverte de toile cirée et à laquelle pendent de petits rideaux. Ni porte ni fenêtres : une vague ressemblance, les ressorts en moins, hélas! avec les omnibus ouverts qui font l'été le service des champs de courses à Paris. Sur le devant, un siège à deux places. Des roues énormes, aux jantes épaisses, sans frein ni sabot.

L'attelage se compose de cinq couples de chevaux distants d'environ deux pieds les uns des autres. On le conduit à grandes guides. Il y a invariablement sur le siège deux hommes ; les mains du cocher étant occupées, il faut un second conducteur pour manier le fouet.

Ce fouet immense est une véritable curiosité locale : la corde en est tellement longue que la mèche peut atteindre le groupe des chevaux de tête, qui est à peu près à vingt mètres du siège.

Les harnais consistent en une suite de bricoles qui se relient entre elles de chaque côté du poitrail, de façon que tous les chevaux du même côté sont attelés au même trait.

Les rênes sont au nombre de quatre : deux d'entre elles aboutissent directement aux chevaux de tête et reçoivent au passage celles des chevaux du même côté qui viennent s'y embrancher. Les deux autres conduisent les chevaux de timon.

Avec une force de traction aussi considérable, un tel véhicule devait bien rouler : il ne roulait même que trop, comme nous n'avons pas tardé à le constater.

Nous grimpons avec nos bagages ; dans la voiture, il n'y avait avec nous trois qu'un seul voyageur, le secrétaire général de la présidence de la République du Transvaal à Prétoria.

On part au galop. Qu'on se figure une route à peine ébauchée, à travers montagnes, vallées et rivières, pleine d'ornières, de trous, de bosses, de pierres, de mares, de touffes d'herbes, de mottes de terre, et, là-dessus, une voiture sans ressorts, bondissant sur ces terrains vagues, entraînée par la force irrésistible de dix chevaux frais au galop! Qu'on pense aux infortunés voyageurs qui voltigent sur les banquettes, aux colis qui dansent la sarabande et sautillent vers les ouvertures, à l'air piteux avec lequel on se regarde tout en se cramponnant aux bancs d'une main, tandis que l'autre retient les bagages qui s'en vont!

Les sièges sont en bois dur, nullement rembourrés; pas rembourrés non plus les montants qui soutiennent la toiture : à certains moments, on est lancé à vingt centimètres en l'air, puis on retombe lourdement, pendant que la voiture penche brusquement à droite et à gauche, comme si elle allait verser. On se cogne la tête, le dos, les coudes, sans parler de ce qui est certainement la partie la plus maltraitée de l'individu.

Au départ, nous avons commencé par rire de cette gymnastique : nous supposions que la route ne tarderait pas à devenir carrossable et nous pensions que le cocher coupait à travers champs pour aller plus vite. Aussi étaient-ce des plaisanteries sans fin : « Nous sommes dans les laveuses! » disait l'un, faisant allusion aux agitateurs des mines de diamant. « Nous allons être bientôt désagrégés, si cela continue! » s'écriait l'autre.

Mais notre compagnon de voyage, M. M..., qui connaissait de longue date les charmes du voyage, nous assurait, lui, que ce supplice continuerait jusqu'à l'arrivée, et que même, en certains endroits, il serait pire.

Je me demandais ce que pouvaient bien être ces lieux terribles où nous devions être encore plus secoués; je songeais aux trains de Jules Verne, sautant les rivières sans pont, courant sans rail; je songeais aux chevaux fous emportant des voitures dans des précipices : on devait être secoué de cette façon ; pour l'être davantage, il eût fallu descendre d'une montagne, sautant de rocher en rocher à un galop échevelé, ou quelque chose dans le même genre.

On courut ainsi dix milles (près de dix-sept kilomètres) sans un ralentissement. En arrivant devant une petite maison, l'attelage s'arrêta net. C'était le premier relais. En trois minutes, des chevaux frais avaient remplacé les autres, et on repartait de plus belle.

Les relais sont en moyenne de dix à quinze milles.

A Guning, frontière du Transvaal, les douaniers boers perçoivent encore 25 francs par canon de fusil. Si du Transvaal on pénètre au Natal, par exemple, on a de nouveau la même somme à payer, ce qui porte à 75 francs par canon la somme des droits perçus !

Pendant que le coach sautille par monts et par vaux, jetons un coup d'œil sur l'histoire du territoire où nous entrons, ainsi que sur l'État libre que nous côtoyons depuis que nous avons passé le fleuve Orange.

En parlant du Cap, j'ai dit un mot du mouvement de mécontentement et d'insurrection qui fit émigrer au delà des frontières près de dix mille Boers, emmenant avec eux de nombreuses familles et une foule d'esclaves. Cette population, désormais sans patrie, passa le fleuve Orange et fonda sur le territoire situé au nord le Vrij-Staat, ou État libre d'Orange, en l'honneur des anciens stathouders de Hollande, les princes d'Orange-Nassau.

Ils choisirent comme capitale Bloemfontain. Fermiers par excellence, les Boers surent admirablement tirer parti du pays riche et fertile qu'ils avaient conquis. Ils firent tant et si bien que l'État libre se trouvait déjà en pleine prospérité en 1848, c'est-à-dire quatorze ans seulement après leur sortie du Cap.

Je dis qu'ils ont conquis l'État libre, parce qu'ils eurent à soutenir une longue lutte contre les indigènes, premiers occupants, les Cafres, et contre les Bushmen nomades. Il n'y eut aucune hostilité ouverte, aucune guerre en masse; mais les Boers usèrent du droit du plus fort; s'ils n'étaient pas les plus nombreux, ils possédaient des armes à feu, et de véritables massacres eurent lieu. Les Boers tiraient sur le Bushman dans les bois, comme sur un animal malfaisant; celui-ci, quand il en avait l'occasion, leur décochait, sans remords, une de ses redoutables flèches empoisonnées. Ces escarmouches prirent fin le jour où les derniers Cafres et Bushmen, abandonnant le terrain à leurs adversaires, se retirèrent dans les pays environnants.

En 1848, l'Angleterre, profitant de ce que l'État libre n'était pas encore militairement organisé, le conquit à bon marché; malgré leur résistance, les Boers furent battus à Boomplats et, vu leur petit nombre, obligés de se soumettre.

Mais, en 1850, on leur rendit leur liberté : l'Angleterre reconnut l'indépendance de l'État libre, parce qu'elle ne pouvait faire autrement, ayant déjà grand'peine à contenir les colons du Cap, qui voulaient se gouverner eux-mêmes. D'un autre côté, le commissaire général du gouvernement avait, dans un rapport célèbre, conclu que l'Angleterre n'avait aucun avantage à conserver les territoires au nord de l'Orange.

Le Transvaal naquit d'une émigration de Boers de l'Orange, la population de l'État libre ayant augmenté considérablement, parce que la richesse du pays avait attiré beaucoup de fermiers du Cap, ainsi qu'un grand nombre de nouveaux venus des Pays-Bas.

En dehors de l'Afrique du Sud, on donna aux anciens colons hollandais le nom d'*Afrikanders*, par lequel ils désignaient eux-mêmes les faux Boers ou Boers Africains, gens de couleur pour la plupart qui parlent leur langue et qui tiennent aujourd'hui une place notable dans le chiffre de la population.

Ceux du dehors ne faisaient pas de distinction : ils appelaient Afrikanders tous les colons d'origine hollandaise, et le nom reste aujourd'hui à ceux-ci. Eux-mêmes, d'ailleurs, l'ont accepté, car, ayant fondé plusieurs sociétés, journaux, revues, associations, ils leur ont donné des noms tels que : *Afrikander Bond, Genootskap van regt Afrikander*, etc.

Afrikander (Africain) est un titre qui leur sied bien. Au début, ils ont adopté l'Afrique comme une deuxième patrie ; la plupart des jeunes d'aujourd'hui y sont nés et sont étrangers et indifférents à tout ce qui concerne l'Europe.

L'État libre d'Orange possédait autrefois tout le territoire situé à l'ouest, c'est-à-dire une partie du Griqualand-West. Dès que les mines de diamants y furent découvertes, l'Angleterre voulut reprendre ce pays. Sentant qu'elle eût paru ridicule en revenant sur sa décision généreuse, qui rendait à l'État libre son indépendance, elle chercha un prétexte et, naturellement, le trouva ; mais il ne tenait pas debout. Le chef du Griqualand, un certain Waterboer, se serait plaint à l'Angleterre d'avoir été dépouillé par l'État d'Orange et lui aurait demandé d'intervenir. Or, jamais l'Angleterre, pas plus que l'État libre, n'avait entendu la moindre plainte ; le Griqualand n'en fut pas moins annexé par la raison du plus fort. Le gouvernement reconnut d'ailleurs ouvertement cette spoliation pure et simple, en accordant à son impuissant adversaire une indemnité de 90,000 livres (1871).

Toutes les mines de diamants connues appartiennent ainsi à l'Angleterre, sauf quelques gisements sur les bords du Vaal, au delà de la frontière.

Si l'État d'Orange possède deux mines, Jagersfontain et Caffeefontain, qui ont échappé à la razzia de 1871, c'est par la raison qu'elles n'étaient pas encore découvertes à cette époque.

La République du Transvaal s'intitule République sud-africaine. Ce titre pouvait aller lorsqu'elle était seule ; mais comme aujourd'hui il y a en formation ou en réalité plusieurs Républiques sud-africaines, cette définition devient insuffisante : mieux vaudrait qu'on l'appelàt « République sud-africaine du Transvaal ».

Le Transvaal, c'est-à-dire, comme l'indique son nom, le pays au delà du Vaal, est limité au nord par la rivière des Crocodiles et le pays des Matabélés ; au sud, par l'État d'Orange ; à l'est, par les possessions portugaises du pays de Gaza ; au sud-est, par le petit État des Swazis ; à l'ouest, par le Béchuanaland, et au sud-ouest par le Griqualand-West.

Comme l'État libre, le Transvaal est une République d'un genre particulier ; leur devise, à l'un et à l'autre, peut être rédigée ainsi : Liberté, Égalité, Fraternité, avec des réserves et beaucoup d'exceptions.

Ainsi l'égalité n'exclut pas une foule de privilèges : le noir n'est ni électeur ni éligible ; les propriétaires fonciers sont avantagés au détriment de tous les autres ; les protestants, également ; les juifs et mahométans sont éternellement suspects et astreints à des formalités aussi nombreuses que vexatoires pour jouir de leurs droits civils. Le Parlement n'est ouvert qu'aux propriétaires fonciers, riches en général ; quant aux autres Boers (je prends plutôt le mot comme nom de la nation), avocats, industriels, médecins, ouvriers, capitalistes, etc., ils ne comptent pas.

Le président de la République est l'élu du peuple ; il est responsable vis-à-vis du Volksraad (Parlement), mais celui-ci ne peut le déposséder de ses fonctions. Même, à en croire l'histoire, il s'en est fallu de peu que le stathoudérat héréditaire ne fût institué, comme aux Pays-Bas.

L'État libre et le Transvaal sont, comme on voit, des Républiques d'un genre particulier. Elles ont failli en venir aux mains plusieurs fois, notamment en 1851, époque où le Transvaal rêva de s'annexer son voisin. Ils étaient d'égale force, et les chances de la guerre pouvaient rendre le Transvaal maître des deux territoires. Aussi fit-on la paix.

Au point de vue social et littéraire, les deux États se relèvent aujourd'hui ; mais, il y a quelques années à peine, les Boers, dont la plupart s'entendent beaucoup mieux à manier le fusil que la plume, avaient des législateurs du même acabit. Le chef de l'État était un pasteur, soldat comme les autres, et l'on consommait fort peu d'encre au delà de la rivière Orange. Braves gens, au demeurant, mais fort grossiers, communs, ignorants, sans désir aucun de monter à l'échelle sociale, quand ce n'aurait été que de quelques échelons.

Aujourd'hui, je le répète, la classe des cultivateurs ne forme plus la totalité de la population : des avocats, des médecins, des hommes de lettres, des journalistes s'y répandent ; on commence à publier des revues, des statistiques agricoles, des notes sur l'élevage, des relevés du rendement par district, tous documents qui répandent l'émulation entre fermiers. Le Parlement a maintenant un journal officiel où chacun des sujets peut suivre les débats du Volksraad. On a frappé au Transvaal de la monnaie et des timbres. Ils représentent un écusson en trois parties : un lion couché et un chasseur occupent le haut ; un chariot à bœufs dételé, le bas ; au centre, une petite ancre ; de chaque côté, trois drapeaux et, surmontant le tout, un aigle les ailes ouvertes. Une banderole sous l'écusson porte les mots : *Eedract maakt magt* (l'union fait la force) ; au-dessus, le titre de : *Z. Afr. Republick.*

En général, le Boer est grand, solide, bien découplé. Il a le type anglo-saxon ou français, selon la couleur des cheveux et des yeux. Les Néerlandais sont des blonds fades; leurs yeux bleu clair, leur barbe rouge font contraste avec le type brun des anciens huguenots.

..... Interrompons-nous un instant pour voir où en est le coach. A dix heures du soir, grâce à un orage très violent accompagné de torrents d'eau que le ciel nous envoie, nous jouissons, dans une auberge de Christiania, d'un repos bien gagné. Le tonnerre accompagne les jurons du Hottentot cocher qui craint une amende s'il arrive en retard, cet arrêt n'étant pas prévu par le règlement.

Ce délicieux orage nous donne une heure et demie, pendant laquelle nous prenons un peu de nourriture.

« Soyez tranquille, dit M. M... pour nous rassurer, le « cocher rattrapera le temps perdu. Quelques coups de « fouet de plus, et nous serons à Klecksdorf à l'heure ré- « glementaire. »

Le pays est magnifique. La partie du Transvaal traversée depuis la frontière est admirable. De grandes prairies à perte de vue, quelques fermes assez rares, depuis que nous avons quitté les jolis endroits qui bordent la rivière Vaal. Mais s'il y a peu d'habitants, il y a énormément de gibier. De petites antilopes s'enfuient au bruit de la lourde voiture et, galopant dans la plaine, disparaissent soudain dans les taillis. Des vols de perdreaux et de cailles partent sous les roues, tandis que des khoovans (outardes), à la démarche noble et lente, s'éloignent à notre approche, comme s'ils ne voulaient pas nous voir passer.

Dans d'autres endroits, plus rares et toujours seuls, des serpentaires se livrent à leur bienfaisante occupation. Des oiseaux d'Europe, alouettes, pinsons, chardonnerets, jetant partout la gaieté et le bruit, fuient à tire-d'aile tandis que nous approchons à toute vitesse.

L'orage terminé, c'est-à-dire vers minuit, nous reprenons notre fatigant voyage. L'obscurité est profonde, et, malgré les deux lanternes de la voiture, je me demande comment les chevaux ne s'abattent pas à cette allure, galopant dans les ténèbres, au milieu de terrains très accidentés, quand on les compare à nos routes carrossables.

Mais nous continuons à sauter, à glisser dans tous les sens, à nous cramponner, comme pendant toute la journée. A Christiania, nous avons acheté de quoi attacher solidement nos bagages aux banquettes, de façon à ne pas avoir à nous en occuper : ils sont ficelés étroitement. Que n'avons-nous pu en faire autant pour nous-mêmes !

Comme l'intérieur de la voiture est complètement plongé dans l'obscurité, nous essayons, pour nous distraire, de suspendre une lumière au plafond : après une foule de tentatives infructueuses, la bougie en arrive à supporter tant bien que mal les cahots, grâce à de nombreuses ficelles rayonnant comme une toile d'araignée; mais un coup de vent, que nous n'avions pas prévu, nous replonge dans les ténèbres.

Pendant que les roues éclaboussent l'intérieur de la voiture en passant dans les flaques du parcours, nous essayons de reprendre la conversation, tout en nous essuyant la figure de temps en temps.

Que ne fait-il jour? Je verrais la physionomie de mes compagnons. Chaque fois que nous tentons de frotter une allumette, aussitôt soufflée par le vent, sa lueur passagère nous montre des figures crottées, des faux cols constellés de boue, des vêtements à l'avenant, et on se tord de rire, tout en continuant à tressauter à chaque tour de roue. — Klecksdorf, grand village, deux minutes d'arrêt : personne ne descend!

Après Klecksdorf, le pays devient accidenté, nous montons des côtes à un galop délibéré, et les descentes se font sans l'aide des chevaux. Nous dégringolons dans les vallées par notre propre poids! L'attelage fuit devant, les traits flasques, semblant reprendre haleine; tout le monde a l'air enchanté, et je fais comme tout le monde, puisque nos lois de la pesanteur et de l'équilibre ne sont pas usitées dans l'autre hémisphère! Le grand esprit d'indépendance qui souffle ici a dû affranchir, sans doute, de toutes ces conventions!

Depuis la dernière station-éclair, le pays est peuplé. Beaucoup de fermes et de bétail. Des cibles dans tous les endroits plats. De temps en temps, des cavaliers dont la position est très correcte : on sait monter dans ce pays.

Plus de gibier; quelques squelettes de chevaux ou de bœufs jalonnent les routes suivies par les chariots.

Pour la première fois je vois quelques-uns de ceux-ci en marche : je ne les avais qu'aperçus, sur le marché de Kimberley. On y attelle de quinze à vingt bœufs, au moyen de jougs doubles tenant à une longue chaîne passée entre eux et se reliant au véhicule. Ces wagons, comme on les appelle ici, portent jusqu'à cinq tonnes de chargement.

Le bullock-wagon est le moyen de transport usité dans toute l'Afrique du Sud; c'est le coach des pauvres, le train de marchandises de tout le monde. Il parcourt en moyenne une quinzaine de milles par jour, ce qui fait quelque chose comme seize jours pour franchir les deux cent cinquante milles qui séparent Kimberley de Johannisburg et que nous allons mettre à peine cinquante-cinq heures à parcourir. N'empêche qu'on est souvent bien heureux d'avoir seulement un chariot à bœufs, comme on le verra plus tard, car j'aurai à en revenir à cet utile véhicule.

Bassop, petit village, douzième relais : deux minutes d'arrêt : personne ne descend! Avec ces tableaux de paysans blancs et la température qui baisse de plus en plus, nous avons tout à fait l'illusion que nous faisons un tour en Belgique ou dans les Pays-Bas, emmenés par une diligence dont les chevaux ont pris le mors aux dents.

A Potchefstroom, ville principale du Transvaal, treizième relais, vingt minutes pour le dîner (*ready hot*) : côtelettes de mouton figées dans la graisse glacée, cuites au moins depuis une heure, pommes de terre sautées au suif, également froides, soupe sucrée et frappée, café ou thé froid au choix (ci : 3 schellings 6 pence), et en voiture !

Je ferai remarquer qu'il y a quarante heures que nous roulons, et que l'on ne doit nous laisser dormir qu'à destination. Il n'y a d'ailleurs aucune crainte de succomber au sommeil pendant le trajet. Il est sans exemple que ce fait se soit produit.

Mais laissons un instant nos destinées aux mains expérimentées du cocher et pensons un peu aux indigènes du pays. Si je n'en ai pas encore parlé, c'est que je n'en ai presque pas aperçu. Dans les territoires que nous venons de traverser, on a, en général, éloigné la population nègre en gardant tout juste le nombre de noirs indispensable aux besoins du pays, aux travaux publics, aux cultures, etc.

La plupart de ces travailleurs sont des étrangers ; ils viennent s'engager pour six mois ou un an et retournent ensuite dans leur pays. Quel est ce pays ?

Aujourd'hui que l'Européen envahit tout et s'empare l'un après l'autre de tous les coins du territoire, il reste fort peu d'États libres appartenant à des tribus noires.

A peu près indépendants, quoique sous l'œil protecteur de l'Angleterre, nous en trouvons quatre : les Bassoutos, qui ont un chef et un gouvernement à eux et forment un peuple travailleur et très guerrier ; les Griquas de l'Est et les Pondos, qui sont à peu près dans la même condition ; enfin, sur les frontières du Kahalari, un grand nombre de tribus béchuanas qui forment le quatrième groupe.

Quoi qu'on en dise, et en dépit de la teinte rose (couleur de l'annexion) que l'Angleterre leur donne sur ses cartes, les derniers Zoulous, les Swazis et les Namaquas du Sud sont vraiment libres et indépendants.

Le Zoulouland et le Swaziland sont, dans l'Afrique du Sud, les derniers restes du territoire conquis autrefois par les Zoulous venus du Nord.

Le démembrement continuel de la grande famille cafre et son fractionnement en différentes tribus furent une conséquence des lois et des usages curieux du pays. J'essayerai tout à l'heure de le montrer. Mais, auparavant, je suis obligé de m'interrompre un instant pour signaler, en ma qualité de narrateur fidèle, une rencontre extraordinaire que nous venons de faire.

Après le dix-septième ou le dix-huitième relais et le sixième dîner (tout chaud), je ne me rappelle plus au juste, nous apercevons sur la route, auprès d'une ferme, un chariot à bœufs tout doré, décoré de guirlandes, portant au lieu de la toile de tente traditionnelle une véritable habitation également dorée et attelé de beaux bœufs d'un blanc de neige, aux harnais magnifiques, au joug d'or, le tout entrevu dans un éclair.

Cette apparition féerique nous cause naturellement quelque surprise : serait-ce quelque noble Boer voulant écraser ses concitoyens sous son luxe? Est-ce le bullock-wagon du président de la République?

On nous apprend que c'est le célèbre médecin, chirurgien, dentiste, oculiste, pédicure, électricien, magnétiseur, somnambule anglais Sequah, qui guérit toutes les maladies et opère des cures merveilleuses.

Quel dommage de n'avoir pu consulter le grand homme sur le moyen de soigner nos contusions et d'en éviter de nouvelles ! A sa place, j'aurais donné une drogue aux chevaux, certain que les voyageurs en ressentiraient les effets.

Mais, comme au Juif errant, il nous est défendu de nous arrêter.

Enfin, à onze heures du matin, entrée à fond de train dans Johannisburg. Encore un saut devant le « booking office », où tous les chevaux sont arrêtés net sur les jarrets : vingt-sixième et dernier relais !

Je me précipite à l'hôtel, je demande une chambre et un lit ; je me couche immédiatement, ayant quelque peu besoin de repos depuis cinquante-quatre heures (deux jours et demi et deux nuits) que nous sommes secoués sans avoir pu dormir !

Après un sommeil réparateur de trente heures, je pose le pied dans les rues.

Johannisburg est une ville extraordinaire : il y a cinq ans, on ne voyait sur son emplacement que quelques tentes de diggers en plein désert; aujourd'hui, on y compte trente mille habitants, dont douze à quinze mille Européens, Anglais et Boers, et elle prend place immédiatement après la capitale, Prétoria.

Elle a de larges rues, auxquelles il manque encore le pavé, et des monuments d'une architecture fantaisiste, comme ceux que j'ai déjà signalés au Cap, avec leurs tourelles en miniature et leurs clochetons. La plus grande partie des habitations sont formées de feuilles de zinc clouées sur des châssis de bois. Ces maisonnettes n'ont qu'un rez-de-chaussée et ne sont que provisoires.

Comme au Cap, aussi, partout des tramways et de la lumière électrique. Il faut avouer que nous sommes joliment en retard à Paris, avec notre gaz. Toutes les villes neuves de l'Afrique du Sud ont la lumière électrique, le téléphone, l'eau en abondance. Il y existe, en revanche, une regrettable lacune, ou plutôt il n'y existe pas ce buen-retiro indispensable à l'humanité que les Anglais désignent sous les initiales W-C (cela veut dire warm et confortable).

Il manque totalement à cause de l'absence d'égouts : on n'a pas encore eu le temps de creuser ceux-ci ; ce serait pourtant aussi urgent que le téléphone.

Il y a même, à Johannisburg, une salle de spectacle improvisée, où nous allons entendre *Madame Favart*, en anglais. Je ne puis affirmer que les finesses de notre langue aient été traduites dans celle de Walter Scott, ni que les mots d'esprit pétillent dans la pièce ; mais les acteurs sont réellement très bons et les deux premiers rôles parfaitement joués. On a pudiquement changé ou voilé le sens de toutes les phrases un peu lestes ; mais nous sommes à Johannisburg : ne nous plaignons pas.

J'ai oublié de mentionner qu'à Kimberley nous eûmes une ou deux représentations théâtrales données par une troupe de passage, la « Butterfly Company ». Le premier soir, nous vîmes un magnétiseur qui devinait les pensées en passant les mains sur le front du patient. Sur dix expériences, il s'est trompé au moins onze fois, ce qui lui valut des vociférations et une pluie de projectiles des plus divers. Le lendemain, un drame anglais (*The Bells of...* je ne sais plus quoi) nous forçait à tirer nos mouchoirs et à pleurer d'attendrissement sur le sort d'une malheureuse mère à qui on a tué ses onze enfants et qui intercédait pour le douzième, lequel n'était pas encore né.

Il fait ici une température très basse pour l'Afrique. Le jour de notre arrivée, le verglas couvrait les environs et le thermomètre marquait un degré au-dessous de zéro.

Johannisburg est le point culminant du plateau qui commence à Kimberley et dont l'altitude augmente insensiblement. La deuxième ville du Transvaal est située à 1,800 mètres, tandis que Kimberley n'est qu'à 1,460 mètres.

Les points culminants sont : au Griqualand-West, Pokwane (1,400 mètres) et Christiania (1,406) ; dans l'État libre, qui n'est qu'un plateau comme le Transvaal, Béthune (1,465), Philopolis (1,534), Bloemfontain (1,580), Thaba-Nichou (1,750); enfin, au Transvaal, Bloemhof (1,483), Prétoria (1,540), Potchefstroom (1,600), Standerton (1,768), Heidelberg (1,800), Utrecht (1,465).

Ces chiffres, pris à tous les points du territoire, démontrent d'eux-mêmes l'existence du plateau, où on arrive en venant du Cap et dont les premières courbes commencent aussitôt qu'on entre dans les ramifications des monts Nieuweveld.

Vers le sud-ouest, même progression : le dernier point saillant du plateau est Newcastle (1,367); on descend ensuite brusquement vers Pietermaritzburg, qui ne se trouve plus qu'à 670 mètres.

Depuis quelques jours, nous ne foulons plus le sol des mines de diamants; nous sommes ici sur des mines d'or.

Nous allons de nouveau, mes compagnons et moi, endosser le costume de mineur et descendre, grâce à des permis d'autorisation en règle, dans une des principales mines d'or de Johannisburg, celle de M. Robinson.

Johannisburg est situé sur une éminence autour de laquelle on n'aperçoit que cheminées d'usines, laboratoires, machines d'extraction, etc. La configuration du terrain, autour de Kimberley, ne permettait pas d'y avoir ce spectacle; mais ici la ville domine tous les environs.

La mine Robinson est située à environ vingt-cinq minutes. Un ingénieur est mis à notre disposition avec beaucoup d'amabilité, et deux ou trois personnes nous accompagnent.

Dès que nous sommes en travesti, on nous donne à chacun une longue bougie, et la procession se met en marche vers l'ascenseur. Ce n'est plus un plan incliné, comme à Kimberley, dans les premiers étages : ici, nous descendons verticalement, ce qui produit une sensation analogue à celle que l'on éprouve lorsque le sol vous manque tout à coup sous les pieds. La flamme des bougies change également à vue d'œil.

A quarante-huit mètres, nous visitons la première galerie. L'exploitation de l'or ne se fait pas ici par la méthode hydraulique, comme en Californie; on n'a pas affaire à des graviers aurifères, mais bien à du quartz très dur, et la dynamite doit venir en aide aux pics pour les grosses masses à détacher.

Ce quartz est du genre dit aurifère normal, et son traitement est basé sur l'amalgamation. Il contient de l'or renfermé dans de l'oxyde de fer; le minerai contient également de l'argent.

Les galeries sont ici continuellement soutenues par des étais en bois au fur et à mesure que le travail avance. De plus, il se produit des infiltrations fort désagréables, qui augmentent avec la profondeur. A quarante-huit mètres, il fait humide et froid; à soixante-douze, l'eau suinte le long des murs, et on patauge dans la boue; à quatre-vingt-sept, il pleut à verse, et il y a un pied d'eau; à cent vingt-deux mètres, on est dans l'eau jusqu'au ventre, et on reçoit des torrents sur la tête.

Cette promenade mi-aquatique est assez malsaine par la température qu'il fait. Dans ces galeries, on a pourtant beaucoup moins froid qu'au dehors; mais je plains les pauvres diables qui ont à travailler ainsi dans l'eau toute l'année, malgré les pompes qui n'arrêtent ni jour ni nuit et dont le jeu est double en cas d'avarie.

Ceux qui travaillent dans les galeries les plus profondes sont beaucoup mieux payés, ce qui n'empêche pas un grand nombre d'entre eux de mourir de fluxions de poitrine.

Ici, point de « compound » ni de « searching visit ». Les

noirs reçoivent des logements où ils sont libres entre les heures de travail. Une cloche les appelle. Comme on travaille jour et nuit, il y a deux équipes qui se relèvent.

M. Robinson compte substituer sous peu au travail manuel le puissant et rapide auxiliaire fourni par la vapeur pour l'extraction du minerai.

Après avoir parcouru pendant plus de deux heures les travaux souterrains (j'allais dire sous-marins, en raison du bain prolongé), après nous être traînés à plat ventre dans les nouveaux tunnels et avoir grimpé dans des fissures pour examiner le *reef* ou filon aurifère, nous respirons de nouveau l'air pur du dehors.

En sortant de la mine, nous allons visiter les moulins à or, machines assez compliquées qui méritent deux mots d'explication.

Après l'extraction, le quartz aurifère passe par plusieurs manipulations qui ont pour but d'en extraire le précieux métal, aussi vite que possible et en en perdant aussi peu que possible.

Le moulin à or ou *stamp-mill* actuel, avec ses derniers perfectionnements, remplit ces conditions, tout en réduisant au minimum le chiffre des dépenses.

Les opérations principales sont le concassage, le bocardage, l'amalgamation, enfin la distillation et la fonte. Le concassage (*crushing*) a pour but de préparer le minerai pour le bocardage. Le concasseur, appareil très puissant, brise le quartz en morceaux égaux dont on peut régler la dimension à volonté. Ces fragments sont ensuite transportés automatiquement et versés dans les bocards de distribution appelés *orefeeders*, qui règlent la quantité à recevoir par chaque batterie.

Les bocards sont des pilons en acier ou en fonte battant sur des enclumes ou dés, dans des mortiers. Ils sont mus par la vapeur, avec une régularité merveilleuse, au moyen de cames montées sur un arbre en rotation, lesquelles les soulèvent et les laissent retomber à chaque tour de roue. Ils se meuvent alternativement de façon que leur action soit isolée sur une certaine partie du mortier.

La rangée des pilons qui travaillent dans le même mortier s'appelle une batterie; selon l'importance de la mine, il y a une ou plusieurs batteries. Dans l'exploitation aurifère que nous avons visitée, il y en a six ou sept de dix bocards chacune; un bocard pèse en moyenne trois cent cinquante kilogrammes.

Immédiatement derrière la batterie, sont l'orefeeder ou distributeur automatique du minerai et les conduites d'eau; ils versent dans le mortier la matière et le liquide en proportions convenables pour que le travail des pilons produise une pâte ou pulpe.

L'amalgamation, qui a pour but de séparer l'or pur des sulfures et autres corps étrangers qui y adhèrent, commence dans les mortiers et se termine sur de grands panneaux placés en pente, immédiatement au-dessous de la batterie.

Ces plaques d'amalgamation, comme on les appelle, sont en cuivre argenté à la galvanoplastie et frotté avec du mercure. Elles ont le don de retenir contre leur surface les parcelles d'or pur également mélangées de mercure, et elles les y maintiennent à une épaisseur de quelques millimètres, si le courant d'eau n'est pas trop violent.

Au moment où les batteries reçoivent le minerai et l'eau, on y verse également, à doses très régulières, une petite quantité de mercure pur. Cette opération est assez délicate : il ne faut ni trop, ni trop peu de vif-argent.

Le mercure mélangé à la pulpe isole peu à peu les parcelles d'or de petite taille; son poids spécifique l'entraîne alors, et ses particules se rejoignent au milieu du liquide, où il se dépose avec sa précieuse collecte sur les plaques d'amalgamation qui le retiennent contre les parois du mortier.

Il laisse néanmoins beaucoup d'or encore dans la pulpe, et notamment les grains trop gros pour adhérer aux plaques ; l'eau, en dissolvant la pulpe, l'entraîne au dehors sur d'autres plaques d'amalgamation beaucoup plus grandes, ayant à peu près trois mètres sur un mètre cinquante, où l'or et le mercure continuent à se déposer. La pente des plaques est douce (environ cinq pouces anglais par yard, c'est-à-dire douze à treize centimètres par mètre).

On imprime aux plaques d'amalgamation, au moyen d'un mécanisme ingénieux, un mouvement analogue à celui du pan entre les mains du laveur d'or, c'est-à-dire un léger va-et-vient latéral, pendant que l'eau entraîne doucement, à leur surface seulement, les matières sableuses inutiles.

Les dépôts qui adhèrent aux plaques d'amalgamation sont enlevés, chez M. Robinson, après chaque période de quinze heures de travail. Pour cela, on gratte la plaque avec des morceaux de cuir. L'amalgame recueilli sur l'angle du grattoir est porté au laboratoire. La pulpe délayée repasse ensuite encore une fois dans un appareil dit *concentrator*, qui est destiné à recueillir sur ses bandes de caoutchouc, continuellement en mouvement, les parcelles d'or qui ont échappé aux plaques d'amalgamation. Dans ce dernier travail, le mercure n'est pas utilisé ; on vise plutôt à recueillir les parties auxquelles il n'a pu s'allier, c'est-à-dire les sulfures et autres matières minérales combinées avec l'or. Les résidus sont jetés ensuite, et les dépôts recueillis dans l'appareil sont joints à ceux des plaques d'amalgamation pour passer par deux dernières opérations.

Les *stamping mills* marchent, comme je l'ai dit, jour et nuit à Johannisburg. La nuit, à la lumière électrique, c'est un imposant spectacle : les volants énormes tournent, les nombreux pilons ébranlent le sol, pendant que les grands panneaux remuent lentement ; tout cela dans un immense hall, criblé de roues, de tuyaux et de courroies en mouvement et éblouissant de lumière comme une salle de bal, ainsi qu'il convient lorsque l'industrie, le travail et le génie humain reçoivent, à son entrée dans le monde, Sa Majesté l'Or. N'est-ce pas le grand maître de l'univers, le point de mire de l'Humanité ?.....

Au laboratoire, on commence par mélanger l'amalgame avec une grande quantité de mercure pour écarter, en les faisant flotter, les derniers corps étrangers. Puis on procède à sa distillation dans des cornues en fonte, opération qui a pour but de vaporiser le mercure qu'un filtrage préalable a été impuissant à enlever.

Enfin, le résidu des cornues est fondu dans des creusets et mis en barres. Ces barres d'or pur sont du plus joli effet ; leur forme affecte exactement celle des tablettes de gros chocolat de ménage. Chacune d'elles pèse environ deux kilogrammes. Je connais bien des gens qui voudraient une tasse de ce cacao-là, sauf à ne pas l'avaler !...

Pour terminer ces détails sur l'exploitation, je dirai que le produit du laboratoire est confié à un coach, escorté d'une garde armée, lequel porte l'or en barres à Kimberley ; de là, il est envoyé au Cap, d'où il parvient sur les marchés d'Europe.

Il ne faut pas croire que l'on soit parvenu aujourd'hui à retirer tout l'or contenu dans le quartz. On en perd beaucoup, au contraire, soit parce qu'il est mélangé de produits chimiques qui échappent à l'action du mercure, soit qu'on n'ait pas encore atteint la perfection dans l'outillage. On évalue la récolte de l'or à environ 80 pour 100 de ce que contient en réalité le minerai.

Les soixante bocards de la mine Robinson pilent, par vingt-quatre heures, 200 tonnes de minerai. La moyenne du rendement de la tonne de minerai est d'une once et demie d'or. Cela fait, par mois, un travail moyen de 6,000 tonnes donnant 9,000 onces.

Au prix moyen de 75 schellings l'once (environ 94 francs), cela fait 846,000 francs brut. Les frais mangent à peu près la moitié — mettons 400,000 francs. Reste un bénéfice net, bien défini, de 446,000 francs par mois, ou près de 5 millions et demi par an.

Les bonnes mines d'or sont décidément une bonne affaire.

J'ai trouvé inutile de visiter d'autres mines à Johannisburg, attendu qu'elles sont toutes travaillées de la même façon. La seule différence est dans leur situation plus ou moins avantageuse au point de vue de la distribution des eaux et de la profondeur des galeries atteignant le *reef* ou filon : celui-ci semble être le même partout.

De nombreuses mines de charbon alimentent sur les lieux mêmes, à l'aide de chemins de fer Decauville, tous les centres d'exploitation des mines de diamants et d'or. Les principales sont : au Cap, celle de Jamestown ; dans l'État libre d'Orange, Kroonstadt et les gisements des bords du Vaal, près de Helbron ; dans le Natal, Newcastle et Dundee. Enfin, au Transvaal, il existe deux mines de houille tout près de Johannisburg, une à Midleburg, d'autres à Wackerstroom et à Utrecht.

La nature a exceptionnellement doté ces régions en mettant ainsi le charbon à côté des machines. Mais là ne s'est pas arrêtée sa générosité, elle leur a donné d'autres minéraux : c'est ainsi que le Cap possède une mine de cuivre (Port Nolloth), et qu'au Transvaal treize gisements sont connus, en dehors de ceux de Johannisburg : dix de cuivre, deux de plomb, un de fer.

C'est la richesse partout. Tout le monde y est possédé de cette fièvre de l'or qui caractérisait, raconte-t-on, les mineurs californiens d'autrefois. Johannisburg, comme

Kimberley, sont de véritables cités fourmilières. Il y règne une agitation, une activité tout à fait exceptionnelles. En Europe, dans les grands centres miniers, où la population ouvrière est en nombre, j'ai bien vu une foule pressée, affairée, des figures préoccupées, des gens cherchant le pain du lendemain, parfois aussi, hélas! celui de la veille; mais dans les centres d'affaires de l'Afrique du Sud, tout a un autre aspect : c'est bien la même agitation, le même mouvement; mais l'ambition se lit sur toutes les figures.

Ici, où chacun gagne l'or en abondance, on en est tellement repu, qu'il n'a plus de valeur. J'ai souvent fait l'expérience qu'une livre sterling a autant d'importance, dans ces pays, qu'un simple schelling *at home;* on n'entend jamais parler de cette menue monnaie : les paris se font par livres sterling, les achats par livres sterling; les conversations ne roulent que sur des centaines et des milliers de *sovereigns.*

Il n'y a pas jusqu'aux modestes aubergistes qui ne veuillent transformer leur industrie en mine d'or : les pauvres voyageurs, selon le mot anglais, sont *chargés* d'une façon lamentable : c'est 20 *bobs* (schellings) par jour, sans compter les extras. Voici un aperçu des prix notés sur mon carnet : un cigare, 1 bob; cinquante carambolages, 2 bobs; café, 1 bob; service, 3 bobs; le clarette (mélange chimique contraire à la santé portant l'étiquette d'un cru de Bordeaux, généralement agrémentée de fautes d'orthographe), 6 bobs; un escabeau de hangar (lisez fauteuil numéroté) pour *Madame Favart,* 15 bobs; une absinthe (cela se trouve même à Johannisburg), 2 bobs; commissionnaire, 2 bobs, etc., etc., et cela s'embob...ine si bien que le soir on a dépensé 150 francs sans avoir commis le moindre excès.

On ne peut se ruiner pour des danseuses, car il n'y a pas encore d'opéra ni de théâtre, mais cela viendra probablement avant les W-C. Actuellement, il débarque à chaque instant de charmantes bar-maids, généralement Anglaises, qui sont les seules représentantes du beau sexe européen, si j'exclus les dames boers, que l'on ne voit jamais. Les bar-keepers ont trouvé ce moyen de se faire concurrence : ils mettent derrière le zinc une jolie fille assez éveillée et alerte pour rire et plaisanter avec les clients, sans perdre de vue le débit de boissons, et l'on s'écrase littéralement dans leurs établissements. Les bar-maids vous font payer n'importe quelle consommation un *sov* (livre sterling), avec leur sourire délicieux, leurs dents et leur figure ravissantes; et nous, imbéciles! nous nous laissons faire, comme si c'était à nous et non à notre bourse que ce sourire s'adressait.

Avant de commencer mon voyage vers le Nord, j'avais besoin de m'approvisionner. Il me fallait, entre autres choses, une grosse quantité de conserves alimentaires. Je visitai à cet effet plusieurs magasins, afin de m'informer des prix, prévoyant déjà qu'il en serait des marchands de conserves comme des hôteliers et des bar-keepers. Je vis que je ne m'étais pas trompé : ayant presque autant de prétention que leurs confrères, les épiciers en gros avaient tous des prix inabordables, des prix d'objets précieux plutôt que de produits alimentaires. Et, par-dessus le marché, il se pouvait que ce fussent des antiquités, attendu qu'on vend peu de conserves à Johannisburg !

Craignant qu'on ne cherchât à m'écouler de coûteux rossignols, je décidai d'aller m'approvisionner au Natal, ce qui me permettrait de voir cette colonie, bien qu'elle fût en dehors de ma route. Je pouvais trouver à Durban, à des conditions très raisonnables, une foule d'objets dont j'avais besoin, ainsi que mes approvisionnements de bouche.

A cette époque, d'ailleurs, les détails de mon itinéraire futur n'étaient pas encore arrêtés ; je voulais attendre

4.

mon arrivée à Prétoria pour consulter les gens d'expérience sur le meilleur chemin à suivre.

Néanmoins, je résolus de me rendre au Natal sans m'éloigner davantage, puis de revenir au Transvaal avec tout mon matériel de voyage, sachant bien d'ailleurs à l'avance ce qui m'était nécessaire pour le parcours que j'avais à accomplir, quel qu'en fût l'itinéraire spécial.

Les frères Beddington se rendant à Prétoria, nous nous séparâmes après cette première partie du voyage, et pendant longtemps je n'entendis plus parler d'eux. Deux ans plus tard, au lac Nyassa, j'appris qu'ils étaient rentrés en Europe fort contents de leur excursion cynégétique.

J'aurai encore occasion de reparler du Transvaal à mon retour de Prétoria : je crois qu'il est peu de pays nouveaux aussi intéressants, à tous les points de vue, que les deux Républiques boers. J'ai essayé de les dépeindre rapidement, faisant ressortir, autant que j'ai pu les voir, leurs principaux traits caractéristiques.

L'originalité du Boer tient à ce qu'il a conservé fort peu des mœurs européennes, tout en s'étant créé en Afrique des habitudes d'homme blanc : il est à la fois soumis et indépendant, fier et indifférent, nonchalant et actif, bon et cruel, si on l'observe dans sa vie quotidienne ; étant son seul maître, il n'accepte son gouvernement que sous toute réserve. Il s'est produit des cas où l'enthousiasme a failli l'emporter sur l'habitude, lorsque, par exemple, les Transvaaliens faillirent se donner un maître ; mais je crois que, si ce dernier avait été élu, il n'eût pas régné longtemps, peut-être le temps nécessaire à le détrôner, une fois l'enthousiasme refroidi.

Les Républiques dont je parle ont pourtant un malheur : c'est leur situation à l'intérieur des terres, sans débouchés ni port de mer indépendant, inconvénient si grave que, bien qu'il soit le seul, je crois, à s'opposer à leur développement, il amènera à bref délai la perte de l'indépendance boer, déjà fortement entamée. Aucun autre point noir ne menace la prospérité future de ces pays, mais celui-ci est de nature à causer leur perte.

Jusqu'à présent, quoiqu'ils voient venir l'orage, ils ne semblent pas chercher à se mettre à l'abri. Quand ils s'y décideront, il sera peut-être trop tard.

CHAPITRE IV

Les indigènes. — Les Hottentots et leurs femmes. — Coolies. — Malais. — La vieille Cafrerie. — Son étendue ; ses anciennes tribus. — Population. — Les Cafres-Zoulous ; un mot sur leur origine et leurs conquêtes. — Les Matabélés. — La guerre anglo-zoulou. — Annexion du Natal. — Démembrement de la Cafrerie. — Langues. — Mœurs cafres. — Lois, usages, nourriture, costume. — Le Cafre comparé au noir de Guinée. — Suite de mon voyage. — En coach. — Un repos à l'hôtel. — Le chemin de fer du Natal. — Durban. — Pietermaritzburg. — Retour décidé par le Zoulouland. — Transport de mes bagages à Victoria. — Description d'un chariot à bœufs.

Il est difficile de traverser ces pays nouvellement conquis à la civilisation par le progrès, sans se préoccuper de ce que sont devenus les indigènes, ces premiers occupants du territoire qu'on a chassés ou détruits.

L'Afrique du Sud a suivi la loi commune, mais avec quelques différences. Dans tout l'immense continent africain, la civilisation opère des transformations ; à la vie par trop simple de l'indigène, elle substitue le confort et le bien-être relatif dont elle a besoin ; elle construit des villes, des chemins de fer, des ponts, des aqueducs ; elle fouille les mines, coupe les forêts et jette partout cette animation qui émane directement du besoin de gagner sa vie, en dehors de la vieille Europe, désormais trop étroite pour ses enfants. De là sont nés le commerce et l'industrie.

Nulle part encore, je n'avais vu la civilisation chasser

l'indigène : loin de là, elle le conserve et essaye de le rendre meilleur... ou pire. (Les opinions diffèrent sur ce point ; personnellement, je penche pour le dernier terme.) Elle l'assimile, le forme à ses travaux, fait de lui un auxiliaire utile et essaye d'encourager son immigration au lieu de l'éloigner.

Dans l'Afrique australe, j'ai remarqué le contraire : le climat étant aussi tempéré et plus réglé que celui de l'Europe du Sud, on n'a pas besoin de l'indigène, comme sous les tropiques, où l'Européen n'est bon à rien. On se passe du noir, on l'écarte : le goût des aventures, le manque de travail, la misère, suffiront amplement à peupler l'Afrique australe dans un temps peu éloigné. Sauf pour quelques travaux très fatigants et dont la vapeur aura bientôt le soin, on n'emploie plus le noir ; on le maltraite même tant qu'on peut.

De ceux qui ont visité les possessions coloniales de l'Angleterre, personne ne se laisse plus prendre à ses belles paroles : les Anglais protègent ostensiblement le noir parce qu'ils font de lui un instrument de conflit, de tracasserie, de bénéfice ou de conquête, suivant les circonstances : au fond, ils le méprisent beaucoup plus que n'importe quelle autre nation. Les Hollandais font de même. Aujourd'hui, dans les pays en voie de civilisation, le nom du noir est toujours allié étroitement au *chambuck* (fouet en cuir d'hippopotame). Si on ne lui dit pas précisément de s'en aller, on lui fait bien comprendre qu'il n'y a plus grand espoir pour lui dans le pays, et que sa dernière case tombera un de ces jours pour faire place au blanc.

Aussi a-t-il déjà quitté les grandes villes et leurs environs ; il quittera bientôt le pays tout entier. Actuellement, la majorité de la population noire consiste en Bassoutos ou Béchuanas qui viennent du voisinage ; les gens de couleur plus claire sont les Hottentots (il y en a encore un grand nombre dans le pays ; c'est même, je crois, tout ce qui en existe), les coolies des Indes et les Malais.

Les Hottentots ont encore des villages entiers dans la colonie du Cap où ils vivent comme autrefois. On les y garde parce qu'ils excellent à tout ce qui concerne les chevaux et, en général, les attelages. Ils sont nés cochers et palefreniers et se rendent ainsi très utiles, à bien meilleur marché que ne le feraient des blancs.

Leurs femmes sont célèbres. On a beaucoup parlé des Hottentotes à cause d'une particularité physique qui constitue la beauté chez elles et que nous trouvons peu gracieuse. Je veux parler d'un développement extraordinaire du... bas des reins. Cette proéminence dépasse tellement les dimensions suffisantes pour s'asseoir confortablement, que l'enfant, lorsqu'il a un certain âge, se tient debout dessus, derrière sa mère, les mains appuyées sur les épaules de celle-ci et dans la position d'un valet de plate-forme derrière une voiture de gala.

Je résumerai les autres caractères des dames hottentotes, en disant qu'elles sont laides à faire peur. Les beautés locales se reconnaissent à un embonpoint excessif, mais elles sont si mal faites et cette graisse est si mal distribuée, qu'elle donne une impression d'éléphantiasis généralisée.

Toutes ces dames n'ont pas la difformité que j'ai indiquée, — car c'en est bien une. On en trouve de minces et de maigres, mais elles n'ont aucun succès, paraît-il, dans le monde hottentot.

J'ai visité plusieurs de leurs villages : deux où j'ai fait une courte station, sur notre parcours du Cap à Kimberley, et un autre dans le Griqualand West, où j'ai passé deux jours avec les frères Beddington. Je n'y ai rien trouvé de bien curieux. Au Cap, la plupart des Hottentots sont habillés et vont pieds nus ; les femmes portent des robes multicolores et des foulards ! Loin de les embellir, ces vêtements les rendent hideuses, avec leur face bouffie, leur démarche de canard trop gras et le dandinement de leur arrière-train. Au Griqualand, au moins, point de costumes européens. A part tout au plus quelques vieilles vestes chez les hommes, on n'y voit guère que le costume ou plutôt les oripeaux nationaux : des peaux d'antilope autour des reins, de la verroterie au cou et aux oreilles; le torse reste nu, sauf le soir, où la température ne le permet pas. Tandis que les hommes font de la culture et veillent aux troupeaux de chevaux et de bœufs, ou pendant qu'ils chassent, les femmes vaquent aux soins du ménage, allant quérir de l'eau dans des récipients en terre, ou dans des coquilles d'œufs d'autruche percées d'un trou circulaire à leur partie supérieure.

J'avais acheté deux de ces dernières; mais, hélas! pas plus que les plaques photographiques et les bouteilles, elles n'étaient à l'épreuve des cahots du coach.

En somme, les Hottentots non civilisés sont fort rares; je crois même qu'il n'en existe plus. Ceux du Griqualand que j'ai vus avaient des fusils, faisaient le commerce des chevaux, connaissaient la valeur de l'argent, et s'ils ne s'habillaient pas encore, ils n'allaient pas tarder à le faire.

Je ne dirai rien des coolies indiens, attendu que je ne m'occupe que de l'Afrique. Je dois reconnaître néanmoins en passant que ces têtes noires ou bronzées, aux longs cheveux soyeux, si noirs qu'ils paraissent bleus, présentent des types d'une race douée au point de vue de la beauté des traits : à en juger par les hommes, les femmes coolies doivent être bien belles.

Les Malais, ou du moins ceux qu'on appelle ainsi aujourd'hui, ne sont pas des originaires de la Malaisie. Il est possible que leurs ancêtres en soient venus, mais depuis longtemps ils se sont tellement mélangés avec les métis, les Hottentots, les indigènes, les Javanais et les coolies, que je laisse aux anthropologistes le soin de définir cette nouvelle variété de l'espèce humaine. Je constate seulement que ces soi-disant Malais forment un bon quart de la population non blanche du Cap. Ils sont habituellement vêtus en mendiants européens.

Quant aux Griquas et aux Bassoutos, ils appartiennent, selon une opinion accréditée, à une des branches de la grande famille cafre dont j'ai cherché les traces. C'est malheureusement tout ce qui reste d'une immense tribu très puissante, curieuse par ses mœurs et ses origines, dont les derniers représentants, nés postérieurement à l'invasion blanche, sont, comme tous les noirs en général, à peu près impuissants à reconstituer leur propre histoire au delà d'une génération. On ne peut donc s'adresser à eux.

Si nous recherchons dans les archives du Cap du temps du second Empire (car il a fallu à peine trente ans à l'Europe pour dévorer les Cafres), des détails sur ce qui s'appelait autrefois la Cafrerie, nous apprenons que ce vaste royaume était borné : au nord, par Lourenzo Marquez ; au sud, par le Great Fish River ; à l'ouest, par une ligne située à la même distance que l'Océan des monts Drakenburg, appelés autrefois montagnes de Cafrerie. En d'autres termes, ce royaume embrassait, en 1858, les territoires actuels suivants : le sud du Transvaal et du pays de Gaza, Lourenzo Marquez compris, la moitié est de l'État d'Orange, le Swaziland, le Zoulouland, Natal, le Griqualand est, le Pondoland et le Bassoutoland.

Les historiens de l'époque décrivent bien le plateau, très élevé au-dessus de la mer, qui occupait le centre de la Cafrerie, à l'ouest des montagnes du même nom, ce qui, joint à d'autres renseignements, ne laisse aucun doute sur la position géographique de l'ancien royaume.

Quant à sa population, elle était estimée à environ trois

FEMMES BASOUTOS

cent mille habitants, distribués de la façon suivante entre les principales tribus mères :

Les Amagounoukouébi (sur la côte, depuis la Fish River jusqu'à près de la rivière des Buffalos), 15,000 habitants ;

Les Amandlambé (entre la haute Kei River et la source de la rivière des Buffalos), 5,500 habitants ;

Les Amambalou et les Imidandjé (entre la Kei River et Fort Beaufort), 30,000 habitants ;

Les Amanguika (dans les montagnes comprises entre la Umtata et la Kei River), 40,000 habitants ;

Les Amagkaleka (dans le nord du Bassoutoland actuel), 70,000 habitants ;

Les Amatembou (même région), 90,000 habitants.

La dernière tribu était une des fondatrices du royaume ; les six autres n'étaient que des sous-tribus qui se reliaient toutes sous le nom collectif d'Amaxosa (1).

Ces trois cent mille habitants donnaient un effectif de 45,000 guerriers.

Comme on le voit, sauf dans le nord-ouest de la Cafrerie, où il n'y avait, disait-on, que de vastes plaines sans arbre, et qui sont les pâturages sans rivaux du Transvaal, la population était nombreuse et dense, si on compare sa moyenne à celle des autres populations de l'Afrique, à égale surface de territoire occupé.

Les Zoulous, célèbres par leur résistance désespérée contre l'invasion, font partie de la grande famille cafre. Ils en forment pour ainsi dire le fondement ; mais le nom que nous leur donnons ne se retrouve que dans une seule des tribus cafres, tribu puissante, qui se confond avec celle des Amaxosa. Dans cette dernière il y a une sous-

---

(1) Ou « gens de Xosa ». *Ama* veut dire « hommes ». Xosa fut le premier et le plus grand chef de la Cafrerie.

tribu, les Amagounoukouébi : c'est celle dont un district fut occupé, sous le chef Tchaka, par les Amazoulous, qui devinrent célèbres plus tard sous le nom de Zoulous.

Les Zoulous avaient importé leur langue, et ce sont des dérivés de cette langue que parlaient les diverses tribus cafres. Il n'est pas douteux aujourd'hui, — j'en ai eu depuis de nombreuses preuves, — que les Zoulous soient venus du nord de l'Afrique. Leur race a-t-elle pris naissance dans l'Afrique centrale, ou dans la Nubie, ou l'Abyssinie? C'est ce que peu de gens pourraient dire; mais ce qui est bien certain, c'est qu'ils émigrèrent de ces régions vers le Sud.

La première trace de leur passage et de leur conquête se trouve au sud-ouest du lac Nyassa : avant de continuer leur route vers l'Afrique méridionale, ils y fondèrent un royaume bien distinct : l'État des Angonis, qui se divise actuellement en deux parties : le royaume de Mpéséni, encore très puissant, et celui de Tchikoussi ou des Angonis, qui est beaucoup plus faible.

Mpéséni et Tchikoussi, deux vieillards aujourd'hui, sont de purs Zoulous. Un grand mélange de races a eu lieu depuis leur arrivée, et on ne peut plus considérer leurs sujets comme de vrais Zoulous. Néanmoins, ils en parlent la langue et ils en ont conservé les mœurs : leur passion pour le bétail, leurs armes, leur façon de combattre sont tout à fait caractéristiques. Je reviendrai sur ces deux pays, lorsque le cours de mon voyage m'y ramènera.

L'émigration zouloue continua ; des peuplades furent fondées sur le haut Zambèze par des détachements volontaires de cette multitude.

Les territoires au sud du Zambèze furent conquis sur leurs premiers occupants. Ainsi, le Matabéléland d'aujourd'hui, le nord de la Cafrerie et le Zoulouland actuel étaient des pays zoulous.

Les Matabélés, qu'on n'appelle ainsi que parce qu'ils occupent le pays de Matabélé entre le nord du Transvaal et le Zambèze, sont de purs Zoulous, dont le chef est Lo-Bengoula. Les gens de Goungouniano, sur le haut Zambèze, sont également des Zoulous.

Il ne faut donc pas croire que la Cafrerie ait eu le monopole des Zoulous, ni que le Zoulouland soit leur dernier pays.

En réalité, celui-ci est simplement le territoire sur lequel se sont réfugiés les derniers Zoulous-Cafres qui, ayant eu des guerres avec l'Angleterre, ont abandonné à l'ennemi une bonne partie de leur territoire, et, sous leur chef Ketchouaio (1), ont opposé aux envahisseurs une résistance désespérée qui a rendu à jamais célèbre cette belle race guerrière (2).

Avant de dire deux mots sur cette dernière guerre, qui a désormais sa place dans l'histoire, voyons l'ordre dans lequel les territoires de la Cafrerie furent peu à peu rognés et ravis à leurs premiers occupants.

En 1835, au moment de la première émigration boer, la Cafrerie perdit tout le territoire situé au sud et au delà des monts Drakenburg. Plus tard, à la naissance du Transvaal, le nord de ce même pays passa aux mains de l'ennemi. Vinrent ensuite les déprédations successives de la colonie du Cap, qui, franchissant sa frontière, formée par la Great Fish River, enleva à la Cafrerie toute sa partie sud jusqu'à la Kei River, et plaça sous son protectorat le Griqualand-Est, le Pondoland, le Tembouland, le Transkei, au détriment de la Cafrerie, laquelle diminuait à vue d'œil, par le fer, le feu et le massacre. Le sang qui rou-

(1) Les Anglais écrivent Cetiwayo, mais les purs Zoulous le prononcent comme je l'écris.

(2) Les autres Cafres-Zoulous ont été refoulés peu à peu, après des guerres plus ou moins sanglantes, entre 1854 et 1875.

gissait l'eau des rivières, qui inondait les plaines et les vallées, c'était celui des Cafres : on passait ainsi partout, comme sur les cartes, la teinte rouge de l'annexion (1856).

Le Natal, désormais contigu aux protectorats du Cap, ne tarda pas à subir cette influence, si bien que, un beau jour, il ne resta plus de la Cafrerie que ce qui s'appelle aujourd'hui le Zoulouland, avec le Swaziland et le Natal, ce dernier déjà fortement endommagé, d'ailleurs, au point de vue de l'indépendance.

Les Zoulous-Cafres résolurent de s'opposer aux tentatives des Anglais pour soumettre le Natal à leurs lois : telle fut l'origine de la guerre de 1879.

Les Zoulous, qui refusaient absolument d'avoir affaire aux Anglais, avaient passé la rivière Tugela (limite entre Natal et le Zoulouland). C'était leur dernier retranchement.

Voici, en résumé, les faits qui amenèrent les premières hostilités : les Anglais intimèrent à Ketchouaio d'avoir à cesser ce qu'ils appelaient ses cruautés, et qui n'étaient autre chose que des exécutions capitales résultant de condamnations conformes à la justice et aux usages du pays.

Ketchouaio répondit qu'il était roi dans son pays et qu'il n'intervenait pas dans les affaires des Anglais, faisant ainsi comprendre qu'il désirait que ces derniers en fissent autant avec lui.

Après l'ultimatum d'usage et quelques prétextes... anglais, la guerre fut déclarée, et l'armée de Sa Gracieuse Majesté, préparée et renforcée selon un programme élaboré de longue date, prit ses positions sur les bords de la rivière Tugela.

Le premier engagement eut lieu à Isandlouana; il coûta cher à l'armée britannique : 15,000 Zoulous attaquèrent un corps anglais de 1,500 hommes ayant canons et matériel complet. Ils en tuèrent plus de 1,000 et s'emparèrent des canons, munitions, chariots à bœufs (ces derniers au nombre de 130 avec 2,500 bœufs), ainsi que d'un butin évalué par les Anglais à plus de 100,000 livres sterling. De leur côté, les pertes furent d'à peu près 2,500 hommes.

A la suite de nombreux épisodes, après des succès de part et d'autre et beaucoup de sang versé, la victoire finale resta longtemps indécise. Enfin, comme toujours, le canon, la mitrailleuse et le fusil à répétition finirent par avoir raison du bouclier, de la sagaie et du fusil à silex, et, après avoir demandé inutilement la paix, Ketchouaio n'eut d'autre ressource, pour conserver à son peuple quelque semblant d'indépendance, que de se constituer prisonnier.

Il se rendit comme un brave, sans peur et sans souci de l'avenir, ignorant s'il ne payerait pas de sa tête son dévouement à sa patrie. Les Anglais le traitèrent fort bien ; ils l'envoyèrent passer un ou deux ans à Londres, pendant qu'ils démembraient le sud du Zoulouland, proclamaient le British rule dans tout le territoire et prenaient possession de Natal.

Pendant l'absence de Ketchouaio, les chefs zoulous se distribuèrent le gouvernement, qu'ils voulurent garder même après son retour, sachant que leur ancien chef était désormais tout acquis à l'Angleterre. De là, la deuxième guerre du Zoulouland, dans laquelle les Boers du Transvaal prirent une part active. Ils infligèrent aux Anglais plusieurs défaites tellement complètes et humiliantes que ceux-ci en ont toujours la rage au cœur.

Certains historiens anglais affirment que les tribus de Finjoes qui existent encore au Cap, vers le sud du Bassoutoland, ne seraient autres que les descendants croisés d'anciens Zoulous du Natal. Les recherches que j'ai faites confirment ce renseignement.

En somme, la grande famille appelée Chaffris par les Anglais, Cafres par nous, se composait de deux espèces de gens bien distinctes : les Zoulous et les noirs soumis par les Zoulous, qui étaient les premiers occupants (1).

Vainqueurs et esclaves se sont fortement mélangés ; les premiers ont continué à parler leur langue pure dont on possède aujourd'hui des ouvrages très complets : c'est le cafre-zoulou ; les autres ont un peu abâtardi cet idiome ; ils l'ont mélangé à d'autres et en ont fait le cafre, qui était, au moment de la conquête, une langue très complète aussi. Les Finjoes et certains indigènes du Cap parlent un dialecte qui en dérive et que les Anglais traitent de *kitchen-kaffir* (cafre de cuisine). Un homme parlant les deux derniers idiomes ne se fait pas comprendre d'un Zoulou, spécialement dans le Nord, où la langue n'a reçu, d'après les spécialistes, aucune altération.

Les mœurs cafres sont assez curieuses. Une de leurs conséquences est que le démembrement de leur unité en tribus différentes augmente à la mort de chaque chef. La loi, en effet, veut que chacun de ceux-ci choisisse à un moment donné deux de ses femmes auxquelles il confère les titres de *omkoulou* (la première, la grande) et *ouasékounéssé* (celle de la main droite). Le premier fils de la « grande épouse » est l'héritier du trône, tandis que l'aîné de l'« ouasékounéssé » fonde une autre tribu : à la mort de son père, il devient chef indépendant et commande les sujets qui lui ont été donnés. Il reste bien encore, pendant les premiers temps, sous l'influence de son frère le grand, celui qui a succédé au père, mais il s'en affranchit bientôt.

C'est ainsi que se forment ces nombreuses tribus auxquelles on serait tenté d'attribuer une origine et une his-

---

(1) On estime que le règne du premier roi zoulou dans le Sud date du commencement de ce siècle.

ZOULOUS. — HOMME ET FEMME

toire distinctes, tandis qu'elles ne sont que des branches différentes du même tronc. Il y a naturellement une foule d'usages et de lois qui se rapportent à ce genre de succession, mais je ne donne ici, en passant, que les principaux traits du caractère et des mœurs.

Le genre de gouvernement qui a toujours été adopté par les Cafres est une sorte de féodalité patriarcale. C'est surtout l'âge des chefs qui faisait leur influence chez ces hommes si virils : il fallait avoir fait ses preuves pour parvenir à la plupart des fonctions sociales. Les chefs gouvernaient avec un conseil de vieillards expérimentés, dont l'assistance, généralement utilisée, était obligatoire dans les cas importants tels que condamnation à mort, choix des premières femmes, comme je l'ai expliqué plus haut, déclaration de guerre, rançon à exiger des vaincus, etc.

Il n'y a pas extradition entre tribus. Pour des fautes légères, n'ayant pas d'inconvénient dans d'autres tribus, souvent même par convenance personnelle, des hommes passent sous un autre chef sans que personne puisse les obliger à revenir ni les livrer à leur ancien kraal. (Le *kraal* est le village, l'assemblage des cases au centre d'une enceinte commune d'étendue variable. Certaines tribus n'ont qu'un kraal, d'autres en ont des centaines.)

La passion dominante, le caractère particulier du Cafre-Zoulou, c'est sa passion pour le bétail. Partout où il est, les bestiaux abondent. Une loi assez curieuse du pays interdit le mariage à tout homme qui ne possède pas un certain nombre de têtes de bétail. Dès qu'il a des enfants mâles, il doit, à leur naissance, leur attribuer une vache. Celle-ci reproduit au fur et à mesure que l'enfant grandit, si bien que, à l'âge adulte, il se trouve déjà à la tête d'un petit troupeau. En cas de mort de la vache, le père doit en acheter une autre, si le fils n'a pas atteint l'âge voulu ; si l'enfant meurt, le père hérite. Toutes les transactions, les chiffres, la monnaie, sont représentés par des têtes de bétail. Ainsi, le père vend chacune de ses filles à leurs époux pour un certain nombre de têtes. Les amendes pour homicide involontaire, adultère, avortement, rapt, vol, dommages à la propriété et autres fautes se payent par des amendes variant entre une et vingt têtes. On calcule en têtes, et la richesse d'un homme consiste à avoir un grand nombre de têtes de bétail.

La nourriture de ces grands possesseurs de vaches est naturellement composée en partie de laitage; mais le lait frais est dédaigné : tout au plus le trouve-t-on bon pour les enfants. Après avoir recueilli le lait, on le fait fermenter dans des outres *ad hoc;* lorsqu'il est caillé et résistant, on le met dans des paniers : ce genre de fromage frais est un de leurs principaux aliments.

Un homme seul, dans chaque case, a le droit de toucher à l'outre au lait. Cette loi est tellement sérieuse que son infraction est un motif légal de divorce : toute personne coupable d'avoir indûment touché à une outre laitière est condamnée pour vol. Le maître de la maison peut pourtant autoriser quelqu'un à y toucher, ou l'en charger au cas où il viendrait à s'absenter.

Cet usage a sans doute une raison d'être; la principale, à mon avis, est qu'un poison peut être introduit dans l'outre par une main étrangère. Il est prouvé qu'une certaine plante vénéneuse du pays s'assimile au lait et s'y dissimule complètement si elle est introduite avant que le liquide soit caillé. Ce moyen de se débarrasser de son ennemi en empoisonnant sa réserve de lait a dû provoquer l'établissement de ces usages sévères.

Les autres aliments habituels sont le sorgho, rouge et blanc, le maïs, les haricots, que l'on réduit en farine ou qu'on fait bouillir à l'état naturel. La viande entre pour une grande part dans l'alimentation; au kraal, il ne se

PIPES DES ZOULOUS

passe pas de jour sans qu'on tue un bœuf, partagé aussitôt entre les habitants ; chacun fournit le sien à son tour de rôle.

Les Cafres possèdent également des chèvres. Leur chair est moins estimée.

Les réserves de grains sont placées dans des cachettes souterraines, connues seulement des occupants du kraal.

En dehors de la garde des troupeaux, les cultures occupent tout le temps des Cafres. On commence les semis en octobre, alors que la saison sèche est finie ; la moisson a lieu en mars ; en avril, il gèle habituellement.

Les Cafres-Zoulous ne se ruinent pas en frais de tailleurs et de couturières. Sauf quelques accessoires, tels que amulettes, colliers de perles, etc., ils sont entièrement nus. Les dames portent une légère bande de peau d'environ huit centimètres qui va du nombril à la chute des reins en passant entre les jambes. Pour se garantir du froid, hommes et femmes ont une couverture faite de peaux cousues ensemble, que l'on nomme *kaross*. Les chefs de tribu, les chefs de guerre ont souvent des kaross splendides, les uns en chacal argenté, d'autres en léopard.

Peu de Cafres-Zoulous fument ; en revanche, ils prisent beaucoup : ils se servent pour cela d'une petite cuiller.

Dans certaines tribus, les chefs portent un anneau de gomme fixé dans les cheveux et faisant le tour de la tête ; cet ornement est posé à chaud, et la chevelure s'y colle, de façon qu'il ne peut plus être enlevé une fois qu'il est en place. Il sied très bien à certaines physionomies : il leur donne un air de noblesse, de fermeté, quelque chose d'avantageux, qui est difficile à définir. Dans d'autres tribus, chez les Amazoulous, entre autres, ce sont tous les hommes mariés qui portent l'anneau.

Les usages veulent aussi qu'avant de prendre femme, le jeune Cafre ait accompli certains actes de courage ou ait reçu le baptême du sang : tant que sa sagaie n'a pas été lavée avec le sang de l'ennemi, il ne peut se marier ; de là, la véritable frénésie qui porta les guerriers zoulous jusque sur la gueule des canons anglais lors de la dernière guerre, et leur fit commettre des actes d'une audace et d'une témérité incomparables.

En général, au physique, le Cafre-Zoulou est de taille peu élevée, trapu et large d'épaules. La barbe et les moustaches le distinguent essentiellement des premiers indigènes, complètement imberbes. Malgré de nombreuses expériences faites de bonne foi, je n'ai jamais pu trouver de différence entre sa chevelure et celle du nègre de Guinée, quoi qu'en disent les naturalistes : c'est du crin quand elle est courte, de la laine quand elle s'allonge. Sa figure est assez agréable ; son teint varie du noir au rougeâtre ; son nez est moins aplati que dans la race de Guinée, mais de là à le comparer à un nez grec, c'est-à-dire droit, il y a loin. On trouve certainement des têtes qui ont les traits européens et ne diffèrent des nôtres que par la couleur ; toutefois, ils ne peuvent être pris comme types de la race cafre, n'étant que des exceptions. Mais, jusqu'à présent, après un séjour prolongé au milieu d'eux, je ne vois pas pourquoi on classe le Cafre à part dans la race nègre ; il est seulement moins adroit, moins industrieux et beaucoup moins civilisé que le noir de Guinée.

J'ai vécu dans l'une et l'autre région ; j'ai longuement observé les deux races dont je parle, et je me crois en état de les comparer. J'en ai conclu ce qui précède, c'est-à-dire que le Cafre n'a aucune supériorité sur le noir de Guinée, ni celle de la couleur, ni celle de la chevelure, ni celle de l'expression de physionomie. S'il y a des têtes agréables chez les Cafres, il y en a d'admirables chez les Minahs de la Côte d'or (1).

---

(1) V. mon livre sur *le Dahomey*, page 99. (Paris, Hennuyer, 1895.)

Les archives du Cap, de Petermaritzburg, de Natal, de Port-Élisabeth et de Prétoria contiennent sur la race des renseignements très complets, que je n'ai pas le loisir d'analyser aujourd'hui; j'y reviendrai peut-être un jour.

Comme conclusion, j'ajouterai que, sous peu, le Transvaal prendra le Swaziland, le Natal s'allongera jusqu'au pays de Gaza, englobant le Zoulouland, et nous serons fort heureux si nos voisins d'outre-Manche arrêtent là leur ambition. Il y aura certainement de la résistance, encore du sang versé, puis l'annexion, et nous n'aurons plus de la Cafrerie qu'un souvenir vague et lointain.....

Je reprends maintenant le cours de mon voyage.

Johannisburg est aujourd'hui relié au Natal par le chemin de fer; mais, au temps où j'y étais, le réseau ferré partait de Durban et s'arrêtait à Charlestown, près de la Buffalo River.

On devait accomplir en coach le trajet de Johannisburg à Charlestown, soit environ cent cinquante-cinq milles, c'est-à-dire trente-cinq heures de cahots.

J'eus le bonheur d'obtenir une place sur le siège, à côté du cocher. Moyennant un fort pourboire, le porte-fouet consentit à monter dans le coach en me confiant ses fonctions, qui consistaient à tenir l'immense fouet à la disposition du Hottentot qui avait les rênes.

Lorsqu'on est sur le siège, on voit venir les fossés, les pierres, les ornières et les bosses : on peut se préparer à la secousse. On souffre moins que dans la voiture, mais il est encore fort difficile à un novice de demeurer à sa place : il faut se cramponner avec les mains, s'arc-bouter presque sans relâche avec les pieds.

Le cordon de chevaux serpente continuellement, vu sa

longueur, et on ne peut y remédier, n'ayant pas assez de prise sur eux.

Je demandai au cocher quelques leçons de conduite en guides, et il voulut bien me confier à plusieurs reprises la destinée des infortunés enfermés dans la voiture. Ce *ten in hand* est fort fatigant à conduire ; les rênes pèsent environ vingt kilos, vu leur épaisseur, leur longueur et leurs nombreuses ramifications ; il faut tirer de toute sa force sur une rêne pour faire obéir les chevaux de tête. Pendant que je conduisais, le cocher se dégourdissait les bras en fouettant à outrance, ce qui rendait notre allure fantastique ; les soubresauts de la voiture étaient si rapides, derrière les chevaux lancés ventre à terre, que je me trouvais beaucoup mieux sur le siège. Je compris pourquoi le cocher aimait cette allure, et j'évitai de penser aux braves gens qui me suivaient de si près, sautillant, agonisant, jurant peut-être, et dont les lamentations et les plaintes étaient couvertes par un bruit épouvantable de vieilles ferrailles, par le martèlement des sabots et le souffle précipité des chevaux, au milieu de nuages de poussière.

La trombe s'arrête à la tombée de la nuit à Standerton, devant une auberge où on nous annonce, à notre stupéfaction, que nous avons quatre heures de repos : dans cette Compagnie de coachs on se montrait plus clément que sur la ligne de Kimberley.

On commence par nous faire payer nos chambres d'avance : car il paraît que, à l'heure du coach, il y a souvent des retardataires qui, dans la hâte du départ, oublient de régler leur compte.

Munis d'un ticket, nous passons au restaurant, où je me bourre de *jam-preffs*, n'ayant aucune envie de toucher aux mets froids et mauvais qui garnissent le buffet. J'achète une douzaine d'œufs durs pour le voyage, ainsi qu'une bouteille de clarette, du pain et des oranges. Le fromage :

inconnu; le chocolat, le jambon, le saucisson, également.

Toutes les chambres de l'hôtel donnent sur un balcon ou véranda autour d'une cour à ciel ouvert.

En arrivant dans celle qui m'est indiquée, je suis fort étonné d'y trouver déjà quelqu'un : il n'y a plus de place ailleurs, paraît-il, et, comme le logement contient deux lits, nous le partageons. Sur les quatre heures qu'on nous accorde, j'ai déjà consommé vingt-cinq minutes, et j'ai hâte de prendre un peu de repos.

Mon compagnon, tout habillé, dort déjà comme un chérubin, les poings fermés; ses pieds énormes, pleins de terre, reposent sur la courtepointe blanche, ses pantalons sont garnis de crotte datant de la dernière fois qu'il a plu à Johannisburg, c'est-à-dire d'il y a deux ou trois jours. Sa bouche entr'ouverte laisse échapper un léger souffle, tandis qu'une... bave limpide court sur son oreiller.

En général, j'aime bien savoir avec qui je partage ma chambre; néanmoins, comme je n'ai pas le temps de philosopher, je me dispose à imiter le voisin. Après avoir étendu mes chaussures très sales sur la blancheur de ma couche, je souffle la chandelle et je commence à fermer les yeux, lorsqu'un bruit attire mon attention.

Est-ce le voyageur qui se sentirait indisposé? Non : les gémissements, étouffés, dirait-on, par la couverture, se changent en cris aigus : je rallume la lumière et, guidé par le bruit, j'aperçois au pied du lit voisin, sous la courtepointe, quelque chose qui remue et se déplace.

Je pousse légèrement l'épaule du gentleman, qui n'interrompt pas pour si peu son souffle régulier. Je renouvelle ma tentative et, comme je suis pressé, je lui donne une secousse à lui démonter la clavicule; il entr'ouvre un œil et me demande pourquoi je trouble son sommeil.

Sur mon explication, il tire de la couverture un petit

chien nouvellement enlevé sans doute à sa tendre mère, il le dorlote et m'assure qu'il ne criera plus.

Plus que trois heures environ. Cinq minutes plus tard, voici le maudit animal qui crie de plus belle : je signifie à son maître mon intention de dormir et je le prie de mettre le toutou dehors. Sur son refus, j'appelle le garçon, que je somme de me donner une autre chambre ou d'enlever le chien : comme le valet déclare qu'il n'y a pas d'autre pièce vacante et que nous perdons du temps, je saisis le charmant animal qui crie toujours et je le lance par la porte ouverte : il passe par-dessus le balcon, tombe dans la cour avec un bruit mat, et ses cris cessent aussitôt. Le monsieur furieux parle de me « *puncher* la figure », opération que je l'invite à remettre au lendemain; je serai alors à sa disposition, mais, pour le moment, je cherche à dormir. Il était dit que je ne le pourrais pas : une rixe dans la cour, une petite fille qui pleure, du bruit dans le bar, où des gens avinés discutent le *home rule*, des claquements de portes et des pas sur le balcon se succèdent pendant le commencement de la nuit. A peine commençais-je à m'assoupir que les garçons appelèrent les voyageurs pour le coach.

Le jour suivant, à midi, nous étions à Charlestown, où j'eus le plaisir de voir des wagons plus vastes et une voie ferrée moins tortueuse que celle de Kimberley.

Le parcours est également plus rapide — et combien plus agréable! — de Charlestown à Durban.

Au lieu des plaines dénudées du Karoo, qui s'étendent entre le Cap et Kimberley, nous voyageons ici au milieu de jardins de féeries.

Ce ne sont que collines chargées d'une végétation luxuriante. Çà et là, des cascades naturelles au milieu de quelques roches grises sortant de la verdure au pied de bouquets de palmiers et de mimosas. Des jardins particuliers, aux grilles élégantes et travaillées, s'entremêlent aux sites sauvages et vierges des environs. Et c'est ainsi pendant tout le parcours : des arbres gigantesques, des lianes, de l'eau claire bondissant sur des rochers éparpillés au milieu de fleurs de toutes les variétés, malgré la saison déjà avancée. La température aussi se fait plus douce depuis que nous nous éloignons du Transvaal. Cette ligne de chemin de fer parcourt des régions enchanteresses : je n'ai retrouvé qu'au Natal quelques sites qui rappellent ce que nous nous figurons habituellement en Europe des régions tropicales : ces végétaux de gravure, ces scènes de romans d'aventures, où s'agitent des sauvages aux plumes étranges, des singes grimaçant et des oiseaux multicolores, je les ai vus assemblés avec un goût exquis et infiniment de grâce par la nature seule dans les coins non habités du Natal. C'est le pays que j'ai trouvé le plus beau dans le sens pittoresque et artistique du mot.

Le long de notre route, des goyaviers, des palmiers divers, des bambous gigantesques, des plantations de bananiers à perte de vue, des pins variés, des flamboyants au milieu de mimosas divins, passent rapides dans ce ravissant tableau, tandis que dans l'éloignement apparaissent, moins définies, de grandes collines d'un vert bleu.

Le pays est peuplé de petit gibier, dit-on; j'ai aperçu plusieurs variétés de singes. On est sûr d'en trouver quand il y a tant de fruits et surtout de la verdure et de l'ombre.

Pour animer le décor, quelques coolies au teint bronzé, leurs longs cheveux noirs flottant au vent, regardant le train traverser la verdure et s'éloigner comme un grand boa dans le gazon.

Port-Natal, ou plutôt Durban (1) ou d'Urban, comme on

---

(1) Ce nom a été donné, je crois, en l'honneur de sir Benjamin Durban, un des premiers administrateurs du Natal.

l'appelle aujourd'hui, est situé au fond d'un joli golfe qui reçoit la rivière Oumguéni. Son port a aujourd'hui une grande importance depuis qu'on y a établi des chantiers de construction et de réparation de navires.

Durban est aujourd'hui le centre d'un commerce considérable : c'est une des portes du Transvaal, l'autre étant Lourenzo-Marquez, que les Anglais, avec leur manie de débaptiser, même les villes étrangères, ont appelé Delagoa-Bay.

La ville de Durban est située au pied d'une rangée de collines charmantes, la Béréa, où sont éparpillées, à moitié cachées dans le feuillage, de jolies villas jouissant d'une belle vue sur la mer.

De la ville elle-même, inutile de parler : autant vaudrait décrire n'importe quelle ville d'Europe. On y trouve les mêmes monuments publics, avec tout le confort possible : musées, théâtres, conservatoire, écoles, bibliothèques, etc. Elle est donc sans intérêt pour nous.

Le voyageur qui étudie ou cherche à étudier ne trouve à butiner que là où la civilisation n'a pas encore rangé sous ses lois l'habitant et le territoire.

A ce point de vue, le Natal n'a plus aujourd'hui le moindre attrait : c'est, d'ailleurs, un joli pays, qui pourra offrir d'agréables stations de villégiature le jour où la mode aura passé d'aller à Alger ou à Nice.

La moitié des indigènes du Natal sont des Zoulous, mélangés avec des Malais, des coolies et autres : même population qu'au Cap, sauf qu'on y rencontre fort peu de Hottentots et que la vue d'un indigène n'est pas aussi rare ; à Durban, il y en a beaucoup, et la population noire est fort nombreuse en ville.

Au *Beach Hotel,* à Durban, où je m'étais installé pendant mon séjour, je pris huit jours de repos. Là, au bord de la mer, je humai, pour la dernière fois de longtemps, ses brises vivifiantes ; le grand golfe s'ouvrait devant moi, ondulant au large, sous un ciel pur. De grosses vagues arrivaient à mes pieds, retournant aussitôt au milieu de l'écume et laissant après soi des algues et des coquilles. Quelques oiseaux, goélands et pétrels, effleurant l'eau mouvante de leur vol rapide, se poursuivaient en jetant de petits cris d'alarme. Au loin, à l'horizon, une ligne bleue, que ne coupait aucune mâture, aucun navire : là-bas, c'était le chemin de France, chemin bien long, il est vrai, mais par lequel on arrive quand même. Telle est la pensée qu'évoque toujours chez moi, dans les pays lointains, la vue de l'horizon au bord de l'Océan : c'est le chemin du pays !...

Pendant que l'on préparait à Durban mes commandes de toutes sortes, je me rendis à Pietermaritsburg, la capitale du Natal, située à environ deux heures de chemin de fer, et devant laquelle j'avais passé, en venant, sans m'arrêter ; j'y retournais avec l'intention de visiter le musée et la bibliothèque et pour rechercher dans les archives, si possible, quelques renseignements sur le passé.

Le musée possède d'assez curieux dessins originaux de Bushmen, dont j'ai pris copie, quelques arcs, des flèches et des photographies de ces petits hommes. En dehors de ce que je viens de mentionner, il y a bien peu de chose à y signaler. La bibliothèque n'est qu'en formation, et les archives ne sont guère anciennes, ce qui tient sans doute à la jeunesse de la colonie.

L'autonomie de la colonie du Natal est en effet très récente, datant à peine de quelques mois. C'était auparavant un protectorat sous l'influence du Cap ; c'est aujourd'hui le quatrième État indépendant de l'Afrique du Sud, pourvu d'un gouverneur et d'un parlement.

Mes approvisionnements terminés, je dus songer aux

moyens de transport. J'avais cent douze caisses ou colis divers, et le chemin de fer ne pouvait les transporter qu'à Charlestown : arrivé là, je ne pouvais songer au coach, où le moindre bagage du voyageur est taxé à un prix fou ; il me fallait savoir si je trouverais à la fin du réseau le moyen de faire parvenir mes bagages au Transvaal.

Le hasard me fit rencontrer un Boer, M. P..., qui se rendait à Prétoria par le Zoulouland. Ayant de la place dans un de ses chariots, il s'offrit à prendre mes colis et à me donner passage sur le sien.

C'était un voyage de quatre cents milles environ, devant durer à peu près vingt jours, et je ne pouvais perdre tant de temps. Et pourtant l'idée de traverser le Zoulouland me paraissait particulièrement alléchante.

M. P... proposa alors un autre arrangement : nous traverserions le Zoulouland, où il devait absolument passer, ayant à Ouloundi des affaires à régler ; mais il ferait un léger détour à son entrée dans le Transvaal et me déposerait à Wackerstroom, sur la route du coach de Charlestown. Je pourrais ainsi me rendre en trois jours à Prétoria, et mon départ serait préparé pour le moment où M. P... arriverait avec les colis.

Comme ce détour ne faisait plus qu'une différence de sept ou huit jours pour moi, j'acceptai la proposition avec plaisir, très curieux de voir de près le théâtre des dissensions entre Anglais et Zoulous, ainsi que les souvenirs qui en restent.

Notre départ fut fixé à quelques jours de là ; il devait avoir lieu de Victoria, petite ville à environ vingt milles au nord de Durban, où M. P... avait laissé ses chariots et sa famille ; cette dernière, selon l'usage afrikander, voyageait avec lui. Les Boers ne se séparent presque jamais de leurs femmes et enfants, non plus que de leur bétail : à la chasse ou en voyage, ils emmènent les uns et les autres.

Je fis transporter mes colis à Victoria, où je me rendis moi-même l'avant-veille du départ. Les chariots à bœufs de M. P... étaient au nombre de cinq. Un d'eux servait de logement à M. P... et à sa famille; un autre était destiné au frère de M. P... et à moi, avec nos ustensiles et les objets nécessaires; les trois autres étaient chargés de nos marchandises.

Les Boers se rendent continuellement soit à Durban, soit à Lourenzo-Marquez, pour y acheter tout ce dont ils ont besoin. Cette habitude date de longtemps, alors que Johannisburg, Prétoria et autres villes du Transvaal n'existaient pas, et qu'il n'y avait que des fermiers sans commerçants établis. Aujourd'hui ces derniers sont venus ouvrir des magasins somptueux à Prétoria et à Johannisburg; mais ils ont mis leurs denrées à de tels prix que l'on a tout avantage, même en tenant compte des frais de voyage, à aller faire ses emplettes sur le littoral où se trouvent des négociants plus intelligents, qui savent tirer parti de la maladresse de leurs concurrents du Transvaal.

Le chariot à bœufs est un lourd véhicule très solidement construit, destiné à supporter sans se briser, avec un chargement considérable, les cahots les plus durs. Il manque totalement de ressorts; les roues, très épaisses, sont en rapport avec le reste de la charpente. Celles de devant sont plus petites que celles de derrière. La caisse du chariot repose sur de grosses pièces de bois contenant les essieux et jointes entre elles par une troisième pièce qui fait le prolongement du timon. L'avant-train peut tourner légèrement à droite ou à gauche. Le long de la caisse, et formant rebord, est une forte planche large d'environ quarante centimètres, sortant à angle droit et soutenue en dessous par des corbeaux en fer. Au-dessus des grandes roues, qui la dépassent légèrement, cette planche est interrompue et remplacée par un rebord en forme de garde-crotte couvrant l'épaisseur de la roue. A l'arrière, sous la voiture, se trouve le frein, forte pièce de bois munie de deux sabots, qu'une vis d'étau permet de serrer contre la pièce d'essieu de l'arrière-train. Le devant de la caisse est habituellement fermé, tandis qu'il y a à l'arrière une porte pleine ou à claire-voie.

Les chariots sont de dimensions différentes. En moyenne, la caisse mesure de quatre à six mètres de long, avec une hauteur qui va de cinquante à soixante-quinze centimètres; le diamètre des grandes roues varie d'un mètre vingt à un mètre soixante; l'espace sous la caisse est d'environ un mètre. Le chariot est surmonté de demi-cerceaux sur lesquels on tend une toile de tente; cet abri couvre, selon les cas, la totalité du véhicule ou seulement la moitié. La longueur du timon est de trois mètres environ; quant à la capacité du chariot à bœufs, elle va de trois à cinq tonnes. On pourrait augmenter cette charge si la route à suivre était parfaitement unie. Mais ce puissant véhicule est surtout destiné à aller au hasard du terrain, à traverser le pays, et on est souvent obligé d'avoir recours aux expédients, pour les passages de rivières ou l'ascension d'une côte un peu raide.

A la descente, le frein est tout à fait indispensable; entraîné par sa propre charge (les bœufs ne pouvant, à cause de leur mode d'attelage, faire contrepoids), le chariot descendrait comme une avalanche, ce qui entraînerait une foule d'accidents regrettables. Aussi, dès qu'on s'engage sur une déclivité, le serre-frein se hâte-t-il d'immobiliser les grandes roues.

Les bœufs sont, je l'ai dit, fixés à une chaîne qui part du timon et en forme le prolongement. Ils sont assujettis, par paires, à une pièce de bois portant deux jougs que des anneaux relient à ladite chaîne. Le nombre des bœufs nécessaires à l'attelage d'un chariot ordinaire chargé est de seize. Mais, en prévision d'accident ou de passages difficiles, on en met habituellement vingt, et, si le voyage est de longue durée, on emmène plusieurs bœufs de réserve.

Ce chariot à bœufs, ou *bullock-waggon*, est une curiosité locale : c'est l'emblème de la vie nomade du Boer; aussi figure-t-il sur les armes du Transvaal. C'est une invention des Afrikanders : lorsqu'on expérimente les diverses façons de voyager dans ces pays-ci, on est forcé de constater que le bullock-waggon a tous les avantages voulus pour servir à la fois de maison et de moyen de transport.

Son seul inconvénient est d'être dépourvu de ressorts : mais quel est l'acier qui résisterait à de pareilles secousses, avec quatre ou cinq mille kilos de chargement? Car il faut bien se souvenir qu'il n'y a pas dans le pays d'autre moyen pratique de transport.

Quelques jours après mon arrivée à Victoria, nous nous mettions en marche vers le Zoulouland.

CHAPITRE V

A travers le Zoulouland. — La situation politique. — Les Swazis. — En route pour la rivière Tugela. — Le voyage en chariot. — La maladie des chevaux; ses principaux symptômes. — *Salted horses*. — Arrivée à la rivière Tugela. — Chasse. — Passage de la rivière. — Arrivée à Ekoué et à Oumlandela. — Un Anglais polygame. — Visite au mont Isandlouana. — Souvenir de la mort du fils de Napoléon III. — Ouloundi. — Arrivée à Wackerstroom. — Dernier voyage en coach. — Arrivée à Prétoria. — La fièvre du Mashonaland. — La *Chartered South Africa Company*. — Les champs d'or du Mashona. — Quelques lois sur le *prospecting* au Mashona. — Les Matabélés et leur roi Lo-Bengoula; ses indounas et ses impis. — Le Béchuanaland et son roi Kama.

Le voyage que j'allais entreprendre avait pour moi beaucoup d'intérêt, à cause du peu d'ascendant que les Anglais, malgré toutes leurs tentatives, ont réussi à prendre sur les Zoulous, quant à présent. Ils ont déclaré que le pays était placé sous l'influence de Sa Gracieuse Majesté; ils ont adressé aux chefs noirs des exhortations aussi interminables que dépourvues de sens sur la nécessité évidente où se trouvaient les deux pays de vivre en bonne harmonie; ils ont dépensé de fortes sommes en cadeaux alléchants, tout cela sans arriver à éveiller la cupidité ni l'envie des indigènes. Leurs agents diplomatiques, malgré des efforts dignes d'un meilleur sort, ne sont pas parvenus à persuader les classes dirigeantes qu'il valait beaucoup mieux se mettre sous les ordres et aux pieds de l'Angleterre, que de s'en faire une ennemie ; et aujourd'hui, après sept ou huit ans d'efforts, les Anglais ne sont pas plus avancés qu'auparavant.

De leur côté, les Zoulous, tout en paraissant prêter attentivement l'oreille à ces déclarations d'amitié, n'en conservent pas moins l'idée fixe, enracinée, de rester indépendants jusqu'à leur dernière goutte de sang et de quitter le pays le jour où ce ne sera plus possible. Les Swazis, qui ne sont qu'une autre tribu de Zoulous, professent les mêmes sentiments, ainsi que les Amatongas, qui en font partie et qui possèdent, entre le Zoulouland et le pays de Gaza, un petit territoire placé sous l'influence portugaise.

Il serait très étonnant qu'une intention aussi formelle, qu'une décision aussi irrévocable que celle-là de la part des Zoulous pussent s'accorder longtemps avec les agissements généralement peu scrupuleux, en matière de colonies, de nos voisins d'outre-Manche. Un jour ou l'autre, une étincelle mettra le feu aux poudres, et les Anglais résidant au Zoulouland seront massacrés : ce sera le début d'une troisième guerre.

Cette opinion est celle des gens expérimentés du pays et des environs : il ne tardera pas, disent-ils, à y avoir une révolte, dont le résultat sera décisif au point de vue de l'indépendance du Zoulouland : ou les Anglais reconnaîtront momentanément cette indépendance, laissant au temps le soin d'amollir la résistance, ou bien ils entreprendront une autre campagne coûteuse et sanguinaire qui aboutira à la défaite des Zoulous et à leur évacuation.

Les Zoulous n'ont pas dit leur dernier mot, et, comme on le verra plus loin, plusieurs autres tribus de même rang sont dans ce cas, au nord de l'Afrique australe.

Les Swazis sont dans les mêmes dispositions, mais c'est aux Boers qu'ils auraient affaire en cas de guerre. Le résultat, d'ailleurs, serait le même.

Entre la petite ville de Victoria et la rivière Tugela il y a environ soixante kilomètres. Nous avons mis deux jours et demi à y arriver, ce qui fixe la moyenne de notre marche à vingt-cinq kilomètres par jour. Les bœufs cheminent lentement, d'un pas égal; le conducteur, un Hottentot, marche le long de l'attelage, un long fouet à la main, stimulant, par des exclamations ou des coups, l'apathie naturelle des ruminants. Dès qu'il y a à descendre une pente, même légère, il court à l'arrière serrer le frein, quitte à le desserrer aussitôt que le terrain redevient de niveau.

Cette façon de voyager a de grands avantages et de très forts inconvénients : d'un côté, on voit le pays en détail et on a tout le temps voulu pour l'étudier; on possède un logement assuré pour la nuit; on est tout à fait son maître, libre de choisir sa route à travers le pays, libre de régler les étapes et les repos, libre de vivre en tel endroit qui plaît. En revanche, quand on est pressé, on doit renoncer à tout espoir de hâter sa marche ou d'éviter des retards quelconques; de plus, si vous êtes gravement malade et obligé de rester dans le chariot, les cahots sont faits pour vous achever.

Il faut pourtant bien se contenter de ce mode de locomotion, le seul qu'on ait à sa disposition dans un pays sans route tracée, sans chemin de fer, sans auberges, sans abris, sans porteurs, sans chevaux.

Ces derniers ne vivent pas, ou du moins il en meurt une si grande quantité que ceux qui résistent à l'épidémie se vendent à prix d'or. Le mal qui les décime, et que les Anglais appellent simplement *horse sickness* (maladie du cheval), est, je crois, la péripneumonie aiguë, affection qui n'est pas contagieuse, mais qui apparaît spontanément, par un phénomène inconnu encore, sur un grand nombre de chevaux à la fois. La maladie sévit habituellement pendant la saison des pluies, c'est-à-dire de novembre à mars; mais cette règle n'est pas absolue : on peut observer des cas de péripneumonie pendant la saison sèche également, mais en moins grand nombre.

Les Hollandais donnent à cette épizootie deux noms différents, suivant les caractères qu'elle présente. Dans le cas le plus grave, le cheval tousse, halète, respire avec difficulté et souffrance; ses lèvres sont bleuâtres à l'intérieur; ses yeux, injectés de sang et larmoyants; une humeur, que le souffle change en mousse, découle de ses naseaux; ses selles sont liquides; la tête enfle sensiblement; l'œdème gagne le cou et les épaules : c'est le *De Kopp* (?). Le cheval en meurt presque toujours; on compte à peine cinq guérisons pour cent. Mais ce vingtième, qui a la chance d'en réchapper, est exempt pour toujours du terrible mal. On appelle *salted horses*, c'est-à-dire chevaux « salés », à l'épreuve, ceux qui y sont ainsi devenus réfractaires.

La deuxième forme de la maladie est le *Dunparasecta* (?); les symptômes en sont les mêmes, mais moins violents : la tête n'enfle pas; l'affection semble enrayée dans sa marche; elle n'atteint pas le même point que l'autre, mais elle peut quand même tuer le cheval : la moyenne des décès sur cent chevaux atteints est, dans ce dernier cas, d'environ dix à quinze.

Le cheval qui survit à la « dunparasecta » peut l'avoir d'autres fois; il n'en est pas exempt : ce n'est donc pas un cheval « salted ».

L'autopsie d'un animal mort du « horse sickness » montre, sous sa forme la plus grave, comme sous la plus atténuée, à peu près les mêmes symptômes : les poumons tombent en décomposition; leur aspect est celui d'une masse de gravier rose pâle : ce sont les tissus qui se désagrègent en menus fragments; la bouche et la plupart des muqueuses sont tuméfiées, et la putréfaction commence fort peu de temps après la mort.

Un cheval coûte en moyenne 250 à 500 francs : il n'est guère utile de l'acquérir que si on en a besoin pendant un temps très limité, à cause de la maladie qui le menace. Néanmoins, il y a un marché très important.

Le même cheval, s'il est « salted », coûte, au contraire, de 1,800 à 3,000 francs. Le vendeur garantit son immunité au « horse sickness » et s'engage à rembourser le prix d'achat si l'animal meurt emporté par le terrible mal.

Il va sans dire que beaucoup de prétendus salted horses ne le sont pas, que leur vente donne lieu à des transactions d'une honnêteté douteuse, et qu'on ne rembourse généralement pas l'argent, lorsqu'ils meurent.

Malgré l'obstacle énorme qui s'oppose, dans ces régions, à l'existence du cheval, on en voit des quantités ; il ne se passe pas de jour qu'il n'en arrive du Sud de nouveaux convois : d'ailleurs, la maladie est peu fréquente au Cap ; elle augmente au fur et à mesure que l'on s'avance vers le tropique, où elle sévit avec intensité.

La crainte d'être induit en erreur et de dépenser inutilement mon argent m'empêcha de me rendre acquéreur d'un ou deux chevaux que j'aurais bien voulu avoir pour mon voyage vers le Nord. Je me félicitai plus tard d'avoir renoncé à cette acquisition, car si même, par chance, les malheureux animaux avaient échappé à la maladie, ils eussent succombé à la piqûre de la mouche empoisonnée, la tsé-tsé, dont je parlerai en détail, lorsque j'en arriverai aux ennuis qu'elle m'a causés pendant le grand voyage que j'allais entreprendre.

...En arrivant au bord de la rivière Tugela (car nous allons toujours à l'allure molle de nos bœufs), nous dételons : les bestiaux se répandent tout autour de nous, paissant lentement, secouant leurs grandes cornes, heureux d'avoir quitté le joug, tandis que nous nous installons sous des arbres, à quelques mètres de la rive; cochers et Cafres se réunissent à quelque distance, assis à terre, leurs genoux entre les bras, dans la position favorite des noirs, lorsqu'ils bavardent autour du feu.

Le site est très beau, quoique le végétation commence à jaunir çà et là et que les feuilles tombent une à une sous le souffle de la brise.

Nous prenons nos fusils, M. P... et moi, pour aller, comme d'habitude, faire un tour dans les environs pendant qu'au camp on prépare le repas. C'est une promenade que je me rappellerai toujours, y ayant tué ma première antilope, et, pour mon coup d'essai, ayant débuté par un waterbuck (*kobus ellipsiprimus*) qui appartient à une des grandes espèces.

Chasseur enragé, j'avais été, le fusil à la main, aux quatre coins de l'Afrique; mais mes plus grands exploits cynégétiques se bornaient jusqu'alors à des hécatombes de canards et d'oies sauvages, de perdreaux, de sangliers et de crocodiles : les régions que j'avais parcourues manquaient de grands animaux : tout au plus quelques gazelles et un ou deux léopards avaient figuré jusqu'alors sur mes notes de chasseur.

Mon voyage dans l'Afrique centrale me fit connaître les émotions et la fièvre des grandes chasses; je devins, pour ainsi dire, chasseur de profession; plus tard, réduit à la famine et n'ayant pour me nourrir que ce que je pouvais tuer, je le fus par nécessité. J'ai fait une campagne inespérée au point de vue des résultats cynégétiques, mais jamais, malgré les grands animaux que j'ai abattus, je ne ressentis une joie semblable au bonheur que me causa ma première grosse antilope, tuée près de la Tugela.

Bien rarement nous rentrions bredouilles au camp; les

Boers sont d'excellents tireurs, et bienheureux l'animal qui échappe à leur carabine. Je ne faisais alors que mon apprentissage dans l'art de tirer à balle sur un but très mouvant, ce qui est d'autant plus malaisé qu'on est haletant à la suite d'une course violente et qu'on doit, malgré cela, conserver la main fixe et immobile au moment du coup de feu. M. P... me donna d'excellentes leçons pratiques ; il avait un sang-froid et un calme sans pareils, même aux moments les plus émouvants d'une chasse. Son adresse n'était pas moins remarquable : il atteignait quinze fois sur vingt l'os courbé d'une côte plantée dans le sol à cent mètres. Son frère était à peu près de même force.

La Tugela avait peu de profondeur à cette époque de l'année ; mais sa largeur était de plus de trois cents mètres ; nous avions à la traverser sur un bac : les chariots passèrent un à un, puis les bœufs ; aussi la traversée de toute la caravane dura-t-elle jusqu'au soir.

Le lendemain, nous prenions notre chemin vers le nord-nord-est, sur Ekooué, où il y a un grand kraal, à environ trente-cinq kilomètres de la Tugela. Je passe sur les détails du voyage jusqu'à Oumlandela, où nous fîmes la rencontre d'un Anglais, M. J. D..., dont la personnalité originale mérite quelques mots. Voici ce que me raconta sur son compte mon ami le Boer :

J. D... était autrefois au service du gouvernement anglais, à l'époque des premières guerres dans le pays ; un jour, il combattit si vaillamment à la tête d'un détachement, que le chef ennemi, Ketchouaio, émerveillé, lui fit proposer de venir chez les Zoulous, où il lui donnerait un terrain, un kraal, des femmes et des guerriers.

J. D... accepta ces offres, beaucoup plus avantageuses que les maigres appointements que lui valaient ses services. Il vint s'établir dans le pays. Il y fut le seul traitant

GUERRIERS ZOULOUS

pendant de longues années, et il sut en profiter avec le sens pratique d'un commerçant anglais. Un exemple entre mille : les Zoulous ont eu de tous temps et ils ont encore le dédain des armes à feu : ils n'en veulent pas. A cette époque, personne n'avait un fusil au Zoulouland. Les combattants n'usaient que de la sagaie, du casse-tête et du bouclier. Le nouvel ami de Ketchouaio lui démontra qu'il était dans un état d'infériorité marquée, et qu'en cas de guerre avec les Anglais, il ne pourrait lutter avec eux, qui possédaient des armes à feu portant loin ; que feraient alors les Zoulous avec leurs sagaies? Ils mourraient sans avoir trempé leur fer dans le sang de l'ennemi! Ketchouaio, convaincu, donna à J. D... l'ordre de lui fournir des fusils. L'histoire ajoute que ces armes, achetées à 12 fr. 50, étaient vendues au prix de dix têtes de bétail, ce qui faisait à peu près 2,000 pour 100 de bénéfice. On comprend que le marchand ait rapidement fait fortune. Aussi est-il aujourd'hui fort riche ; il a quatre-vingt-deux femmes pour lesquelles il a fait bâtir quatre-vingt-deux maisons européennes en briques ; toutes ces dames anglozoulous s'habillent, mangent et boivent à l'européenne. Ses enfants, au nombre de plus de deux cent cinquante, sont tous admirablement élevés par des précepteurs ou des gouvernantes de marque ; il les envoie aussi dans les meilleurs pensionnats d'Angleterre et de l'Afrique du Sud. Tous vivent comme des enfants de la meilleure aristocratie.

En somme, J. D... jouit d'une réputation irréprochable ; son honorabilité est reconnue ; il possède des milliers de bestiaux répandus sur tout le territoire, fait la charité en grand et a toujours la main ouverte pour le pauvre noir ; le voyageur qui passe près d'une de ses nombreuses résidences est sûr, connu ou non, de trouver chez lui un accueil des plus cordiaux. La société, ou du moins les conventions sociales, lui tient rigueur à cause de sa polygamie,

6.

mais tout le monde sait que c'est un bon et brave homme.

J'ai entendu dire depuis que ce J. D... avait été chargé par les Anglais d'une sorte de surveillance sur le pays, et qu'il avait de plus le droit de prélever des taxes, droit dont il usait d'autant plus largement que les cinq premières années lui appartenaient, de par son contrat avec le gouvernement britannique.

Nous avons passé deux jours chez lui, malgré son insistance pour que notre séjour fût d'une semaine au moins. Son habitation est des plus confortables, sans luxe criard, mais avec toutes les commodités qu'un Anglais aisé peut se procurer quand il copie les autres nations. Nous avons visité à cheval et en voiture une partie de son domaine, et nous y avons alternativement chassé et pêché.

Nous sommes allés à cheval, sur ma demande, voir le théâtre du combat du mont Isandlouana, si funeste aux Anglais (22 janvier 1879). Il est en vue du Rorkès Drift, à quelques milles de la rivière des Buffles, près du confluent de cette dernière avec la Tugela. C'est à quelques milles de là que le fils de Napoléon III fut tué dans une reconnaissance.

On connaît les détails de sa malheureuse fin. Quelques noirs et deux ou trois officiers à cheval étaient avec lui; ils ne se gardaient aucunement, ne pensant pas à l'ennemi, qui était dans les environs; le prince et les officiers eurent l'imprudence de descendre de leurs montures et même de relâcher les sangles de leurs selles! Ils se reposaient sans méfiance et faisaient une légère collation quand ils furent surpris; chacun pensa à sa propre sûreté, sauta sur son cheval et s'éloigna au plus vite dans la direction du camp : ce ne fut qu'un peu plus loin que les fuyards s'aperçurent que deux hommes manquaient, ainsi que le jeune prince.

Ce dernier avait bien essayé de fuir comme les autres ; mais, en mettant le pied à l'étrier, il oublia que sa sangle était desserrée : la selle tourna, et il n'eut que le temps de faire face à l'ennemi. On retrouva son corps percé de quatre coups de sagaie, le ventre ouvert, un œil enlevé. Les deux hommes avaient eu le même sort. Triste fin pour un brillant officier, qui cherchait la gloire sur les champs de bataille, de mourir assassiné, seul, loin des camarades, au coin d'un champ de maïs !

Ses restes ont été transportés en Angleterre, mais un petit monument marque la place où son corps a été trouvé.

Le lendemain, nous prenions congé de M. D... pour nous rendre à Ouloundi, capitale (anglaise) du Zoulouland.

Là, je n'ai rien remarqué de notable : quelques kraals comme les autres et, en plus, des traitants anglais ou hollandais, enfin quelques maisons européennes dont plusieurs à J. D..., notre aimable amphitryon de l'avant-veille.

Ouloundi tomba au pouvoir des troupes anglaises le 3 juillet 1879. Un fort y fut construit. Ce retranchement, baptisé Fort-Napoléon, existe toujours. On y hisse le pavillon ; mais, lors de mon passage, il n'y avait pas de garnison. Il existait également auparavant un club du même nom que le fort, où le seul jeu de cartes permis était le *nap,* toujours en l'honneur du prince impérial.

En quittant Ouloundi, nous rentrions sur le territoire du Transvaal, qui n'est qu'à dix milles de distance : enfin nous arrivâmes à Wackerstroom juste quinze jours après notre départ de Victoria, ayant passé deux villages, Ilaniana et Vryheid, qui étaient sur notre itinéraire.

Je quittai là mes camarades de voyage en remerciant vivement M. P... de son amabilité et de l'intéressant détour qu'il m'avait permis de faire ; je lui souhaitai un bon voyage jusqu'à Prétoria, où il me trouverait à son arrivée et où il m'indiqua l'hôtel réputé le meilleur de la ville.

Pour la troisième fois, — ce fut, grâce au ciel, la dernière, — je montai dans le coach de cahotante mémoire ; j'avais encore un joli morceau de chemin à faire de Wackerstroom à Prétoria, avec arrêt de vingt-quatre heures à Johannisburg : environ deux cents milles.

J'épargnerai au lecteur la description de mes dernières contusions : bosses et bleus ont disparu, mais le souvenir du coach m'est resté pour toujours. Cette façon de voyager entrera peut-être dans les sports, le jour où l'homme, las de jouer au foot-ball, voudra être lui-même la balle projetée ; auprès des blasés, cela pourra remplacer avantageusement les montagnes russes démodées. En tout cas, c'est de la belle et bonne gymnastique de voyage, tout à fait involontaire et assez ridicule pour le spectateur. Je conseille à ceux qui veulent jouer un bon tour à leurs amis de leur faire faire la traversée en coach-express de Kimberley à Johannisburg. J'ai déjà dit qu'aujourd'hui le chemin de fer a détrôné la désagréable voiture : je suis certain que personne, y compris la race chevaline, ne la regrettera jamais.

J'arrivai à Prétoria en soixante-douze heures.

Qui a vu Johannisburg a vu Prétoria : avec un peu plus de prétention et d'ancienneté, la capitale du Transvaal a tout à fait le même caractère : monuments fantaisistes, grande agitation, énorme mouvement financier, marché très important pour les besoins locaux, prix exorbitants, argent gagné à pleines mains et dépensé de même, bar-maids nombreuses, et rastaquouères aussi.

C'est de Prétoria que se sont envolés vers le Nord des milliers d'émigrants : aventuriers, diggers et prospectors. Ces mots-là sont à peu près synonymes, s'appliquant à des variétés de gens qui n'ont qu'un but : l'or.

Lors de mon passage à Prétoria, j'ai assisté personnellement au départ de plus de quatre-vingts chariots à bœufs, portant en moyenne chacun trois personnes, des ustensiles de toutes sortes, des provisions, des marchandises, et se rendant tous au Mashonaland, en traversant la rivière des Crocodiles et une partie du Matabélé.

Cette fièvre nouvelle, depuis que des mines d'or avaient été découvertes dans les territoires sud du Zambèze, datait de quelques mois à peine. C'était une véritable population qui courait vers l'ancien Monomotapa, le pays d'Ophir de la Bible. Chacun voulait arriver premier dans ce steeple-chase d'aventuriers, comme si, dans ce pays de plusieurs centaines de milles carrés, il n'y avait pas place pour tout le monde !

Une Compagnie, la « *South Africa* », a obtenu du gouvernement anglais une charte qui lui en octroie la souveraineté et qui la charge en même temps de l'exploitation et de l'administration du pays. Elle possède une police montée et un service des postes.

Sa sphère d'action est immense. Elle sert de masque, actuellement, aux projets d'annexion de l'Angleterre, et celle-ci lui a laissé, comme de juste, toutes facilités pour agrandir son territoire. Si elle y emploie des moyens licites, le gouvernement britannique l'appuie ostensiblement ; au cas contraire, il devient aveugle et sourd, dégageant totalement sa responsabilité de ce qu'elle fait. C'est sous le couvert de la Compagnie que nos voisins d'outre-Manche ont encore trouvé moyen de rogner au Portugal une partie du territoire qui est à l'ouest du Manica et de lui intimer ce fameux ultimatum de 1891 qui a soulevé l'indignation de quiconque met la loyauté au-dessus de l'ambition.

Le Portugal se trouve aujourd'hui en face des autres puissances dans un état de faiblesse marqué qui eût dû suffire à rendre sacrés les territoires qu'il a conquis autrefois et qui sont tout ce qui reste de son ancien domaine. Qu'on fasse avec lui des traités, qu'on démembre son territoire avec son consentement, rien de plus juste ; mais lui prendre son bien parce qu'il ne peut se défendre, ce n'est ni très beau ni très brave.

Le premier pas de la « South Africa Company » vers le Nord fut la conclusion d'un traité par lequel Lo-Bengoula, chef des Matabélés et du Mashonaland, mettait son territoire sous la protection de l'Angleterre. Ce traité, dont le signataire ignorait la teneur, a été conclu le 11 février 1888.

A l'époque où j'étais à Prétoria, tout le monde avait les yeux tournés vers ces nouveaux pays, où il y avait de l'or. C'est tout ce qu'on en savait. Dans les récits de Livingstone, on trouvait à ce sujet fort peu de renseignements : le mieux était d'aller y voir, et tous couraient au Mashonaland, au nord du Matabélé. Le voyage avait beau être long et coûteux, le but incertain, des centaines de diggers n'en partaient pas moins chaque semaine, comme je l'ai dit, en quête du métal précieux.

Puisque je parle du Mashonaland, voici tout ce que j'en ai appris, soit en traversant les pays voisins, soit en me trouvant plus tard fréquemment en contact avec des gens qui en venaient. D'abord, je crois qu'on a beaucoup exagéré l'importance et la richesse de ses placers aurifères ; il est probable que l'avenir nous fixera à ce sujet : sans aucun doute, le pays contient de nombreux gisements du métal précieux ; mais les résultats sont encore insuffisants : de nos jours, avec les dépenses énormes qu'entraîne l'exploitation, surtout dans des pays hors de toute communication, une mine d'or doit donner par tonne de minerai une moyenne assez élevée pour laisser aux actionnaires, une fois les dépenses payées, un bénéfice qui vaille la peine de risquer des capitaux. Il semble que ce ne soit pas le cas de tous les placers ou filons du Mashonaland : les uns ne valent pas les frais d'exploitation en grand ; les autres ne les couvrent même pas. Il en existe pourtant de fort avantageux.

Les principaux champs d'or reconnus aujourd'hui sont très étendus : les plus intéressants, au point de vue de l'avenir qu'ils promettent, sont, en premier lieu, le district de la Mazoé, qui est reconnu *payable*, comme disent les diggers, puis ceux de Victoria, d'Hartley Hill et de Manica.

Sauf le dernier, tous ces districts contiennent un grand nombre de gisements dont la valeur jusqu'à présent n'a pas été évaluée.

Les règlements auxquels doivent se soumettre les prospecteurs qui entrent sur les territoires de la « South Africa Company » sont, en résumé, les suivants :

Chacun peut obtenir une autorisation de prospecter en s'engageant par écrit à observer lesdits règlements.

Tout prospecteur peut piqueter (*peg*) un *claim* d'alluvial et dix *claims* de quartz à filon : il doit ensuite les enregistrer contre reçu : coût 2 schellings 6 pence.

L'étendue d'un claim d'alluvial est de cinquante mètres, celle du claim sur quartz à filon est de cinquante mètres, dans le sens du filon, sur cent trente-cinq de largeur.

La Compagnie est copropriétaire des claims sur quartz avec le prospecteur : s'il organise une sous-compagnie ou un syndicat pour l'exploitation, elle a droit à la moitié des actions.

Tout claim d'alluvial n'est valable que pour un certain nombre de mois ; la Compagnie n'exige aucune part dans les résultats, mais seulement une livre sterling par mois d'exploitation.

Toute personne qui découvre un gisement d'alluvial, à plus de dix milles des gisements connus, a droit à deux claims en plus de ses autres privilèges.

Toute personne possédant des claims sur quartz doit les mettre en exploitation dans l'espace de quatre mois à partir du jour de l'enregistrement : à défaut d'autres travaux, elle doit au moins avoir creusé un puits de dix mètres soit au-dessus du dernier filon, soit à côté, avec une galerie latérale y conduisant. Ce travail achevé, elle reçoit un certificat de la Compagnie lui déclarant si son claim donne ou non un rendement valable. En cas de non-exécution des travaux ci-dessus, le *claimholder* (concessionnaire) perd ses droits, et l'enregistrement de son claim est annulé.

A partir du moment où le concessionnaire forme une sous-compagnie ou un syndicat pour l'exploitation de son claim, il doit à la Compagnie 12 fr. 50 de droits mensuels, sans compter ce que celle-ci prélève sur le rendement, c'est-à-dire la moitié.

En outre, il ne peut former cette sous-compagnie que si la « South Africa » refuse d'exploiter pour son compte, ce qui n'a lieu que lorsque le filon n'a pas de valeur.

De toutes façons, le malheureux prospecteur est englouti un jour ou l'autre : il a d'abord autour de lui un véritable réseau de règlements et d'obligations à observer envers la Compagnie : il arrive le plus souvent qu'il ne peut couvrir les frais de son exploitation, et dans ce cas la « Chartered South Africa », loin de lui avancer de l'argent, fait la sourde oreille : le malheureux a mangé les 4 ou 5,000 francs qu'il a apportés : le voici concessionnaire d'un claim qui vaut beaucoup d'argent, dans lequel un gros capital est enterré, et que la Compagnie lui enlève s'il ne travaille pas. Or, au Mashonaland, la Compagnie est seule : elle éloigne à dessein les capitalistes ; le prospecteur n'a donc personne à qui s'adresser pour une avance de fonds garantis largement par la valeur de son claim : c'est alors qu'une petite société, créée à cet effet, vient lui faire des offres. Quoi-

MATABÉLÉS ARMÉS DE FUSILS

qu'elle n'ait pour le public absolument aucun lien avec la « South Africa » et qu'elle semble être une Compagnie particulière autorisée par la « Chartered » à résider sur son territoire, c'est en réalité une agence à ses gages.

Elle vient donc trouver le prospecteur qui lui est signalé comme étant dans l'embarras et dont elle sait que le claim vaut au bas mot 300,000 ou 400,000 francs. Elle lui en offre trois ou quatre mille. Le malheureux n'a que deux alternatives : ou refuser et se voir déchu de ses droits s'il ne continue pas l'exploitation, ou aliéner ces mêmes droits contre la somme proposée. C'est généralement à ce parti qu'il se résigne, et le claim fait retour à la Compagnie, qui connaît sa valeur, grâce aux travaux du prospecteur.

Et il y en a beaucoup, il semble même qu'il y en aura toujours, de ces braves gens, prêts à tirer les marrons du feu pour le compte de la « South Africa Company »!...

Avant de quitter ces régions, deux mots encore sur les Matabélés et les Béchuanas. On prétend que les premiers peuvent amener soixante mille guerriers sur le champ de bataille : cette tribu puissante est composée, comme je l'ai dit, de purs Zoulous. J'en ai vu quelques-uns sur les frontières du Transvaal, et j'ai retrouvé chez eux les mêmes types et les mêmes mœurs que dans le vieux Zoulouland. Je n'ai pu juger du langage, sauf un certain nombre de clics ou claquements de langue que j'ai reconnus et qui sont fréquents : les spécialistes assurent que c'est bien le pur zoulou.

Le vrai nom de ceux qu'on appelle Matabélés est Amandébélés, avec le même préfixe que pour les tribus du Sud, Amazoulous, Amatongas, Amasouasis, etc.

Les Amandébélés possèdent tout le territoire qui s'étend de la rivière Chachi (affluent du Crocodile River) jusqu'au 18° degré de latitude sud ; le pays de Gaza le limite à l'est, et le désert de Kalari à l'ouest. Leur tribu englobe deux autres peuplades de même race, qui sont des tributaires : les Makalakas au sud-est et les Mashonas au nord.

Le roi, Lo-Bengoula, est le descendant des premiers princes Amandébélés : il a une puissance incontestée, et ses *indounas* (ministres) sont également craints, respectés et obéis.

A la suite du document par lequel il donnait inconsciemment aux Anglais des droits sur son territoire, Lo-Bengoula écrivit à la reine d'Angleterre, le 23 avril 1889, une lettre lui disant, en mauvais anglais, que l'on avait surpris sa bonne foi en ne lui parlant que d'une mine à exploiter, pour laquelle on voulait son autorisation, moyennant quelques cadeaux; il n'avait appris que plus tard qu'on lui avait fait signer un acte par lequel, devant témoins et au nom de ses indounas, il concédait sur tout son territoire le droit d'exploiter l'or, de faire du commerce, etc. Il terminait en disant que ni lui ni ses ministres ne reconnaissaient un document sur la teneur duquel on les avait trompés.

Cette déclaration donna lieu à une certaine agitation entre le Foreign Office et le Comité, alors embryonnaire, de la « Chartered South Africa Company ». On ne sait pas au juste comment l'affaire s'arrangea; toujours est-il que Lo-Bengoula ne réclame plus : on lui a clos la bouche avec des cadeaux, des démonstrations d'amitié, de bonnes paroles : il ne dit rien, mais peut-être n'en pense-t-il pas moins. Un jour ou l'autre, il mourra, car il est vieux, et son successeur adoptera une autre ligne de conduite. Lo-Bengoula n'est pas l'ami des Anglais; il les tolère, il les supporte; après sa mort, on ne sait ce qui arrivera : il se pourrait qu'il y eût du sang versé, et beaucoup encore, dans les plaines du Matabélé. C'est l'opinion de tous ceux qui voient clair dans les choses. Dans le cas d'un soulèvement, gare aux malheureux pionniers épars sur cet immense territoire !

Lo-Bengoula est aujourd'hui un homme de plus de

soixante ans ; les Anglais lui donnent 2,500 francs par mois, payés régulièrement et en livres sterling. Ses moindres caprices sont satisfaits : étalons pour la reproduction du bétail, chevaux, armes, objets les plus divers et les plus coûteux lui sont donnés, s'il en témoigne le désir : aussi se trouve-t-il bien ; mais ses *impis* (régiments constitués formant autant de corps dans l'armée zoulou, indépendants les uns des autres et ayant des chefs puissants à leur tête), ses impis, dis-je, ne reçoivent aucun présent, eux, et leur sang bouillonne à la vue de l'invasion étrangère, à la vue de ces hommes qui leur prennent leur territoire sans lutte, sans droit, sans raison apparente. Et, le jour où le pouvoir de Lo-Bengoula s'éteindra avec lui, il n'y aura plus d'influence capable de les contenir ; dans les rangs des impis, des milliers de jeunes gens attendent pour se marier d'avoir trempé leur sagaie dans le sang de l'ennemi.

Pourquoi supposer, d'ailleurs, que les Amandébélés, qui sont des guerriers par excellence et qui mourront pour défendre leur indépendance, laisseraient prendre leur pays sans coup férir, quand aucun roitelet nègre, si faible qu'il soit, n'a jamais donné le sien sans y être contraint par les armes?

La résidence de Lo-Bengoula est à Boulaouaio. Il reçoit bien les Européens qui viennent le voir, mais il ne leur donne jamais de chaise : il se contente de faire étendre à terre une peau de lion sur laquelle ils s'asseyent. Dans les réceptions officielles, il siège sur une espèce d'escabeau sculpté qui lui sert de trône. En pareille occasion, il a toujours avec lui quatre ou cinq cents hommes.

Lors de mon passage dans ces régions, son général en chef s'appelait Ksoutonaio, et son premier ministre et représentant légal, Oumtlaba. Ces deux hommes sont les plus puissants après le roi.

Le Béchuanaland, duquel dépend la tribu des Bamangouatos, s'étend à l'ouest et au nord du Transvaal; dans cette dernière région, il ne va que jusqu'au confluent de la rivière Makloutsi et de la rivière des Crocodiles. Il y a même entre cette limite et la rivière Chachi (qui borne le Matabélé au sud) un territoire dont la possession est contestée par les deux rois.

Le souverain du Béchuanaland est Kama, roi très chrétien, élevé à l'européenne et qui possède une très bonne instruction pour un noir. Il vit d'une façon tout à fait civilisée, ainsi que son uñique épouse.

Les Béchuanas et les Matabélés sont les seuls voisins indigènes du Transvaal, au nord et à l'ouest. J'ai déjà parlé de ceux de l'est, les Souazis.

Et, maintenant, j'en reviens à mes préparatifs pour quitter le Transvaal.

Arrivé à Prétoria, quinze jours avant M. P..., que j'avais laissé avec mes caisses de matériel et de provisions, je m'occupai d'abord de choisir mon itinéraire, puis de me procurer des moyens de transport.

CHAPITRE VI

Préparatifs de voyage. — L'itinéraire. — Impossibilité de trouver des porteurs. — Achat d'un chariot et d'un attelage. — Macaron. — A la recherche des Bushmen. — Une journée de chasse. — Quelques mots sur le Bushman : ses mœurs, ses armes, sa façon de chasser, etc. — Arrivée de mes compagnons de voyage. — Matériel de l'expédition. — Départ de Prétoria.

J'eus le plaisir de rencontrer à Prétoria M. M..., qui avait été notre compagnon lors de notre voyage en coach de Kimberley à Johannisburg. Il m'apprit que les frères Beddington, que j'avais quittés dans cette dernière ville, avaient organisé une partie de chasse sur les bords du Crocodile River, et qu'ils étaient partis de Prétoria depuis environ une semaine.

En sa qualité de secrétaire du président de la République du Transvaal, M. M... se mit avec amabilité à ma disposition pour me fournir tous les renseignements dont je pouvais avoir besoin. Je lui demandai à voir des personnes en mesure de me renseigner sur le meilleur chemin à suivre pour aller au Zambèze, et il me présenta à plusieurs négociants qui entretenaient des relations suivies avec le pays de Gaza. Tous me déconseillèrent de passer par le Matabélé et le Mashonaland, à cause des contestations qui avaient lieu entre Anglais et Portugais sur les frontières nord et ouest. D'un autre côté, j'avais plusieurs motifs pour ne pas tenir à suivre cet itinéraire : d'abord, il m'eût fallu demander comme une faveur, à la « Chartered Company », l'autorisation de traverser le pays, et je ne le voulais pas ; de plus, en suivant cette route, j'atteignais le Zambèze à Tête et ne pouvais étudier son cours depuis Quilimane. Je préférais gagner les bords du fleuve plus à l'est, et partant plus près, puisque son cours incline très fortement vers le sud-est.

Le pays de Gaza est peu connu, du moins pour nous, les seuls explorateurs qui l'aient traversé ayant été jusqu'à présent des Portugais. De plus, on m'assurait que la route serait meilleure, le pays étant, en général, plus plat dès que l'on a franchi les monts Drakenburg. Il y avait bien des *fly districts*, c'est-à-dire des régions où se trouve la mouche empoisonnée ; mais où ne s'en trouve-t-il pas ?

En Europe, j'avais primitivement formé le projet d'organiser un convoi de porteurs engagés pour la durée du voyage : je comptais faire arranger mes provisions, bagages et marchandises monnaie, en colis d'un poids à peu près égal, et nous aurions voyagé à pied, moi et mes compagnons. Car j'attendais deux jeunes Anglais qui devaient faire partie de mon expédition : ils n'étaient pas prêts lors de mon départ de Paris, n'en ayant pas eu le temps ; mais il était entendu qu'ils se rendraient directement à Prétoria. Lors de mon arrivée dans cette ville, ils n'étaient pas encore signalés ; je devais recevoir, aussitôt qu'ils débarqueraient au Cap, une dépêche m'en avisant.

MM. Smith et Jones étaient deux jeunes gens pleins d'ardeur et de santé ; mais ils n'avaient jamais vu l'Afrique, et ils allaient débuter fort durement par un voyage de six cent cinquante milles (douze cents kilomètres) sous les tropiques.

J'acquis, à Prétoria, la conviction que le voyage était irréalisable, tel que je l'avais projeté, et que je ne pourrais trouver de porteurs pour aller aussi loin : la coutume du pays n'était pas d'aller à pied : tout le monde se servait des chariots à bœufs, et il me fallait en faire autant : un bullock-waggon remplacerait avec avantage les cent quatre-vingts porteurs qui m'étaient nécessaires, et il m'éviterait les tracas causés par les désertions, la maladie, les blessures, ainsi que les autres inconvénients du voyage.

Cela ne changeait mes projets qu'en ce qui concernait les porteurs. Comme je l'ai déjà dit, on ne peut rester dans un chariot en marche sous peine de renouveler le supplice du coach : il vaut infiniment mieux aller à pied pour se dégourdir les jambes, pour gagner de l'appétit, pour éviter enfin de se mortifier inutilement.

Désirant m'informer des prix et des meilleures marques de fabricants de chariots, je me rendis sur l'immense place du marché de Prétoria, où régnait ce jour-là une animation extraordinaire. Je fus mis en rapport avec un Boer qui désirait vendre un de ces véhicules, et, après une expertise que je fis faire, nous tombâmes d'accord au prix de 84,8 livres sterling, soit 2,110 francs.

Ce bullock-waggon sortait de chez un des meilleurs constructeurs du Cap, Staunton and C°; il était presque neuf et avait coûté plus du double à son ancien propriétaire. J'achetai également aux enchères, et sur les conseils d'experts, toutes sortes d'accessoires indispensables : chaînes, pièces de joug, courroies, ferrures de rechange, fouets, etc.

Le lendemain, je me mis en quête de l'attelage. Tous les propriétaires, dans la capitale du Transvaal, demandaient des prix excessifs. On me conseilla d'aller dans les fermes des environs et on m'indiqua un Boer du village de Béthanien, à environ trente kilomètres de Prétoria. Je m'y rendis à cheval, accompagné par l'obligeant secrétaire du Président, et j'y devins possesseur, moyennant 185 francs pièce, de vingt-quatre magnifiques bœufs dressés à l'attelage et admirables de santé. Propres, reluisants, pansés avec soin, ils faisaient plaisir à voir. Désireux d'éviter toute mauvaise foi, M. M... m'invita à exiger que les bestiaux fussent attelés devant moi. Je pus ainsi me rendre compte de leur dressage : ils étaient tous très dociles et tiraient bien. Il n'est ni long ni difficile, pour ceux qui en ont l'habitude, de dresser un de ces ruminants au trait ; mais lorsque l'on n'est ni Boer, ni Hottentot, ni fermier, on reçoit des coups de corne et on ne réussit pas du tout à maîtriser l'animal.

D'autre part, le vendeur me garantit par écrit que les bœufs n'étaient atteints d'aucune maladie ni infirmité.

Selon l'usage, je pris livraison immédiate de mes animaux, ce qui ne laissa pas de m'embarrasser, car je n'avais pas encore été pâtre ni vacher, j'en avais même vu fort peu en chair et en os, sauf dans les opéras-comiques, et il me fallait conduire vingt-quatre bœufs à Prétoria sans personne, absolument personne, pour m'aider.

Mais M. M... m'assura qu'à nous deux nous n'avions besoin d'aucun auxiliaire : nous fîmes au galop quelques mouvements autour du troupeau qui se mit en marche, et je me rappelle comme assez comique cette caravane de vingt-quatre bœufs conduite par le secrétaire du Président de la République du Transvaal et moi, avec un sérieux qui eût donné à croire que nous faisions ce métier tous les jours.

Nous rentrâmes à Prétoria, avec notre convoi, à trois heures de l'après-midi, suivant les animaux au pas de nos chevaux. Personne ne fit attention à nous. Dans tous ces pays, chez les Boers comme chez les Zoulous, c'est un bonheur que d'avoir du beau bétail et un honneur de s'en occuper.

Dès notre arrivée, je conduisis mes bœufs à leur hôtel. J'ai omis de mentionner qu'il y a un grand nombre d'endroits où l'on peut mettre un attelage en pension, aussi bien à Johannisburg qu'à Prétoria. Dans un pays où les voyages et les transports ne se font qu'au moyen du bullock-waggon, c'est indispensable. Ces étables publiques reçoivent, moyennant 1 fr. 75 par jour, des pensionnaires auxquels elles s'engagent à fournir le foin, l'eau et la litière; quant aux soins, c'est l'affaire du propriétaire. Celui-ci place généralement un ou deux hommes pour surveiller ses bestiaux.

Pourvu de mon attelage, j'avais à chercher un cocher et ses deux aides-conducteurs; il me fallait en outre deux domestiques et six hommes pour les travaux ainsi que pour les corvées en route.

Le cocher, un Hottentot naturellement, me fut spécialement recommandé par plusieurs personnes; il avait un certificat crasseux, où chacun de ses maîtres avait ajouté un mot de satisfaction, en hollandais ou en anglais, en lui donnant un nouveau nom. Il s'était appelé Fox, Tarki, Pelox, Jony, Jack, Mosi et Jacket. Pour ne pas être en reste, je lui annonçai qu'à l'avenir il s'appellerait Macaron; il répéta le mot plusieurs fois et se retira avec cet air satisfait que donne l'annonce d'une bonne nouvelle. Je trouvai également à engager les autres hommes parmi les indigènes. Les deux sous-conducteurs étaient des Cafres, également expérimentés dans la conduite des bœufs et les soins à leur donner. Tous avaient passé des années à voyager à travers le pays avec des Européens et des Boers.

Mes préparatifs étaient achevés trois jours après mon arrivée à Prétoria : le chariot repeint à neuf, minutieusement réparé, bien graissé; les bœufs à l'étable; les conducteurs à leur poste; et je commençais à m'ennuyer horriblement à errer par la ville. J'avais télégraphié au Cap pour avoir des nouvelles de mes compagnons de voyage : ils n'étaient pas arrivés. Quant à M. P..., qui amenait mes marchandises, il ne pouvait être rendu avant huit ou dix jours au plus tôt, en admettant qu'il se dépêchât, ce qui est contraire à la nature des Boers, en général.

Mon intention était de partir de Prétoria dans la direction du nord-est, de traverser la plaine entre la rivière des Éléphants et la source du Crocodile River, de longer la première jusqu'aux monts Drakenburg, de laisser le Zoutpansberg au nord, d'entrer dans le pays de Gaza, de passer le Limpopo et d'atteindre Chinian, toujours en conservant presque régulièrement la direction nord-est.

Arrivé à Chinian, dans le Mazibli, je comptais aller au nord jusqu'à l'Aroangoua ou Poungoué et, de là, me diriger sur Séna, que je supposais au nord-nord-est.

Ce n'étaient que de grandes lignes. Impossible, d'ailleurs, d'entrer dans le détail, attendu que les cartes manquent de renseignements. De plus, faute de routes tracées, l'itinéraire devait varier suivant la topographie du pays, en raison des difficultés que présenterait le voyage en chariot dans les régions montagneuses : les ressources en eau, la profondeur des rivières, seraient autant de raisons pour modifier la route projetée sans connaissance du pays. L'accueil des indigènes, la présence de la mouche venimeuse, mille autres raisons imprévues étaient autant de motifs à des changements de direction.

Dans les pays nouveaux pour le voyageur, lorsqu'il ne peut profiter de l'expérience des autres, s'il coupe à travers le pays dans un chariot à bœufs, il ne sait au juste où il va, et il faut qu'il se fie un peu à sa bonne étoile : l'important pour lui est la direction générale à suivre : le reste n'est que secondaire.

J'étais donc obligé d'attendre d'être sur les lieux mêmes pour voir ce que j'avais à faire, et comme il me restait une douzaine de jours, au moins, à me promener à Prétoria, je les employai plus utilement.

Mon ami, le secrétaire de la présidence, m'avisa qu'il partait le lendemain pour aller visiter une de ses propriétés, près de la rivière des Crocodiles, juste au nord de

Prétoria, au bord du Hout River, à environ cent soixante milles de là : c'était quatre jours de cheval. Il me proposa de l'y accompagner, me promettant d'être de retour dans douze jours au plus. Pour me décider, enfin, il s'engagea à me faire voir des Bushmen ; il m'en avait montré quelques-uns déjà, à Prétoria, à Johannisburg et sur notre route de Kimberley, en réponse aux questions continuelles que je lui posais sur ce peuple, qui m'intéressait beaucoup : mais cette fois j'en verrais bien davantage : impossible de résister à une pareille offre, et nous voici le pied à l'étrier.

Nos chevaux (des *salted*, bien entendu) étaient pleins d'entrain, un peu gras cependant, mais en parfaite condition au troisième jour du voyage. Le cheval de l'Afrique du Sud est un barbe presque pur ; de cette race il possède la couleur gris fer, l'encolure empâtée, le trot vite et doux ; il a du fond et du sang tant qu'il n'attrape pas la terrible maladie : s'il en guérit, il devient plutôt mou, peu sensible à la jambe et généralement trop gros ; sa croupe se remplit, son ventre fait saillie ; il conserve, généralement, une grande solidité du devant et butte fort rarement. J'ajoute que, si les Boers montent bien, en ce qui concerne l'assiette et la position, en revanche, ils abusent des chevaux ; ceux-ci ont tous les boulets excessivement fatigués, des éparvins ou des molettes : ils sont abrutis par leurs cavaliers. Ces chevaux seraient d'une grande utilité pour les voyages si on pouvait les préserver de leur terrible ennemi. Il faut espérer qu'on aura un jour à remercier les savants de ce bienfait ; au moment où tant d'inoculations sont couronnées de succès, ne finira-t-on pas par trouver un remède à ces deux grandes plaies de l'Afrique : le horse sickness et la piqûre de la mouche tsé-tsé ?

Le trajet fut des plus gais et des plus rapides ; mon compagnon craignait bien que je ne fusse trop fatigué pour faire de longues étapes, mais je lui fis remarquer en riant que, dans mon pays, j'étais officier de cavalerie, et que les parcours de soixante et de quatre-vingts kilomètres ne me faisaient pas peur.

La propriété de mon ami se trouvait à quelques heures d'un petit hameau ou groupe de fermes appelées Katlachter, au pied des monts Zoutpansberg, à peu de distance de la rivière Limpopo ou des Crocodiles. Aussitôt arrivé, il me fit faire le tour du propriétaire, me montrant du magnifique bétail, des champs où la moisson venait d'être faite et où il avait cultivé du blé, de l'avoine, du maïs, avec quantité de légumes de toutes sortes. La propriété contenait surtout d'immenses plaines naturelles, auxquelles ses animaux devaient leur bel aspect. Il y avait d'immenses troupeaux de moutons et une basse-cour très nombreuse, composée de volatiles européens.

Une petite rivière, ou plutôt un ruisseau, serpentait à travers le domaine, contenant dans ses eaux claires du bon et gros poisson; un petit bachot enchaîné indiquait que les hôtes du lieu faisaient, sur ce fleuve en miniature, de la navigation de plaisance.

Le gibier était abondant; je tuai en deux journées une grosse outarde (*otis tarda*) et trois petites gazelles appelées springbuck (*gazella euchore*).

L'outarde était énorme; elle mesurait près de quatre-vingt-cinq centimètres de long de la naissance du cou à celle de la queue, et pesait vingt-deux kilogrammes : ces oiseaux sont, paraît-il, assez rares.

Le lendemain, en route, à la recherche des Bushmen.

Pendant la première partie de mon voyage dans l'Afrique australe, je me suis occupé activement de me procurer sur les Bushmen tous les renseignements capables de donner une idée de leur origine et de leurs mœurs. Malheureuse-

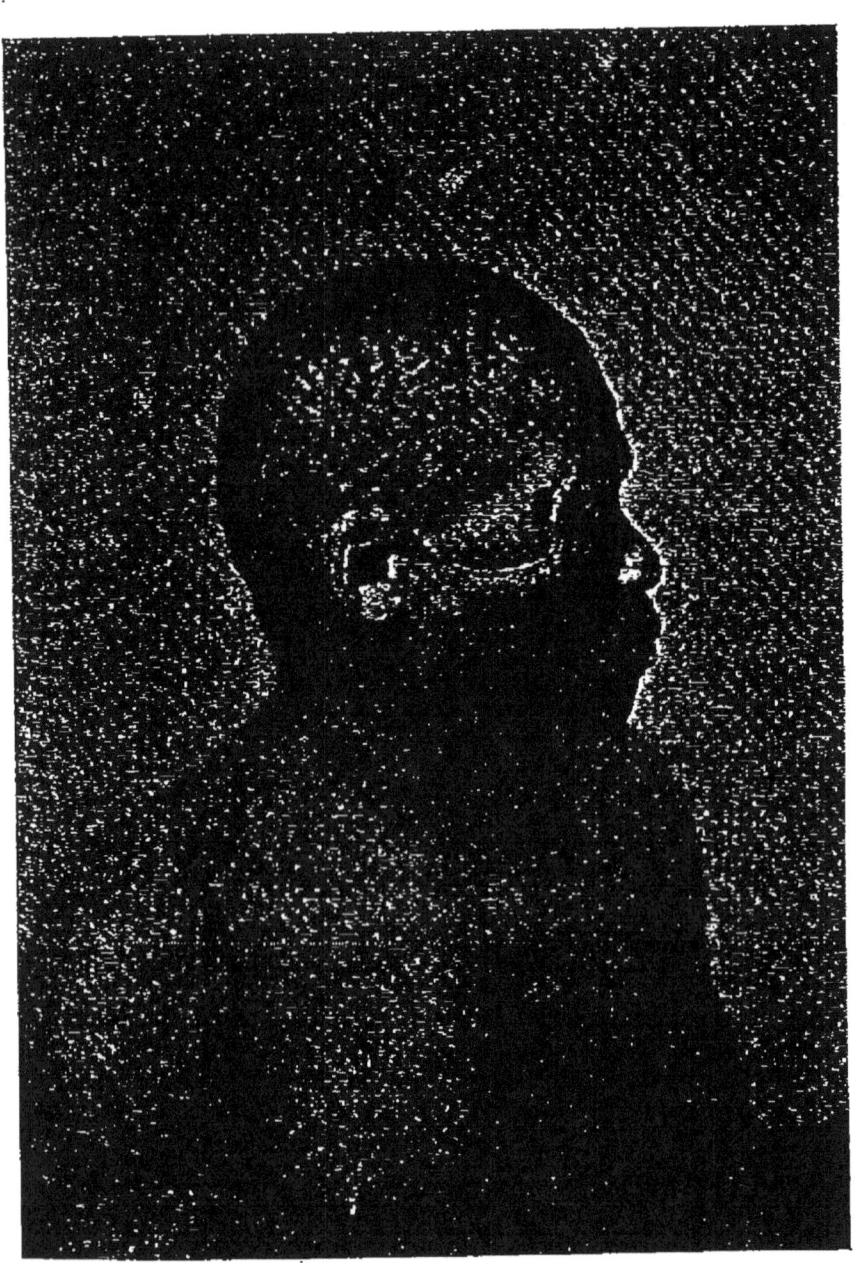

BUSHMAN

ment, je n'ai trouvé que fort peu de chose dans les musées et les archives de Cape-Town, Natal et Pietermaritsburg.

D'après les dernières statistiques du Cap, datées de 1827, 1835 et 1848, les Bushmen étaient assez nombreux dans cette colonie. Ils étaient comptés parmi la population flottante, avec une mention spéciale en regard de leur nom, indiquant la localité où l'on supposait qu'ils se tenaient. Leur existence nomade, leur amour de la vie des bois, empêchaient d'évaluer au juste leur nombre, et ce nombre était remplacé par le mot *tribes* (tribus) ; on ne comptait pas moins de trente de ces tribus différentes, ou du moins distinctes les unes des autres. Peu à peu, au fur et à mesure de l'invasion européenne, les Bushmen ont été refoulés vers les territoires isolés où ils pouvaient mener en paix leur vie de chasseurs mi-sauvages.

Les auteurs qui parlent de ce peuple étrange ne font généralement aucune hypothèse sur l'origine du Bushman. Divers indices prouvent qu'il appartient à la race nègre africaine : on signale cependant dans d'autres parties du monde une variété de l'espèce humaine qui a certains rapports avec lui. Je veux parler des *Négritos* ou Négrilles, dont des spécimens se retrouvent encore en Asie, en Malaisie, aux Philippines, aux îles Andaman, et qui se rattacheraient, selon les anthropologistes, à une origine commune.

Le Bushman est de petite taille : en moyenne, il ne dépasse pas quatre pieds cinq pouces (soit un mètre trente-trois centimètres) et ne pèse guère plus de trente-huit kilos. Son corps est bien proportionné à sa taille, sauf la tête, qui est quelquefois un peu grosse ; ses pieds et ses mains sont petits. Quoique la dolichocéphalie soit moins prononcée chez lui que chez le nègre, et que sa tête, vue par le vertex, semble presque ronde, il n'est pas brachycéphale : il a la face prognathe, le nez petit et plat, la lèvre inférieure prononcée, le front légèrement fuyant, les yeux petits et écartés. Les dents sont belles : c'est la seule particularité physique du Bushman qui mérite ce qualificatif. (Comme il se nourrit exclusivement de viande, on voit ce qu'il faut penser de la théorie d'après laquelle le système dentaire humain serait destiné à une nourriture végétale et qui attribue la carie au régime carnivore.) Des pommettes très saillantes, l'ensemble de la face ridé et fané donnent à ce petit être, quels que soient son sexe et son âge, l'air vieillot, sournois et méfiant. Sa couleur est rouge brun (bitume et ocre rouge), quelquefois plus claire ou tournant sur le jaune. Ses cheveux sont en petites touffes isolées, comme quelquefois chez le nègre, et arrangés de la façon dite en grains de poivre. Sa force musculaire doit être peu développée, du moins dans les membres supérieurs, car, au point de vue de la résistance à la marche, l'antilope n'est pas supérieure au Bushman.

L'acuité de sa vue et de son ouïe est extrême par suite de l'exercice continuel qu'il leur fait subir : à cet égard, bien peu de races humaines arrivent à un degré aussi parfait, et on peut dire qu'il se rapproche des animaux par la finesse de ces deux sens.

Celui du toucher doit être très peu prononcé chez lui, car ses mains sont très calleuses : en raison de la vie qu'il mène, étant obligé de ramper presque continuellement à la chasse, afin de diminuer la distance qui le sépare de son gibier, le Bushman a la paume des mains et les genoux transformés en corne dure et fendillée.

Quant à son goût, à en juger par les éléments qui forment sa nourriture, il doit être des moins développés, ainsi que son odorat. Il est en cela un peu de la famille nègre, dont la plupart des individus sont incapables de choisir entre une charogne en décomposition et un flacon d'eau de Cologne.

L'iris de l'œil est noir, de ce noir brun vague, caractéristique chez le nègre, dont les bords ne sont pas bien détachés sur la cornée opaque, foncée elle-même et légèrement injectée de sang aux coins. La pupille est invisible, confondue dans la nuance foncée de l'iris. J'ai remarqué quelques Bushmen qui avaient les yeux légèrement bridés, c'est-à-dire tirés vers les tempes, particularité qui résulte peut-être du gros développement des pommettes. Je l'ai constatée chez beaucoup de Hottentots; ceux-ci offrent assez de ressemblance avec le Bushman, mais comme physionomie et comme couleur seulement, car au point de vue de la taille il n'y a entre eux aucun rapport.

L'oreille est plutôt grande, en comparaison de celle du Cafre; légèrement détachée de la tête, elle est penchée en arrière, en ce sens que le lobule est plus avancé que l'hélix.

Comme je viens de le dire, on retrouve presque tous ces caractères particuliers chez les Hottentots : aussi certains anthropologistes pensent-ils que ceux-ci résultent d'un mélange de Bushmen et d'une autre race. Il faut que cette race ait été supérieure à celle des Bushmen, car le Hottentot est non seulement grand, mais encore intelligent, laborieux et sédentaire, qualités que n'a pas le Bushman. Le premier ne ressemble au second, je le répète, que par la couleur, qui est la même, et par l'expression de la physionomie, si on ne tient pas compte des rides et de cet air vieillot qui caractérisent le Négrille.

Au point de vue des qualités physiques, j'ai déjà dit que le Bushman est d'une agilité, d'une résistance exceptionnelles à la course : dès son âge le plus tendre, il est accoutumé à la vie des bois, à la poursuite du gibier, aux ruses nécessaires pour suppléer au manque de portée de sa petite flèche empoisonnée.

Son âge, de l'avis de tous ceux qui ont vu ce petit peuple, est très difficile à définir dès qu'il a dépassé quinze ans : on ne sait plus alors, à sa figure ridée et vieillie, s'il en a trente ou quarante. On m'a assuré qu'il ne vit pas plus de cinquante ans. Je ne sais si c'est vrai; mais il est admissible que la vie qu'il mène l'use plus vite et qu'il n'ait pas la longévité des races qui jouissent d'un certain confort.

Il se nourrit de gibier; quand il ne peut en trouver, il change de localité. A défaut de viande, il mange de tout : vers, sauterelles, chenilles, escargots, racines et fruits, que les bois lui donnent en quantité; il est friand de miel, et, quand il en découvre, il avale la cire et les larves en même temps, comme le font, d'ailleurs, les autres indigènes. Il se régale de gros vers blancs qu'il cherche dans les fentes de l'écorce de certains arbres (1). Sa sagacité et son adresse en matière de chasse sont sans rivales : il est le chasseur par excellence; c'est merveille de le voir suivre une piste; les autres noirs, même les plus experts, ne peuvent le faire qu'au pas, en s'arrêtant souvent de crainte de se tromper, en regardant bien les empreintes de l'animal, en cherchant sur leur chemin des indices qui confirment leurs recherches : le Bushman court pendant des heures, la tête baissée, au pas gymnastique, sans une hésitation, sans un regard de côté : il voit clairement écrit sur le terrain ce que les autres ont peine à déchiffrer. La nature du terrain, qui rend ce travail si difficile parfois, lui est absolument indifférente : pierres, cailloux, sable, terreau noir, herbes courtes, grandes futaies, broussailles épaisses, peu lui importe : il voit toujours et il voit bien, sans jamais s'arrêter. Il faut être du métier, pour ainsi dire, il faut être un chasseur expérimenté pour apprécier ce qu'il y a de merveilleux dans le flair du Bushman.

Il vit en petits groupes ou tribus, comprenant rarement

---

(1) J'ai rapporté deux spécimens de cet énorme ver.

plus de vingt individus; sans voyager continuellement, il se déplace fort souvent : lorsqu'il a choisi un certain district où le gibier abonde, il s'y installe à la façon sommaire que comporte une résidence tout à fait provisoire : quelques branches appuyées contre un arbre, un peu de feuillage sur cet appentis improvisé, et voici son habitation terminée en dix minutes.

Comme les peuples de l'Afrique centrale, il allume du feu en frottant rapidement l'un sur l'autre deux morceaux de bois très secs, procédé que je décrirai plus loin avec quelque détail. Ses ustensiles sont plus que primitifs : des coquilles d'œufs d'autruche, percés à la partie supérieure, lui servent, comme à beaucoup de Hottentots, à aller puiser de l'eau. Il possède une ou deux marmites grossières, en terre, faites par les femmes, et qu'il transporte avec lui. Le reste lui est fourni par la nature; très friand de sel, il gratte les gisements de gemme qui abondent dans le pays, mêlés d'argile et de grès; il en recueille un sel rougeâtre et amer qui sert à son alimentation. Il faut ajouter qu'il s'en passe fort bien, comme de tout, d'ailleurs.

On ne connaît guère chez le Bushman de couple ayant plus d'un enfant et exceptionnellement deux. Les petits ont, comme on pense, une éducation des plus rudes : livrés à eux-mêmes dès l'âge de quatre ou cinq ans, ils se développent au gré de leur instinct.

Le costume du Bushman est aussi sommaire que tout le reste : un petit morceau de peau, large d'un travers de main et fixé à une fibre tressée, va du bas-ventre au bas des reins; autour du cou et aux poignets, une foule de fétiches ou amulettes, de débris d'os, de racines, médicaments ou charmes, forment un chapelet crasseux. Jamais de peaux pour se garantir du froid, comme chez les peuples de l'Afrique centrale; ce petit être ne paraît pas ressentir les intempéries : le soir venu, il se pelotonne autour du feu et reste ainsi des heures entières, immobile, plongé en apparence dans ses réflexions, mais, en réalité, ne songeant à rien. Il peut se passer de sommeil pendant plusieurs jours de suite, même après de grosses fatigues, et, quand il dort, le moindre bruit suffit pour l'éveiller.

Habitué aux ténèbres, ayant conscience de sa propre adresse et de son agilité, il ne connaît pas la peur ; il a une telle inconscience du danger, que tuer un lion est pour lui une chose de tous les jours. Ses armes, qui semblent insignifiantes, sont des plus redoutables : c'est un petit arc et de mignonnes flèches qu'on prendrait pour des joujoux d'enfant, mais qui portent un poison terrible dans le sang de l'ennemi, poison si foudroyant que celui-ci expire un instant après, quelles que soient sa taille et sa force. La portée de l'arc du Bushman n'excède pas quinze mètres : aussi que de ruse, que de savoir, que de patience il consomme pour ramper et se rapprocher insensiblement de la bête si méfiante dont l'ouïe en éveil perçoit les moindres bruits et dont l'œil découvre les moindres détails à de grandes distances !

Tantôt, dissimulé derrière des broussailles, il attend que l'animal, confiant dans sa sécurité, soit occupé à paître ; d'autres fois, au contraire, avec les animaux qui affectionnent la plaine découverte, il a recours à des déguisements pour s'en rapprocher : par exemple, pour tuer une autruche, il se déguise lui-même en autruche. Il couvre de plumes sa tête et ses épaules ; il étend son bras en l'air pour figurer le cou, et son poing remplace la tête ; ce mannequin vivant s'avance en imitant la démarche et le dandinement de l'oiseau. Le cou et la tête sont reproduits si au naturel que la stupide autruche accourt souvent à la rencontre de ce soi-disant camarade, qui soudain s'accroupit et la tue.

Le lion offre une proie aisée pour le Bushman qui le guette de loin et le surveille pendant des heures entières; dès qu'il le voit dévorer sa nourriture, il se rapproche et attend; le fauve, repu, va se coucher en rond et s'endort d'un sommeil profond. Le petit chasseur s'approche alors, comme lui seul peut le faire, sans un bruit, sans un froissement, quelle que soit l'épaisseur du feuillage dans lequel il rampe; arrivé à quelques mètres, il décoche au redoutable animal une de ses petites flèches et prend la fuite ou se dissimule avec prestesse. L'agonie de la bête est immédiate; elle fait des sauts prodigieux, ses regards cherchent à découvrir l'ennemi qui l'a frappé, ses rugissements ébranlent la forêt; bientôt sa voix faiblit, son regard s'éteint, et il se couche pour ne plus se relever. Dès que tout est calme, le Bushman reparaît, il s'accroupit auprès de son ennemi, le dépèce sur place à l'aide d'un vieux morceau de fer, fait cuire sa chair tout à côté et ne se relève que lorsqu'il est rassasié à son tour. Il met ensuite de la viande sécher au soleil, coupée en bandelettes, et s'en va porter à sa famille une part du festin, quelquefois à cinquante ou soixante kilomètres de là. Il faut ajouter que la femme et l'enfant du Bushman ne comptent pas sur leur père, celui-ci s'en allant souvent, au gré de sa fantaisie, pendant des semaines entières et quelquefois pour toujours.

Les femmes bushmen ont à peu près le même costume que les hommes; j'en ai vu une qui avait les cheveux longs de plusieurs centimètres et une autre dont la tête avait été rasée. Le petit, à l'âge de cinq ou six ans, est déjà fort laid; il n'a aucun des charmes de l'enfance; son petit visage vieillot est encore plus laid, plus simiesque que celui du père.

Dans les pays montagneux, où la configuration du sol le permet, les Bushmen préfèrent comme habitation les creux des rochers aux huttes de feuillage, ce qui leur a valu, de la part de quelques voyageurs, le surnom d'habitants des cavernes ; on a même trouvé dans la plupart de ces cavernes des dessins grossiers, assez curieux, représentant ou voulant représenter des oiseaux, des insectes, des fleurs, des animaux, etc. Le musée de Pietermaritsburg en possède quelques-uns dont le seul intérêt est de montrer l'infériorité intellectuelle de leurs auteurs.

Le Bushman, après sa chasse, et lorsque sa provision de viande est suffisante, ne fait absolument rien ; ses dessins ont dû naître de cette inaction intermittente.

Ses petites flèches méritent une description succincte : c'est un petit roseau dans lequel est enchâssé un tuyau de plume bouché hermétiquement par une épine percée. Le tuyau est rempli de poison. Au moment où l'épine pique un animal, elle recule légèrement, comprimant le poison qui pénètre dans le canal de l'épine et de là entre dans la chair, à la façon dont agissent les crochets des serpents venimeux. La blessure n'a pas besoin d'être grande ni profonde ; une piqûre suffit. Le poison employé est inconnu. Dès qu'un Bushman entre au service des Européens, il laisse son arc et ses flèches dans les bois ; aussi n'en voit-on jamais dans les milieux fréquentés. A Sélika, dans le Béchuanaland du Nord, j'ai voulu acheter quelques flèches à des Bushmen qui se tenaient dans les environs. Un d'eux consentit à m'en vendre plusieurs, mais il se sauva en emportant ses flèches avec mon argent, c'est-à-dire avec plusieurs mètres de foulard. Il paraît que ces cas de malhonnêteté sont excessivement rares.

Au fur et à mesure que l'on s'avance vers le Nord, c'est-à-dire vers les territoires où ils ont été refoulés graduellement, on trouve les Bushmen en plus grand nombre, et beaucoup d'Européens qui fréquentent ces régions sont avec eux en contact constant : les chasseurs de profession surtout, comme MM. Selous, Greef, Lee, Mac Donald, ont toujours eu des Bushmen à leur service, et ils ont trouvé en eux d'excellents auxiliaires.

Le contact de la civilisation commence même à modifier le Bushman ; on m'a assuré que, dans le Matabélé et le Béchuanaland, il consent aujourd'hui à garder les bestiaux, ce qui est déjà un grand progrès : on le paye 5 schellings par mois (6 fr. 25), et on se loue généralement de ses services. Il est très sobre et toujours content, quelle que soit la nourriture qu'on lui donne.

C'est au moyen des renseignements recueillis auprès d'un grand nombre d'Européens et qui corroborent mes propres observations, que j'ai pu réunir les quelques notes que je viens de résumer concernant ce peuple étrange.

Nous sommes allés voir quelques Bushmen avec le secrétaire du Président du Transvaal. Pour cela, nous avons passé la rivière des Crocodiles, à quelque distance d'un village nommé Mcombou, et près de l'embouchure du Chacha et de la Macloutsi. Au premier village que nous avons rencontré, Sélika ou Slika, nous nous sommes informés, et, moyennant un cadeau, deux Bushmen, au service d'un Européen, consentirent à nous conduire auprès de quelques amis.

Au milieu d'une forêt, à peu de distance du village, nous avons rencontré huit de ces petits êtres, deux femmes, cinq hommes et un jeune garçon ; à côté d'eux, nous avions l'air de géants, le Boer et moi ; il était très curieux d'étudier leurs petits yeux mobiles, allant tour à tour de notre visage à chacun de leurs camarades, comme s'ils se demandaient ce que nous voulions. Très méfiant au début, de sa nature, le Bushman finit par se familiariser avec l'Européen : on en a vu de très attachés, de très fidèles à leurs maîtres. On m'a cité le cas d'un chasseur fort connu qui, voulant éprouver ses Bushmen, vieux compagnons de fatigue, leur annonça qu'à l'avenir il ne les payerait plus et leur permit de quitter son service s'ils le voulaient : ils répondirent qu'ils resteraient quand même.

L'Européen, dans l'Afrique du Sud, n'a pas toujours traité le Bushman comme le méritaient sa faiblesse et son infériorité intellectuelle ; un être aussi inoffensif, en somme, eût pu être laissé en paix ; au contraire, dans les conquêtes des territoires nord du Cap, des Bushmen furent massacrés sans raison par quelques Boers ; ils se vengèrent à leur façon et avec leurs armes : de là, une guérilla où l'Européen eut souvent le dessous, malgré tous ses avantages. Les Boers ne voyaient jamais un Bushman sans l'envoyer à la mort d'un coup de leur carabine impeccable ; lui, en revanche, se cachait, et plus d'un Afrikanfer disparut ainsi dans les premières années des Républiques africaines. Tout cela est passé, bien entendu, mais Boer et Bushman ont conservé, par tradition, une certaine aversion l'un pour l'autre ; aussi est-ce au Transvaal que l'on rencontre le moins de ces petits Négrilles. En 1887, le Président de la République rendit une ordonnance dans le but d'encourager les Boers à admettre les Bushmen au nombre des travailleurs, gardiens de bestiaux et autres, qui abondent dans les fermes, ce qui était une façon indirecte de les civiliser ; mais on n'en continue pas moins à maltraiter ces malheureux.

J'avais photographié plusieurs de ceux que j'ai rencontrés à Sélika et ailleurs dans le Transvaal, mais le voyage en coach n'a laissé entière qu'une seule de mes plaques. J'ai profondément regretté la perte des autres : elle m'a privé de quelques-uns des plus intéressants documents ethnographiques rapportés de mon voyage.

Aujourd'hui, le Bushman se trouve encore dans les régions suivantes : le désert de Kalahari (1), le Béchua-

(1) Ce qu'on appelle le désert de Kalahari, soit dit en passant, est couvert de végétation et de gibier ; les plantes y sont rabou-

naland ou pays de Kama et le nord-ouest du Cap qui est encore à peu près sauvage. On n'estime pas ce qui en reste à plus de trois cents individus.

Il est probable que les Hottentots se sont mélangés avec les Bushmen, depuis qu'ils sont en contact. On m'a cité des cas exceptionnels de stéatopygie chez les femmes bushmen, ce qui semble une preuve suffisante de croisement : celles que j'ai vues étaient tout à fait proportionnées.

J'ai quelque peine à croire que cette particularité des femmes hottentotes provienne d'un mélange de Bushmen et de Cafres, ces deux peuples n'offrant, à ma connaissance, aucun cas de stéatopygie : il y a certainement une troisième race qui a dû apporter cette difformité, car j'hésite à admettre que ce développement extraordinaire d'une partie du corps puisse s'obtenir artificiellement. En résumé, je serais tenté de supposer que les Hottentots résultent d'un triple mélange de Bushmen, de Cafres et d'un autre peuple : aux premiers, ils auraient pris la physionomie et la couleur ; au second, les qualités physiques ; le troisième, enfin, aurait doté les femmes de... ce qui constitue la beauté sur les bords de la rivière Orange.

Comme on sait, les Bushmen ne sont pas les seuls représentants d'une petite race d'hommes que les anthropologistes déclarent avoir existé avant les autres dans ces régions. M. Stanley a fait connaître les pygmées de l'Afrique centrale, qui ne sont, en somme, que les Akkas, autre genre de Bushmen. Dans la même espèce, je citerai, à titre de renseignement : au nord du Victoria Nyanza, les Dokos, les Cincalés, les Areyas, les Wamboutis ; au Congo

---

gries, il est vrai, et on n'y voit point de grands végétaux, ou à peine ; mais le nom de *plaines* de Kalahari serait plus juste que celui de *désert*.

central, les Outouas, les Capotos, les Tchobés, les Caroumbis, qui se rencontrent jusqu'au nord-ouest du Tanganika; au Congo ouest, les Akoas, les Obougos, les Babougos; au sud d'Angola, les Moukassékérés de M. Serpa-Pinto, les Mossaros, etc. Toutes ces tribus sont peu nombreuses et éparpillées. Elles sont appelées naturellement à disparaître peu à peu, sans laisser à l'ethnographie autre chose que des données très sommaires...

Quatorze jours après notre départ, nous étions de retour de notre excursion à Sélika. A Prétoria, une dépêche du Cap m'annonça que mes compagnons étaient depuis cinq jours dans cette ville; ils avaient pris, le soir même, le chemin de fer pour Kimberley, et je devais m'attendre à les voir d'un moment à l'autre. Quant à M. P..., qui amenait mes bagages, il arriva le lendemain et me remit mes colis contre la somme convenue pour le transport de Natal.

Avant de nous mettre sérieusement en marche, je voulus essayer mon chariot et j'invitai M. M... à faire une promenade dans ma nouvelle voiture. Macaron et ses aides nous conduisirent sur la route de Johannisburg, où nous fîmes à vide des essais de montée et de descente. Mes bœufs étaient en parfait état, resplendissants de santé et de vie. J'avais bon espoir d'arriver au terme de mon voyage, et j'avoue que je commençais à être fort impatient de m'en aller. Prétoria n'a pas l'air anglais de Johannisburg. C'est bien une ville boer. Mais ni l'une ni l'autre ne sont intéressantes au delà d'une semaine.

Je ne savais plus que faire de mon temps : rien n'est ennuyeux comme d'être forcé de rester les bras croisés quand on veut s'occuper et qu'on a beaucoup à faire. Mon ami le secrétaire m'invita à venir chez lui, où je passai quelques bonnes soirées avec lui et sa femme; nous allâmes dans les environs voir des courses de rossinantes, peu palpitantes d'intérêt; un autre jour, j'assistai à un match de boxe anglaise. C'est tout à fait charmant et si délicat! Quand les deux antagonistes se séparèrent, ils ne pouvaient plus se voir : l'un avait la bouche sous l'oreille, le nez écrasé et une joue si enflée qu'elle couvrait l'œil; l'autre avait craché une demi-douzaine de molaires; ses lèvres étaient enflées comme celles d'un nègre, et un de ses yeux était fermé : l'ensemble de la figure d'un boxeur anglais, après la lutte, rappelle l'aspect d'une pomme de terre aux contours accidentés et informes. L'assistance paraissait enchantée, ravie; on a joué des milliers de sous pendant le quart d'heure qui s'est écoulé entre la première chute de molaires et l'écrasement du dernier nez. Des amis particuliers sont venus prendre les combattants dans l'arène, et lentement, soutenus sous les bras, le mouchoir sur la figure, les nobles athlètes se sont éloignés pour aller se faire mettre des compresses. Le sport est une bien belle chose, quand on le comprend ainsi!

Enfin! MM. T. Smith et H. Jones arrivèrent à Prétoria au moment où je me disposais à leur envoyer une dépêche à Johannisburg, pour les prier de se hâter.

Tous deux en étaient, comme je l'ai dit, à leur premier voyage en Afrique et pleins de santé et d'enthousiasme. M. Smith était un grand blond, type tout à fait anglais, très brave garçon et excellent compagnon de voyage; son seul défaut était d'être plutôt taciturne. Son camarade était l'opposé en tout : brun, vif, exubérant, très gai.

Smith avait été mécanicien, mais il possédait, néanmoins, une excellente éducation. Jones n'avait fait que de la télégraphie, et il avait abandonné la vie de bureau pour me suivre dans mes aventures. J'avais moi-même présidé à leur équipement à Londres avant de les quitter, et j'avais veillé à ce que rien ne fût oublié.

A titre de curiosité, je donne ci-après une liste de mon

matériel avec le poids approximatif de certaines parties, pour une expédition destinée à durer deux ans et demi environ.

MATÉRIEL DE VOYAGE

CAMPEMENT, OUTILS ET ACCESSOIRES.

2 tentes doubles en toile, $2^m,50$ sur 2.
1 tente double en toile, $3^m,50$ sur $2^m,50$.
3 lits de camp, avec couverture et moustiquaire.
2 tables pliantes.
3 chaises pliantes.
2 escabeaux.
3 gamelles complètes.
1 tente arabe ronde.
1 petite tente basse.
50 piquets d'attache.
40 mètres de corde.
25 entraves et longes.
3 barils à eau.
2 seaux.
1 gros levier.
1 toile de chariot.
1 prélart.
1 poulie-double.
2 maillets.
5 haches.
1 masse.
24 sabres d'abatage.
1 scie articulée.
2 lanternes à pétrole.
24 torches de résine.
1 pic.

2 pelles.
1 petite forge.
1 pince.
Ferrures diverses.
Limes.
1 étau à main.
Tournevis.
Mèches et vilebrequins, avec leurs accessoires.
Outillage complet de charpentier.
Fer à souder, soudure, acide, résine, etc.
10 mètres de toile à voile.
10 mètres de cordeau Bickford.
25 fusées détonantes blanches.
1 balance à main.
4 filtres, dont deux de poche.
Fil à voiles et aiguilles de voilier.
Ficelle.
2 pharmacies complètes de voyage.
1 boîte d'alun, savon et alcool.
1 boîte à produits photographiques pour développement.
1 rouleau de papier.

En tout : 989 *kilos.*

APPAREILS ET INSTRUMENTS DE PRÉCISION.

1 sextant.
1 horizon artificiel.
1 compas de relèvement.
2 baromètres anéroïdes.
Thermomètres à eau bouillante.
1 chronomètre A.
1 demi-chronomètre B.
1 thermomètre à minima.
1 thermomètre à maxima.
Boussoles.

2 hygromètres.
 1 graphomètre.
 Compas, etc.
 1 chambre noire plaque entière.
 1 chambre noire 1/4 de plaque.
 400 plaques sensibles vitesse ordinaire en celluloïd.
 150 1/4 plaques extrarapides en verre.
 1 objectif à portrait.
 1　　»　　angulaire.
 1　　»　　rectiligne.
 1 rectiligne pour instantanés.
 1 chambre obscure portative avec chevalet.
 1 lorgnette double marine.
 1 collection de livres.
 1 collection de cartes géographiques.
 Encre, classeur, papier à lettres, encre de Chine, papier buvard, crayons, godets, etc.
 4 boîtes de flacons pour collections d'insectes.
 1 boîte de flacons pour pêches microscopiques.
 2 boîtes pour lépidoptères.
 24 carnets de poche.

En tout : 110 *kilos.*

ARMES ET MUNITIONS.

 1 carabine double rayée calibre 8.
 1　　»　　»　　»　　»　　12.
 1 express rifle calibre 577.
 1 fusil de chasse calibre 12.
 1 carabine Winchester express à 6 coups.
 1 fusil à piston calibre 8.
 1 revolver d'ordonnance modèle 1874.
 1 revolver de poche.
 200 cartouches extra charge calibre 8 à éléphants.
 400 cartouches extra charge calibre 12 à pointe d'acier.
 500 cartouches express 577.

500 cartouches de chasse calibre 12 de divers numéros.
250 cartouches de revolver.
1,000 cartouches Winchester.
1 boîte d'engins de pêche.
1 épervier.
4 pièges divers pour oiseaux et quadrupèdes.
1 pot de glu.
4 couteaux de chasse.
3 gourdes de diverses grandeurs.
1 cartouchière.
Moules à balles, graisse, huile, etc.

En tout : 190 *kilos* (1).

EFFETS ET LINGE.

6 caleçons.
3 gilets de flanelle.
2 chemises blanches.
12 chemises de flanelle.
12 mouchoirs.
12 pantalons coutil léger.
1 costume de voyage et pardessus.
2 faux cols.
8 paires de bottines.
1 paire de pantoufles.
6 paires de souliers.
1 ceinture de flanelle d'ordonnance.
6 vestes blanches.
6 pantalons blancs.
24 paires de chaussettes.
1 ceinturon.
1 paire de molletières.

(1) J'avais en plus 24 carabines Martini, mises à ma disposition avec 5,000 cartouches. J'ai envoyé le tout par mer à Quilimane, n'en ayant pas besoin pour le moment.

4 serviettes de table.
4 taies d'oreiller.
6 serviettes de toilette.
1 complet en cuir.
6 derrières de pantalons.
12 pièces pour réparations.
9 tricots blancs.
1 tondeuse.
1 paire de ciseaux.
1 trousse complète (fil, aiguilles, etc.)
12 savons.
12 brosses à dents.
Poudre dentifrice.
10 kilos de tabac.
5 pipes et tuyaux de rechange.
1 lampe à esprit-de-vin.
2 tire-bouchons.
1 boîte de douze pince-nez et de six paires de lunettes.
1 chapeau mou.
1 casque blanc.
1 casque gris et deux casquettes de voyage.

En tout : 75 *kilos.*

MARCHANDISES-MONNAIE (1).

80 charges de dix pièces de calicot, chacune de 25 kilos, à vingt-quatre mètres la pièce, soit dix-neuf mille deux cents mètres de calicot.
Verroterie assortie, perles, etc.
10 charges de quinze pièces de mouchoirs ou foulards ordinaires à seize mètres la pièce, soit deux mille quatre cents mètres de foulards.

(1) La plus grande partie de ces marchandises avait été envoyée directement d'Europe à Quilimane; je n'en avais avec moi qu'une petite quantité.

25 barils de poudre de quatre kilos et demi.
500 silex pour fusils.
25 boîtes de capsules.
12 fusils à pierre.

En tout : 2,627 *kilos.*

CADEAUX POUR LES CHEFS.

6 costumes de féerie provenant de l'Alhambra à Londres.
2 parasols brodés.
1 boîte à musique.
1 sabre damasquiné.
6 calottes brodées.

PROVISIONS POUR TROIS EUROPÉENS.

600 boîtes de conserves (légumes, viande, poisson, fruits, épices, lait, etc.)
2 barils de farine.
Bidons d'huile, de vinaigre, d'esprit-de-vin.
10 petits barils de vin.

En tout : 1,070 *kilos.*

PROVISIONS POUR LES CAFRES.

8 sacs de riz.
4 sacs de haricots.
4 sacs de pois.
15 chèvres.

En tout : 650 *kilos.*

MM. Smith et Jones avaient à peu près le même équipement en linge et effets que moi, plus deux fusils de chasse et quelques livres. Tel était notre bagage, pesant trois mille cinq cents kilos et qui atteignait le maximum de ce que le chariot pouvait porter. Ce poids était même trop fort, comme nous l'avons souvent vu par la suite.

Tous les préliminaires étant achevés, j'endossai le costume que je ne devais plus quitter jusqu'à mon retour en France. Ma tenue de voyage a toujours été la suivante : chaussures solides, souples et légères, pantalons courts, chemise de flanelle sans manches; casque; jambes et bras nus. C'est le costume le plus commode en Afrique : l'expérience me l'a démontré. La chaleur et la marche rendent insupportables n'importe quelles guêtres, bottes ou jambières; ceux qui en portent y renoncent bientôt s'ils ont à marcher. Les jambes n'étant pas protégées par le cuir, les épines du chemin useraient un pantalon par jour : il vaut donc mieux ne les couvrir que jusqu'aux genoux; la peau s'habitue aux épines et à tout. Il en est de même des bras.

Plus tard, la misère et la vie de chasseur rendirent ce costume encore plus sommaire; mais à cette époque ma garde-robe était neuve.

Mes compagnons étaient vêtus de même, et c'est ainsi que nous quittâmes Prétoria, le 10 mai, à deux heures de l'après-midi, après avoir pris congé de nos amis.

Selon mes calculs, je devais être à Séna, sur le Zambèze, dans les premiers jours de juillet, c'est-à-dire au bout de quarante à quarante-cinq jours.

CHAPITRE VII

La mouche empoisonnée *tsé-tsé*. — Description de l'insecte et de ses mœurs. — Ravages qu'elle cause. — Effets de la piqûre sur les animaux. — A travers le district de Lydenburg. — Quelques pages de mon Journal de voyage. — Comment nous campions. — Chasse à l'antilope. — Difficulté de trouver un défilé. — Le Zoutpansberg. — Paysages pittoresques. — Concert de lions. — Trente heures sans eau. — Méfaits de la tsé-tsé. — La rivière des Crocodiles. — Les villages indigènes et leurs cultures. — Chasse au buffle, à l'éland et au koudou. — Perte de chèvres. — Pluies violentes. — Chargé par un buffle furieux. — La capitale du pays de Gaza, Gougouniana. — Zimbaoé, la cité des ruines. — L'ancien Monomotapa. — Fragments d'histoire. — Nahanji. — Une fête indigène. — Quelques danses diverses. — Panique, fausse alerte, feu d'artifice. — Mort de plusieurs bœufs. — Déchargement du chariot au moyen de porteurs. — Bœuf tué par un lion. — Rixe entre indigènes. — Mort d'un de nos conducteurs. — Arrivée à Bomora, sur les bords du Poungoué. — Changement d'itinéraire. — Description rapide du pays de Gaza. — Son histoire indigène. — De la conquête portugaise de chacune des villes. — Détails sur les trois districts : villes, leur histoire; cours d'eau, caps, îles; administration, commerce, rendement moyen. — Le Manica; son histoire, ses cours d'eau, ses montagnes, son avenir. — Principales explorations du pays de Gaza. — Arrivée à Quilimane.

Tout autour du Transvaal, et sur les confins des pays voisins, les cartes marquent d'un pointillé un espace d'environ cinquante milles de largeur. C'est le district de la tsé-tsé ou mouche venimeuse dont j'ai parlé à plusieurs reprises et que j'essayerai de décrire ici de mon mieux.

Je n'ai jamais pu découvrir, malgré de nombreuses recherches, pourquoi on l'a appelée ainsi. Les Zoulous, dont le langage a servi évidemment à former la langue bantou, la nomment *inzouzelana* ou *isiba*. Les Magandjas du sud du lac Nyassa, les Maravis, les Angonis et Mpesenis, la désignent sous le nom de *kamzemba ;* les Yaos disent *memba ;* les Magandjas du Sud (district de la rivière Chiré), *mzaba* ou *bouboula ;* enfin, toutes les populations riveraines du Zambèze sans exception, de l'Océan aux deuxièmes cataractes, disent *pépsi,* en parlant de la terrible mouche empoisonnée.

Livingstone, et après lui Capello et Ivens, parlent de cet insecte sous le nom de *tsé-tsé*. Il faut croire que le voyageur a adopté ce mot pour avoir mal prononcé ou entendu le mot *pépsi,* qui se prononce *p'hépsi*, l'*h* étant aspiré comme dans le mot « hâter ».

Au temps de l'expédition anglaise en Abyssinie, la mouche fit des ravages tels parmi les chevaux et les bestiaux, que l'attention fut appelée sur elle. Peut-être, d'ailleurs, tsé-tsé est-il le mot abyssin. En tout cas, on ne l'emploie pas dans l'hémisphère austral : celui de *zimb,* que certains auteurs indiquent, m'est également inconnu.

Quoi qu'il en soit, va pour « tsé-tsé ».

Ce diptère est déjà classé par les naturalistes dans la famille des muscidés, genre glossina, sous le nom de *glossina morsitans*. Les Anglais ont fait quelques expériences sur son venin et une étude sommaire sur sa conformation ; mais la plus grande partie du public ignore encore ce qu'est ce redoutable insecte ; aussi donnerai-je ici quelques détails sur ses mœurs.

La tsé-tsé a la taille et les proportions de notre mouche domestique ; son abdomen est rayé transversalement de brun et de noir, le reste du corps est noirâtre ou gris foncé ; les ailes, lorsqu'elle est posée, ne sont pas l'une à côté de l'autre, comme dans notre *musca domestica,* mais bien superposées ; en avant de la tête, elle possède de petites tentacules raides, au nombre de trois, ressemblant à un bouquet de poils. Son aspect n'a rien de repoussant ni de particulier pour celui qui ne la connaît pas. Elle vole avec une extrême vitesse, et il est presque impossible de la distinguer dans l'espace quand elle est à jeun ; lorsqu'elle a l'abdomen gonflé de sang, son vol s'alourdit et elle se cache immédiatement pour digérer en paix ; en toute autre occasion, on ne la voit que juste au moment où elle se pose. Son agilité fait qu'il n'est pas possible de l'attraper comme une mouche ordinaire. Il y a d'autres moyens que j'indiquerai plus loin. Quand elle se pose, elle le fait avec tant de délicatesse qu'on ne la sent pas ; elle reste ainsi de quinze à vingt secondes immobile, son aiguillon dirigé en avant, dans une attitude méfiante, prête à s'envoler. Lorsqu'elle croit être en sécurité, elle abaisse lentement son dard, écarte ses pattes de façon que son ventre soit sur la peau, et elle pique la chair sans produire aucune douleur au début, comme le moustique. La prévoyante nature a voulu faire sécréter par ces insectes un liquide qui insensibilise momentanément la piqûre qu'ils font, de sorte qu'il peuvent se nourrir avant d'être chassés ; sans ce liquide, ils mourraient infailliblement de faim. Au moment où la tsé-tsé pénètre dans la chair, elle indique sa satisfaction par un petit bruit *bz... bz...* répété cinq ou six fois, et qu'on ne peut entendre que lorsqu'elle pique sur l'épaule ou dans le voisinage de l'oreille ; son arrivée près de la tête est également signalée par le froufrou d'ailes que l'on connaît chez la mouche domestique, mais de très courte durée, vu la vitesse avec laquelle la tsé-tsé arrive et se pose. Ces légers bruits sont les seuls avertissements que reçoive la victime, dans la chair de laquelle disparaît complètement l'aiguillon, qui a au moins un tiers de centimètre. La bestiole reste ainsi, immobile, suçant le sang, tandis que son abdomen grossit, grossit, grossit, devenant par transparence rose d'abord, puis rouge foncé. Ce n'est qu'au moment où elle a déjà pris une grande partie de sa nourriture qu'on ressent une légère douleur ou plutôt une démangeaison à laquelle on ne fait, le plus souvent, aucune attention. La plupart du temps, on porte distraitement la main au point piqué, et les doigts rencontrent la mouche repue qui s'échappe aussitôt. Lorsqu'on y fait attention, il est facile de tuer l'insecte, ce qui est toujours une vengeance agréable. Il faut ajouter que le corps de la tsé-tsé est beaucoup plus résistant que celui de la mouche ordinaire; en frappant souvent de toute sa force, et assez vite pour l'atteindre, on ne parvient pas toujours à l'empêcher de s'échapper. Lorsqu'elle a le ventre plein, il est encore fort difficile de l'attraper avec la main, parce que, au lieu de s'élever en s'envolant, elle s'esquive rapidement de côté.

Les indigènes m'ont enseigné à la prendre d'une autre façon : on place la lame d'un couteau à plat, à trente centimètres de la mouche, sur le bras ou sur la partie où elle est posée; on fait glisser lentement cette lame qui vient rencontrer et saisir l'aiguillon de la mouche, encore dans la chair, et on fait ainsi celle-ci prisonnière. Sans cesser de presser, on relève la lame, on la retourne et on tue la mouche, ou bien on la saisit avec les doigts; on a, naturellement, déjà été piqué par elle; on se console en pensant que c'est toujours un ennemi de moins parmi les milliers qui voltigent autour de vous. Cette façon de la prendre avec la lame d'un couteau semble prouver qu'elle n'y voit ni devant ni en dessous.

Examinée au microscope, d'après une note du docteur May Figuerra, publiée par MM. Capello et Ivens, la tsé-tsé offre les caractères suivants : les yeux, dits composés et à facettes, occupent la plus grande partie de la tête et sont disposés en ovale au nombre d'environ trois mille de chaque côté. Les ailes sont un peu plus longues que celles de la mouche domestique. L'abdomen est formé de six segments et couvert de poils durs, ainsi que les pattes. Celles-ci sont terminées par deux petits crochets très aigus, auxquels s'oppose un troisième tentacule qui fait pince et sert à la mouche pour s'accrocher sur le poil et la peau des animaux. La trompe ou aiguillon n'est pas seulement un étui souple protégeant la pointe ou dard qui fait la blessure; elle sert également de suçoir à l'animal. De chaque côté de la trompe, sont deux légères antennes ou papilles avec lesquelles l'insecte tâte les tissus avant de les piquer; cette particularité existe aussi chez le moustique. Le docteur May Figuerra ajoute qu'il n'a pu découvrir les glandes contenant le venin; mais MM. Capello et Ivens ne lui avaient donné à étudier que deux spécimens avariés (1).

J'arrive maintenant aux effets de la piqûre sur les animaux domestiques, en ne citant, parmi ces derniers, que ceux que l'on est appelé à posséder en Afrique : le bœuf, le chien, le cheval, l'âne, le mulet, le mouton, le porc et la chèvre.

Livingstone dit que cette dernière, et quelquefois l'âne, sont exempts des suites de la piqûre, tandis que toutes les autres bêtes en meurent. Je puis dire, en ayant fait plusieurs fois l'expérience, qu'aucun des animaux que je viens de citer ne survit à un nombre de piqûres suffisamment grand.

La faune locale est inoculée dès sa jeunesse par le venin

---

(1) J'ai rapporté, dans mes collections, plusieurs centaines de tsé-tsés parfaitement conservées, afin de les soumettre à l'examen de personnes curieuses d'étudier l'insecte et qui voudraient chercher l'antidote à son venin.

de la mouche; c'est d'ailleurs sur elle que cette dernière prend sa nourriture. Mais lorsque, accidentellement, la tsé-tsé rencontre des animaux domestiques, elle s'acharne à leur poursuite d'une façon particulière. La bête sent d'instinct le danger qui la menace; elle fait des bonds, des écarts, et, après la première piqûre, le bruit seul de la mouche l'affole littéralement : elle perd la tête, s'enfuit, espérant ainsi distancer l'insecte meurtrier qui bourdonne autour d'elle.

Que sa vue soit perçante ou son odorat exceptionnellement délicat, toujours est-il que la mouche venimeuse vient de fort loin sur sa proie. Je pencherais plutôt pour la dernière hypothèse, ayant remarqué que le diptère arrive toujours de sous le vent et qu'il pique, en général, plutôt de ce côté. Il se tient sous les feuilles, et non dessus, car on ne le voit jamais, et il préfère l'ombre au soleil. Il craint particulièrement l'odeur des excréments; par exemple, dès qu'on tue une antilope, la tsé-tsé couvre littéralement gibier et chasseurs; eh bien, pour s'en débarrasser, on n'a qu'à ouvrir le ventre de l'animal et à vider les entrailles : l'insecte cesse aussitôt de vous harceler.

Les premiers symptômes qui caractérisent l'animal piqué par la tsé-tsé sont les suivants : première phase, œil larmoyant, fatigue et lassitude générales, tristesse, tête basse, nez ou naseaux brûlants; deuxième phase, abattement plus prononcé, chassie abondante, humeur visqueuse jaunâtre découlant des naseaux, faiblesse, manque d'appétit, peau chaude, engorgement des ganglions sous-maxillaires, poil terne, muscles flasques; troisième phase, maigreur prononcée, aspect très abattu, cornée de l'œil jaune; quatrième et dernière phase, humeur visqueuse des naseaux plus abondante et découlant également des lèvres en écume jaunâtre, urines mélangées de sang, diarrhée, et enfin mort dans un état méconnaissable.

Cet exemple est pris sur des bœufs; il reproduit les diagnostics que les autres voyageurs indiquent et que j'ai vérifiés moi-même de point en point. Souvent, on ne les observe pas tous chez le même animal; mais ils sont tous causés par la tsé-tsé. Il y a un élément très important à considérer au point de vue de la marche de la maladie : c'est le nombre des piqûres qui ont été faites; une seule suffit pour amener la mort du bœuf le plus robuste au bout de plusieurs mois; cinquante piqûres le tuent en une semaine, mille en quelques jours. Les symptômes augmentent d'intensité dans les mêmes circonstances.

J'ai vu de mes yeux (et ceci est l'expérience dont je parlais plus haut) un magnifique bouc apprivoisé, que j'avais avec moi lors de mon voyage dans la Maravie, mourir en une heure deux ans plus tard. Ayant lu que la chèvre était indemne, je m'intéressai d'autant plus à cet événement. Nous étions dans le lit d'une rivière à sec, où la tsé-tsé bourdonnait par nuées; ce fut un tel martyre pour nous, que je levai le camp aussitôt le repas terminé, laissant mon pauvre bouc déjà raide et froid, écumant, l'œil hors de la tête, le corps contracté. Pour asseoir plus solidement ma conviction, j'ai renouvelé cette expérience à une autre époque, en menant une chèvre en magnifique état dans un district où la tsé-tsé était particulièrement abondante, et où j'avais l'habitude d'aller chasser; j'attachai l'animal à un piquet et l'y laissai toute la journée; le soir venu, la bête était littéralement folle; elle s'élançait sur nous, sur des arbres; elle se roulait par terre : l'inoculation ayant été moins grande que lors de mon autre expérience, elle mourut non pas ce jour-là, mais le lendemain soir. Une humeur abondante découlait de ses yeux et de ses naseaux, et l'intérieur du corps était presque en décomposition trois heures après la mort.

Il est à supposer qu'il en est de même pour l'âne.

Il se pourrait bien que la tsé-tsé n'aimât pas l'odeur de la chèvre, du mulet et de l'âne, et qu'elle leur préférât les autres animaux domestiques; mais, à défaut de ceux-ci, elle pique aussi bien les premiers, qui peut-être aussi sont moins vulnérables, en ce sens qu'une piqûre ne suffit pas pour les tuer ou même les incommoder; mais le résultat qu'une seule est impuissante à obtenir, mille finissent par l'atteindre.

L'autopsie sommaire d'un bœuf mort par la tsé-tsé présente des signes de désordres internes extraordinaires : le cœur, le foie, les poumons tombent en morceaux sous la moindre pression du doigt; leurs particules se désagrègent; les intestins sont pleins d'une humeur jaunâtre et collante, et ils ne contiennent rien d'autre; la vésicule biliaire, rebondie, atteint trois ou quatre fois son volume ordinaire; le peu de graisse qui reste ressemble à de la corne jaune et transparente; l'ensemble exhale une odeur *sui generis* indescriptible. Il n'y a plus ou presque plus de sang dans les veines. Les tissus musculaires semblent se décoller des parties charnues; on constate quelquefois (je n'ai pu vérifier cette assertion) des hémorragies intercellulaires locales.

On prétend que les animaux au poil blanc sont piqués de préférence par la mouche, ou du moins avant les autres; il faut comprendre par là qu'ils succombent les premiers, car ceux de couleur noire n'échappent pas plus qu'eux à leur terrible destinée, dans les districts infestés.

Il n'y a, selon moi, aucun doute à avoir concernant l'innocuité de la piqûre pour les animaux sauvages. Qu'elle leur soit désagréable, comme toute mouche aux quadrupèdes, j'en conviens; mais je n'ai jamais vu ou entendu parler d'une bête sauvage qui en éprouve autre chose qu'une tracasserie. Et néanmoins, la tsé-tsé suit le grand gibier : on peut être certain qu'elle existe partout où on le trouve. Quand les animaux sauvages sont exterminés dans un endroit, la tsé-tsé en émigre. Elle affectionne particulièrement le buffle et les grandes antilopes; aussi peut-on être certain qu'on trouve ces animaux partout où on rencontre la tsé-tsé, tandis que, dans certains districts de petit gibier, on ne la voit pas.

Aujourd'hui, dans toute l'Afrique du Sud, au fur et à mesure que la civilisation, les armes à feu et les chasseurs s'avancent dans l'intérieur, le gibier déserte ou recule, emmenant la tsé-tsé : le jour où l'on aura détruit l'un, l'autre disparaîtra. A l'appui de mon dire, voici les districts principaux où la tsé-tsé (et la faune locale, par conséquent) se trouve confinée aujourd'hui, d'après les derniers renseignements : limites nord et est du Transvaal, sud du Matabélé et ouest du pays de Gaza, Kalahari, bassin nord et sud du Zambèze, ouest du Mashonaland.

On a essayé de plusieurs remèdes : le dégoût de la tsé-tsé pour les excréments a donné l'idée d'essayer d'en frotter les animaux qu'on voulait préserver; l'*assa fœtida* a été expérimentée également, ainsi que la térébenthine. J'ai moi-même fait oindre de pétrole, tous les quarts d'heure, par un homme chargé de ce travail, un chien que je voulais faire passer indemne à travers un district de tsé-tsé; il est mort un mois après. Tous ces remèdes sont impuissants.

Quelle immense reconnaissance ne devront pas les voyageurs de l'avenir à celui qui aura trouvé le préservatif contre la piqûre de la tsé-tsé et leur permettra de voyager à cheval, d'avoir des chiens et des bestiaux dans tout le pays !

Et l'homme, maintenant, que ressent-il après la piqûre de l'insecte venimeux?

L'impression de démangeaison se change au bout de quelques secondes en un prurit douloureux qui dure à peu près un quart d'heure; la partie piquée rougit, enfle légèrement et continue à gêner pendant un moment. Un grand nombre de piqûres peuvent jeter incontestablement du désordre dans l'organisme ; elles ont surtout le don de surexciter outre mesure ; un sentiment de rage s'ajoute à la souffrance. Les parties que la mouche affectionne chez l'homme sont généralement celles qui sont à découvert : mains, bras, cou, jambes, joues, toujours à l'ombre autant que possible.

Pendant mes nombreuses chasses et mes marches continuelles, il m'est arrivé d'être pris, à la suite d'innombrables piqûres, d'un accès de rage froide ; dans ce cas, pour me calmer, j'avais coutume de m'asseoir, de prendre mon couteau et de captiver des mouches ; sortant ensuite d'une petite trousse de poche de minuscules ciseaux, je m'amusais à les torturer en leur coupant toutes les pattes par petites tranches, ainsi que l'aiguillon, les ailes et les antennes ; après cette opération, je me gardais bien de les tuer comme les noirs, qui leur arrachent la tête. Je faisais durer le supplice en les plaçant simplement au soleil sur quelque pierre. Après une dizaine d'exécutions, nous repartions ainsi, continuant, avec des paquets de feuilles, à nous battre par tout le corps, pour claquer le maudit insecte.

J'ajouterai, comme dernier renseignement, que les effets de la piqûre sont particulièrement rapides sur les animaux domestiques, au moment des pluies. Une autre particularité qui aurait été observée, c'est que les petits à la mamelle ne souffrent pas de l'empoisonnement ; ils doivent néanmoins s'en ressentir, car le lait d'une mère malade, sans appétit, subissant de grandes souffrances, ne peut être ni sain, ni nourrissant.

Maintenant que j'ai fait connaître au lecteur ce que c'est que la mouche tsé-tsé, il comprendra mon inquiétude en pensant au district infesté que j'avais à traverser pour sortir du Transvaal et entrer dans le pays de Gaza. Il n'y avait que cinquante milles de danger, au dire des gens d'expérience, mais c'était assez pour détruire le plus beau troupeau du monde.

En quittant Prétoria, nous disions adieu à la civilisation. J'avouerai que je le lui ai dit avec un plaisir marqué; il est si beau d'être libre, d'être son maître entre le ciel et la terre, de s'affranchir de toutes nos conventions, si déplacées en Afrique, où la vie et les mœurs devraient changer selon les régions, nécessité que la plupart des Européens ne comprennent malheureusement pas. La chaleur, l'effet débilitant du climat, le changement de nourriture, modifient l'homme, et il est fort naturel que son tempérament ne soit pas le même dans les pays tropicaux. Rien n'est ridicule comme d'être obligé, par exemple, de se mettre en habit noir et faux col pour aller dîner chez le gouverneur, par 35° de chaleur à l'ombre, comme cela se passe dans certaine colonie anglaise de la côte occidentale d'Afrique; ou bien de se promener à midi sous un soleil torride, dans des vêtements en drap et avec un col étroit, soit pour suivre la mode, soit par économie, les vêtements blancs coûtant 12 francs par mois de blanchissage, et la poussière rouge ou jaune des villes africaines se voyant trop vite sur eux.

Les costumes les plus légers, en Europe, tels que le piqué blanc, sont insupportables sous les tropiques; il faut des étoffes donnant d'amples vêtements.

J'ajouterai que, en dehors du costume, toutes les villes d'Afrique (et je ne vois pas d'exception, les ayant visitées en grande partie) ont cherché à imiter les grandes cités d'Europe. Elles n'y ont pas réussi : il leur manque toujours beaucoup pour qu'elles ressemblent à leurs modèles. Quand, comme moi, on vient en Afrique pour y voir l'Afrique et non pour retrouver l'Europe, on prend les villes en horreur et on ne peut s'empêcher d'exprimer sa satisfaction de les quitter pour entrer dans la partie réellement intéressante du continent, c'est-à-dire dans celle qui offre et qui offrira encore longtemps du pittoresque et des nouveautés scientifiques à étudier, dans cette région que j'appellerai la « brousse », à défaut d'autre terme.

Pénétrons-y donc.

Nous voici cheminant tranquillement sur la route de Prétoria à la rivière des Élands, grande plaine légèrement inclinée, dont la pente est presque insensible : les instruments seuls nous l'indiquent. Par intervalles, quelques petits ruisseaux traversent notre chemin. Sur le parcours des vingt premiers kilomètres, nous avons rencontré plusieurs fermes et leurs dépendances, puis plus rien. Quelques chariots croisent le nôtre, venant de Zoutpansberg; nos bœufs échangent en passant un regard avec leurs camarades plus heureux qui rentrent au bercail. Un vieux digger apparaît à la suite d'un véhicule, brûlé par des mois de soleil ; nous échangeons quelques mots : « — Où allez-vous? dit-il sans préambule, craignant peut-être des concurrents. — Dans le territoire portugais. — Vous connaissez le chemin? — Non, nous le trouverons. — Bon voyage et bonne santé. » Et il s'éloigne d'un air goguenard qui semble indiquer son peu de confiance dans notre réussite.

Je copie ici quelques feuillets de mon journal de voyage, en y ajoutant les éclaircissements nécessaires et en écartant, par contre, toutes les observations astronomiques et atmosphériques qui trouveront place ailleurs.

20 *mai* 1891. — Quitté Prétoria à deux heures ; étape du jour, vingt kilomètres. Le chariot est très chargé et l'attelage pas encore entraîné ; les bœufs sont couverts de sueur. A cinq heures du soir, après un repos de plusieurs heures pendant la journée, nous dételons. Mauvais début : il faut nous efforcer d'obtenir un plus grand trajet à l'avenir. (En moyenne, un bullock-waggon fait, par jour, quinze

MACALACAS

milles, c'est-à-dire vingt-cinq kilomètres. On peut augmenter ce parcours si le bétail est en bonne santé et s'il n'a pas eu à souffrir pendant le cours du voyage.)

22 mai. — Arrivée au village de Rieker, que j'estime à quatre-vingt-dix kilomètres de Prétoria. La moyenne du chemin a donc fortement augmenté. Rieker est un petit hameau ayant quelques maisonnettes, une ferme et un abreuvoir naturel; il n'y a pas plus de quinze habitants, autant que j'ai pu en juger. Quelques autres habitations apparaissent dans le lointain. Les Boers sont fort peu hospitaliers pour tous ceux qu'ils prennent pour des Anglais. (C'est ainsi que, dans des fermes où l'on aperçoit plus de mille têtes de bétail, on vous refuse, contre argent ou non, un verre de lait ou un morceau de la viande qui sèche au soleil.)

La population est très petite, en raison de l'étendue du Transvaal. (Les Boers n'ont qu'une ambition, c'est de posséder de grandes étendues de terrain et de les mettre en valeur; c'est ce qui fait que l'on parcourt des régions où l'on ne rencontre qu'une ferme ou deux à de grands intervalles. Cette manière de vivre et ces habitudes d'accaparement empêchent, comme de juste, toute agglomération des habitants. Je n'estime pas la population boer du Transvaal à plus de trente ou quarante mille âmes. Dans les villes, comme Johannisburg et Prétoria, le nombre des Européens dépasse à lui seul le chiffre total des Afrikanders.)

Nous cheminons à travers un pays qui semble à moitié désert. (On se douterait peu en France, où les cultivateurs sont à l'étroit et où les habitants sont aussi agglomérés, que des milliers d'hectares de pays fertile et riche, sous un climat sain, soient abandonnés à eux-mêmes parce que les Boers ont de la terre plus qu'ils n'en peuvent cultiver et qu'ils ne veulent pas permettre à d'autres de toucher au reste.)

9.

Le pays est admirablement arrosé ; il ne se passe pas d'heure que nous ne rencontrions des ruisseaux fort petits, mais suffisants pour l'irrigation.

23-24 *mai*. — Nous atteignons à quatre heures du soir un affluent de la rivière des Élands ; c'est une petite branche qui se joint à une seconde, un peu plus au nord. Nous campons ici pour la nuit. Il y a environ vingt-sept kilomètres depuis Rieker.

(Dès que nous arrivons à un endroit où nous voulons bivouaquer, Macaron détèle ses bœufs et les laisse aller en liberté, s'il fait encore jour, tout en les surveillant avec les Cafres. Les harnais et les jougs sont arrangés sur le brancard. Les domestiques vont immédiatement aux alentours chercher du bois sec, et ils reviennent allumer du feu. Nous étendons des nattes autour du foyer et nous nous asseyons, fumant et causant, en attendant que le repas soit cuit ; le cuisinier, ou du moins celui qui porte ce titre, nous a été recommandé comme *pretty good*, par un Anglais de Johannisburg. Après quelques jours d'expériences culinaires très sérieuses, j'ai acquis la certitude que cet infortuné Vatel savait tout juste faire bouillir de l'eau, et encore nous a-t-il fallu lui apprendre que, lorsque la bouilloire chantait, ce n'était pas suffisant, et qu'il fallait que l'eau sautât dans le récipient en faisant glouglou. Mais un cuisinier n'est pas indispensable ; lorsqu'on campe on fait généralement sa cuisine soi-même, et, loin d'être une corvée, c'est un passe-temps : aussi n'a-t-on besoin que d'un aide, qui vous apporte le bois, l'eau et les ingrédients demandés. A la nuit tombante, Macaron ramène ses bœufs et les range autour du chariot ; nous allumons ensuite trois grands feux disposés en triangle avec les animaux et le véhicule au centre. Nous prenons place autour d'un des feux, et les hommes près des deux autres : le repas cuit, on cause encore une heure ou deux de part et d'autre, et bientôt silence complet. Nous nous étendons sur notre natte, un fusil chargé au côté, roulés dans une couverture; et chacun s'endort ou continue à songer, les regards fixés sur les charbons ardents, en finissant une dernière pipe.

J'ai fait ainsi de longues rêveries près des feux de bivouac, le soir, lorsque tout était calme. Je me demandais souvent quel serait le sort de l'expédition; si nous ne rencontrerions pas un obstacle insurmontable; si un incident imprévu ne changerait pas tout à coup la face des choses : puis les bruits vagues, si nombreux la nuit dans la solitude africaine, changeaient le cours de mes idées, et je cherchais à m'expliquer leur origine.

Pendant la nuit, chacun de nous attisait le feu lorsqu'il s'éveillait. Aux premières lueurs de l'aurore, tout le monde debout. Le cocher attelle, aidé de ses conducteurs, tandis que nous avalons quelques gorgées de café noir. Dès que tous les ustensiles ont repris leur place, qu'un dernier regard ne découvre plus rien d'oublié par terre, le signal du départ est donné et nous quittons le camp, laissant les feux mi-éteints, autour desquels restent quelques bottes de paille qui ont servi de lit aux hommes.)

25 mai. — Nous arrivons sur les bords de la rivière des Éléphants, dans laquelle se jette, au nord, celle des Élands. Étape d'hier et d'aujourd'hui, quarante-cinq kilomètres. Il est quatre heures de l'après-midi. La rivière des Éléphants est celle que nous allons longer pendant assez longtemps; sa largeur, en cet endroit, est d'environ soixante-cinq mètres; il faut dire de plus que nous sommes tout près de sa source. Le passage à gué est facile, la profondeur de certains endroits n'excédant pas un mètre au maximum. Je décide de traverser aujourd'hui même et de camper de l'autre côté; le sol est excellent, il est tapissé de petits cailloux; quelques coups de levier dégagent les roues, et le passage est opéré à cinq heures. Les noirs aperçoivent dans le lointain une troupe de gazelles (*gazella euchore*) de cent cinquante à deux cents têtes. Ils nous font faire un détour pour prendre le vent, et grâce à un fourré qui nous dissimule, nous arrivons à peu près à cent vingt mètres des antilopes; j'en tue deux, et Smith et Jones une chacun.

Nous rentrons fort contents au camp, surtout mes compagnons, qui venaient d'inscrire au tableau leur première antilope. Nous dépeçons notre gibier, dont la plus grande partie est coupée en bandelettes et salée pour être séchée le lendemain; le reste forme des grillades, dont la fumée porte au loin la nouvelle de notre festin. Pour la viande fraîche, dont ils sont très friands, les hommes laissent leur nourriture habituelle consistant en maïs, en haricots du pays bouillis avec du sel, en sorgho réduit en farine et cuit jusqu'à consistance de pâte, en viande sèche ou en poisson, quand on en a.

Ce soir, les marmites regorgent de chair fraîche; nous ne sommes pas fâchés, nous non plus, de changer d'ordinaire. Les conserves fatiguent beaucoup. Nous avons bien des chèvres, mais je désire les garder pour les jours de misère, s'il nous en est réservé.

26 *mai*. — Arrivée à Véber, petit village ou plutôt groupe de fermes : quelques kraals cafres aux alentours, ce qui est fort rare, au Transvaal, autant que j'ai pu en juger; l'indigène est tenu à distance par le Boer. Le pays commence ici à être fort accidenté. Nous approchons de plus en plus du Zoutpansberg, qui m'effraye; où allons-nous passer? Sans changer sensiblement de direction, trouverons-nous le défilé désiré? Je décide de m'en assurer à l'avance, car avec un chariot aussi chargé que le nôtre, impossible d'aller à l'aventure.

(J'avais quatre bœufs de réserve et des leviers, mais il ne m'était pas permis de tenter de grands efforts, sous peine d'avoir à décharger complètement le véhicule et d'avoir à porter les charges à dos d'homme pendant de longues étapes ; je n'avais d'ailleurs aucune possibilité d'effectuer ainsi mon voyage. A tous les kraals, je m'étais occupé de recruter des porteurs, et le petit nombre des volontaires ne m'avait laissé aucun doute sur ma situation, dans le cas où les moyens dont je disposais pour le transport viendraient à me manquer.

Je devais m'efforcer d'éviter tout endroit dangereux ou difficile. Le chariot à bœufs est essentiellement fait pour la plaine, quel que soit son sol : sa longueur, sa construction en font foi : le Transvaal, l'État d'Orange, le Béchuanaland, le Matabélé, sont de vastes plaines où l'itinéraire des bullock-waggons contourne les endroits accidentés.

Dans mon cas, il fallait, pour me rendre à l'est sur n'importe quel point, passer les monts Drakenburg. Si c'était absolument impossible, je comptais me diriger vers le nord, jusqu'à la rivière des Crocodiles, en longeant la chaîne au lieu de la franchir, puis reprendre ma direction là où se termine la montagne, c'est-à-dire un peu avant le Limpopo.)

A Véber, nous avons déjà en vue les premières ramifications des monts Drakenburg, dont le Zoutpansberg forme l'extrémité nord. J'ai l'intention de pousser jusqu'à Sfoflou, où j'enverrai une petite expédition en exploration. Un petit sentier conduit au village d'Olifant, à environ trente kilomètres nord.

27 *mai*. — Premier affluent sud de la rivière des Éléphants, à environ douze kilomètres de Véber. Arrivée à onze heures du matin. Repos d'une heure pour déjeuner. Arrivée à Sfoflou pour la tombée de la nuit, après avoir passé un deuxième petit affluent, quelques kilomètres avant le village. Kraal de Cafres. Personne ne me donne, ni dans les fermes ni chez les indigènes, un renseigne-

ment certain sur l'existence d'un passage facile ; un Boer m'assure qu'il en existe plusieurs très commodes pour un chariot se rendant à Lourenzo-Marquez, mais c'est tout à fait hors de ma route, laquelle doit rester nord-est, en général, ou le plus près possible de cette direction.

28 *mai*. — Jones devait partir avec Macaron et trois hommes, afin d'aller à la découverte, ayant pour mission de suivre à la boussole le chemin projeté et de reconnaître le terrain. Au moment où il quitte le camp, un noir vient avec le chef du kraal me proposer, moyennant un cadeau, de me guider jusqu'au Limpopo ou rivière des Crocodiles : un chemin qu'il connaît, longeant la rivière des Éléphants, est très praticable pour un chariot. J'accepte l'offre avec plaisir marqué, sans toutefois témoigner ma satisfaction : il ne faut jamais montrer au noir qu'on a besoin de lui, sans quoi il devient insupportable. Je promets un cadeau et je donne une pièce de mouchoirs avec dix charges de poudre au chef qui m'a amené ce guide. Nous nous mettons immédiatement en route par la vallée de la rivière des Éléphants, que nous ne devons désormais quitter que là où elle se termine. (Cette rivière prend sa source dans le district de Lydenburg, mais sa direction générale me paraissait être, sur les cartes, plus à l'est qu'elle ne l'est réellement, comme je l'ai vu par la suite. Ce changement de direction étant prouvé, ma route était tout indiquée, puisque le cours de la rivière penche vers le pays de Gaza. Je n'avais donc plus aucune inquiétude. Le pire qui pût nous arriver aurait été d'avoir à couper notre route à travers quelque forêt ; quant au terrain, il était satisfaisant au delà de mes espérances.)

Nous avons devant nous, depuis Sfoflou, des montagnes de tous côtés, au nord, à l'est et au sud-est. Celles du nord semblent le plus rapprochées ; leur hauteur doit atteindre quinze à dix-huit cents mètres au-dessus du niveau de la mer. Elles paraissent couvertes de végétation et passablement escarpées pour la plupart.

30 mai. — Arrivée au troisième affluent sud de la rivière des Éléphants, à quarante-deux kilomètres de Sfoflou. Bien des peintres voudraient jouir d'un coup d'œil comparable à celui qui s'offre à nous ce soir; bien des poètes y rêveraient, plongés dans la contemplation de cette belle nature sauvage. De quelque côté que l'on se tourne, c'est un admirable paysage : derrière nous, la plaine où le soleil commence à baisser, éclairant des rochers épars et des touffes de végétation; à l'est, une immense vallée perdue dans la brume au milieu des collines éclairées des tons roses du crépuscule; à nos pieds, une petite rivière à l'eau claire, bordée de bouquets de mimosas variés, de grands arbres touffus (1) d'un effet charmant; et tout au fond, partout, de grandes montagnes grises ou bleues découpant sur le ciel pur leur arête bien définie.

31 mai. — Vingt-sept kilomètres. Arrêt sur les bords de la rivière dont nous avons longé le cours à peu de distance. Jones pêche en une demi-heure quatre fort beaux silures (2), dont le plus gros pèse environ cinq kilos et mesure plus d'un mètre. Ce poisson a une chair très ferme, presque sans arêtes. On prétend qu'il ne se nourrit que de vase et de saleté, ce qui est, je crois, une erreur, car nous n'avons trouvé dans l'estomac de ceux que nous avons pêchés que des insectes aquatiques, des petits poissons et des brins d'herbe.

Le pays est plutôt déparé par l'absence ou la couleur jaune des feuilles : dans deux mois, nous serons au cœur de l'hiver. Ce n'est qu'en octobre, c'est-à-dire au printemps, que nous verrons les végétaux prendre leur plus

---

(1) *Corporifera Gorskiana et Hoffmannseggia.*
(2) *Silurus glanis.*

bel aspect; des fleurs nombreuses apparaîtront; mais, pour le moment, on n'en voit pas. Quelques arbres conservant leur feuillage vert toute l'année sont seuls à jeter la note verte dans le tableau. Le reste est d'un brun rougeâtre ou jaune clair, selon que l'on voit de l'herbe ou du feuillage desséché. Les insectes, les oiseaux, semblent avoir quitté la nature; je parle de ceux que l'on recherche et que l'on apprécie, car ni les scorpions ni les mille-pattes venimeux ne nous font défaut au milieu de ces terrains pierreux couverts d'une végétation basse et entrecoupée, qui est, à peu d'exceptions près, celle des montagnes d'Afrique.

(Je ne pouvais donc m'occuper, pour le moment, de la flore locale, ni de la faune. L'expérience m'a appris plus tard qu'elle n'offre guère de différence avec celle du bassin du Zambèze.)

1er *juin*. — Arrivée au confluent de la rivière des Éléphants avec un petit cours d'eau : vingt-six kilomètres. Le trajet d'aujourd'hui a été assez pénible à cause du terrain, qui est difficile; la rivière coule ici sur un lit de rochers; le sol est formé de blocs de granit à moitié enterrés ou émergeant de plusieurs mètres. Je ne serais pas étonné qu'il y eût des brisants au milieu de la rivière des Éléphants si elle traverse un terrain semblable. Notre guide nous maintient, sans le vouloir, dans la direction indiquée; notre attelage fait maintenant fort bien sa besogne; nous serons dans la région plate dans deux ou trois jours.

3 *juin*. — Campement au bord de la rivière Fouza, affluent de celle des Éléphants : trente kilomètres. Direction est-nord-est. Nous sommes au milieu des montagnes : de tous côtés il y en a. Notre guide nous assure que la tsé-tsé se rencontrera demain, ce qui nous fait une pénible impression. Un orage violent nous force, dans la soirée, à nous réfugier sous notre prélart; une pluie abondante tombe toute la nuit. Nous allumons du feu sous le chariot

pour faire la cuisine. Un peu avant l'endroit où nous sommes et sur la rive opposée, la rivière des Éléphants reçoit deux affluents, dont l'un s'appelle le Sonandou. Quoique notre région paraisse déserte, il y a des villages autour de nous dans un rayon de cinquante ou soixante kilomètres : tels sont Leysdorp, Agatha, au nord ; Orystad, Albert, Meseven, au sud. Ce dernier est le plus éloigné.

4 juin. — Arrivée à la rivière Timbati, sur la limite du Transvaal et du pays de Gaza. Trente-cinq kilomètres aujourd'hui, grâce à une descente fort rapide, qui a duré plus de trois quarts d'heure, grâce aussi au zèle de Macaron. Pour stimuler notre cocher, je lui ai promis une prime par étape dépassant vingt-huit kilomètres ; il lui est facile de stimuler son attelage sans le fatiguer outre mesure ; il faut pour cela que lui et ses conducteurs soient continuellement en mouvement et fassent leur métier, au lieu de suivre le chariot en causant tranquillement. Depuis Véber, nous avons attelé au moyen de courroies les quatre bœufs de rechange : il faut absolument pousser l'allure.

Mes compagnons et moi, nous suivons ou nous précédons le chariot, en quête de gibier, examinant le terrain ; pendant les repos, je prends des photographies des endroits curieux ou pittoresques : malheureusement, je ne puis tout photographier : mes plaques n'y suffiraient pas. J'en ai déjà un bon nombre dans l'Afrique du Sud et au Natal. Le soir, je développe dans ma chambre noire portative les clichés de la journée, et mes camarades causent en attendant les résultats de mon opération. (Je parlerai plus loin des procédés que je considère comme les meilleurs pour la photographie pratique.)

Demain matin, nous entrerons sur le territoire des Maloios. Je ne sais au juste si ce nom s'applique également aux habitants de la région, mais c'est celui d'une montagne ou d'une succession de collines que nous avons en vue et qui se trouvent à peu près à quinze milles de la rivière des Crocodiles. Nous n'avons pas encore entendu le léger, mais terrible bourdonnement de la tsé-tsé. Notre attelage est en parfait état. Demain, nous passerons de la rive droite sur la rive gauche.

5 juin. — Passé la rivière des Éléphants au-dessous de son affluent avec la triple branche de la Siniolé, la Tabiouna et la Tsendé, à environ vingt-deux kilomètres de notre dernier campement, au moyen d'un gué très praticable de quatre-vingt-douze mètres environ de largeur; le courant est d'à peu près deux nœuds.

La broussaille est beaucoup plus épaisse sur la rive gauche. Le passage à gué s'est effectué très rapidement; nous campons sur le bord de la Tsendé, à environ neuf kilomètres de la rivière des Éléphants; cette dernière est presque à la fin de son cours; elle se jette dans la rivière des Crocodiles, à cinquante ou soixante kilomètres de là.

6 juin. — En dépit de nos efforts, nous n'atteignons pas la Singouedzi à la tombée de la nuit, malgré un trajet forcé de plus de trente-sept kilomètres; notre guide dit que nous y serons demain dans la matinée; tout le monde se passe d'eau pour ce soir : nous boirons demain matin. Les ruminants n'ont pas l'air de trouver cette abstinence de leur goût; ils errent de tous côtés, cherchant en vain à sentir l'eau, et ils regardent Macaron comme pour lui demander compte d'une pareille conduite. Les lions rugissent à trois ou quatre cents mètres sous le vent. Je les ai déjà entendus sur les limites du Transvaal, lors de notre excursion à la recherche des Bushmen. Malgré cela, ce vacarme produit toujours une impression vive chez le nouveau venu. Les Cafres, en vieux habitués, n'y font pas attention. Vers le soir, les rugissements cessent, et nous sommes autour du feu, devisant comme d'ordinaire en trois groupes.

7 juin. — La nuit dernière, pendant que nous causions, des bruissements insolites ont attiré notre attention ; un des noirs est venu nous dire que les lions nous guettaient et voulaient enlever un des animaux. Les chèvres qui paissaient autour de nous à la lueur des flammes se sont réfugiées tout à coup auprès du bétail.

Nous allumons d'autres feux, de façon à former le cercle autour des animaux, et nous faisons bonne garde jusqu'à minuit. Vers une heure du matin, les rugissements reprennent à quelques mètres de nous ; nous nous mettons le dos au feu, regardant en dehors du cercle, comme nous voyons faire aux noirs. Le sol tremble sous la voix puissante du roi des animaux. Je ne crois pas que les fauves soient à plus de vingt mètres du feu. Nous avons tous nos fusils chargés à grosses chevrotines, ce qui est de beaucoup préférable la nuit à une balle unique. Ce concert de ménagerie ne cesse qu'à l'aube, au moment de nous mettre en route ; personne n'a dormi au camp.

A neuf heures du matin, nous arrivons à la Singouedzi, où nous nous désaltérons, après une abstinence de trente heures. Nous prenons un repos de quelques minutes, et, malgré le vif désir que nous avons de faire un somme, je donne le signal du départ. La Singouedzi est le dernier affluent de la rivière des Éléphants. Un petit village, Mongomané, se trouve un peu plus loin. La température commence à monter notablement ; depuis notre départ de Prétoria, nous avons eu des nuits froides variant entre 1° et 5° au-dessus de zéro (centigrade), tandis qu'à partir de la Tsendé, le thermomètre est resté entre 10° et 12°. Il faut dire aussi que le plateau de Prétoria est situé à une altitude moyenne de 1,300 mètres. La ville est à 1,540 mètres ; la vallée du Zoutpansberg n'est plus qu'à

950 mètres, et les rives de la Singouedzi à 820. Jones et deux hommes passent par Bingou, village que l'on aperçoit à la lunette, sur une éminence, à environ douze kilomètres nord-nord-est. Tout près de nous est un kraal appelé Sounguéta, dont la plus grande partie des habitants est absente ; on nous apprend qu'ils sont partis en guerre contre une peuplade voisine. Comme ceci est un événement journalier chez les Cafres, nous n'y faisons pas autrement attention. Il paraît que d'ici au Limpopo nous n'aurons plus d'eau, à l'exception d'une mare dont le guide ne connaît pas exactement la position et qu'il n'a pas visitée depuis une année. Comme l'étape est au moins de deux jours, je fais remplir les barils d'eau, et nous coupons à travers les broussailles dans la direction du Limpopo. On aperçoit au sud les dernières ramifications des monts Libombos, qui séparent le Transvaal du pays de Gaza et qui courent du nord au sud parallèlement à l'extrémité des monts Drakenburg, ceux-ci étant plus à l'intérieur du pays des Boers. Les Libombos étaient autrefois, d'après les anciens Portugais, le territoire d'une puissante tribu cafre, éteinte aujourd'hui, les Moussouatés.

C'est aujourd'hui que débutent nos malheurs. A quatre heures, un des noirs m'apporte le premier spécimen de tsé-tsé, pris sur lui-même, à deux cents mètres en avant du chariot. Nous voyons également des pistes fraîches de buffles et d'antilopes dont l'abondance explique la présence de la mouche. Que faire? S'arrêter eût été imprudent. La plaine étant un peu plus découverte sur notre gauche, nous y faisons passer notre chariot au trot, à grands coups de fouet et de bâton ; nous ne nous arrêtons que sur une petite éminence dénudée, à un kilomètre plus loin. Les malheureux bœufs n'avaient jamais fait un pareil effort ; ils étaient couverts de sueur. Je demandai anxieusement au cocher et aux conducteurs s'ils avaient vu des tsé-tsés tourmenter l'attelage; aucun d'eux n'en avait remarqué. Je repris immédiatement la marche, ayant une vague espépérance que nous étions sortis indemnes. Mais elle s'évanouit rapidement, car la tsé-tsé s'acharna après nous pendant le reste de la soirée, jusqu'à la tombée de la nuit. Il n'y a plus de doute à avoir : nous avons vu de nos yeux la mouche tracasser nos bœufs à plusieurs reprises. Comme l'insecte affectionne les parties tendres et qu'il se dissimule, pour accomplir son œuvre destructrice, entre les cuisses et les jambes, sous le ventre, derrière les oreilles, dans les endroits où il est à l'ombre, il est probable que de nombreuses piqûres ont été faites à notre insu. D'après le cocher et les noirs, nous pourrons nous rendre compte des piqûres dans un ou deux jours, au moment où l'endroit empoisonné formera une petite tumeur sous la peau. Comme il n'y a pas de remède, cela m'importe peu, mais nous conservons encore l'espoir que quelques animaux auront échappé au mal. L'opinion du Hottentot est que le nombre des mouches a été peu considérable et que tous les bœufs n'ont pas été piqués. Les hommes ont, comme nous, reçu plusieurs visites de la tsé-tsé.

Le guide nous a déclaré qu'aucun des animaux ne vivrait plus d'un mois après avoir passé le Limpopo, où la mouche abonde. En forçant les étapes et en allégeant le chariot, je ne compte pas rester davantage en route, mais encore faut-il arriver.

8 juin. — Après une étape de trente et un kilomètres, arrivée au Limpopo ou rivière des Crocodiles. Cette rivière prend sa source dans une chaîne de collines située à cinquante kilomètres à l'ouest de Johannisburg; elle remonte ensuite vers le nord-ouest, puis longe le nord du Transvaal, se dirigeant vers l'est : après avoir servi de ligne de frontière entre la République des Boërs, le Béchuanaland du Nord et le Matabélé, elle se jette dans l'Océan, en suivant une direction presque uniformément sud-est. Son embouchure est à environ cinq milles au nord de Lourenzo-Marquez. Cette rivière a plusieurs noms : elle s'appelle Bembé, Beligané, Inhampourra, rivière des Crocodiles et Limpopo. Les anciens Portugais lui avaient donné le nom de Aguada da Boa Paz. Elle sépare, dans le pays de Gaza, le district d'Inhambané de celui de Lourenzo-Marquez. Sa largeur, là où nous l'avons vue, ne dépasse pas quatre-vingt-quinze mètres, ses bords sont peu escarpés et son fond a rarement plus de trois mètres ; il faut ajouter qu'à ce moment de l'année les rivières commencent à baisser, et qu'une grande partie des cours d'eau est déjà desséchée : par conséquent, il n'est plus possible de juger des profondeurs moyennes aux hautes eaux.

9 juin. — Arrivés très tard sur les bords du Limpopo, nous repartons avant le jour afin d'éviter le fléau qui nous menace. Il faut s'estimer très heureux que la tsé-tsé se repose la nuit. Un petit village, Matsambou, se trouve à quelques centaines de mètres de l'endroit où nous avons campé : des indigènes viennent à notre bivouac faire connaissance.

Craintifs et méfiants au début, ne sachant quel accueil nous leur ferons, ils se dérident bientôt et causent avec notre guide : par signes, nous échangeons des brins de conversation : leur montrant une tsé-tsé, je tâche de savoir s'il y en a beaucoup : ils répondent que oui, mais que, à trois jours de marche, il n'y en a plus. Ils déclarent que plusieurs villages, chez les Mazibi, possèdent du bétail. Ils nous apportent en cadeau quelques produits du pays : manioc, bananes. Nous leur offrons un peu d'étoffe, et ils disparaissent dans l'obscurité comme ils étaient venus.

Les Cafres de cette région sont tous armés, comme dans l'Afrique du Sud, du bouclier en peau de bœuf ou de buffle ainsi que de la sagaie. Ils ont des coiffures étranges, comme les Matabélés et les Zoulous, mêlant des plumes à leurs cheveux ou faisant avec ceux-ci des perruques ou des houppes qu'ils se fixent sur la tête. Les hommes sont beaux et bien faits, les femmes également : dans tous les kraals que nous avons traversés ensuite, j'ai fait à peu près les mêmes remarques.

Étape de trente-quatre kilomètres. Passé vers deux heures le village de Niangombé, où il y a une trentaine de cases. Ces habitations, comme dans l'Afrique du Sud, affectent la forme d'un petit dôme ou d'une ruche : elles se composent d'un squelette en bois et en roseaux recouvert de terre glaise. Comme porte, il n'y a qu'un trou bas, et l'on n'y passe qu'en se baissant. Pas la moindre ouverture pour laisser échapper la fumée. Je n'ai d'ailleurs pas remarqué que l'on fît du feu dans les habitations : les préparatifs culinaires, les causeries interminables du soir autour d'un brasier ont lieu en plein air. On voit quelques cases dont les roseaux ne sont pas recouverts d'argile. Comme dans le Zoulouland, les greniers à maïs et à céréales sont sous terre, dans des endroits que connaissent seuls les habitants du kraal. Les environs d'un village indigène sont toujours couverts par de nombreuses cultures en maïs et sorgho de deux qualités, le blanc (1) et le rouge (2) : ce dernier est le seul qui soit cultivé dans le Zoulouland et l'ancienne Cafrerie. On commence à trouver le sorgho blanc au fur et à mesure qu'on avance vers le nord. Près des cours d'eau, et dans leur voisinage immédiat, les indigènes cultivent des calebasses (3), une espèce de concombre (4), des haricots du pays de deux genres, etc. Ce

---

(1) *Sorghum vulgaris.*
(2) *Sorghum saccharatum.*
(3) *Cucurbita lagenaria.*
(4) *Citrullus vulgaris.*

sont ces cultures qui dénoncent au loin la présence d'un village. Comme il n'y a, tout au plus, que de petits sentiers qui les sillonnent, nous ne pouvons jamais approcher avec notre encombrante voiture, sous peine d'endommager les champs; aussi campons-nous toujours à distance des villages. A Niangombé, j'ai fait remplir les barils d'eau; ils suffisent pour donner à chaque bœuf un demi-seau et aux chèvres un quart. Il nous reste de plus quelques litres pour boire et cuire nos aliments. Macaron me signale un bœuf qui montre trois ou quatre piqûres de tsé-tsé; l'animal ne paraît pas encore s'en ressentir. Justement, depuis deux semaines, le temps a l'air de vouloir changer : à la fin de mai, nous avons eu des journées torrides; le ciel est maintenant couvert, un vent froid de l'est souffle pendant une partie de l'après-midi, le soleil ne se montre que par intervalles. Campement ce soir au milieu des bois; aucun événement à signaler.

10 *juin*. — Le gibier est abondant dans cette région; depuis quelques jours nous avons continuellement de la viande fraîche. Nous partons en avant le matin, chacun de notre côté, avec un noir; nous regagnons rarement le chariot sans rapporter quelque chose. Mes compagnons sont dans un état d'infériorité marquée à cause de leur armement; ils ne disposent que de fusils de chasse, et l'incertitude du tir à balle ronde dans un canon lisse explique la différence dans les résultats; néanmoins, ils tuent des antilopes. Quant à moi, je prends des leçons de piste depuis le Transvaal. Je cherche à acquérir de l'expérience dans la lecture du sol, qui apprend beaucoup à qui sait y lire : un des Cafres, du nom de Gagou, est de première force à cet exercice; il me sert de professeur, et, à l'aide de quelques mots d'anglais qu'il possède, joints au peu de cafre que j'ai appris, il m'explique les mystères de l'art cynégétique local. Je tue aujourd'hui deux buffles après une

COIFFURE MACALACA

poursuite de près de trois heures ; hier, j'ai tué un éland mâle (ou *ncheffou* : c'est, je crois, l'*oréas cana*) et un koudou. (L'éland est la plus grande des antilopes ; par les formes, il ressemble plutôt à un taureau qu'à la race d'animaux délicats à laquelle il appartient ; la femelle, sauf la tête, qui est plus élancée, a le corps de la vache. Le koudou (1) est également de haute taille ; de toutes les antilopes c'est celle dont les cornes atteignent la plus grande dimension. Quand le buffle a pris tout son développement, sa taille est supérieure à celle de nos plus grands bœufs. Blessé, il est excessivement dangereux.

Ayant entrepris ailleurs (2) une description détaillée de tous les animaux sauvages que j'ai rencontrés dans mon voyage, avec des renseignements sur leurs mœurs, je ne donne ici qu'un aperçu rapide de tous les incidents de mon voyage.)

Nous arrivons aujourd'hui à Niamtchichi, toujours en suivant notre direction nord-nord-est ; l'étape d'aujourd'hui a été de vingt-sept kilomètres. La route est bonne ; nous avons suivi le sentier indigène qui va du Limpopo à Niamtchichi et se dirige ensuite vers le nord-ouest. La race à laquelle appartiennent les habitants de cette région est celle des Makalakas, tributaires des Matabélés, et dont j'ai déjà parlé. Nous découvrons des traces de piqûres chez quatre autres bœufs.

11 *juin*. — Départ au point du jour. A quatorze kilomètres de notre camp, nous traversons une petite rivière à moitié à sec et une autre dans l'après-midi, onze kilomètres plus loin. Nous sommes sur un léger plateau ; la végétation est très touffue tout autour de nous. Néanmoins, la route est presque plate ; il n'y a que très peu de pierres,

(1) *Strepsiceros Kudu.*
(2) *Mes grandes chasses dans l'Afrique centrale.* (1 vol. in-8°. Firmin-Didot.)

et j'en profite pour pousser en avant; nous ne nous arrêtons qu'à la tombée de la nuit, après une marche forcée de quarante-quatre kilomètres. Dans quelques jours, plusieurs bœufs seront hors de service; il faut donc profiter de ce qu'ils ont encore leurs forces pour avancer le plus possible. Nous entrerons demain, dans la matinée, sur le territoire des Oumlengas, et nous comptons arriver à Tchiniani dans l'après-midi. Deux autres bœufs sont signalés comme ayant été piqués; cela fait sept pour le moment.

12 juin. — Étape de trente-huit kilomètres. Arrivée à Tchiniani. Nous sommes ici dans le district d'Inhambana, appartenant à la province de Mozambique, qui comprend tout le pays de Gaza. Sauf les villes du littoral, telles que Lourenzo-Marquez, Imhambane, Bazarouto, Chiloane, Sofalla, Massauzane, le Portugal n'occupe ni n'exploite aucune localité de l'intérieur, et les indigènes sont ici fort étonnés lorsqu'on leur parle des Portugais ou de toute autre puissance européenne. Le pays est entièrement livré à lui-même, comme dans les temps passés, avant l'arrivée de Vasco de Gama. Il en est ainsi de bien des peuples encore en Afrique. Ils ignorent que les puissances européennes se sont partagé leur territoire sur le papier et qu'ils sont devenus les sujets des blancs, tout simplement parce qu'ils sont noirs.

Smith est très affecté depuis hier par une forte attaque de fièvre; il passe des heures entières couché dans le chariot, n'ayant plus la force de marcher; les secousses du véhicule aggravent son état. Le temps est de plus en plus lourd, le baromètre indique la pluie à bref délai.

17 juin. — Pendant les cinq jours écoulés, nous avons fait environ cent soixante kilomètres et nous arrivons sur les bords de la Sabi ou Savé. Smith est toujours très malade; sa fièvre a dégénéré en accès bilieux. La pluie qui menaçait a commencé ce matin à tomber à torrents. Depuis hier, deux bœufs ne traînent plus ; ils ont refusé de se lever au moment du départ, malgré les coups et les provocations du cocher : il était inutile d'insister, les pauvres bêtes avaient déjà l'œil larmoyant, le mufle humide et brûlant. Pour terminer leurs souffrances et ne pas perdre de temps, je les ai tués à coups de fusil, et ils sont restés pour toujours à notre campement de la nuit dernière. Macaron s'est multiplié : c'est grâce à lui que nous continuons à aller bon train ; mais, comme il le dit, l'attelage est de plus en plus paresseux, et — il n'y a aucun doute à avoir — la plupart des bœufs sont mortellement atteints : chaque jour se montrent un grand nombre de piqûres que nous n'avions pas aperçues auparavant.

En quittant Tchiniani, nous avons légèrement dévié vers le nord, à cause des villages et de la présence de l'eau. Nous avons passé par les villages de Machoucha et de Mabotoui ; le premier se trouve à environ vingt-six kilomètres de Tchiniani ; le second, à trente-sept. A Inkambi, à l'étape suivante, nous avons dévié encore pendant dix kilomètres vers l'ouest, pour nous rendre à Insolan, où l'on m'a dit que je pourrais acheter des bœufs. Arrivé à ce village, j'ai appris qu'il fallait faire encore deux ou trois étapes vers un village appelé Pagadi, et j'y ai renoncé. Continuant vers le nord, nous avons passé par les villages de Mgazi (où il n'y avait pas d'eau ni de cultures), puis à Mongavelé, et enfin à Sandaba, où nous sommes. Nous descendons de plus en plus ; l'altitude de Sandaba est de quatre cent soixante-cinq mètres. Deux chèvres sont mortes ce matin : l'une est restée en route, je ne sais où ; les Cafres disent l'avoir vue plusieurs fois se coucher pour ne se lever que lorsque le chariot allait disparaître au loin. Je suppose que la tsé-tsé est cause de ces pertes. Le Hottentot m'assure que les chèvres nées dans les districts infestés, et par conséquent inoculées dès leur naissance, ne meurent pas de la piqûre de la tsé-tsé, à moins qu'elles ne soient criblées de piqûres. C'est, je suppose, ce qui a fait dire à plusieurs voyageurs que la chèvre est exempte du fléau; les miennes, achetées dans des fermes du Transvaal et élevées avec soin par des Boers, n'y ont pas résisté. Elles ont suivi le chariot depuis notre départ sans qu'on ait eu besoin de s'occuper d'elles, habitude que les Boers donnent à tous les animaux des fermes : dans leurs déplacements, ils emmènent femmes, enfants et serviteurs dans leurs chariots, les animaux suivent. On voit ainsi des bœufs, des vaches laitières, des chèvres, des brebis, des chevaux et jusqu'à de jeunes zèbres marcher en liberté derrière la maison roulante.

Comme nous avons de la viande et du beltong (1) plus que nous n'en pouvons consommer, je décide de me débarrasser des chèvres en les échangeant contre un bœuf ou en en faisant cadeau à des chefs indigènes.

J'ai envoyé Jones chercher des bœufs en faisant un détour vers l'ouest; il a passé par les villages de Sidjonji, sur la Sabi, un peu plus haut que le point où nous avons fait halte.

La Sabi ou Savé prend sa source dans les montagnes du Mashona, où elle reçoit plusieurs affluents qui sont le Loundi, le Takouo, l'Oumchagachi, le Popotcki, le Dévoulé et le Niamchenga; son cours est d'abord nord-sud, et elle sert de limite entre les possessions portugaises et les Makalakas; puis elle dévie vers l'est, entre le vingt et unième et le vingt-deuxième parallèle de latitude sud, pour se jeter dans l'océan Indien, à soixante-cinq milles au nord de l'île Bazarouto. La largeur moyenne de la Sabi est d'environ cent cinquante mètres à l'endroit où nous avons passé à gué. Au lieu d'un lit de rochers et très profond,

---

(1) Viande salée et séchée.

comme la plus grande partie du cours du Limpopo, le bassin de la Sabi est sablonneux et couvert de végétation épaisse. Il n'y a plus d'affluent notable depuis que la rivière est entrée dans le pays de Gaza : c'est, du moins, ce que les indigènes m'ont affirmé.

À l'ouest, et dans l'éloignement, on aperçoit une chaîne de montagnes assez considérable et que, d'après la distance, j'évalue à dix ou douze cents mètres d'élévation. C'est la chaîne du Ziniombo, qui court nord-nord-est sud-sud-ouest; elle semble ensuite se diriger vers l'ouest, sur notre gauche. Dans cette direction est le village de Goungouniana, à cent cinquante kilomètres environ. Là, réside le roi du pays de Gaza, Goungouniana, qui est un pur Zoulou. (Je raconterai son histoire dans un résumé historique que je fais suivre sur le pays que j'ai traversé; je dirai ici, une fois pour toutes, que la plupart des villages, dans toute cette région, sont connus sous le nom de leurs chefs; ils ont tous, néanmoins, un nom propre qui embrasse le village et les environs, et qui est la désignation de la terre proprement dite; cette dernière appellation n'est usitée qu'exceptionnellement, et c'est toujours ou presque toujours le nom du chef qui est celui du village. Il y a, paraît-il, à Goungouniana, un nombre considérable d'habitants.)

Les monts Ziniombo changent leur nom, au nord, en celui de Chama-Chama. Une petite rivière que nous devons traverser demain prend sa source dans ces montagnes et va se jeter dans l'océan Indien (1), formant une petite île à douze milles au sud de Sofalla : c'est la Gounoungoza; elle est à sec la plus grande partie de l'année.

Dès qu'on a passé la Sabi, on quitte le territoire des

(1) C'est, selon les géographes, le canal de Mozambique qu'il faudrait dire; mais il est si grand, si peu en rapport avec son nom, que j'aime mieux l'appeler océan.

Oumlengas. On entre chez une tribu que j'ai entendu nommer tour à tour les Makaias ou Maouzous, et qui se limite à quelques villages des environs. Plus au nord et au nord-est sont les Mandandés.

18 *juin*. — Deux bœufs tués ce matin. Ils étaient déjà fort malades hier. La pluie continue depuis deux jours; la température a baissé pendant la nuit de deux degrés, et l'hygromètre marque une humidité considérable de l'atmosphère. Si ce temps continue, nous perdrons en quelques jours tous les bœufs qui ont été piqués. Jones n'a trouvé nulle part de bétail à vendre : il a vu plusieurs troupeaux, mais les propriétaires refusent de s'en défaire à n'importe quel prix. Aujourd'hui, à Madaouéné, village qui est à environ vingt-cinq kilomètres de la Sabi, le chef, pour nous faire honneur, fait amener un bœuf qu'il s'apprête à tuer; sur mes instances, il se décide à épargner le précieux animal et à exécuter à sa place quatre chèvres que je lui donne en échange. Il m'explique que le bétail est assez rare par ici, et qu'une maladie en a tué beaucoup l'année dernière : « Ils avaient tous, dit-il, les poumons malades. »

Quoique les Makalakas possèdent beaucoup moins de bétail que leurs voisins les Matabélés, j'avais toujours entendu dire qu'ils en avaient néanmoins une quantité notable; mais sur la route que nous avons suivie, un bœuf semblait une rareté de haut prix, un animal précieux dont le propriétaire ne tenait pas à se séparer. Peut-être, comme le dit notre hôte, l'épidémie en est-elle la cause.

Pour décharger un peu le chariot, je jette cent kilos de haricots, un levier, un paquet de matériel de rechange pesant environ cent cinquante kilos, les barils d'eau et quelques autres objets : on m'assure qu'il y a de l'eau sur tout le chemin d'ici au Poungoué, c'est pourquoi je me sépare des futailles, qui sont lourdes et encombrantes. Le guide que nous avions pris dans le Zoutpansberg nous a quittés au Limpopo, comme c'était convenu ; depuis, nous en trouvons très facilement d'un village à l'autre. Grâce au ciel, la route que nous suivons est plate et unie ; il n'y a que de la petite végétation qui ne résiste pas aux roues pesantes du chariot ; il reste vingt bœufs, dont sept ou huit font à peine la besogne. Macaron use des mèches de fouet en quantité : il faut ajouter qu'elles sont en cuir d'antilope très résistant, ce qui donne une idée du nombre des coups que les conducteurs et lui administrent pendant la journée ; mais je leur ai donné carte blanche, pourvu qu'ils nous fassent avancer ; je leur ai dit de ne laisser aucun repos aux bêtes malades et, au besoin, de les piquer avec un couteau, si le fouet est impuissant. Les pauvres bêtes tirent encore un peu, mais elles commencent à être fort maigres. Jusqu'où irons-nous? Je l'ignore. Le voyage sera terriblement difficile si les animaux continuent à mourir en route. L'étape d'aujourd'hui est d'environ trente-deux kilomètres. Le temps est couvert ; tout est gris et triste. Le terrain est humide, couvert de feuilles mortes, brunes, jaunes et noires ; les arbustes dénudés ruissellent sous la pluie ; à toutes les branches pendent des gouttelettes ; un brouillard bleuâtre nous masque l'horizon de tous côtés. Réfugiés sous la tente du chariot, nous n'entendons plus que le crépitement de la pluie sur le prélart joint aux exclamations des conducteurs et à leurs coups de fouet. De grands oiseaux, les premiers que nous ayons vus dans ce genre, décrivent de grands circuits en poussant des cris aigus ; leur taille est celle d'une poule ; ils ont une longue queue et un long cou terminé par une grosse tête au bec énorme. Leurs pattes sont petites, et leurs ailes paraissent tout à fait disproportionnées pour supporter un si grand corps. Leur plumage est noir verdâtre avec la poitrine blanche, ainsi que quelques plumes des ailes et la queue. J'en ai tué un dont je conserve la peau. Les indigènes les appellent *copé*, *coché* ou *kakamira*.

J'estime que nous avons accompli la moitié de notre parcours depuis que nous avons atteint la Sabi.

Dans la soirée, nous passons le premier affluent sud de la Gounoungoza, le Mpimbi, qui court du sud-ouest au nord-ouest et qui est complètement à sec; à deux cents mètres plus loin, nous creusons dans le sable du lit un trou d'un mètre, et nous obtenons assez d'eau pour étancher notre soif et celle des bestiaux. Je fais ensuite camper à huit heures du soir, après une marche de nuit d'environ deux heures en terrain découvert. D'après le dire des guides, nous arriverons demain, dans la matinée, à un village appelé Tavelé, et dans la soirée à Machazé.

19 *juin*. — Le temps s'améliore légèrement. L'état de notre compagnon est toujours très grave. Je n'ai aucun moyen de lui éviter le reste de ce dur voyage; la côte se trouve à près de deux cents kilomètres de notre route, et je ne puis songer à l'y envoyer. Jones et moi, nous continuons à chasser presque continuellement, dès que la pluie cesse. Dans les kraals, nous achetons ce que nous désirons, avec de la viande en guise de monnaie; nous échangeons notre beltong contre de la farine, du manioc, des courges, des épinards sauvages et d'autres comestibles capables d'ajouter un plat de légumes à notre ordinaire où le gibier joue un grand rôle.

Dans le Mashonaland, le Matabélé et le Transvaal, où il existe de nombreuses routes, c'est de nuit qu'on voyage en bullock-waggon; pendant la journée, on se repose, ce qui est infiniment plus agréable, et, dans les endroits où il y a un danger de tsé-tsé, on évite ainsi bien des inconvénients; mais comme nous n'avons pas de route tracée, le voyage de nuit serait absolument impraticable à cause des arbres, des trous, des troncs abattus, des lits de ruisseaux, des racines et roches émergeant du sol, des grosses pierres, des touffes d'arbustes et autres obstacles contre lesquels nous irions donner sans les avoir vus et qui nécessiteraient des détours et des pertes de temps considérables.

J'ai eu aujourd'hui ma première expérience du danger qu'il y a à poursuivre un buffle blessé; à trois reprises, l'animal furieux m'a chargé, et je ne l'ai évité qu'en me cachant chaque fois et tournant autour d'un gros arbre chaque fois qu'il m'a dépassé. Je lui ai tiré une énorme balle à pointe d'acier dont la deuxième lui a traversé le cœur et l'épaule; il a néanmoins essayé une troisième tentative et est tombé ensuite au moment où je tirais de nouveau. Si, par malheur pour moi, j'avais perdu mon sang-froid ou fait un faux pas en tournant autour de l'arbre, j'étais traversé de coups de cornes et piétiné jusqu'à ce que mort s'en fût suivie. Le buffle était énorme : c'était un vieux solitaire, au caractère aigri et irascible, au poil rare; il portait sur ses épaules et au cou plusieurs cicatrices de blessures faites par des lions. La première balle avait manqué le cœur et traversé les poumons, et il était parti lentement, rendant du sang par les naseaux, ce qui m'avait engagé à le suivre, avec l'espoir de le voir tomber. Au contraire, à cent mètres plus loin, il me guettait dans un fourré et s'est élancé sur moi à quinze mètres, au moment où je m'y attendais le moins. Sa chair était si dure et si coriace que nous n'avons pu en manger.

Nous avons coupé deux fois le sentier indigène sur notre route vers Machazé. Nous arrivons à ce dernier village à huit heures du soir, près du Oumkoni, deuxième affluent de la Gounoungoza, et qui, avec le Mpimbi dont j'ai parlé, forme cette rivière. L'Oumkoni est également à sec une grande partie de l'année, et il doit en être de même du cours d'eau dans lequel il se jette.

A l'est, dans l'éloignement, nous avons aperçu un pic

isolé, le mont Silindi, qui appartient aux monts de Chama-Chama dont j'ai parlé et qui est évidemment le plus élevé, quoiqu'il soit beaucoup plus éloigné de nous et apparaisse derrière la chaîne à une grande distance. J'estime son élévation à quinze ou seize cents mètres au-dessus du niveau de la mer. Les monts Chama-Chama s'appellent également ici les Tchitavatangas ; ils se prolongent au nord et se perdent dans la distance.

Aussitôt l'Oumkoni passé, nous entrons dans le territoire des Mandovas, autre tribu dont le pays ne va pas très loin, car il y a, aussitôt après, celui des Zanvés et des Quitevés....

(De crainte d'ennuyer le lecteur, je cesse ici de copier mon journal de voyage : je n'en ai détaché les quelques feuillets qui précèdent que pour donner une idée de la façon dont s'effectuait mon voyage. Je n'ai pas besoin d'ajouter que j'ai cru devoir faire un peu de toilette à mon style et que j'ai dû, ne fût-ce que pour les rendre intelligibles, retoucher mes notes écrites à la diable, dans les positions les plus incommodes.)

... En quittant Machazé, nous nous trouvions à la hauteur et à peine à cent kilomètres de la ville ancienne, aujourd'hui disparue, de Zimbaoé, Zinbabye ou Mazimbaoé. Les Portugais lui donnent le premier nom, qui est, je crois, celui qui lui convient ; les autres figurent sur les cartes anglaises, ainsi que sur les itinéraires du voyageur anglais Baynes et de l'Allemand C. Mauch.

Comme on attribue aux restes de cette ancienne cité une origine fort ancienne et que les ruines qu'on y trouve intéressent les archéologues, je dirai ce que j'en ai appris, tant par les Archives de Tête et de Séna que par les *Annales des missions jésuites sur le Zambèze.*

Zimbaoé serait, d'après les uns, le centre du pays

d'Ophir dont il est parlé dans la Bible (1), dont on ignore la situation précise et où l'or abondait. D'après les Anglais, le roi Salomon aurait tiré d'un pays de l'Afrique australe 900 millions de livres sterling d'or pur. (Ce monarque a dû avoir des écritures joliment bien tenues, pour laisser des comptes aussi exacts à nos voisins d'outre-Manche!) Je ne discuterai pas si c'était le royaume de la reine de Saba ou du roi Salomon en des temps reculés, toutes hypothèses sans aucun fondement jusqu'à ce jour. De plus, l'opinion des archéologues les plus distingués qui ont visité les ruines pendant ces dernières années tend à admettre que lesdites ruines ne sont pas aussi anciennes qu'on veut bien le dire, et que rien ne vient s'opposer à l'idée qu'elles datent, non du moyen âge, mais de l'empire de Monomotapa.

Je ne parlerai donc que de ce qui est prouvé. Les Jésuites établis sur le Zambèze parlent, dès 1560, de Zimbaoé, qui était alors la capitale du Monomotapa (2) et la résidence de l'empereur. Le premier des missionnaires jésuites de Goa, un Portugais, Gonçalo da Silveira, alla à la cour de ce prince. Un an après, il le persuadait de se convertir à la religion du Christ, et le monarque recevait le baptême, le 25 janvier, sous le nom de Sébastien, hommage rendu au roi don Sébastien de Portugal. Des ennemis ayant fait croire au roi que le missionnaire apportait le malheur sur le pays, le Jésuite fut assassiné et son corps jeté dans un étang d'où sortent le Mouchangazi et le Matelé, rivières qui se jettent dans la Buzi. Le remplaçant de Gonçalo da Silveira fut le père Alphonse de Barbouda. Quelques années plus tard, le Portugal concluait avec l'empereur un traité d'alliance et d'amitié ; en 1769, sous les succes-

---

(1) Livre des Rois.
(2) Le mot réel indigène est Mouana-Motapa.

seurs de Sébastien, il imposa sa souveraineté et le droit d'exploiter les mines d'or du Monomotapa, moyennant une rente annuelle de 8,000 cruzados, que ce pays reçut pendant de longues années (1). Une garnison portugaise occupait, dès 1779, la ville de Zimbaoé et possédait comme chapelain le Père Frei Vasco de N° do Pilar. L'effectif se composait de 50 ou 60 hommes, dont 6 officiers et 17 soldats chrétiens. En 1791, nous retrouvons la garnison de même force, avec le Père Frei Félix de S° Antonio e Silveira comme chapelain. Il en est de même en 1779 et en 1787.

En 1620, la mission de Zimbaoé avait été cédée par les Jésuites aux Dominicains. On raconte qu'un fils de l'empereur régnant se serait fait religieux à cette époque et serait mort comme Dominicain à Goa (1652).

Une carte du Congo et du pays des Cafres par G. de l'Isle (1710) décrit avec détail les États du Monomotapa et les pays environnants : elle indique presque partout des mines d'or et des peuplades disparues. Tout cela sembla si confus, si vague aux géographes qui vinrent plus tard, que le S^r d'Auville résolut de ne porter sur la carte d'Afrique que les indications géographiques et les peuples dont l'existence serait prouvée. Sa carte resta complètement blanche en dehors des côtes et indiqua clairement le peu de renseignements que l'on possédait vers la fin du siècle dernier.

C'est sur cet espace blanc, sur cette vaste contrée inconnue, que les explorations nouvelles ont ajouté peu à peu les détails que l'on voit aujourd'hui.

La disparition du Monomotapa date de la période

(1) Le payement régulier de cette indemnité est prouvé par les feuilles de dépenses du secrétaire du gouverneur de la province de Mozambique. (*Archives* déposées à la Torra do Tombo, à Lisbonne, liv. **XIV**, p. 37, année 1761.)

qui s'est écoulée entre 1787, où nous avons laissé les Dominicains et la garnison portugaise de Zimbaoé, et le milieu du siècle actuel.

Les ruines dont j'ai parlé indiquent, d'après les connaisseurs, une civilisation avancée. Les indigènes, questionnés sur ce point, disent qu'autrefois, il y a bien longtemps, des blancs sont venus ayant de grandes barbes et portant de longues robes blanches, description qui s'appliquerait plutôt aux Jésuites et aux Dominicains qu'aux Arabes, comme certains voyageurs en émettent l'opinion. Il est fort possible, à mon avis, que l'empereur du Monomotapa, conseillé par les Jésuites, ait construit ces vastes édifices dont les vestiges offrent les caractères d'une architecture assez fantaisiste. Telle est l'opinion de plusieurs archéologues : dans un rapport adressé à la Société de géographie de Londres, le dernier voyageur compétent qui ait visité les ruines de Zimbaoé, M. Buch, a donné son avis à peu près dans ce sens, et ses conclusions tendent à démontrer qu'il hésite à attribuer aux Arabes l'origine des constructions; en principe, il est contraire à l'idée émise plus haut attribuant aux ruines une très haute ancienneté.

Ces vestiges d'une civilisation assez avancée sont groupés en deux endroits : les uns sur une éminence de cent vingt-cinq mètres de haut, les autres sur une sorte de terrasse. L'éminence est en partie couverte de ruines du côté est : on suppose qu'il y avait là une forteresse; à six cents mètres de là, on voit un monument de forme ronde de cent quarante-cinq mètres de diamètre qui est un des mieux conservés. Des fouilles faites à plusieurs reprises ont amené des découvertes intéressantes : fragments de bas-reliefs et de frontons, débris de statues, de colonnes, etc. M. Buch en a rapporté des dessins très curieux.

Comme position géographique, MM. Mauch, Bayne, Meransky, Poselt, Helm et Bent ne sont pas tout à fait d'accord. Les deux observations qui concordent sont celles de M. Mauch et des Portugais, qui placent la ville par 31° 45′ 37″ de longitude est de Greenwich et 20° 15′ 34″ de latitude sud.

L'altitude du lieu serait de quatre mille deux cents pieds ou environ quatorze cents mètres, ce qui concorderait assez bien avec la hauteur des ramifications de la chaîne du Chama-Chama et celle du pic de Tchimanimani, élevé également de quatorze cents mètres.

Une visite à Zimbaoé m'eût tenté comme photographe; mais, hélas! dans la situation où j'étais, chaque kilomètre était précieux, chaque lendemain un problème : un détour de cent kilomètres était irréalisable, puisque nulle part je n'avais pu trouver à acheter du bétail.

Le 20 juin, je perdais encore un bœuf. Je pus le remplacer par celui que j'avais obtenu à Madaouéné : mais ce ruminant, n'étant pas dressé au trait, commença par jeter le désordre dans les rangs; au bout de quelques heures, il finit par en prendre son parti, et il tira le reste de la journée beaucoup mieux que ceux qui étaient rompus au joug.

Nous arrivons près de la Buzi, après avoir passé les villages de Mloumlila, Longoneli, Machouné, où nous passons entre deux vallées, par un sentier en pente douce qui nous permet de gagner au grand trot un bon morceau de chemin. Après Machouné, nous rencontrons deux affluents de la Buzi, à moitié à sec et pour lesquels les noirs ne nous donnent aucun nom; la largeur de ces cours d'eau est de trente à quarante mètres, leur profondeur moyenne de trois à quatre; leur lit est sablonneux, parsemé de cailloux et de gravier; les bords sont escarpés en certains endroits, en pente douce aux autres. La végétation est assez rabougrie depuis que nous sommes sur le sol pierreux des monts Chama-Chama. Les feuilles continuent à tomber et s'envolent toute la journée sous le souffle du vent d'est, formant de gros tourbillons, semblables à des trombes, qui traversent la campagne avec un grand bruit.

La chasse continue à être fructueuse. Nous avons vu pour la première fois une piste d'éléphant : ces géants, au nombre de dix, d'après les noirs, ont passé dans la nuit qui a précédé notre arrivée. Je donnerais beaucoup pour les voir. Ne sont-ils pas, par la taille et la force, les vrais rois des animaux? Un chasseur passionné éprouve une indicible émotion en contemplant pour la première fois le chemin que l'énorme bête s'est frayé.

Après le village de Gounia, qui est situé à une quinzaine de kilomètres du deuxième affluent dont j'ai parlé, il existe un autre cours d'eau tributaire de la Buzi, le Loussité, qui, au dire des indigènes, reçoit lui-même, un peu plus loin, la Moussapa; à l'endroit où nous avons franchi cette dernière rivière, nous n'avons pu nous en rendre compte, sa direction étant parallèle et non convergente au Loussité. La rive droite du Moussapa reçoit un autre petit cours d'eau, le Moufomozi, tout près des villages de Maba et Samagouato, que nous rencontrons un peu plus loin.

La Buzi reçoit un grand nombre d'affluents dans la région qu'elle parcourt au milieu des monts Chama-Chama. La plupart n'ont pas de nom connu; au nord et à vingt-cinq kilomètres de Tchizita, nous avons traversé la rivière Revoué, qui court nord-est sud-est vers la Buzi, dont elle me semble devoir être le plus large affluent.

En passant chez les Mouchangazi, peuplade établie au pied du Chama-Chama, nous coupons l'itinéraire suivi en 1883 par l'explorateur portugais Cardozo, qui se rendait, si je ne me trompe, de Sofalla à Goungouniana.

Après Samagouato, nous entrons chez les Zanvés, qui sont une des nombreuses tribus qui peuplent le vaste pays de Gaza et dont le territoire s'étend au delà de Tchizita.

A Nahanji, au moment de notre arrivée, le village était en fête; le tambour s'en donnait à cœur joie. Cet instrument de... tapage, nous l'avons entendu presque partout sur notre passage : c'est l'amusement préféré du noir, et on ne trouve jamais l'un chez lui sans l'autre. Accompagnateur indispensable du chant, de la danse et de toutes les cérémonies, il pleure auprès des morts et rit aux joies des vivants; il frappe le premier les oreilles du nouveau-né et conduit le vieillard à sa dernière demeure : le tambour fait partie de la vie courante de l'indigène, et ceux qui sont accoutumés au noir n'y font pas plus attention que lui. Mais ils ne comprennent pas, comme le noir, les batteries différentes qui constituent son langage à lui, langage qu'on entend à de grandes distances, tandis que les autres instruments paraissent muets à quelques mètres. Un indigène reconnaît au tambour ce que fait un voisin : il peut dire exactement, sans se tromper jamais, à quelle cérémonie, à quel passe-temps se livre ce dernier, et Dieu sait si la variété en est grande : ce peut être un enterrement, un anniversaire d'enterrement, le jour d'un décès ou bien le lendemain de ce décès. Ou encore, c'est la naissance d'un enfant, l'arrivée d'une jeune fille à l'âge nubile, la prise d'armes d'un jeune guerrier, sa circoncision, un mariage depuis le premier jour jusqu'au dixième. Ou bien, enfin, c'est simplement une des nombreuses danses locales dont la liste serait trop longue. Pour chacune d'elles ou pour toute cérémonie, le tambour change ses accents et annonce au loin ce que fait son maître.

La fête à laquelle nous avons assisté était plutôt une réunion générale à la fin des moissons, afin de célébrer la rentrée et la mise à l'abri de la mapira (sorgho) de l'année. Plusieurs villages avaient dû se joindre à celui où nous étions pour prendre part à la réjouissance, car le nombre des individus semblait beaucoup plus considérable que celui des cases, et le bruit était assourdissant.

Notre compagnon Smith allait un peu mieux. Le chef nous invita à nous approcher du foyer de l'épouvantable vacarme et à laisser pour un moment notre maison roulante. Je ne savais jusqu'à quel point il était prudent de quitter le chariot : d'un autre côté, je ne voulais pas mécontenter le chef en refusant ; il était venu accompagné d'un grand nombre d'habitants des deux sexes, et tous insistaient pour que les blancs vinssent boire avec eux.

Notre campement n'était, par exception, qu'à une centaine de mètres du village : il fut entendu avec Macaron qu'il resterait avec les Cafres pour le garder ; mais, en prévision d'un danger ou de quelque chose de suspect, je lui remis, pour nous avertir, une fusée blanche qu'il n'avait qu'à allumer et à glisser dans un canon de fusil de façon à la diriger en l'air ; comme elle était visible à cinq kilomètres, nous n'avions aucune inquiétude. Les armes avaient été chargées et placées avec les munitions, à la portée de la main, dans le chariot.

Je crus devoir prendre ces précautions pour éviter une attaque, le cas échéant. Car ces Landins — c'est ainsi que les Portugais appellent toutes les populations de race zouloue — avaient fort mauvaise réputation et étaient accusés d'avoir pillé et volé plusieurs fois ; je ne pouvais donc avoir dans leurs intentions qu'une confiance très limitée ; je n'ignorais pas que leur habitude est de surprendre et de dépouiller leurs ennemis pour s'en partager le butin. Je n'avais aucune raison pour me supposer en hostilité avec eux, mais mes bestiaux étaient particulièrement faits pour les tenter, et c'est de ce côté que j'avais des craintes plutôt que pour le contenu du chariot qu'ils n'avaient pas vu et dont ils ne connaissaient pas la valeur. Quoique convaincu que mes pauvres animaux, — je n'en avais alors plus que seize, — étaient tous destinés à une mort prochaine, ils ne m'étaient pas moins précieux, et j'espérais qu'ils me conduiraient tout au moins assez au nord pour qu'il me fût possible de trouver à les remplacer.

Nous suivîmes le chef. Il nous installa sur des nattes auprès de lui, dans une grande place occupant le centre du village, au milieu d'un brouhaha indescriptible. La population entière se groupa en masse, et tout le monde à la fois voulut nous regarder. Je ne crois pas que nous soyons les premiers Européens qu'ils aient jamais vus; mais ils ne devaient certes pas en contempler souvent, à en juger par leurs physionomies curieuses et ahuries. Les tambours, nombreux et de forte taille, cessèrent de battre, et toute l'attention fut concentrée sur nous : le chef nous fit apporter de la bière du pays qu'on appelle *moa badoua* ou *djouala,* selon les régions. C'est une liqueur assez agréable qui provient de la fermentation du sorgho, mêlé à une purée de farine de sorgho fraîche et qui passe par plusieurs manipulations que je décrirai plus tard. La plupart des Européens la boivent avec plaisir, dès le début de leur arrivée dans le pays; elle ne sent pas la vieille botte comme le vin de palme de Guinée, recueilli sur l'*élaïs,* et auquel on ne s'accoutume qu'après plusieurs années.

J'avais déjà bu du moa dans le Sud; rien n'est aussi agréable, aussi rafraîchissant, après une marche fatigante. Son degré alcoolique est très faible, et il en faudrait beaucoup pour nous enivrer. Les noirs n'étant pas habitués à nos liqueurs fortes, un ou deux litres suffisent pour les laisser ivres morts.

Ce soir-là il y avait une quantité considérable d'énormes pots pleins jusqu'au bord ; chacun de ces récipients pouvait contenir trente ou quarante litres ; d'autres, vides, étaient déposés à part. Après que chacun eut satisfait la curiosité que notre arrivée avait éveillée, la fête continua, et nous assistâmes à des danses collectives, à des pas de deux et des cavaliers seuls, fort amusants et nouveaux pour moi; la scène était éclairée par plusieurs grands feux allumés tout autour de la place, et ces longs corps noirs, se détachant sur la lueur des flammes, se démenant dans tous les sens, étaient d'un effet assez étrange; autour du centre des danses, un cercle de chanteurs, ouvert de notre côté, les batteurs de tambour et la claque. Les danseurs chantaient et battaient des mains par intervalles; ils se relevaient continuellement, faisant, comme tout le monde, de fréquentes visites aux pots de bière qui se vidaient à vue d'œil. Le chef voulut nous montrer ses talents chorégraphiques, et, au milieu d'un redoublement de tam-tams, il exécuta un quart d'heure de gymnastique; après quoi, il revint, essoufflé, reprendre sa place au milieu de nous. Tout le monde était dans le ravissement; la transpiration ruisselait sur tous les fronts, et comme le nègre le plus propre commence, dès qu'il transpire, à sentir mauvais, son goût de terroir, je veux dire l'odeur de sa race, odeur *sui generis,* mélangée aux senteurs de la bière et à la poussière du sol, battu par de nombreux pieds, cette odeur commençait à nous monter à la gorge, et elle devenait peu à peu très forte.

Les femmes s'agitaient deux fois plus que les hommes, dans ces danses indigènes où les mouvements du bassin jouent un si grand rôle et où la perfection consiste à faire tourner ou mouvoir son ventre et son... postérieur dans tous les sens, avec une grande rapidité, sans remuer le reste du corps et en prenant des poses considérées comme gracieuses, avec la tête, le cou et les bras.

Pour nous faire honneur, sans doute, car je dois dire que nous ne comprenions absolument pas, le chef fit ensuite exécuter une danse de guerre d'un très bel effet.

Une vingtaine de guerriers en costume, c'est-à-dire avec boucliers, sagaies, casse-tête, bouquets de plumes sur la tête, lanières de peau pendant à la ceinture, font face à un nombre égal de leurs camarades, au son d'un air de guerre chanté à l'unisson : ils marchent l'un sur l'autre en ligne, réglant leurs pas en mesure, avançant ou reculant alternativement, pendant que deux chefs de guerre exécutent une danse de caractère qui a l'air d'être fort appréciée du public, car on les fait bisser au milieu de vociférations et de cris de joie : les deux pelotons font, toujours en cadence, des simulacres d'attaque et de retraite, manœuvrant leurs boucliers ou leurs sagaies avec ensemble. Cette danse, que les Zoulous du Sud pratiquent aussi, rappelle beaucoup celles de nos corps de ballet dans les figures diverses d'une féerie ou d'un opéra.

Après la danse de guerre, autre exercice : hommes et femmes dansent ensemble, tour à tour, par couples de deux : ils se dandinent l'un devant l'autre, font des vis-à-vis, se tournent le dos, battent des mains et des pieds avec un parfait ensemble et rentrent dans le rang pour faire place à un autre couple. L'usage du pays défend de s'enlacer et même de se frôler, d'après ce principe qu'un homme ne doit jamais toucher la femme d'un autre. Que nous sommes loin d'une pareille austérité de mœurs dans nos salons où un mari a le plaisir de voir sa femme penchée nonchalamment sur l'épaule d'un monsieur inconnu et antipathique, qui l'emporte dans les tourbillons d'une valse, lui murmurant à l'oreille des banalités stupides! J'admets, si vous voulez, qu'il ne lui parle que du temps qu'il fait, mais c'est égal : ne trouvez-vous pas la danse zouloue beaucoup plus convenable?

Il devait être une heure assez avancée dans la nuit quand, sur notre droite, un bruit particulier domina les chants, les roulements de tambour, les vociférations : une fusée montant dans l'espace jeta sa lumière bleuâtre sur l'assistance terrifiée; tout bruit fit place à la stupéfaction. Ceux qui tournaient le dos suivirent les regards de leurs camarades, et, au moment où la fusée éclata en une pluie d'étincelles blanches, avec une détonation, la panique fut générale : tout le monde se précipita dans une direction opposée et disparut dans les arbres, laissant la place et ses abords complètement déserts. Les tambours gisaient sur le sol, les pots de bière avaient été renversés dans la fuite, et plusieurs habitants avaient, dans leur terreur, oublié ou laissé tomber sur le sol quelques-uns de leurs vêtements de peau. Tout en courant vers le chariot et en me demandant ce qui pouvait bien se passer pour que Macaron eût donné le signal d'alarme, je ne pouvais m'empêcher de sourire de la frayeur de nos hôtes. En arrivant au camp, je trouvai les hommes armés de fusils et regardant dans la direction d'un petit bois situé à environ cinquante mètres.

Le cocher m'assura que, quelques minutes auparavant, lui et ses camarades avaient distingué, dans l'obscurité, plusieurs individus qui rôdaient autour du camp, et qu'il avait donné le signal convenu au moment où ces individus se dissimulaient dans le bois dont j'ai parlé. J'étais à peu près sûr que ces rôdeurs n'avaient pas dû, plus que leurs compatriotes, résister à la vue du météore inconnu sorti des mains de Macaron ; mais, pour plus de sûreté, nous prîmes des torches de paille et nous ne revînmes au camp qu'après avoir visité avec soin les alentours.

Tout était plongé dans un silence de mort, et c'était un contraste saisissant que ce calme succédant, sans transition, à un vacarme indescriptible. Les habitants revinrent graduellement une heure après, et le chef envoya prendre de nos nouvelles ; mais les danses ne recommencèrent pas. Je fis prier le chef de se rendre avec des gens jusqu'à mon camp, où j'avais quelque chose à lui offrir et un mot à lui dire ; il vint sans hésitation avec la foule qui dansait tout à l'heure, et, comme je ne voulais pas laisser une mauvaise impression, je lui fis un cadeau, je donnai quelques mètres de calicot à ses femmes et je lui expliquai que le phénomène qui s'était produit tout à l'heure était parti du chariot et qu'il se produisait chaque fois que l'on voulait faire du mal aux blancs. Naturellement, il me pria de lui dire qui avait voulu nous nuire : je lui racontai alors que des gens avaient été vus rôdant aux environs; il questionna les vieux du village, et, à la suite de la petite conversation qu'ils eurent ensemble, il me dit que ce n'étaient pas des ennemis que nous avions vus, mais bien des gens de son village chargés d'aller épier les mouvements d'un voisin avec lequel il était en guerre. Revenant la nuit, ils avaient eu eux-mêmes peur du chariot, surtout en voyant nos hommes prendre des fusils et s'avancer vers eux; ils s'étaient alors cachés dans le bois, d'où ils avaient regagné le village.

Avant de nous séparer, le chef me demanda si nous ne pouvions faire encore monter un feu dans le ciel; avant d'accéder à son désir, je lui dis de rassurer ses gens afin qu'ils ne prissent pas la fuite. Tout ce dialogue avait été échangé d'une façon assez curieuse : un des Cafres comprenait l'anglais, un de ses camarades le patois du pays (une des branches de la langue bantou). Je parlais anglais au Cafre, qui traduisait ce que j'avais dit à son compagnon, lequel l'expliquait à son tour au chef. J'envoyai Jones lancer une fusée à bouquet de couleur à une centaine de mètres, en la dirigeant de façon que nous la voyions bien sans être exposés à recevoir la baguette sur le nez. Cette fois, bien que beaucoup d'entre eux aient été sur le point de fuir, l'assistance regarda le sillon lumineux de la fusée traverser le ciel, et elle jeta une longue exclamation quand l'artifice éclata en un gros bouquet multicolore. A entendre les ah! prolongés de cette foule dans l'obscurité, on se serait cru à Saint-Cloud ou à Versailles, un soir de fête, ce qui prouve que l'être humain est partout le même, et que le Parisien et le sauvage expriment leur admiration de la même façon, sans s'être entendus et sans pouvoir même s'entendre.

Lorsque nous nous séparâmes, après ce feu d'artifice, il était plus de deux heures et demie du matin. Les habitants de Nahanji allèrent continuer leurs danses, et nous prîmes un peu de repos, tout en laissant deux hommes de garde. A quatre heures et demie, comme d'habitude, Macaron attelait ses bœufs, et de nouveau nous nous mettions en route.

Notre marche était devenue plus lente avec huit bœufs de moins, et les itinéraires journaliers ne dépassaient pas vingt-sept à vingt-huit kilomètres.

Comme je l'ai dit, nous avions franchi le Revoué, affluent principal de la Buzi, qui naît dans les montagnes de Manica. A onze kilomètres de ce cours d'eau et de Nahanji, commence le pays des Quilevés, territoire qui est un ancien royaume, autrefois puissant, limité au nord par la rivière Poungoué, au sud par la Buzi et le Revoué, à l'est par la mer, à l'ouest par le Manica. Il a la réputation d'être riche ; les anciens voyageurs portugais et la rumeur actuelle assurent qu'il abonde en or, en cuivre et en fer. Je dois dire, à ce propos, que l'on trouve du fer partout où j'ai passé dans l'Afrique intertropicale : il n'y a, pour ainsi dire, que cela à chaque pas. D'après les vieux récits, il y aurait eu aussi, dans le royaume de Quilevé, des mines de cristal de roche et de topazes : peut-être même y existerait-il des diamants.

Au nord-ouest, comme je viens de le dire, est la ville de Manica, capitale du district de ce nom et dont je parlerai plus longuement tout à l'heure. Je signalerai en passant le territoire de Bandiré, qui touche aux Zanvés. Ce pays, également riche en or, appartenait autrefois à une tribu indépendante et fut donné au Portugal en 1580 par l'empereur du Monomotapa; il s'y serait établi autrefois des factoreries portugaises.

En arrivant à Mahongo, j'appris qu'il y avait une route, ou plus exactement un sentier, menant à l'embouchure du Poungoué, à Port-Beira : ce sont des Européens, paraît-il, qui l'auraient tracé. J'eus l'idée d'envoyer Jones avec quelques hommes s'informer, à Port-Beira, de la possibilité de trouver du bétail. Le voyage devait durer de deux à trois jours, et il fut convenu avec mon envoyé qu'il viendrait me retrouver sur les bords du Poungoué, si toutefois je pouvais y arriver.

Après son départ, je m'occupai à Mahongo de chercher des porteurs jusqu'au Poungoué, afin d'alléger le chariot, où il ne restait plus que dix bœufs. Avec beaucoup de peine, et après d'interminables pourparlers, je trouvai vingt-huit porteurs, dont le salaire fut fixé à seize mètres de calicot par homme. Toutes les marchandises avaient été arrangées par mes soins, à Natal, en colis ou charges ne dépassant pas vingt-cinq kilogrammes; j'avais pris cette précaution pour le cas où j'aurais à faire les transports à dos d'homme. Je n'eus donc qu'à sortir vingt-huit ballots du chariot, ce qui diminua son chargement de sept cents kilos : mais ce n'était pas encore suffisant. Nous avons ainsi, tant bien que mal, fait une étape, les hommes arrivant au campement trois ou quatre heures avant le chariot. Nous entrions en ce moment dans la région montagneuse; le sol devenait de plus en plus accidenté, et, bien que suivant une vallée, il nous fallait, presque à chaque instant, user du levier. Nous passâmes ainsi dans le village de Tchikari, où je ne pus, malgré mes tentatives, augmenter le nombre de mes porteurs, et nous campâmes à Oukaranga.

On dit que les malheurs vont en troupe, et c'est assez vrai. Juste au moment où mes dix malheureux animaux ne font avancer le chariot qu'à grand'peine, et où j'ai besoin de renforts, ma mauvaise chance n'attend pas que mes bœufs meurent de maladie : la voici, en effet, qui m'envoie un lion pour hâter leur fin.

Ce soir-là, en arrivant à Oukaranga, sur les rives de la Moussingazi, affluent du Poungoué, nous étions tous très fatigués : Smith, à peine convalescent, avait fait, avec les porteurs qu'il accompagnait, une étape de plus de vingt-quatre kilomètres en terrain montagneux; Macaron, les conducteurs et moi, n'avions cessé de harceler les bœufs, de soulever les roues avec des leviers pesants, de courir en avant et en arrière pendant toute la journée, et il avait fait particulièrement chaud. Les bœufs ne pouvaient boire en face du campement, les bords de la rivière Moussingazi étant fort escarpés en cet endroit. Un des conducteurs les mena plus loin, à environ soixante mètres de nous, en remplacement de Macaron qui, par exception, s'était couché un peu malade. Mais, au lieu de surveiller les animaux, car la nuit tombait, le conducteur se mit lui-même à prendre un bain, et il les laissa paître sur le bord et s'éloigner de lui au fur et à mesure qu'ils mangeaient.

Nous entendons tout à coup notre homme pousser de grands cris, ce pendant que les bœufs s'éparpillent de tous côtés. En arrivant à l'endroit d'où venait le bruit, j'aperçois un des animaux étendu dans une mare de sang, avec plusieurs blessures au cou et au poitrail. Son flanc était déchiré. Le noir nous raconta que, au moment où il s'y attendait le moins, un lion avait sauté à la gorge de la pauvre bête, l'avait terrassée et s'apprêtait à la dévorer quand ses cris déterminèrent le fauve à se retirer. Nous fîmes une battue avec des torches en paille, mais le lion avait disparu. Le bœuf mort fut distribué aux hommes. Quant à moi, je ne me souciai pas d'en manger, l'animal étant déjà fort affecté par des piqûres de tsé-tsé et voué à une mort prochaine. J'avais eu d'abord l'intention d'en placer un quartier là où il était tombé et de me mettre à l'affût, sûr que le lion y reviendrait; mais j'étais si las de ma journée, si ennuyé de voir les choses aller tout de travers, je me sentais si peu le cœur à la chasse que je renonçai à mon projet.

A cinquante kilomètres à l'ouest de Oukaranga, se trouve le village de Massékessé, qui a été l'occasion de conflits très fâcheux entre la « Chartered Company » et le gouvernement portugais. Je ne m'étendrai pas, et pour cause, sur les détails. Il me suffit de dire que les Anglais, après avoir admis le Manica comme limite des possessions portugaises, il y a quelques années, sont venus sur le territoire portugais au mépris des lois et des conventions internationales les plus élémentaires, et qu'ils ont conclu avec le chef du Manica, Oumtassa, un traité par lequel ce dernier leur donnait son territoire. Le Portugal a protesté et a voulu empêcher l'occupation du Manica, ce qui était absolument son droit.

Pour se mettre sur la défensive, le colonel Païva d'Andrada (un des explorateurs portugais les plus connus, dont je parlerai plus loin : il était alors directeur de la Compagnie de Mozambique) et Manoel Antonio da Souza, un des capitao-mor (1) les plus influents du district, se rendirent avec une force armée considérable chez le chef de Manica, afin de s'opposer à l'occupation anglaise. Comme la « Chartered Company » n'était pas en état de combattre, elle ne trouva rien de mieux que de diriger une attaque par surprise sur le colonel Païva d'Andrada et le capitao-mor, lesquels, faits prisonniers dans leurs cases, furent conduits dans le Mashonaland, malgré leurs protestations fondées, malgré leur plainte sur la façon arbitraire

---

(1) C'est-à-dire commandant de district.

dont ils étaient traités. En arrivant à Fort-Salisbury, le major Forbes, qui commandait les forces de la « South Africa Company », obtint des deux prisonniers l'engagement qu'ils rentreraient en Europe; il les fit alors escorter avec beaucoup d'égards jusqu'au Cap, où ils s'embarquèrent librement.

Pendant ce temps, les Anglais prenaient peu à peu possession de Massékessé, qui était, comme je l'ai su depuis, sur l'itinéraire d'un chemin de fer qu'ils projetaient alors et qui existe aujourd'hui. Je ne sais s'il est déjà mis en exploitation; mais quand il le sera, ce qui ne peut tarder, il constituera un débouché indispensable à l'Afrique du Sud pour arriver à la mer. Il a été continué sur une concession accordée par le gouvernement portugais, qui avait d'abord tenté d'en effectuer lui-même la construction; mais la difficulté de se procurer la main-d'œuvre sur les lieux fit sombrer l'entreprise. Un Anglais, M. Paulin, la reprit; mais il échoua après s'être buté aux mêmes difficultés. Enfin la « Chartered Company » s'en chargea, et, en prodiguant l'argent, en important la main-d'œuvre, elle finit pas mener la chose à bien. Cette ligne est connue sous le nom de chemin de fer du Poungoué, parce qu'elle part de la rivière de ce nom.

A Oukaranga, je trouvai encore quarante-sept hommes de bonne volonté, ce qui porta à soixante-quinze le nombre des porteurs et à mille huit cent soixante-dix kilogrammes l'allégement du chariot. En quittant le village, nous entrons dans les ramifications des monts Ouréré, dont les principaux pics sont les monts Maltera, Iniaoxo, Tchivavo. Vers midi, nous arrivons devant un obstacle à peu près infranchissable et tout à fait inattendu. C'est une muraille, ou plus exactement un ressaut de granit ayant à peu près soixante centimètres de hauteur coupé en biais et courant sur une étendue d'environ quatre ou cinq cents mètres.

sur notre droite, où il finissait par atteindre jusqu'à soixante mètres d'élévation. Sur notre gauche, cette marche d'escalier se prolongeait jusqu'à la Moussingazi que nous continuons à longer. Que faire? Impossible de traverser la rivière : l'eau est profonde ; le fond, parsemé de pierres énormes ; la rive opposée, à pic. Il faut, ou monter l'escalier, ou retourner sur ses pas et faire deux ou trois jours de contremarche ; il n'y avait pas d'hésitation à avoir. Essayons de franchir ce gradin. Pour cela, je fais décharger complètement le chariot et dételer les bœufs ; ensuite, mes soixante-quinze hommes portant littéralement la lourde machine sur leurs épaules la déposent sur le terrain au-dessus ; ils la rechargent ensuite, les bœufs y sont attelés de nouveau, et le voyage continue. Nous étions alors à mi-chemin entre le Poungoué et Oukaranga.

Il convient de dire que je comptais y arriver le lendemain. Depuis notre départ de Tchikari, la pluie nous accompagnait avec fidélité, ne nous quittant qu'à de rares intervalles ; nous étions trempés jusqu'aux os du matin au soir, ce qui était un agrément à ajouter aux autres.

Le soir, au coin du feu, il y eut une discussion très vive entre les conducteurs et deux ou trois des porteurs que j'avais engagés. Je n'avais pas cru devoir m'en mêler, supposant que, comme toutes les querelles d'indigènes, celle-ci finirait de soi-même : d'habitude, en pareil cas, les noirs marchent l'un sur l'autre avec des yeux formidables, les poings crispés : un nouveau venu croirait qu'ils vont se dévorer tout vivants. Il n'en est rien, ils retournent tranquillement s'asseoir, continuant à se maltraiter à coups de langue ; les choses ne se passent guère autrement, sauf quand ils sont ivres : ils se portent alors des coups très graves avec tout ce qui leur tombe sous la main. Ce soir-là, la querelle dégénéra en rixe, et, avant que je pusse m'y opposer, un des Zoulous donna à un de mes conducteurs un violent coup de sagaie : l'arme disparut dans la poitrine du blessé, qui s'affaissa mourant.

Je pris une carabine, et, visant le meurtrier, j'allais presser sur la détente, lorsqu'il me vit, fit un saut de côté et, fuyant à toutes jambes, disparut dans l'obscurité; je tirai, mais sans résultat. Ses camarades dirent que j'aurais dû le tuer, car ce n'était pas la première fois qu'il lavait, sans raison, sa sagaie dans le sang d'un frère. Il ne reparut jamais, sachant bien le sort qui l'attendait.

Le blessé mourut au bout de quelques minutes, ayant été touché au cœur. Je fis enterrer ce malheureux le soir même à quelques mètres du camp. Il nous avait accompagnés depuis Prétoria et avait aidé à l'entreprise avec toute la bonne volonté dont il était capable. Quelques jours auparavant, il se réjouissait avec ses compagnons de rentrer dans son pays à l'issue de l'expédition, ma promesse étant de les rapatrier dès notre arrivée au Zambèze.

Le lendemain, nous arrivions à Bomova, sur le bord du Poungoué, à environ trois jours et demi de marche de la mer. A mon grand étonnement, j'y retrouvai Jones avec deux Anglais inconnus et environ cent quatre-vingts porteurs. Voici le résultat de la mission que j'avais confiée à mon compagnon : à Port-Beira, on lui avait assuré qu'il ne trouverait pas une tête de bétail à une lieue à la ronde, et que les approvisionnements de viande vendus aux navires atteignaient des prix fabuleux. L'ayant entendu raconter que notre chariot se trouvait en détresse, faute de bœufs, à peu de distance, deux ingénieurs anglais qui se rendaient à Massékessé lui avaient proposé de nous l'acheter, puisqu'il nous était désormais inutile et qu'ils en avaient, eux, grand besoin : ils attendaient du Natal vingt-quatre paires de bœufs, ce qui devait les mettre en mesure d'en tirer parti. Sur l'objection de mon compagnon, qui demandait ce que le chargement deviendrait, ils proposèrent de lui prêter les hommes nécessaires au transport de Bomora à Port-Beira. La conclusion de leur conversation fut qu'ils viendraient me voir pour apprendre ce que je déciderais, et ils avaient amené les hommes pour le cas où j'accepterais leur proposition.

Ma situation était des plus embarrassantes : j'étais peiné outre mesure de ne pouvoir terminer un voyage qui avait été si bien commencé et mené, somme toute, aux quatre cinquièmes du parcours total. La difficulté de trouver des porteurs dans le pays était connue : tout le monde amenait, comme les deux ingénieurs, des travailleurs du Sud. J'avais moi-même eu beaucoup de peine à obtenir soixante-quinze hommes pour un trajet de cinquante ou soixante kilomètres, c'est-à-dire à peu près deux jours. Quant à mes bœufs, il en restait juste cinq le jour de mon arrivée à Bomora, et il en mourut encore un le soir. Que faire? Après y avoir bien réfléchi, je me décidai à me rendre par mer à Quilimane.

Je me consolai en pensant qu'il n'y a que trente-six heures de traversée de Port-Beira au Zambèze, et que je pouvais me considérer comme ayant réussi, puisque j'étais dans la bonne direction et que Séna se trouvait à peine à deux cent cinquante kilomètres au nord-nord-est de Bomora. Le parcours fait par l'expédition était, à l'arrivée au Poungoué, de près de onze cents kilomètres, hérissé de difficultés pour un chariot à bœufs. C'est le seul voyage de ce genre qui ait été fait dans le pays de Gaza, quoique de nombreux explorateurs portugais aient parcouru cette région avant moi.

J'acceptai donc de vendre aux ingénieurs anglais le chariot et les quatre derniers bœufs : deux d'entre eux n'avaient évidemment pas été piqués, puisqu'ils étaient en parfait état de santé, ainsi que celui que j'avais obtenu dans le cours du voyage. Le prix qu'ils m'en donnèrent me remboursa de l'achat total de l'attelage et du chariot à Prétoria.

Ne voulant pas perdre de temps, je partis le lendemain matin, n'étant resté que vingt-quatre heures à Bomora. Macaron et les conducteurs avaient l'air tout ahuris de n'avoir plus de chariot à conduire, ni de bœufs à fouetter. J'étais pressé maintenant d'arriver à Port-Beira, à cause du vapeur qui y était attendu allant à Quilimane et que je ne voulais pas manquer; aussi faisions-nous de fortes étapes : de trente-cinq à quarante kilomètres.

Le Poungoué, Arouangoua do Sul ou Soungoué, prend sa source dans les montagnes du Manica et se jette dans l'océan Indien en suivant une ligne d'abord nord-ouest sud-est, puis nord-nord-ouest sud-sud-est. Sa largeur moyenne ne dépasse pas deux cent cinquante mètres; ses rives sont escarpées et son lit est pierreux dans la région montagneuse; plus au sud, il charrie des sables, et ses bords, moins accidentés, sont en pente plus douce. A son approche de la mer, il court dans la vase sur une longueur de quelques milles, et, avant de se jeter dans la petite baie de Massanssani, il s'épanche à droite et à gauche dans des marécages couverts de palétuviers (1) et de hautes herbes. La profondeur du Poungoué ne doit le rendre navigable pour les embarcations qu'à peu de distance de son embouchure.

Il reçoit dans sa route de nombreux affluents, dont les principaux sont : sur la rive droite, les Condé, Sikoué, Moussingazi, Soungouzé, Moussatono, Mokambézi, Mouloutchira, Mouda; sur la rive gauche, les Iniassonia, Tchitova et Mouazi qui se fondent ensemble, Voundouzi, Ourema ou Makaia, ou Iniabouco, ou Moudinguidingui.

Après avoir reçu la Mokambézi, le Poungoué se sépare

---

(1) *Rizophora*.

en deux branches qui se rejoignent à quarante-huit kilomètres plus loin, laissant au milieu d'elles une île, appelée Manangora, qui ne m'a pas semblé habitée.

Les principaux villages dans le voisinage ou sur les bords du Poungoué sont, au sud de Bomora, Mkaka, Sarmento, Ougando, Niamboio, Mapanda, Tchinago, Neves Ferreira, Tchoumpounga, Inhamboi.

Avant de quitter le pays de Gaza, je récapitulerai en quelques mots ce que je sais de son histoire, de ses limites géographiques et des itinéraires des voyageurs qui l'ont traversé.

Ce pays est limité, au nord, par la rive droite du Poungoué; au sud, par la rive gauche de la rivière Mapouta; à l'est, par l'océan Indien ou canal de Mozambique; au sud-ouest, par la chaîne des Libombos; à l'ouest, par le pays des Makalakas (1) et le cours supérieur de la Sabi. Sa situation géographique peut être à peu près définie de la façon suivante : entre le 19° et le 27° de latitude sud et entre le 30° et 33° 30′ de longitude est de Paris.

L'hydrographie du pays de Gaza est assez abondante et bien distribuée en raison de la pente générale que suit le pays de l'ouest à l'est, l'altitude moyenne des vallées sur la limite occidentale atteignant une moyenne de quatre cent vingt mètres, tandis que la côte ou limite orientale est basse et au niveau de la mer, à quelques exceptions près : on ne la voit du large que lorsqu'on est sur le point d'arriver. Les grands cours d'eau qui baignent le pays de Gaza sont : le Poungoué, la Sabi et le Limpopo ; les autres, moins importants, sont : la Buzi, la Mapouta, le Tembé, le

---

(1) Je mentionne pour mémoire que certains voyageurs, entre autres M. Buch, prétendent que ce nom n'a pas de raison d'être, et que c'est à tort que l'on appelle ainsi cette branche des Zoulous. Je ne peux discuter ce point, n'ayant pas visité lesdits Makalakas.

Ouro, Inhampalella, la rivière d'Inhambane, la Gounoungoza, Ou Louiz, Zavora, et une foule d'autres pour lesquels je n'ai pu obtenir de noms. Je n'ai cité, bien entendu, que les cours d'eau qui se rendent directement à la mer, et non leurs affluents. Il faut ajouter que bon nombre de ruisseaux ou petites rivières sont à sec pendant huit ou dix mois de l'année, leurs eaux ne provenant que du débordement des grands cours d'eau ou de l'abondance des pluies tombées.

Les montagnes principales sont : au nord, celles du Manica et du pays du Barué, les monts Ouréré, la chaîne du Chama-Chama ou Zinhombo; au sud, les monts Libombos. Sauf dans le voisinage de ces élévations, le terrain est généralement plat; sablonneux près des côtes et sur le bord des rivières, il est dur et pierreux dans les autres endroits; vers les limites ouest, on peut remarquer que le terrain, quoique relativement plat, présente de nombreuses ondulations qui sont de peu d'importance comme élévation, mais assez étendues.

La végétation est partout très fournie; les grands végétaux sont rares, sauf auprès des cours d'eau ou dans leur voisinage immédiat. L'arbre qui compose les deux tiers des forêts basses est le bauhinia, que Livingstone appelle *mopané*. Il signale dans le Béchuanaland des parasites comestibles que je n'y ai pas remarqués. Je ne puis, d'ailleurs, rien dire de la flore ni de la faune, étant passé par là en hiver, au moment où tout jaunit, où les feuilles tombent et où les oiseaux se taisent. Je reviendrai sur ce chapitre plus loin, à propos du Zambèze, où faune et flore doivent être sensiblement ce qu'ils sont dans les pays environnants.

L'histoire politique du pays de Gaza est assez obscure dans les débuts, comme, en général, celle de tous ces pays non encore civilisés. J'ai déjà parlé du Monomotapa, qui composait aux temps anciens une partie du territoire.

A peu près vers la fin du siècle dernier, le reste était sans doute habité par des tribus de la race bantou ou branche de l'ancienne Cafrerie. Le démembrement du territoire qui s'étend du pays de Gaza au Cap avait déjà eu lieu. J'ai parlé d'un homme puissant qui peut être regardé comme le chef du pays à cette époque. C'est Tchaka, le grand conquérant cafre-zoulou. Tchaka et ses tribus occupaient l'ancienne Cafrerie proprement dite. Un autre chef, Mosilikatsé, à la suite d'une défaite subie de la part de Tchaka, remonta vers le nord-ouest et s'établit dans le pays qui s'appelle aujourd'hui le Matabélé. Un autre encore, Sochangaré, s'en alla vers le nord et s'établit dans la partie connue sous le nom de pays de Gaza. Il est à supposer que, avant l'arrivée des Cafres-Zoulous, qui étaient en grand nombre, le territoire était habité par des aborigènes qui ont, aujourd'hui, complètement disparu, probablement fondus dans la race de leurs conquérants.

Quand Sochangaré laissa le royaume de Gaza à son fils Oumzila (dont le nom sert quelquefois aujourd'hui à désigner le pays), il était tout-puissant ; il avait obtenu de la plupart des habitants une soumission de bonne volonté, et son pouvoir s'étendait alors aux limites que j'ai données plus haut. A la mort de Oumzila, son fils Oumdoungazoué lui succéda ; c'est lui qui s'appelle également Goungouniana. C'est surtout sous ce dernier nom qu'il est connu chez les Zoulous. Voilà à peu près tout ce que j'ai pu savoir sur le passé indigène.

Quant à l'histoire de la conquête et de l'occupation portugaise du pays de Gaza et de toute la province de Mozambique, on peut la retracer comme suit :

Chacune des villes du littoral a été découverte et annexée séparément aux possessions portugaises. Les trois villes principales modernes du pays de Gaza sont : Sofalla,

Inhambane et Lourenzo-Marquez, qui donnent leur nom à trois grands districts actuels.

Sofalla fut découverte vers 1502 ; en 1505, Gonçalo Vaz de Goez fut envoyé de Mombaça avec une expédition et prit possession de la ville. Son successeur, Péro de Nhaya, fut le premier gouverneur de la nouvelle colonie et commença la construction d'une grande forteresse, San Gaetano, dont il ne reste plus aujourd'hui que des vestiges. Ruinée aussi est la ville, importante, au dire des historiens, que les Portugais édifièrent à cette époque et qui consistait principalement en vastes constructions aux murs épais, offrant l'air et la fraîcheur nécessaires dans ces climats. Aujourd'hui, on ne voit à Sofalla, au lieu de l'ancienne cité, que quelques maisons en bois couvertes de paille et à peine une ou deux bâtisses en pierre ou brique. L'emplacement de ces constructions n'est d'ailleurs pas exactement celui qu'occupait la vieille ville. La cité nouvelle date de 1764. Dans la forteresse ou du moins dans la nouvelle construction qui lui a succédé, il y a une petite chapelle où on peut voir une pierre tumulaire portant en caractères romains le nom de Simao de Miranda e Azevedo, commandant de la forteresse, mort en 1555.

Le district de Sofalla comprend plusieurs îles : Chiloane, qui est la résidence du gouverneur et de l'administration du district, Santa Carolina ou la petite Bazarouto, la grande Bazarouto, Benguéroua, Tchijiné ou Magarouké e Bango. Les baies principales sont celles de Massanzané, Mromone et Bazarouto.

Les principaux promontoires sont au nombre de trois : les caps Machanka, Bazarouto et Saint-Sébastien.

Les chefs indigènes, pour la plupart encore tributaires de Goungouniana, sont : Matondo, Mocambe, Marrombissané, Tchibano, Chicacha, Eskangara, Bamba, Inhagonde, Macounia, Machémé, Palou, Chicovo, Macambinia.

Les principales productions du pays en dehors des richesses minières sont le riz, le tabac, le blé et quelques autres céréales.

Le commerce du district est presque mort. Aujourd'hui, le chiffre des recettes de la douane n'excède pas une moyenne de 8 ou 9,000 francs, tandis que le chiffre des dépenses du gouvernement en dépasse 50,000.

Les Portugais découvrirent, en 1498, la ville d'Otongoué, capitale du petit royaume d'Inhambane; mais ils ne s'y établirent que cinquante ans plus tard. Le roi d'Inhambane se convertit à la religion catholique et fut baptisé en 1560 par le Père Gonçalo da Silveira dont j'ai parlé à propos de Zimbaoé. La ville (qui s'appelle maintenant Inhambane) reçut ses registres par décret royal du 9 mai 1761, et la population blanche augmenta jusqu'à atteindre sept cents âmes. En 1834, à la suite d'une guerre sanglante entre Portugais et Cafres, un tiers des habitants fut massacré. Aujourd'hui, il y reste fort peu d'Européens, une ou deux factoreries et quelques traitants, une batterie d'artillerie et une église.

La ville est située sur la rive droite de la rivière d'Inhambane; un wharf ou appontement se prolonge sur la baie pour faciliter les débarquements de navires. Cette rivière fut nommée Rio do Cobre ou do Reis par Vasco de Gama, qui la découvrit le 10 janvier 1498 et qui donna au pays environnant le nom de *Terra da Boa Gente* (Terre des Bonnes Gens). La baie d'Inhambane est navigable pour les navires ne calant pas plus de quatre mètres; elle est terminée au sud par le petit cap de Burra Verdadeira, sur lequel est un phare à feu blanc.

Il existe dans le district d'Inhambane plusieurs lacs ou lagunes qui sont : Inhametanga, Nitenvou, Pocléla, Nianvou. Près de la ville, comme en général de toutes celles de la province de Mozambique, il y a des marécages qui rendent le climat meurtrier pour les Européens.

Les promontoires, peu importants, sont la pointe de Burra Verdadeira, au sud de la baie, celle de Lagingalinga au nord et Burra Falsa.

Les chefs indigènes tributaires du Portugal sont : Zavaba, Mokoumbi, Igouana, Mokoumba, Guilloundou, Fervéla, Mokoumbana, Iniamoulala.

Quoique un peu plus considérable que celui du district de Sofalla, le commerce est encore bien faible. Il consiste uniquement en produits agricoles de même nature que dans le département voisin, plus le coprah, ou résidu de la noix de coco, le sésame et l'orchille (espèce d'algue marine). Les recettes des douanes donnent actuellement près de 200,000 francs, qui sont mangés en grande partie, sinon en totalité, par les frais d'administration civile et militaire.

Lourenzo-Marquez porte le nom du navigateur portugais qui le découvrit en 1544 et sur la demande duquel don Juan III ordonna au vice-roi des Indes de mettre un navire de petit tonnage à sa disposition afin de servir à l'exploration des rivières et fleuves de peu de profondeur.

On appelle Lagoa, Formosa ou Boa Morte, la baie de Lourenzo-Marquez ; les Anglais la désignent sous le nom de Delagoa-Bay. On trouve dans les *Mémoires* de Xavier Botello un passage où il dit que Lourenzo-Marquez était non un navigateur, mais un traitant portugais. Il y a des doutes même dans les ouvrages complets sur l'origine de ce nom ; en tout cas, c'est celui qui fut donné à la baie appelée Boa Morte par les anciens navigateurs. Le golfe de Lourenzo-Marquez est, parmi ceux de la province de Mozambique, un des plus grands et des plus confortables pour les navires ; il contient l'embouchure de six ou sept cours d'eau.

Le 24 janvier 1875, le maréchal Mac Mahon, président de la République française, fut appelé à juger comme arbitre les contestations de l'Angleterre et du Portugal, en ce qui concernait les territoires du sud de la baie et la délimitation sud actuelle de la province de Mozambique. Aux termes d'un traité passé en 1869, le territoire nord-est du Transvaal, où était autrefois le chef Moussouaté, fut cédé aux Boers par le Portugal. Ce dernier eut à le regretter, car, à peine six ans plus tard, les Boers découvraient dans leur nouvelle acquisition les mines d'or de Mac Mac, de Pilgrin's rect, de Spites Kop, de Kaap et du Moodies Reef, qui prospèrent aujourd'hui et donnent des résultats surprenants. Mieux vaudrait dire plutôt qu'on les a redécouvertes, car plusieurs d'entre elles n'ont rien de nouveau : elles avaient été déjà exploitées anciennement par les Portugais ; on a trouvé dans les mines des galeries indiquant ces travaux ; mais elles avaient été abandonnées et elles étaient tombées dans l'oubli.

Les principales îles du district de Lourenzo-Marquez sont celle des Éléphants, la petite et la grande Chefina, Benguelena et Iniaca. Il y a un cap, celui d'Inhaca.

La ville de Lourenzo-Marquez est peut-être, de toutes les localités de la province, celle dont le commerce est le plus considérable ; aussi la ville s'en est-elle ressentie et a-t-elle augmenté considérablement depuis quelques années. Sa population dépasse aujourd'hui quarante mille âmes, dont près de deux mille Européens. Des fortifications font le tour de la ville et sont garnies par cinq batteries d'artillerie. Un bataillon de chasseurs à pied tient garnison dans un fort construit de 1780 à 1787 par ordre du roi don José. Il y a une église, un hôpital, une poudrière, des écoles, sept ou huit factoreries de diverses nationalités, un jardin public, des édifices pour la chambre municipale, le télégraphe, etc.

Les produits indigènes sont le manioc, le sorgho, le riz, le tabac, les arachides, le maïs, le millet, les jujubes et divers autres fruits. L'importance des transactions réside surtout dans l'importation et la vente des produits européens, les industries locales manquant totalement. De plus, le Transvaal a pour débouchés Natal et Lourenzo-Marquez, et les Boers viennent s'y approvisionner chaque année, apportant sur le marché une agitation considérable.

La moyenne des droits de douane, qui a toujours été en augmentant depuis quelques années, donne actuellement à peu près les résultats suivants : importation, près de 2,533,000 francs ; exportation, 675,000 francs. Le district de Lourenzo-Marquez est le seul qui rapporte quelque chose à la province de Mozambique.

Tels sont les trois districts qui composent actuellement le territoire qui porte le nom de pays de Gaza. Afin d'en compléter la description succincte, il me reste à dire quelques mots du Manica, qui le borne au nord et le relie au Zambèze. J'ai déjà parlé brièvement des derniers différends qui eurent lieu entre Anglais et Portugais au sujet du sud-ouest du Manica. La frontière entre les deux pays a été reculée vers l'est, mais il reste encore au Portugal la plus grande partie de ce riche pays, qui, s'il sait en tirer parti, lui fera vite oublier la perte de Massékessé.

Le Manica s'étend entre le Zambèze au nord et le Poungoué au sud, entre l'Océan à l'est et le Mashonaland à l'ouest. Il comprend une population très nombreuse et possède de grandes ressources, non seulement au point de vue minier, mais encore grâce à la richesse de son sol.

Le pays de Manica forme le district du même nom depuis un décret du 14 juin 1884; il est administré par un gouverneur et possède une garnison. La ville de Séna et ses environs formaient autrefois un district à part qui fut ensuite fondu dans celui du Manica (11 février 1886), et c'est ainsi que ce dernier atteint le Zambèze.

Les principales rivières qui l'arrosent sont la Louia, la Mazoé, l'Aroénia, la Revoué (affluent de la Buzi), le Poungoué, le Macouroumadzi, la Moupa, le Sangadzi, l'Inhansonia, la Lumbé et le Moussapa. J'aurai occasion de citer et de décrire succinctement ces rivières en parlant du Zambèze, où elles se jettent à peu près toutes.

Les élévations principales sont les monts Ouréré (1,100 et 780 mètres), de Manica (190 et 750), Chamanimani (1,400), Gorongoza (410).

Quelques souvenirs du passé marquent l'emplacement de l'ancienne ville de Manica, qui a aujourd'hui disparu; on y voit les ruines de plusieurs anciennes forteresses portugaises, des vestiges de vieilles constructions européennes. Autrefois, paraît-il, une foire très importante se tenait une fois par an à Manica, où accouraient de très loin tous les traitants de la côte; on y échangeait des quantités considérables d'ivoire et de poudre d'or contre les produits de la civilisation de l'époque. L'endroit où se tenait ce marché portait le nom de Chuame de Massékessé : il avait près de quatre kilomètres de circonférence.

La capitale du district est actuellement à Gouveia, au pied des monts Gorongoza, dans une position plus centrale.

Le colonel Païva d'Andrada est l'homme qui, dans son pays, a fait le plus pour le Manica ; il a tenté à plusieurs reprises d'y créer des débouchés et d'en mettre en exploitation les richesses minières, mais ses entreprises, dignes d'un meilleur sort, n'ont jamais été couronnées d'un plein succès.

Avant de quitter le pays de Gaza pour conduire le lecteur plus au nord, en suivant le cours de mon long itinéraire, il me reste à parler des voyageurs portugais, les seuls qui aient étudié ce pays et rapporté sur sa géographie quelques données exactes.

Le colonel Païva d'Andrada, à diverses reprises, a sillonné tout le pays de Manica jusqu'à Goungouniana. Cardozo, en 1883, partit de Sofalla se rendant à Goungouniana; puis, revenant vers la côte et passant la Sabi, il longea le littoral jusqu'à Inhambane. Montanha et Teixeza, partis d'Inhambane vers l'ouest et longeant le Limpopo, sont entrés dans le Zoutpansberg, qui appartient aujourd'hui au Transvaal.

Je rappellerai, pour compléter cette étude sommaire, que mon itinéraire à travers le pays de Gaza a coupé le territoire entier dans sa plus grande longueur, suivant une direction sud-sud-ouest nord-nord-est, à partir de la rivière des Éléphants, dans le district de Lourenzo-Marquez, jusqu'au Poungoué, sur les confins du Manica, et que j'ai pu reconnaître sur mon chemin la presque totalité des cours d'eau que la pente naturelle du terrain de l'ouest à l'est faisait passer en travers de ma route. J'ai noté avec soin la plupart des chaînes de montagnes, et, par des observations astronomiques régulières, j'ai déterminé les principaux points de repère qui ont servi à la rédaction de la carte jointe à mon travail.

Je reprends maintenant mon récit pour en finir avec la première partie de mon voyage.

Le 25 juin 1891 au matin, j'arrivais à Port-Beira à travers les monts Ourérés, en longeant le Poungoué. Un petit vapeur anglais était sur rade, se mettant en route à midi pour le Tchindi et Quilimane. Je m'embarquai immédiatement avec tous mes colis et mes hommes, à l'exception de Smith, qui était de nouveau si accablé par la fièvre que je résolus de le renvoyer en Angleterre. Quilimane étant une des villes les plus malsaines de la côte, son état, loin de s'y améliorer, n'aurait pu que s'y aggraver. Il fut décidé qu'il s'embarquerait sur un vapeur qu'on attendait le lendemain pour le Sud, et qu'il se rendrait à Natal et de là au

Cap, avec une lettre de recommandation que j'obtins pour lui de l'agent de la Compagnie, afin qu'on le soignât et qu'on le traitât comme le méritait son état de faiblesse (1).

Nous quittâmes Port-Beira le même jour, faisant route pour les bouches du Zambèze. A cette époque, Port-Beira consistait en une langue de sable avec deux ou trois baraques et autant de tentes, sur le bord d'un petit golfe entouré de marécages couverts de palétuviers. Une ville véritable s'y est, paraît-il, élevée depuis.

Nous débarquâmes à Quilimane quarante heures après, le 27 juin 1891, après avoir, la nuit précédente, passé le Tchindi (2).

(1) J'ai appris un an plus tard que notre malheureux compagnon était mort en arrivant à Lourenzo-Marquez.
(2) Une des bouches du Zambèze. (Voir plus loin, page 238.)

CHAPITRE VIII

Quilimane. — Notre hôtel. — Les environs. — Le Rio dos bons Signaes. — Aspect de la ville. — La découverte du Tchindi. — Rendement des douanes. — Départ de Macaron.

Nous étions entrés dans la baie de Quilimane par une de ces belles journées, comme on en voit seulement sous les latitudes des tropiques. Un soleil torride éclairait encore obliquement les constructions blanchies à la chaux et donnait à la ville un air gai et heureux. Une grosse agitation animait les quais, et, de notre vapeur, resté à cent cinquante mètres au large, nous voyions une foule au travail devant les factoreries et la douane.

A deux heures de l'après-midi, nous étions installés dans un local portant le titre pompeux d'*Hôtel colonial*, mais qui, hélas! ne méritait même pas le nom d'auberge. Néanmoins, tout sales et tout désordonnés que fussent l'installation et le service, je ne cache pas le plaisir que j'eus à me retrouver sous un toit et à coucher dans un lit entre quatre murs, après deux mois de plein air et de sommeil en gendarme, comme on dit vulgairement pour indiquer qu'on ne repose qu'à moitié, et qu'on se tient toujours sur le qui-vive, prêt contre le danger ou l'inconnu.

Il ne faut pas croire pourtant que les lits de l'hôtel fussent moelleux ou confortables : une planche couverte d'un matelas de paille épais d'un doigt, des draps d'une couleur douteuse et une moustiquaire où, selon l'expression du régiment, un grand jour se prépare, parce qu'il y a force petits trous. Au bout de deux ou trois jours, je commençais à regretter ma natte entre le ciel et la terre, car dans mon lit ce ciel était peuplé de myriades de moustiques au dard pénétrant, et la terre d'un non moins grand nombre de punaises bien plus féroces et entreprenantes que les lions du pays de Gaza.

La nourriture me sembla délicieuse pendant les premiers jours à cause du contraste, mais je m'aperçus qu'il en était de la table comme du lit.

Il est étrange de constater l'attrait que la vie libre d'Afrique exerce sur l'Européen; quand il en a essayé et... qu'il n'en est pas mort, il conserve une véritable passion pour elle, et, de retour chez lui et au milieu des siens, il ne peut s'empêcher de la regretter, en dépit des avantages qu'offre l'Europe sous tous les rapports. J'ai éprouvé cette sensation chaque fois qu'après un de mes voyages je suis revenu dans ma famille, ou même seulement là où commence la civilisation. Je ne pouvais me défendre de penser sans cesse à mes grandes plaines giboyeuses, aux forêts sans fin, au beau soleil éblouissant, à la liberté de respirer et de vivre à ma guise, de me déplacer au gré de ma fantaisie. Je ne suis pourtant pas poète du tout : au contraire, je m'empresse de l'avouer. Après tout, la passion de la chasse est peut-être pour beaucoup dans mes sentiments. Quoi qu'il en soit, mon compagnon et moi étions du même avis, et, trois jours après notre arrivée à Quilimane, nous ne pensions qu'à une chose : nous en aller au plus vite.

Après le règlement des formalités nécessaires avec la douane, il ne nous restait rien à faire. Nous avions visité la ville en détail; j'avais présenté au gouverneur mes lettres de recommandation de Lisbonne, lesquelles me valurent l'accueil le plus aimable et un laissez-passer général s'adressant aux gouverneurs de district et aux postes de douane du Zambèze. Mais l'expédition ne pouvait être prête à remonter le fleuve avant une quinzaine, bien qu'on m'eût envoyé à Quilimane une grande embarcation en tôle d'acier dont le montage et la peinture à neuf étaient terminés.

Le gouverneur de Quilimane m'avait avisé que les territoires au nord du Zambèze étaient peuplés de rebelles, qui avaient massacré, trois ans auparavant, une expédition portugaise de cent cinquante hommes; aussi se refusait-il à prendre la responsabilité des suites de mon voyage si je traversais ces territoires, quoiqu'ils fussent politiquement sous l'influence portugaise.

Voulant avoir avec moi quelques hommes armés qui fussent en même temps des auxiliaires, je télégraphiai à Zanzibar, le jour même de mon entrevue avec le gouverneur, à une personne qui devait me fournir, le cas échéant, un certain nombre d'Arabes. Le cas avait été prévu à Londres, et on devait tenir trente hommes prêts si je les jugeais nécessaires. Le télégraphe n'allant que jusqu'à Mozambique, j'avais été obligé d'envoyer la dépêche par vapeur à la capitale de la province.

Comme Quilimane est on ne peut plus malsain, je décidai d'aller planter ma tente sur le bord du Zambèze et d'y attendre l'arrivée des Arabes. Il y a des vapeurs deux ou trois fois par semaine le long de la côte; ils ne pouvaient tarder beaucoup, et mon correspondant de Quilimane, après leur avoir remis des carabines Martini, venues de Natal, devait les envoyer immédiatement au Chindi, afin qu'ils prissent passage sur un des petits vapeurs de la Compagnie de « African Lakes » pour me rejoindre au plus vite.

Quant à nous, à cause de nos nombreux colis et des

pirogues qu'ils nécessitaient, notre passage par la rivière Quaqua devait durer au moins dix à douze jours, ce qui donnerait aux Arabes une bonne avance.

J'achetai une seconde embarcation en bois, presque neuve, pouvant porter une tonne et demie.

Après avoir engagé une équipe de quatorze pagayeurs et deux chefs canotiers pour chacune de nos embarcations jusqu'à Tête, je partis de Quilimane le 3 au soir afin de profiter de la marée montante.

Avant de quitter cette ville, j'ajouterai quelques mots sur sa situation et son histoire.

Le 25 janvier 1498, Vasco de Gama découvrait l'embouchure de la rivière de Quilimane et la localité du même nom, qui était alors un petit village d'indigènes situé sur la rive gauche. Il appela la rivière Rio dos Bons Signaes.

A l'exception d'une factorerie portugaise datant de 1544, la ville resta à peu près inconnue jusqu'en 1763, date où elle prit le nom de S. Martinho de Quelimane. Le commerce s'y développa rapidement, parce qu'elle était, à cette époque, et elle est d'ailleurs restée jusqu'à nos jours, le seul débouché naturel du Zambèze. Les Portugais s'y établirent en grand nombre, et une ville importante se forma en peu de temps à la place du village. Aujourd'hui, sa prospérité va en déclinant, et ce port a beaucoup perdu depuis cinquante ans.

Les maisons sont bâties en briques, n'ayant, pour la plupart, qu'un rez-de-chaussée surélevé d'un mètre en moyenne au-dessus du sol, des murs épais, des appartements vastes et frais, un carrelage en briques. Elles sont couvertes en tuiles ou en ardoises; les plus modernes, en zinc. Sur le devant des maisons ancien style, s'élève un petit pavillon qui sert de perron en même temps que de véranda et par lequel on accède dans l'habitation par deux ou trois marches. C'est sous ce petit pavillon que les Portugais ont l'habitude de se réunir après le coucher du soleil, pour profiter de la fraîcheur du soir. La plupart des habitations ont autour d'elles, ou tout au moins sur le devant, des jardinets assez propres où, à défaut de fleurs, on fait pousser des légumes, ce qui est beaucoup plus pratique. Dans certains endroits, le propriétaire, plus soigneux, y rassemble des géraniums, des reines-marguerites, des grenadiers, des papayers, quelques rosiers qui ornent fort bien et sont d'un aspect plaisant vers la rue.

Cette dernière est, la plupart du temps, composée de deux trottoirs qui longent, sans séparation aucune, les jardins bordant la façade des maisons. Personne n'empiète sur les plates-bandes. Le milieu de la chaussée reste sablonneux, et l'absence complète de véhicules et de chevaux ne rend pas nécessaires d'autres travaux de voirie.

Le moyen de locomotion favori est la *machilla,* dont on rencontre un grand nombre dans les rues. La « machilla » est composée d'une plate-forme suspendue par quatre chaînes à une perche que quatre hommes portent sur leurs épaules. La longueur des chaînes est telle que la plate-forme est à peine à trente centimètres du sol et qu'on avale ainsi à profusion la poussière soulevée par les pieds des porteurs. On s'assied à même sur cette planche, généralement à claire-voie; elle est, dans ce cas, pourvue d'un dossier, et les jambes sont étendues. Dans un autre modèle est fixé un petit fauteuil sur lequel on s'assied. Le tout est protégé contre les ardeurs du soleil par une tente à parements dentelés qui varie de couleur au goût du propriétaire. Le comble de l'élégance est d'avoir le bambou-perche couvert d'une peau de zèbre, les quatre hommes ayant un costume semblable.

Ce véhicule est usité, avec peu de modifications, dans la province d'Angola, sur la côte occidentale.

Les caractères particuliers de Quilimane sont une grosse chaleur, des soirées très agréables et un climat des plus malsains. La ville est entourée de marécages tour à tour inondés et desséchés, dont les émanations sont fort dangereuses. Les indigènes en profitent pour cultiver du riz en grande quantité. Des plantations de cocotiers forment un fond agréable à l'œil, comme l'est, d'ailleurs, tout l'ensemble de la ville, dont les rues sont plantées d'arbres, quelques-uns très grands et très vieux.

Les principales constructions sont l'habitation du gouverneur, qui occupe l'extrémité de la rue principale, l'église, grande et fort simple, les cantonnements destinés aux troupes, qui se trouvent à quelques centaines de mètres des dernières maisons, l'hôpital militaire, la douane et les postes, le télégraphe, plusieurs factoreries, dont trois françaises, trois allemandes, une hollandaise et une anglaise.

J'ai déjà parlé de l'hôtel (1). Quant aux habitants, ils sont tous très affables et obligeants, comme d'ailleurs tous les Portugais que j'ai rencontrés dans le pays, ouvrant leur maison et leur table à ceux mêmes qui les maltraitent par leurs paroles et leurs écrits, ce que beaucoup de gens n'auraient pas la charité de faire.

Le port naturel, formé par l'embouchure de la rivière, est navigable pour les grands vapeurs, mais ils ne peuvent se mettre à quai. Aussi plusieurs appontements ou wharfs, la plupart en pierre, s'avancent-ils à une cinquantaine de mètres pour faciliter les débarquements. Il y a toujours dans le port un grand nombre de boutres à l'aspect bizarre avec leur arrière élevé et leur proue basse. Ils viennent directement des Indes, du golfe Persique et de Zanzibar

---

(1) Depuis mon passage, il s'est créé un hôtel très convenable, l'*Hôtel français,* qui appartient à un de nos compatriotes.

avec des capitaines et des équipages arabes. D'autres font des voyages entre Madagascar, Maurice et la côte de Mozambique.

La baie de Quilimane a environ six ou sept cents mètres de largeur. (A ce propos, j'ai remarqué que, dans la région, les distances sont assez difficiles à apprécier, toutes les terres étant au niveau de l'eau, quand elles ne sont pas plus basses. Il n'y a aucune élévation, aucune éminence nulle part.)

Le golfe est terminé au nord-est par une pointe de terre, le cap Tangalane, où existent un petit phare à feu blanc visible à environ dix milles et une station télégraphique qui transmet à Quilimane les nouvelles du large.

La barre de Quilimane est peu dangereuse, mais elle ne doit être passée qu'aux heures de haute marée.

A environ un mille et demi à l'ouest de la ville commence le Rio dos Bons Signaes proprement dit; sa largeur est alors considérable : de trois à quatre cents mètres. Il ne prend le nom de Kouakoua que trente kilomètres plus loin, à Magroumba. Les abords de la rivière, une grande partie du golfe et les marécages des environs sont couverts de palétuviers. Cet arbre se trouve toujours dans les endroits très malsains, et sa présence indique à l'Européen qu'il faut éviter de résider dans le voisinage. Il existe bien à Quilimane une chambre municipale qui a fait entreprendre peu à peu quelques travaux d'assainissement; mais ils ne forment pas la centième partie du nécessaire.

En somme, Quilimane est une ville très pittoresque et très agréable à l'œil; il faut la visiter, s'y promener deux ou trois jours et... s'en aller au plus vite.

Il y a trois ou quatre ans, un Anglais, M. D. J. Rankin, alors consul à Mozambique et membre de la Société de géographie d'Édimbourg, faisait des sondages pour se rendre compte de la profondeur des bouches du Zambèze, lorsqu'il découvrit le canal du Tchindi, alors inconnu, et prouva que ce cours d'eau était navigable en toute saison et jusqu'à une certaine distance pour les navires de gros tonnage. Cette découverte était des plus importantes : elle ouvrait une porte sur le grand fleuve auquel on n'avait alors eu accès qu'au moyen du Kouakoua ou par la bouche d'Inhamissengo, avec tous les inconvénients résultant du manque de fond dans les saisons où les pluies étaient peu abondantes.

Établir que le Tchindi est navigable toute l'année et qu'il donne accès de la mer au Zambèze, c'était porter un coup fatal à Quilimane et au Kouakoua. Aujourd'hui, une véritable ville s'élève rapidement sur le Tchindi ; tous les vapeurs y font escale, de gros débarquements y ont lieu, et le négoce y deviendra bientôt considérable, tandis que Quilimane se meurt lentement : ses affaires, déjà fortement atténuées, souffrent de plus en plus de la concurrence, et le moment est proche où elle disparaîtra, laissant à sa nouvelle rivale le commerce du Zambèze, qui augmente de jour en jour.

Le district de Quilimane est par lui-même un des plus riches de la province de Mozambique ; c'est celui où il existe le plus grand nombre de vrais agriculteurs, et on y voit bien des *prazos* en grande prospérité. (On appelle ainsi les concessions faites à des particuliers.) La richesse et les avantages de l'agriculture sont particulièrement favorisés par l'hydrographie locale. La plupart des endroits y sont irrigués naturellement presque toute l'année, ce qui, sous ces latitudes, est suffisant pour faire croître et prospérer n'importe quel spécimen du règne végétal.

Le cocotier, la canne à sucre, le riz, le coton, les graines oléagineuses, sésame, arachide, etc., le café (1), le tabac,

---

(1) *Coffea liberica.*

l'annil ou indigotier, s'y développent fort bien. Enfin une Compagnie, établie à Mopéa, s'occupe exclusivement et avec succès du pavot à opium.

La moyenne des importations de ces dernières années a été d'environ 1,420,000 francs; celle des exportations, de plus de 1,700,000 francs. Les recettes se sont élevées à 549,000 francs seulement, tandis que les dépenses atteignaient 563,000 francs. L'explication de ce déficit est à chercher, à mon avis, dans le peu d'exigence du gouvernement envers les concessionnaires de prazos, qui réalisent des bénéfices considérables en payant un prix excessivement modique : il ne provient pas de ce que le rendement du district soit insuffisant.

La population blanche de la ville peut s'estimer à deux ou trois cents blancs et à cinq ou six mille indigènes dont les habitations se trouvent à l'ouest du quartier européen.

Avant de quitter Quilimane, j'embarquai le fidèle Macaron ainsi que ses camarades sur un des paquebots à destination de Natal. Je leur avais déjà proposé de rester à Port-Beira pour prendre passage avec Smith, mais Macaron m'avait répondu que, étant venu aussi loin pour voir le Zambèze, il tenait à aller jusqu'à Quilimane.

Arrivé dans cette dernière ville, je lui montrai la rade en lui disant que c'était le fameux fleuve. Il eut alors une moue dédaigneuse et me répondit que la rivière Orange et le Crocodile étaient aussi larges que cela, et que ce n'était pas la peine de faire deux mois de voyage pour voir cette eau sale.

Il aurait voulu rester à mon service comme « cocher de nègres », disait-il, puisqu'il n'y avait plus de bœufs; mais, ayant appris que nous avions à peu près deux ans de marches à faire encore, il préféra s'en retourner chez lui, où madame Macaron l'attendait avec impatience avec deux petits Macaron en bas âge.

Je lui fis cadeau de quelques pagnes pour son épouse, et il partit content et heureux, agitant au-dessus du bastingage son long fouet qu'il avait voulu garder comme souvenir de nos courses aventureuses.

CHAPITRE IX

Le Kouakoua et les agréments du voyage. — Mopéa; les plantations de tabac, de sucre et d'opium. — Les Banians. — Vicenti. — Première vue du Zambèze. — Quelques mots sur son histoire. — Le Tchindi. — Début de notre voyage sur le Zambèze. — Les premiers massifs montagneux. — Sena. — Les gorges de Lupata et le Rocher du Padre. — Bonga, ses luttes et sa défaite. — Tête : quelques mots sur son passé et son histoire. — Boroma et la mission. — Les anciens Jésuites et leurs travaux. — Kébrabassa et ses cataractes. — Concert de lions. — Mort de Jones. — Fin du voyage sur le Zambèze.

J'ai beaucoup voyagé sur les lagunes, marécages et autres endroits humides et malsains qui abondent en Guinée et sur la côte orientale d'Afrique, mais je n'ai jamais fait un trajet aussi désagréable, aussi pénible que celui du Kouakoua.

Tout d'abord, pendant les trois ou quatre premiers jours, on ne put débarquer, et tout le monde fut prisonnier dans les embarcations, la rivière étant bordée de chaque côté de deux cents mètres d'une boue grasse et collante où un homme disparaît en entier et où une embarcation ne passe pas. Donc, impossible de songer à faire la cuisine, et il fallut manger des repas froids. Les indigènes, ayant prévu le cas, avaient pris, dans de gros pots, du riz bouilli d'avance qu'ils avalaient par poignées.

La marée se fait sentir depuis la mer jusqu'au Kouakoua, c'est-à-dire tout le long du Rio dos Bons Signaes, sur un parcours de près de cent kilomètres. Le courant s'arrête alors et remonte en sens contraire pendant environ cinq heures. Il est assez curieux de voir, sous la pression de l'Océan, la rivière s'en retourner d'où elle était venue.

Le courant normal moyen est d'environ trois nœuds près de Quilimane, là où la rivière est large; le contre-courant est à peu près le même. Les heures de haute marée sont, pendant la saison dont je parle, huit heures du soir et sept heures et demie du matin.

Les canotiers ont l'habitude de ne marcher qu'avec la marée jusqu'au Kouakoua; c'est un avantage, car pendant les cinq heures de voyage on avance plus qu'en luttant contre le courant toute la journée. Nous ne faisions donc du chemin que de huit heures du soir à une heure du matin et de sept heures et demie à midi et demi. Vers la fin du Rio dos Bons Signaes, ces heures sont retardées d'environ trente-cinq à quarante minutes, temps que met le flux à parcourir le fleuve.

L'arrivée du contre-courant se manifeste sous la forme d'une grosse vague écumante qui s'entend de très loin et qui court avec une grande rapidité. Les indigènes de la localité qui naviguent sur la rivière s'empressent de pagayer vers la rive afin de mettre leur pirogue en sûreté, le mascaret les faisant chavirer ou sombrer presque chaque fois qu'il les surprend. Quant à nous, en restant bien perpendiculairement à la vague, nous avions un instant l'illusion de nous balancer sur l'Océan. Ce petit divertissement avait lieu deux fois par vingt-quatre heures.

Les diverses localités où nous avons fait nos premières escales sont Nassounji, Chimbazo, Eutaré et enfin Lokoloko, sur le Kouakoua, où nous eûmes à rester assez longtemps.

Pour en finir avec le Rio dos Bons Signaes, je dirai que sa largeur est en moyenne de cent mètres, à la hauteur de

Nassounji, et qu'elle se réduit ensuite à trente ou quarante. Les rives, d'abord à peine visibles, composées d'une boue noirâtre couverte de palétuviers, où l'on ne voit que des caïmans, des crabes et des têtards, se changent ensuite en berges assez élevées d'un terreau rougeâtre, complètement couvertes, cela va sans dire, d'une végétation variée, déjà desséchée à cette époque de l'année.

Le façon dont nous faisons notre ménage dans le *boat* (les indigènes disent *boti*) mérite deux mots de description..

A l'endroit où sont habituellement les bancs de l'arrière, et au même niveau, nous avons installé un plancher mobile; le dessous est plein de colis. Sur notre plancher, nous avons étendu côte à côte nos deux lits : par ce mot de lit, entendez une natte de feuilles de palmier, deux couvertures et un petit sac de paille. Au delà de cet oreiller, un recoin est ménagé pour recevoir quelques menus objets, tels que tabac, pipes, pharmacie portative, boîtes d'instruments, livres, cartes. A notre côté, nous avons un autre espace où sont les boîtes à fusils, quelques cartouches, l'appareil photographique, les jumelles, etc.

Au-dessus de nous, et solidement fixée aux rebords de l'embarcation, est une toiture épaisse de paille assez élevée pour que, étant assis, nous ayons de l'air au-dessus de la tête; de chaque côté, une muraille de paille fait suite à la toiture. Le tout est fixé sur une carcasse en bambous.

Au milieu de l'embarcation sont les colis et à nos pieds les paniers à provisions de bouche, batterie de cuisine et de table, ainsi que les moulèques (domestiques) et le cuisinier, prêts à satisfaire notre soif ou notre faim. J'ai pris un nouveau Vatel à Quilimane : l'ancien ne savait pas faire bouillir de l'eau; quant à celui-ci, il serait capable de manquer la salade au naturel. Mais, je l'ai dit, j'étais résigné à tout.

L'équipage se compose de quatorze hommes : douze

canotiers, un *patrão* au gouvernail et un *cadamo* à l'avant, explorant le fond. Les hommes pagayent lorsqu'il y a beaucoup de fond et poussent à l'aide d'un long bambou lorsqu'il n'y a qu'un mètre ou un mètre cinquante.

La position assise pendant des heures entières pour des gens qui viennent de faire à pied onze cents kilomètres, c'est un changement par trop radical; aussi ne savons-nous plus de quel côté nous mettre. Le temps passe également avec une lenteur lamentable. On ne peut constamment admirer le paysage, qui ne change pas pendant les premiers jours. Chaque fois que nous voyons un animal quelconque, nous lui envoyons une balle ou du plomb, selon la taille; je me charge de la rive droite, et mon compagnon du côté opposé. Nous avons reçu des journaux à Quilimane; mais, à force de les relire, nous les connaissons par cœur depuis la date jusqu'au nom de l'imprimeur, et nous n'avons plus qu'une seule ressource : faire d'interminables parties d'échecs. Une seconde embarcation nous suit, montée par Jones. A Lokoloko, nous sommes, comme je l'ai déjà dit, obligés de nous arrêter un jour pour l'attendre : elle est en retard parce que le gouvernail a sauté le jour précédent au moment du reflux, et nous avons vu les canotiers virer péniblement pour se mettre à la poursuite de l'objet flottant, ce qui a dû les conduire assez loin.

Pour profiter de ce stoppage, je vais à la chasse, tandis que Smith fait arrimer de nouveau le chargement, qui n'est pas bien au milieu du bateau. Je croyais les marais finis, mais je m'aperçois que c'était une erreur profonde, car il me faut marcher dans la boue jusqu'à mi-jambes dans un rayon de plusieurs milles de la rivière. Cette vase contient une grande quantité de gaz qui s'échappent quand on la remue, et ces quelques heures d'inhalations saines et fortifiantes me procurent le soir un violent accès de fièvre. De gibier, point. Je me souviens d'un noir, sujet portugais, nommé Louiz, qui nous a comblés de prévenances : ce jour-là il voulait absolument nous faire accepter des œufs *frais* que la poule n'avait couvés que vingt jours. Pour mieux nous convaincre de leur état satisfaisant, il en avala deux crus devant nous ; il faut ajouter qu'il avait caressé la bouteille plus que de raison.

Après Lokoloko et Magroumbo, situés en face l'un de l'autre, commence avec le Kouakoua la partie la plus désagréable du voyage. Ici, la largeur moyenne n'excède pas dix ou douze mètres, et les berges sont escarpées de deux ou trois ; en quelques endroits, elles disparaissent totalement en des marécages qui se confondent avec la rivière, de sorte que l'on a à se frayer un passage au milieu des nénufars (1), des ajoncs (2), des palétuviers (3), des papyrus (4), le tout enchevêtré de lianes grimpantes et de plantes parasites d'un effet des plus pittoresques, mais offrant au voyageur de nombreux inconvénients : des myriades de moustiques nous dévorent en plein jour en collaboration avec d'énormes mouches (?) appelées vulgairement mouches à hippopotames et qui font saigner chaque fois qu'elles piquent ; les plantes et les branches que l'embarcation froisse dans son parcours secouent sur nous de nombreux insectes, les uns venimeux, les autres inoffensifs, des chenilles, des vers et des larves, tandis qu'autour de nous des libellules multicolores au vol rapide s'arrêtent tout à coup dans l'espace, immobiles et comme clouées sur place à regarder passer le bateau. Les crocodiles ne se voient plus maintenant, comme dans le Rio dos Bons Signaes ; mais nous tuons de nombreux

(1) *Nymphea lotus.*
(2) *Scirpus palustris.*
(3) J'ai également remarqué cette variété sur les lagunes de la côte de Guinée.
(4) *Cyperus papyrus.*

13.

iguanes, qui offrent un aliment sain et agréable. Ce lapin-lézard, comme nous l'appelons à cause de sa chair blanche, semblable à celle de l'habitant des garennes, me paraît appartenir à une variété nouvelle, car il ne présente pas les caractères qui s'observent habituellement chez les iguanidés, agames, basilics ou autres. Il n'a ni proéminence écailleuse sur l'épine dorsale, ni membrane pendant sous la mâchoire inférieure, ni gonflement de la gorge quand il est irrité ; c'est, par la forme, un énorme lézard atteignant environ un mètre de longueur et couvert de petites écailles rondes et polies semblables à une mosaïque de perles. Sa couleur est brun verdâtre sur la partie supérieure et plus claire, d'un blanc gris bleuâtre, sous le corps. Il se rencontre au bord des lagunes et des marécages, parmi ou sur les végétaux qui les bordent.

Le parra (1), dont j'ai déjà parlé ailleurs et qui forme également une variété nouvelle, se trouve en quantité sur le Kouakoua. Il semble marcher sur l'eau avec ses pattes disproportionnées, tandis qu'en réalité il piétine les feuilles de lotus qui nous cachent le fond.

Le bateau avance lentement au milieu de ce dédale : certains endroits sont, d'ailleurs, encombrés de plantes flottantes qui descendent ou s'arrêtent selon le cours et les sinuosités de la rivière, et celle-ci décrit de véritables zigzags avec des détours si brusques qu'une grande embarcation a beaucoup de peine à y évoluer.

Ces plantes flottantes, auxquelles j'ai entendu donner vulgairement le nom de *choux de lagune*, justifient leur nom : elles ont tout à fait l'apparence d'un chou vert frisé, mais leur diamètre n'est que de dix centimètres environ ; leurs racines, composées d'une touffe de filaments semblables à une mèche de chanvre, s'enfoncent dans l'eau à quinze

---

(1) *Parra.*

ou vingt centimètres. Leur nombre est parfois si grand et elles sont si serrées les unes contre les autres qu'elles interceptent la navigation et cachent l'eau sur des parcours étendus. C'est la « macre » des naturalistes (1).

A partir des deux villages dont j'ai parlé, le flux ne se fait plus sentir, et le courant suit son cours habituel ou s'arrête, selon les fluctuations de l'embouchure. On peut donc naviguer toute la journée, et cela devient indispensable, si nous voulons arriver, nos progrès étant très lents.

La température moyenne des nuits est de vingt degrés; celle de la journée, de 38° 5. L'altitude du lieu est de dix-sept mètres quatre-vingts d'après le thermomètre à eau bouillante. L'anéroïde n'indique encore aucun changement de pression.

A Mkoé, où se trouve l'habitation d'un négociant portugais nommé Ismao, une pluie torrentielle nous fait chercher un abri dans la maison. Le propriétaire est absent, mais un de ses employés, fort serviable, vient se mettre à notre disposition et nous fait installer sous une vaste véranda, en attendant que la pluie cesse.

Après Mkoé, on commence à rencontrer quelques bancs de sable qui alternent avec des escarpements de terreau noir. Il y a au milieu de la rivière de nombreux troncs d'arbres tombés en travers ou enracinés qui rendent les précautions indispensables.

Afin de gagner du temps, j'avais coutume d'envoyer en avant, avec des instructions détaillées, le cuisinier muni de sa batterie de cuisine. Dans ce but, j'avais loué une petite pirogue (elles portent ici le nom d'*almandias*) qui, allant beaucoup plus vite que nous à travers les dédales du fleuve, lui permettait d'atteindre à l'avance l'endroit dési-

---

(1) *Trapa natans*. Dans les marécages avoisinant le bas Zambèze, on trouve également la *trapa bispinosa* ou *bicornis*.

gné pour la halte et d'y faire cuire nos aliments pour le moment de notre arrivée. Un jour, la pirogue chavira, et cuisinier, batterie de cuisine, paniers, poules et canards s'en allèrent au fond du Kouakoua. Nous arrivâmes pour aider à la pêche de nos ustensiles ; le scaphandre n'était pas nécessaire, le fond n'excédant pas un mètre cinquante, ce qui est la moyenne de la rivière ; mais nous avons perdu la matinée entière à faire chercher dans la vase des objets d'autant plus précieux qu'il était impossible de les remplacer.

Après avoir eu la chance de rentrer en possession de notre matériel, à l'exception de deux ou trois choses sans importance, nous arrivons à Inhamichetti où un Indou, à la bedaine respectable, nous offre à des prix excessifs des conserves datant du déluge. J'achetai chez lui deux ou trois boîtes soi-disant toutes fraîches, mais qui, en réalité, devaient avoir passé bien des années sous les 40 degrés du Kouakoua, à en juger par le contenu, dont l'analyse eût embarrassé plus d'un chimiste. C'était une espèce de gâteau, une formation de l'époque tertiaire, quelque chose d'indéfinissable, d'inodore, d'insipide, de pétrifié, qui me fit songer à ces deux Anglais, pensionnaires d'un *boarding house*, qui se mettaient la cervelle à la torture pour trouver l'origine d'une masse pesante placée sur la cheminée et ayant tous les caractères de la pierre ; s'étant enfin adressés à la maîtresse de la maison, ils apprirent que c'était le dernier plum-pudding fait par sa fille au concours de l'école de cuisine.

Nous devions arriver à Mopéa le lendemain, et nous n'en étions pas fâchés. Avant Inhamichetti, nous avions vu la rivière s'agrandir tout à coup et former en cet endroit un lac profond de trois mètres, large de cent cinquante et long de trois cents. Le poisson est abondant sur tout le parcours, et nous avons rencontré de nombreux pêcheurs posant ou enlevant leurs nasses de jonc tressé. La carpe et le silure se remarquent en grande abondance.

Près de Mopéa, le Kouakoua atteint tout au plus une quinzaine de mètres d'une rive à l'autre. Au-dessus de ce point, il devient navigable pour les pirogues seulement et pendant une partie de l'année. Pour rendre encore plus pénible la navigation déjà difficile, les pêcheurs encombrent le cours supérieur du Kouakoua de barrages en roseaux destinés à la capture du poisson et ne laissent au milieu qu'une porte de cinquante centimètres où on est forcé de passer, bon gré, mal gré. A l'exception de Missongoué, où la largeur atteint environ soixante à quatre-vingts mètres, le reste du cours de la rivière n'excède pas six ou sept.

On croit communément, et j'ai partagé cette erreur au début, que le Kouakoua prend sa source dans le Zambèze et ne serait qu'une branche de plus à ajouter à celles de ce fleuve. Toutes les cartes le font communiquer avec le Zambèze au delà de Missongoué.

J'ai étudié la question à la suite d'une découverte qui a fait naître mes doutes : en effet, je me suis rendu compte mathématiquement et avec la plus grande précision que le lit du Kouakoua est à cinq mètres dix (parcours de Missongoué à Mopéa) au-dessus des rives du Zambèze. Celles-ci formant elles-mêmes un escarpement de quatre mètres en moyenne au-dessus de l'eau, cela fait neuf mètres dix de différence de niveau en faveur du Kouakoua. Il s'ensuit que le terrain est en pente dans le sens du Zambèze ; or, ce dernier, même aux plus hautes crues, dans la partie voisine de son embouchure, ne s'élève jamais plus haut que ses rives ; le cas ne s'est jamais observé. Par conséquent, le niveau du Zambèze étant inférieur à celui du Kouakoua, c'est celui-ci qui déborde accidentellement dans le Zambèze, et il ne peut donc pas être un de ses débouchés.

A l'appui de mon dire, je citerai une inondation *venant d'un débordement du Kouakoua* qui apporta à Missongoué, il y a quelques années, des pirogues jusque près de la rive du Zambèze.

La communication accidentelle qui a lieu entre les deux cours d'eau se nomme le canal Moutou ; c'est une étendue d'eau sans rives et sans lit, qui se répand dans une dépression de terrain à un endroit où les rives du Zambèze ne sont pas escarpées, et qui est navigable pour les gros chalands, lorsque les deux rivières sont très hautes. Lorsque le Moutou commence à se dessécher, il se ferme toujours *du côté du Kouakoua* d'abord, ce qui est encore une preuve de la différence de niveau.

La véritable source du Kouakoua, à ce que je crois, est près de Moroumbala ou dans les montagnes voisines. Ce n'est, au début, qu'un ruisseau, et les nombreux affluents qu'il reçoit sur son parcours le grossissent graduellement jusqu'à son embouchure.

A notre arrivée à Mopéa, nous nous occupons de faire transporter nos marchandises et notre matériel jusqu'à Vicenti, sur le Zambèze. La distance est de six kilomètres environ.

La ville de Mopéa est située sur la rive gauche du Kouakoua. Nous campons sur la rive droite ; mais comme il nous paraît difficile de trouver les nombreux porteurs dont nous avons besoin, je vais m'adresser au capitao-mor ou gouverneur du district, qui veut bien mettre deux cents hommes à ma disposition pour transporter mes colis et mes embarcations du Kouakoua au Zambèze.

Laissant Jones avec tout le matériel au Kouakoua, je me rends à Vicenti, où j'installe nos tentes sous des arbres, près de la maison de la Compagnie « African Lakes », et je reçois les colis que Jones expédie. Le déménagement est terminé le 13 juillet au soir. Les deux embarcations ont été portées à dos d'homme : le bateau en tôle d'acier n'a pas demandé moins de cent dix porteurs.

Le lendemain de notre arrivée, je recevais de Mopéa une dépêche venue de Quilimane m'annonçant l'arrivée des Arabes et leur départ pour le Tchindi. Avant de nous éloigner davantage de la côte, nous voulûmes donner de nos nouvelles en Europe, et nous les confiâmes à un obligeant missionnaire qui, partant ce jour-là pour le littoral, s'était offert à remettre nos lettres à Quilimane.

J'ai été visiter les plantations d'opium, de tabac et de canne à sucre qu'une Compagnie a entreprises. Je n'ai pu me rendre compte de l'importance des résultats, la saison étant trop avancée, mais j'ai parcouru de vastes étendues de terrain qui m'ont paru entretenues avec soin.

Il y a également à Mopéa de nombreux magasins tenus par des Indous ou Banians, comme on les appelle ici invariablement, qu'ils appartiennent ou non à la caste de ce nom. Une grande partie, pour ne pas dire la majorité des transactions commerciales qui se font sur toute la côte orientale d'Afrique, sont entre leurs mains : ils ont le don du négoce au détail ; ils se contentent de peu, vivent de rien et entendent leurs affaires d'une façon hors ligne : ce sont de vrais Juifs, dans l'acception bassement intéressée du mot. Ils amassent sou à sou et viennent, en se remplaçant, faire en Afrique des séjours de trois à cinq ans. La plupart proviennent de Bombay, et toutes leurs marchandises leur sont expédiées de ce point par les boutres dont j'ai signalé la présence dans la rade de Quilimane.

Les Banians, à cause du peu de dépense qu'ils font et du bénéfice minime dont ils savent au besoin se contenter, rendent la concurrence impossible pour tout autre que leurs compatriotes ; c'est ce qui explique qu'on leur ait abandonné la plus grande partie du commerce. Au point de vue général de l'intérêt du pays, ils font beaucoup de tort à son développement, et on aura à les expulser ou à les taxer en conséquence si on veut ouvrir le négoce à tout le monde. Il me semble avoir entendu parler à Natal d'une mesure semblable qui aurait été prise ou qu'on devait prendre sous peu à leur égard.

Les Banians se trouvent assez nombreux sur le Kouakoua, et particulièrement à Mopéa. Sur notre parcours, nous en avons rencontré deux. Ils s'attachent peu à vendre aux Européens dans cette région; ils tiennent tout ce que désire ou peut désirer l'indigène. Les Banians ne se trouvent que dans le bas Zambèze; Missongoué est le dernier point où j'en ai vu établis. Autrefois, ils étaient à Séna, mais ils s'en sont retirés à peu près tous.

Il y a à Mopéa une communication télégraphique qui part aujourd'hui de Quilimane, va au Tchindi et se termine à Tchiromo sur le Chiré, avec les possessions portugaises.

Il existe un chemin par terre qui abrège considérablement les zigzags du Kouakoua; il est sur la rive droite, où le sol est plus ferme et les marécages moins abondants, à une distance de plusieurs milles de la rivière; il va de Vicenti ou plutôt de la maison Vianna (habitation portugaise sur le Kouakoua, un peu avant Mopéa) à Inhamichetti, de là à Lokoloko et enfin à Eutaré, où on a déjà assez de peine à arriver à cause des marais et des palétuviers qui commencent en cet endroit; il est d'ailleurs plus rapide de reprendre la navigation pour atteindre Eutaré, attendu que les détours sont terminés et que le Rio est large et profond.

La distance totale de Quilimane à Mopéa, que j'estime à cent cinquante kilomètres par les détours, ne doit pas en dépasser quatre-vingt-dix par le sentier dont je viens de parler.

Vicenti est un endroit choisi récemment par l'« African Lakes Cº » pour en faire une station; il a de plus l'avantage d'être dans le voisinage de Mopéa. Anciennement il n'existait qu'un village assez important, Mazaro, situé un peu plus bas sur le Zambèze, lequel est habité actuellement par des indigènes; c'est là que s'arrêtaient alors les embarcations et que se faisait le transit du Kouakoua. Les indigènes et les Portugais désignent encore fort souvent Vicenti sous le nom de Mazaro, dont ils ont l'habitude.

Vicenti consiste aujourd'hui en deux ou trois établissements européens avec quelques cases indigènes. En dehors des baraquements de l'« African Lakes Cº » dont j'ai parlé, il y a le poste du gouvernement, ainsi qu'une ou deux maisons de négociants portugais établis dans la localité.

Devant stationner, il était cent fois plus agréable de le faire dans ce village, sur les bords du majestueux Zambèze, qu'à Quilimane, où le contraste du climat débilitant avec notre habitude de l'air sain était fait pour nous donner les fièvres.

Nous avions, de notre campement, un coup d'œil admirable, grandiose : élevées de cinq ou six mètres, les berges nous mettaient à l'abri d'une trop grande humidité, et une brise rafraîchissante soufflait invariablement tous les après-midi, venant du sud-est.

Le Zambèze est, en face de Vicenti, d'une largeur de plus de trois mille cinq cents mètres; au milieu, une île immense aux talus sablonneux, couverte au sommet d'une basse végétation, laisse entre elle et nous un canal de deux ou trois cents mètres. Au loin, on voit la rive opposée du fleuve, une grosse ligne noire que la lunette montre composée de grands arbres et de haute végétation. Sur notre gauche, en aval, un détour nous cache l'eau et le chemin du Tchindi; mais, en amont, nous pouvons apercevoir à perte de vue les îles qui peuplent le lit du fleuve et les pirogues de pêcheurs stationnant au milieu du courant.

De temps à autre, passe devant nous, au son cadencé d'une chanson indigène, une embarcation chargée de marchandises ou portant une baraque de paille, ce qui indique des voyageurs.

Le Zambèze a été évidemment connu dans les temps anciens, mais il est fort difficile de trouver des documents sur les premières explorations que les Portugais en ont faites : toutes les découvertes du Portugal lors de la première occupation n'ont pas reçu, en général, une publicité suffisante. Il s'ensuit que d'autres voyageurs viennent plus tard, ignorant, de même que le public, qu'on les y a précédés; aussi s'attribuent-ils la découverte de lacs, fleuves, cataractes et pays que les Portugais et les Jésuites ont vus il y a quatre cents ans.

Ces voyageurs modernes ont fait, eux, une grande publicité; le bruit de leurs soi-disant découvertes s'est rapidement répandu, et on est mal venu aujourd'hui à leur en contester le mérite.

Je suis tout à fait impartial dans la question, et ce que j'ai dit ailleurs concernant les Dieppois, auxquels on peut attribuer la découverte de la côte occidentale de l'Afrique, tandis que ce sont les Portugais qui en ont bénéficié, s'applique ici aux Portugais eux-mêmes : s'il ont été les « découvreurs » de ces régions de l'Afrique orientale et centrale, ils ont eu le grand tort de ne pas donner aux résultats de leurs voyages un plus grand retentissement, de ne pas en laisser des souvenirs indélébiles tels que croquis ou cartes, si grossiers qu'ils soient. Ces souvenirs, s'ils existent, ne sont pas mis en lumière : sauf quelques ouvrages, ignorés de tous ceux qui ne se font pas une spécialité de ces recherches, il n'a été entrepris, à ma connaissance, aucun historique complet, aucune relation résumant tout au moins les voyages entrepris aux quatorzième et quinzième siècles par les avant-coureurs de la civilisation européenne.

C'est ainsi que Livingstone s'attribue tout simplement la découverte du lac Nyassa, et, en Angleterre, cette assertion est admise sans conteste. L'illustre voyageur, dont les récits si simples et si vrais frappent et charment les lecteurs, a oublié cette fois sa modestie habituelle. Dans un moment d'enthousiasme, poussé peut-être par le patriotisme, il a oublié que c'est sur les renseignements fournis par des Portugais eux-mêmes qu'il s'est dirigé vers le lac Nyassa, dont j'aurai occasion de reparler. Il en est de même des cataractes de Mozi-sa-tunia, visitées par eux soixante-dix ans avant son arrivée.

J'ajouterai aussi qu'à mon point de vue le véritable *découvreur* est celui qui fait connaître au reste du monde ce qu'il a visité, et il est à regretter profondément que les Portugais aient autrefois pour ainsi dire gardé pour eux la description des régions qu'ils ont traversées. Quoi qu'il en soit, leur mérite est incontestable, et mes efforts ont toujours visé, dans les recherches que j'ai faites partout, à travers les archives et les vieux documents, à rechercher tout ce qui pouvait venir à l'appui de cette assertion.

Ainsi le Zambèze, que Livingstone, Cameron, Serpa Pinto, Capello et Ivens ont fait connaître de nos jours, a été navigué dès 1560 par les Jésuites de Goa, que leur modestie et le but exclusivement religieux de leur mission ont empêchés sans doute de s'en glorifier.

Le Père Gonçalo da Silveira fit à cette époque la traversée des bouches du Zambèze à Tête et se rendit ensuite au Monomotapa. Plus tard, ces mêmes religieux élevaient des couvents dont on voit encore les ruines tout le long du Zambèze jusqu'à Zumbo. J'aurai à revenir plusieurs fois sur leurs importants travaux, au fur et à mesure du cours de mon voyage.

En 1665, un voyageur portugais, entre autres, Manoel

Godinho, parle de ses voyages sur la Kouama — c'est le nom que l'on donnait anciennement au Zambèze — et sur le Chiré. En 1710, le Père Francesco da Souza, Jésuite de Goa (1), parle non seulement du Zambèze comme d'un cours d'eau connu, mais de tous les territoires environnants qu'on a redécouverts depuis. Il ajoute que les Portugais ont remonté à plusieurs reprises le Zambèze, cherchant sa source, et qu'ils ont rencontré sur leur route plusieurs cataractes.

Enfin, j'en arriverai, afin d'abréger, à une époque plus récente, au commencement du siècle actuel, où Ignacio de Menezes, Joao de Jesus Maria, Gaetano Xavier Velasquez, J.-B. Abren et V. Romao da Silva, G. Bocarro, tous fonctionnaires ou négociants portugais, connaissaient le fleuve ou tout au moins sa plus grande partie.

Personne n'ignore que c'est à cette époque, plutôt que de nos jours, que le commerce de Zumbo était réellement florissant.

Ce fut même ce Joao de Jesus Maria, que je viens de citer, qui, malade et soigné par le docteur Kirk, lequel appartenait à l'expédition de Livingstone, lui donna de précieux renseignements sur le Zambèze, le Chiré et le fameux lac Nyassa.

J'ajouterai les expéditions Gaetano Pereira (1796), docteur Lacerda (1798), colonel Honorato da Costa (1806), Gamitto et Monteiro (1831-1832), Silva Porto (1854), qui, tous, ont précédé les voyageurs modernes et ont donné chacun leurs renseignements sur le Zambèze.

Malheureusement, je le répète, tous ces récits de voyageurs et les renseignements isolés qu'ils contiennent n'ont pas été réunis en un ensemble, en un monument où chacun eût apporté sa pierre. Or, la géographie n'a pu faire des

---

(1) *Oriente conquistado.* — Lisbonne, 1710.

progrès dans toutes les parties du monde que par la collaboration des voyageurs, que par la réunion et la coordination de leurs travaux faites par les géographes.

Pour le Zambèze, ce travail n'existe pas : je n'ai pu, en Europe, trouver une carte sérieuse du fleuve; j'ai dû entreprendre de la dresser moi-même, ce qui m'a demandé de longs mois, rien que pour la première partie, allant de l'embouchure aux premières cataractes. Cette carte détaillée, où j'ai indiqué les plus petites localités, est un long travail de patience, et mon plus vif désir est qu'elle soit utile à ceux qui cherchent de nos jours à développer le commerce de la région et à augmenter son rendement.

Le Zambèze est le plus grand fleuve de l'Afrique australe (1). On peut le diviser en trois parties : le Zambèze supérieur, de Zumbo à la source; le haut Zambèze, des gorges à Zumbo; le bas Zambèze, qui va de l'embouchure aux gorges de Lupata.

On fait quelquefois aller le bas Zambèze jusqu'à Tête, mais il me semble préférable de réserver ce nom à la partie du fleuve qui avoisine la mer; or, Tête se trouve à plus de six cents kilomètres de l'embouchure, en ne tenant compte que des principaux détours.

La direction générale du Zambèze est d'abord, dans la partie supérieure de son cours, nord-ouest sud-est; il se dirige ensuite vers le nord-est, en décrivant une courbe marquée, après laquelle il suit une ligne presque droite, de l'ouest à l'est, laquelle le conduit à peu près de l'embranchement du Kafué jusqu'aux cataractes de Kébrabassa; arrivé en cet endroit, il incline brusquement nord-nord-ouest sud-sud-ouest jusqu'à Tête, où il se redresse,

---

(1) Il me semble plus large que le Congo, que j'ai remonté jusqu'à Manyanga, et dont la largeur à Vivi ne m'a pas paru dépasser deux mille huit cents mètres.

prenant vers ce point une inclinaison ouest-nord-ouest est-sud-est qu'il garde avec peu de variations jusqu'à son embouchure.

Je ne parlerai pas de ses sources : ce serait d'ailleurs sortir du cadre de mon voyage. Je dirai seulement qu'on n'est pas encore bien fixé sur leur situation, les derniers explorateurs, Livingstone, Serpa Pinto, Capello et Ivens, n'ayant conclu qu'à des probabilités. Cette incertitude provient de ce que, à un certain point, le Zambèze se divise en plusieurs branches d'égale importance conduisant dans des régions voisines l'une de l'autre et à des sources différentes : la difficulté consiste alors à décider lequel de ces cours d'eau est le Zambèze.

A son arrivée à la mer, le fleuve se divise en six branches principales qui prennent les noms de rio Inhamiara, Inhaombe, barra Catherina, Cuama, barra do Inhamissengo et barra Melambo.

L'influence de la marée se fait sentir dans le Zambèze à peu près jusqu'au village d'Inianjombi, situé à environ quarante milles dans l'intérieur.

La barra Catherina ne prend ce nom qu'à la mer proprement dite ; elle s'appelle le rio Chinde ou Tchindi dès qu'elle quitte la branche d'Inhaombe. C'est plutôt un chenal.

Le Tchindi est appelé à un grand avenir depuis qu'un explorateur anglais, M. Daniel James Rankin, a révélé qu'il était navigable et a ainsi attiré l'attention sur l'utilité de ce canal pour pénétrer directement de la mer au Zambèze avec des fonds convenables.

Mais pour lui donner réellement une importance considérable, il sera indispensable d'y faire quelques améliorations. La nature a formé au Tchindi un port naturel dont il faudra augmenter la profondeur si l'on veut que les navires de gros tonnage puissent y entrer chargés. Ils pénètrent librement à Quilimane, et c'est un avantage que cette ville garde toujours quant à présent, au point de vue de la facilité de la navigation, du chargement et du déchargement. Et puis, Quilimane est une ville déjà construite, où il y a un grand commerce, où on a la possibilité de faire à peu de frais de grandes améliorations, tandis que le Tchindi n'est qu'une langue de sable où il n'y a actuellement que quelques maisons en fer galvanisé. Au point de vue de l'insalubrité, tous deux se valent.

L'avenir décidera s'il vaut mieux faire les frais d'un chemin de fer de Quilimane au Zambèze par le plus court chemin ou bien améliorer le port de Tchindi. En tout cas, celui des deux points auquel l'industrie viendra en aide tuera l'autre et deviendra plus tard une ville considérable.

On a découvert tout récemment au nord du Tchindi un autre chenal qui serait, dit-on, aussi profond et encore plus direct pour atteindre le Zambèze. Mais cela n'influera en rien sur le port, puisque ce nouveau chenal ne s'embranche sur le Tchindi qu'à deux ou trois milles dans l'intérieur. Le télégraphe relie actuellement le Tchindi à Concoçao (1), à Quilimane et au Chiré moyen.

Le Zambèze est appelé à jouer le rôle principal dans le problème de la pénétration au cœur de l'Afrique, et il importe peu qu'on y parvienne de Quilimane ou du Tchindi. Lorsque j'aurai donné au lecteur des renseignements complémentaires sur les autres parties de la région, je reviendrai sur ce point si important, et alors on se rendra compte comme moi que le problème dont il s'agit est tout résolu.

Il me reste à ajouter, avant de continuer le récit du voyage, que le Zambèze porte en langue indigène et selon les régions qu'il traverse des noms différents. Il se nomme

---

(1) Petite ville portugaise très commerçante, sur la branche d'Inhamissengo.

Cuama ou Kouama, au Delta; Nyandja à Sena (ce nom est le plus répandu); Zambezi à Tête; et, plus loin, Djimbezi, Ambezi, Louambezi et Ambeji.....

Nous avons laissé l'expédition campée sur les bords du fleuve, à Vicenti (ancien Mazaro). Après quelques jours de repos qui donnent aux Arabes que nous attendons le temps d'arriver et à nous celui d'arranger les embarcations et de louer des pirogues pour notre excédent de bagages, nous nous mettons en route un beau matin, bercés par le chant gai des canotiers et la brise fraîche de l'Océan, qui est la seule compensation à la température étouffante du bas Zambèze.

Nous ne tardons pas à perdre de vue notre dernier campement, et, sauf la végétation épaisse et les moustiques du Kouakoua qui manquent, le voyage nous semble aussi monotone que sur cette vilaine petite rivière.

Cette monotonie provient, au début du voyage, du manque absolu d'accidents de terrain. Ce n'est qu'un peu plus loin, après Missongoué (1), village qui fait face d'un côté au Zambèze, de l'autre au Kouakoua, que nous apercevons dans le lointain quelques éminences couvertes de végétation jaunie, sur les flancs desquelles se détachent une ou deux maisonnettes blanches. C'est, sur la rive gauche, Senhora Maria, une dame mulâtresse propriétaire-agriculteur dont les domaines portent le nom, et, un peu avant d'y arriver, sur la même rive, la maison Vianna, dans le voisinage de laquelle se trouve la tombe de Mme Livingstone. Nous longeons, au milieu du fleuve, la grande île de Tchipanga.

(1) J'ai causé à Missongoué avec un vieux noir qui avait été au service de Livingstone. J'y ai vu aussi deux grosses roues en fer qui appartenaient au char qu'il avait fait construire et dont il ne put jamais se servir. Ces roues ont été achetées, m'a-t-on dit, par un Polonais du nom de de Steblecki.

Le chenal (endroit du lit du fleuve où le courant est plus fort et la profondeur plus grande) nous oblige à faire des zigzags, et il s'ensuit une perte de temps énorme.

Après les éminences dont je viens de parler se dessinent sur l'horizon deux massifs montagneux : à droite le mont Morumbala et à gauche les trois montagnes de Sena. Le premier, placé presque au confluent du Chiré et du Zambèze, tout seul, comme une gigantesque sentinelle perdue, a près de mille mètres de hauteur et affecte la forme d'une longue table; les montagnes de Sena sont moins importantes, mais elles forment un excellent point de repère pour l'orientation dans cette partie du fleuve.

En arrivant à Kaïa, où il reçoit le Chiré, son principal affluent, le fleuve se couvre d'îlots et de bancs de sable qui rendent l'embouchure du Chiré difficile à trouver; mais on est bientôt sorti de ce petit archipel, et on aperçoit de nouveau les rives.

Le Zambèze est semé d'îles de toutes les tailles et de toutes les formes : les unes sont peuplées, couvertes de végétation et de cultures, et ont trop d'étendue pour souffrir de l'effet destructeur du courant; d'autres, moins grandes, sont rongées ou emportées d'un côté, tandis que le sable et le limon s'amoncellent à l'opposé, changeant ainsi leur forme, ce qui peut faire supposer qu'elles ont changé de place ou de position. D'autres encore ne sont que des bancs de sable montrant, pendant les crues, de hautes berges glabres et désolées qui font contraste avec la végétation luxuriante que l'on voit souvent sur leurs voisines, et elles disparaissent, totalement balayées au moment des crues par des courants irrésistibles, pour reparaître encore plus loin, quand les eaux baissent.

Les rives du fleuve lui-même ne restent pas insensibles au mouvement de cette énorme masse d'eau : elles se creusent, se tordent, offrant chaque année au voyageur des caps nouveaux, des criques ou des courbes nouvelles, et, comme dans la nature tout a sa compensation, d'autres caps, d'autres criques, des points qu'on avait remarqués ont totalement changé de forme ou disparu.

Un peu avant d'arriver à Sena, nous passons devant le dernier endroit plat et marécageux de la région. C'est le Ziou-Ziou, rivière qui va du Chiré au Zambèze et se répand sur son parcours dans des marécages qui portent le nom de lagune Manse (ou *lac de boue*).

Sena, où nous arrivons bientôt, est une ville qui est complètement tombée. Elle était autrefois le centre d'un grand commerce, surtout il y a deux cent cinquante à trois cents ans, alors que les mines et les richesses que l'on supposait exister au Monomotapa attiraient dans ces régions des traitants portugais et arabes. Il ne reste aujourd'hui de la ville que quelques maisons délabrées et des cases indigènes. Sena n'est pas sur le bord du Zambèze, mais bien à deux kilomètres dans l'intérieur, presque au pied de deux montagnes, les monts Balamouana et Iniarouka. Il y reste deux forts en ruine. Une maison hollandaise s'était établie pendant quelques années sur le bord du Zambèze, du côté opposé à Sena; mais elle s'est retirée. Un peu plus bas que Sena, sur la rive gauche, à l'embouchure du Ziou-Ziou, Moutarara est un point qui semble vouloir devenir dans quelques années un centre commercial important. Il n'y a pas à regretter Sena, qui était un endroit excessivement malsain.

Après Sena, le coup d'œil devient réellement magnifique, au fur et à mesure qu'on avance. Il faut malheureusement se résigner à ne voir en détail qu'une berge à la fois, car, en face de Gouingoué, le fleuve est aussi large qu'à Vicenti. Les montagnes, qui s'étaient toujours tenues jusqu'à présent à l'arrière-plan, se rapprochent insensiblement : on distingue déjà sur leurs flancs des aspérités et de grandes ombres. Tout à l'heure, elles vont venir jusqu'au bord du fleuve, le resserrer dans leurs murailles granitiques.

Et si je ne parle pas de la végétation, elle est partout. Là-bas, sur la rive opposée, une grosse ligne noire nous fait deviner des forêts de grands arbres et de basses broussailles où le plumet des palmiers (1) émerge de temps à autre, comme pour rappeler qu'eux aussi peuplent ces régions.

De notre côté, nous contemplons plus en détail des collines et des éminences couvertes d'une épaisse toison jaunie et où, cinq ou six mois plus tard, nous verrions de très belles espèces de plantes; car, ici, nous avons quitté la flore luxuriante, mais malsaine, des régions basses et marécageuses, telle que les palétuviers variés, les herbes flottantes, les rubiacées, les eschinomena, les lotus, les carapa, etc., etc.

Voici même des fruits mûrs, des jujubiers importés autrefois des Indes par les Portugais et qui se trouvent partout sur les bords du haut fleuve (2); puis, à côté d'eux, un arbre tout à fait indigène, le tamarin, chargé de ses gousses acides et rafraîchissantes dont les Arabes sont friands.

Plusieurs fois par jour, nos canotiers nous demandent la permission d'aller récolter des jujubes, et ils reviennent chargés de ces petites pommes en miniature. J'en mange pour ma part toute la journée sans discontinuer, pour m'occuper tout au moins la mâchoire, puisque mes jambes sont contraintes à l'immobilité.

Des pêcheurs que nous rencontrons nous cèdent quelquefois du poisson; nous achetons dans les villages des

---

(1) *Hyphoene Guinensis.*
(2) *Zizyphus jujuba.* — Il est redevenu sauvage, et il disparaît dès qu'on quitte la vallée du Zambèze.

patates, des poules, du riz, pour nos besoins, et le voyage suit son cours sans accident notable.

Le parcours journalier moyen est d'environ quinze milles ; le courant en cette saison n'excède pas trois nœuds, tandis qu'il en a plus de sept lors des crues. A ce moment, le fleuve atteint le sommet des berges actuelles, qui ont sept ou huit mètres de relief.

Partis avec le jour pour profiter de la fraîcheur du matin, nous faisons halte habituellement vers le milieu de la journée, à l'ombre si c'est possible, sur une île ou sur la berge, afin de donner aux hommes le temps de faire cuire le riz dont ils se nourrissent et pour permettre à notre cuisinier de nous préparer quelque chose pour le déjeuner.

La chasse est très difficile sur le fleuve ; les hippopotames se tiennent à des distances considérables, les caïmans se glissent dans l'eau avec prudence avant que les embarcations arrivent à portée de fusil. Des vols de canards et d'oies sauvages se rencontrent de temps à autre qui nous donnent l'occasion d'apporter à notre ordinaire un élément nouveau. Pour être plus heureux, il faudrait descendre à terre et s'enfoncer dans la brousse ; mais le voyage a déjà trop duré. Néanmoins, je tue plusieurs antilopes qui nous procurent quelques repas délicieux.

Nous arrivons bientôt à l'endroit où les montagnes se rapprochent tout à fait du fleuve. Artistes avides de pittoresque, qui recherchez les points de vue grandioses ou qui aimez, qui admirez ce qu'ont produit de plus beau et de plus capricieux les fantaisies de la nature, vous trouveriez ici satisfaction complète. Les indigènes eux-mêmes ont si bien subi cette influence, qu'ils considèrent ce passage avec une pointe de superstition ; les chansons de canotiers cessent ; c'en est fini des exclamations et des cris : ces gorges inspirent le respect et l'admiration au sauvage comme à l'homme civilisé.

VUE DU ZAMBÈZE PRÈS DES GORGES DE LUPATA

On n'y entend qu'un bruit : celui du Zambèze, dont le courant se brise et gronde, celui de ses chutes d'eau, celui de ses flots écumants (1). Partout des récifs, des brisants à fleur d'eau, des remous et des sillons au milieu du courant (2), partout le danger pour des embarcations.

Tout notre monde est à terre, tirant sur de longues cordes. Les hommes y sont attelés et sautent de rocher en rocher, tirant les embarcations, pendant qu'un homme est à la barre et qu'un autre, armé d'une longue perche, se tient à l'avant pour éviter les écueils. Ce halage dure deux jours, et l'on ne reprend la navigation habituelle qu'un peu avant l'îlot de Mozambique, qui est au milieu des gorges. En cet endroit, le courant devient plus faible, mais on doit encore pagayer avec vigueur pour ne pas être entraîné.

Ce passage des gorges est un des spectacles qui se sont gravés le plus profondément dans ma mémoire : ces immenses murailles de granit, sombres, à l'aspect désolé, ce grand fleuve en révolte dans l'enceinte trop étroite qui lui est imposée, ces petits êtres noirs microscopiques attelés à une longue corde et sautillant sur des aspérités invisibles, s'agitant avec des efforts inouïs ; ces embarcations chargées, presque désertées, ballottées sur les remous, ce sourd grondement répercuté par les échos, tout cela m'a fait une impression extraordinaire (3).

Un peu après notre entrée dans les gorges, nous avons vu le fameux Rocher du Padre.

---

(1) Le Zambèze a 1,800 mètres de large avant son entrée dans les gorges, et là il est subitement réduit à 300 pendant la saison sèche, à 800 pendant les crues.
(2) Ces difficultés dans la navigation n'existent que pendant les très basses eaux (juillet, août et septembre).
(3) Le mot *lupata* (*loupata* en indigène) veut dire « eau qui bouillonne ».

Sur le versant d'une des montagnes qui bordent le fleuve, à peu près au tiers, un gigantesque Capucin, son capuchon relevé, est debout devant un autel à plusieurs plates-formes ; on l'aperçoit jusqu'aux genoux. Vu d'un certain point sur le fleuve, il se détache parfaitement sur le ciel, ainsi que l'intervalle qui le sépare de l'autel. Les indigènes, ayant vu des Jésuites, ont donné à cette fantaisie de la nature le nom très juste de Rocher du Padre.

A partir de Lupata, les roches granitiques apparaissent tout le long du fleuve, mais toutefois à une certaine distance de ses rives. En sortant des gorges, on passe devant le fort portugais de Tsoungo, à droite, et, un peu plus loin, en face, devant celui de Massangano. Ces deux endroits ont leur histoire, histoire sanglante et douloureuse : celle des luttes entre les Portugais et un chef puissant, Bonga, qui s'était placé à cheval sur le fleuve et coupait les communications quand il lui en prenait fantaisie. La conquête du territoire de Bonga a coûté cher aux Portugais, et, pendant plus de vingt ans, tous ceux des leurs qui restèrent entre les mains du chef ennemi furent humiliés, torturés et massacrés.

Bonga n'était pas un indigène, c'était un mulâtre de Goa, issu d'Indiens et de Portugais. D'une intelligence remarquable et d'un courage qui lui valut son nom (1), il voulait rester indépendant et ne fut jamais vaincu.

On raconte comme un trait d'énergie et de résolution irrévocable de sa part, qu'un jour, vers la fin d'un siège que les Portugais avaient mis autour de son *aringa* (fortification indigène), et au moment de se rendre faute de vivres, il fit jeter toutes les femmes et les enfants dehors, afin que ce qui restait de nourriture pût soutenir plus longtemps les hommes : cette fois encore, de guerre lasse, les Portugais levèrent le siège.

(1) *Bonga* signifie « chat sauvage ».

A la mort de Bonga, son fils, Mtontola, qui était loin d'avoir son énergie et son influence, se laissa facilement battre, et les Portugais le chassèrent même de son propre territoire (27 novembre 1888) : il s'enfuit et vit encore. Nous le retrouverons plus loin. Les aringas de Bonga furent détruites, et les forts portugais dont je parlais tout à l'heure les ont remplacées.

De Massangano (1), nous voyons, en nous retournant, la serra du Bandar, qui s'éloigne vers le sud-ouest, tandis que devant nous le fleuve tourne lentement, montrant d'autres montagnes et de nouveaux points de vue. Toutes ces montagnes, bien que granitiques et avec çà et là de gros blocs nus et polis d'un gris ardoise, sont cependant couvertes de végétation ; au milieu d'arbres de quatre à cinq mètres de hauteur croissent des plantes variées ou simplement de grandes herbes. Sur les plus hautes élévations, comme celles qui bordent les gorges de Lupata et plus loin certains endroits des cataractes de Kébrabassa, les arbres atteignent des dimensions considérables, et c'est à peine si, du fleuve, on distingue au milieu de ces végétaux l'énorme baobab (2) qui est assez commun dans ces régions.

Mais hâtons-nous de parler de Tête, où, après avoir dépassé l'embouchure de la Mazoé, une rivière riche en or alluvial, nous arrivons au bout de trente-deux jours de voyage depuis Vicenti et de quarante-sept depuis Quilimane. On comprend sans peine que nous ayons éprouvé grand plaisir à nous y reposer quelques jours. Je vais essayer pendant ce temps d'esquisser rapidement les principaux traits de l'histoire de Tête.

---

(1) Le pays de Massangano s'appelle aussi Bompona chez les indigènes.
(2) *Adansonia digitata.*

En 1571, une expédition fut envoyée par le roi de Portugal aux mines d'or de Manica et aux mines d'argent de Chicoa. Elle était commandée par Francisco Barretto. C'était la première fois que les Portugais voulaient explorer les richesses contenues dans leurs possessions, mais ce ne fut que plus tard qu'ils furent fixés sur ce point.

L'expédition livra bataille, à la hauteur de Lupata, aux Magandjas de la rive gauche, et, pour une raison que nous ne connaissons pas, elle renonça à son projet. C'est de cette époque que datent les premiers souvenirs de la colonie de Tête (1).

Plus tard, nous apprenons d'un ouvrage contemporain et précieux (2) les détails du deuxième itinéraire de Barretto, la découverte des mines d'or et l'établissement des Européens sur le Zambèze, les explorations du Zambèze, la rencontre de plusieurs cataractes, dont une considérable près de la source du fleuve, l'établissement des Jésuites, enfin une tentative sérieuse de colonisation de la part du Portugal (3).

Le fort de Tête existe encore et est bien entretenu ; on y lit de nos jours l'inscription suivante : « *Sendo governador dos Rios de Sena Antonio Manoel de Mellor Castro, mandou fazer este armazens e quarteis no anno* 1775. »

Vers la même époque, il y avait à Tête trois églises, dont une datant de 1563 (Fort Saint-Jacques le Majeur) qui fut donnée aux Jésuites par le roi de Portugal.

Au point de vue commercial, cette ville fut une des plus florissantes de l'Afrique ancienne : son rendement pen-

---

(1) Père J. Courtois, *Notes chronologiques sur les anciennes missions catholiques au Zambèze.*

(2) Francesco da Souza, *Oriente conquistado.*

(3) Livingstone n'avait sans doute pas lu cet ouvrage quand il découvrit les chutes de Mozi-sa-tunia et les rebaptisa « chutes Victoria ».

dant plus de deux cents ans représente des chiffres incalculables ; l'ivoire, l'or, les productions locales qui en venaient abondaient sur les marchés du littoral.

Elle alla toujours en déclinant depuis le commencement du siècle actuel ; mais aujourd'hui, quoique presque rayée de la liste des centres de commerce, elle a peut-être encore devant elle un grand avenir, depuis que la civilisation travaille à lui donner des moyens de communication.

Le 14 octobre 1849, le presbytère où étaient déposées les archives de la ville et de la mission fut la proie d'un incendie, perte incalculable pour l'histoire de cette région.

La ville actuelle de Tête peut être présentement habitée par deux mille indigènes et une quarantaine de Portugais, dont quelques-uns y sont depuis quarante ans. Ceci prouve qu'elle est relativement saine.

Les rues sont dessinées naturellement par une série de mamelons allongés et de vallées parallèles ; sur les mamelons sont les maisons, et les sillons forment les rues.

La tsé-tsé n'existant pas dans la région, on y trouve de beaux troupeaux de bœufs et, par conséquent, du lait et du beurre frais, ce qu'on ne trouve pas ailleurs.

En plus du fort ancien, il y en a un autre, ainsi qu'un hôpital et une prison. Les vieilles églises ont disparu : elles sont remplacées par une chapelle de construction plus récente. Le gouverneur a une jolie résidence qui, avec quelques réparations, serait la plus belle maison de Tête.

La pierre étant abondante, toutes les maisons en sont bâties. La ville est placée sur un terrain rocailleux qui se compose en grande partie de grès. Les rues sont ornées de végétation rare où l'indigo abonde à l'état sauvage. Tout autour de Tête, et en face de la ville, de l'autre côté du Zambèze, sont des gisements houillers considérables et qui seront bientôt utilisés. Une compagnie française vient de se former à Paris à l'effet de les exploiter en vertu d'une concession du gouvernement portugais. Nous ferons plus tard, avec le lecteur, une visite aux mines de charbon situées au nord du Zambèze.

Les habitants de Tête sont très hospitaliers pour les voyageurs, et ceux-ci leur ont parfois prouvé leur reconnaissance en disant d'eux tout le mal possible. Les braves gens font ce qu'ils peuvent pour venir en aide à l'étranger qui passe quelques jours au milieu d'eux, et on emporte de son séjour à Tête une bonne impression. Il en est de même dans toutes les villes portugaises : Quilimane, Mozambique, Concaçao, Tchindi, etc., etc. Les Portugais pratiquent dans leurs colonies la plus franche et la plus aimable hospitalité ; on n'a qu'à se présenter chez eux pour être bien reçu, à quelque nation qu'on appartienne.

Tête a aujourd'hui un air d'abandon. On vient d'en retirer le gouverneur et de mettre la ville sous la juridiction, beaucoup trop éloignée, du district de Quilimane. On prendra certainement d'autres mesures, lorsque le commerce de la région aura repris une nouvelle activité; mais on fera bien de ne pas en changer aussi souvent les gouverneurs : depuis 1863 jusqu'à nos jours, c'est-à-dire en trente et un ans, il n'a pas passé à Tête moins de soixante-douze gouverneurs ou intérimaires. On conçoit que ces officiers n'aient ni le temps ni l'envie, pendant les trois ou quatre mois qu'ils sont là, de chercher à améliorer ou à changer quoi que ce soit à ce qui se fait, et c'est pourquoi on a laissé aller les choses depuis bien des années sans penser à leur apporter aucune amélioration.

Il en est à peu près de même des commandants militaires de Tête; depuis Tito Augusto d'Aranjo Sicard qui reçut Livingstone en 1858, quelle procession on en a vue défiler !

Le manque d'administration supérieure fait que la

ville se gouverne elle-même : son conseil municipal, qui siège régulièrement, prend sur lui de faire exécuter les mesures d'ordre nécessaires. J'oubliais de dire qu'il y a aussi à Tête un club, la « Société littéraire ». Ce titre semblerait usurpé s'il ne provenait pas, comme je le crois, de ce que ce cercle possède une bibliothèque, très complète, ma foi! pour une ville de l'Afrique centrale.

En somme, la ville est assez agréable : il y pleut rarement; la chaleur y est supportable (environ trente degrés : 34° le jour, 26° la nuit); son altitude est de deux cent dix mètres au-dessus du niveau de la mer, et de quinze à dix-huit mètres en moyenne au-dessus de celui du Zambèze. Le vent du sud-est y souffle l'après-midi pendant la plus grande partie de l'année. On y trouve, comme je l'ai dit, du beurre, du lait, des œufs, parfois même des légumes européens. Au sud de la ville commence un massif montagneux qui se prolonge dans l'intérieur et sème ses collines le long du Zambèze, au-dessus de Tête. La montagne qui est exactement derrière la ville se nomme le mont Caroéra.

Après quelques jours de repos, après avoir rapatrié nos canotiers de Vicenti et en avoir engagé d'autres à Tête, nous nous rembarquons et disons adieu à ces vestiges de civilisation perdus dans un pays sauvage. La traversée du fleuve continue, plus pittoresque, à travers des sites plus sauvages, mais aussi monotones qu'auparavant; on admire la nature la première fois qu'elle vous frappe, mais on s'accoutume vite à ses beautés.

A quinze milles environ ouest-nord-ouest de Tête, nous campons en face d'un établissement d'aspect européen. Au pied d'une chaîne de collines boisées, entourées d'un parc naturel et de cultures, une petite chapelle et des corps de bâtiment bien entretenus occupent le fond d'une crique à un des tournants du fleuve. C'est la Mission portugaise de San José de Boroma, dont les religieux appartiennent au même Ordre que ceux du Sacré-Cœur de Jésus à Quilimane. Il y a environ douze ans que la Mission de Boroma existe : elle comprend des missionnaires de toutes les nations ; ils vivent en égoïstes, ne pensent qu'à leur bien-être et fort peu au salut des âmes, se servent de leurs élèves pour faire leurs cultures, trafiquent en sous-main et se rendent désagréables au gouvernement local, avec lequel ils sont presque toujours en conflit. Ce dernier leur a donné en adjudication, pour un temps déterminé, le *prazo,* c'est-à-dire la concession, où ils sont établis, lequel donne son nom à la Mission.

Il ne serait pas hors de propos, puisque je suis sur ce chapitre, de parler ici d'un Ordre beaucoup plus intéressant, des anciens Jésuites, qui ont occupé cette région depuis plus de trois cents ans, et qui ont disparu en laissant des traces utiles de leur passage.

En 1560, les premiers Jésuites portugais venus de Goa (Inde portugaise) débarquaient à Mozambique. C'est de là qu'ils se rendirent dans le Monomotapa, le haut Zambèze et même dans les territoires au nord. Leur martyrologe pendant les deux siècles qui suivirent a été considérable. La plupart d'entre eux, au début, furent assassinés. On ne retrouve aujourd'hui aucune trace de leurs tentatives au point de vue religieux, mais, partout où ils s'établissaient, les Jésuites arrivaient avec des arbres fruitiers qu'ils plantaient et soignaient avec sollicitude, et c'est à eux que l'on doit ces rares, mais merveilleuses plantations de manguiers qui sont un bienfait pour tous. C'est ainsi qu'ils ont marqué leur passage, et quand le voyageur d'aujourd'hui, privé de tout, mange dans ces pays perdus quelques fruits délicieux, il le doit aux soins et au dévouement de ces pauvres religieux morts pour la plupart à la tâche et peut-être sans jamais avoir joui du fruit de leurs

UNE DES CATARACTES DE KEBRABASSA

peines. En plus de ces arbres précieux, les Jésuites ont laissé à la postérité des documents historiques remarquables et dont la plupart existent encore à Lisbonne (1).

En septembre 1759, le marquis de Pombal, ministre de Portugal, fit décréter l'expulsion des Jésuites de Tête et du Zambèze. Si cette expulsion pouvait avoir sa raison d'être en Europe, il n'en était pas de même dans ces pays où il y avait place pour tous et où les Jésuites prenaient une large part à la civilisation et à l'occupation européenne.

Revenons à Boroma. Un peu plus haut que les établissements de la Mission, se trouve une source sulfureuse très chaude dont des dépôts d'apparence sodio-calcaire couvrent tous les abords; j'en ai recueilli des échantillons et de l'eau que j'ai été obligé de jeter quelques mois plus tard, faute de porteurs (2). Après avoir passé la Mavoudzi, nous trouvons que le Zambèze se resserre beaucoup; il n'a plus ici que 400 mètres de large. Nous entendons toutes les nuits de nombreux rugissements de lions, et la nature accidentée du terrain nous fait pressentir que nous sommes à peu de distance des cataractes de Kébrabassa. Nous arrivons en effet, quatre jours après notre départ de Tête, à Massinangoué, petit village situé sur une éminence de la rive droite, à l'entrée des gorges de Kébrabassa.

Le pays ressemble ici tout à fait au Lupata. A peu de distance au-dessus du village, de hautes falaises, des blocs gigantesques, des masses énormes de tous côtés. Sauf le Lupata, je n'ai jamais vu site plus sauvage ni plus grandiose.

L'étymologie du nom de ces gorges, que les voyageurs sont allés chercher un peu loin, vient tout simplement, à

---

(1) TORRE DO TOMBO, *Archives de la province de Mozambique (Zambèze).*

(2) Il y a une source du même genre au pied du Moroumbala, à l'entrée du Chiré.

mon avis, des deux mots *kébra* et *bassa :* le premier est une corruption du portugais *acabara,* qui signifie « finira »; le second, en langue tchinioungoué ou de Tète, veut dire « travail » : le travail finit là pour les canotiers, parce qu'ils ne peuvent aller plus loin à cause des cataractes. Celui qui a dit cela le premier, un Portugais évidemment, n'avait sans doute qu'un nombre restreint de mots indigènes dans son vocabulaire, et il a fait appel à sa langue natale (1).

Nos canotiers ont tellement pris l'expression à la lettre que, en arrivant à Massinangoué, ils se refusent énergiquement à aller seulement du côté opposé du village. Nous avons appris plus tard qu'ils avaient, ainsi que les habitants, deux autres raisons pour ne pas s'aventurer sur la rive gauche. Elle est le territoire du roi de Makanga, ennemi de celui de Tète et rebelle à l'autorité portugaise, et c'est surtout le séjour favori, aussitôt la nuit tombée, de plusieurs familles de lions.

Nous restons complètement sourds à ces arguments, et, les prenant pour des prétextes futiles, nous forçons nos gens à mettre tout notre matériel sur la rive gauche avant la fin de la journée. Nous campons sans incident avec nos Arabes, mais nous remarquons que nos canotiers filent avec empressement de l'autre côté et vont coucher à Massinangoué.

Vers neuf ou dix heures, au moment où nous nous disposons à prendre quelque repos, des rugissements formidables font trembler le sol et retentir tous les échos des gorges. Nous sommes tous cloués sur place, paralysés.

Celui qui n'a jamais entendu le lion rugir dans ses domaines, qui ne l'a jamais vu dans ce beau décor de la nature, ne peut se faire une idée de l'impression que l'on

---

(1) J'ai expliqué cette étymologie parce qu'elle a soulevé de nombreuses controverses entre différents auteurs.

ressent si on l'entend ou si on le voit ainsi pour la première fois : le cœur cesse de battre, la voix meurt dans le gosier, l'œil seul ou l'oreille reste en éveil, les autres facultés sont suspendues.

Après un moment d'hébétement, nous ravivons les feux, nous nous asseyons le dos à la flamme, car la nuit est très noire, et, quoiqu'on devine les fauves tout près de nous, personne ne voit rien : en revanche, nous entendons trop. Une famille entière de lions se promène autour du camp : il y en a derrière, devant, de côté; ils sont à peine à vingt mètres de nous, comme leurs traces nous l'apprennent le lendemain. Nous réagissons enfin contre l'effet fâcheux de ce vacarme et nous lançons des tisons allumés et des fusées, nous tirons même des coups de fusil, mais rien n'y fait : le concert ne cesse que le matin. Comprenant alors pourquoi les canotiers ont préféré coucher de l'autre côté, nous nous promettons d'avoir quitté cet endroit le soir, et l'après-midi nous transportons notre campement plus à l'ouest dans l'intérieur.

Le voyage du Zambèze est terminé; avant de quitter le fleuve définitivement, je vais visiter les cataractes et j'y fais des sondages afin de me rendre compte de l'état des eaux en ce moment de l'année.

Au moment des basses eaux, il est aussi difficile de marcher le long des cataractes que de s'y promener en pirogue : les falaises sont presque à pic en certains endroits; dans d'autres, par exemple du côté ouest, elles manquent totalement; le lit du fleuve est parsemé de blocs granitiques énormes dont les plus petits ont six ou sept mètres de hauteur et qui sont plus ou moins enfoncés dans l'eau, selon le moment de l'année.

Pour la même raison les cataractes sont plus ou moins nombreuses, mais il en est qui subsistent toute l'année : telles sont Maroumboua, Caboleti, Kondedzoua et plusieurs autres plus petites qui n'ont pas de nom spécial.

Il y a une différence de niveau assez considérable entre la partie supérieure et la partie inférieure des cataractes dont ces diverses chutes d'eau ne sont que les escaliers, et, en admettant que l'industrie puisse débarrasser le lit du fleuve de ces rochers, ce qui me paraît impossible, il y aurait sans doute des écluses à faire. La façon la plus pratique et la moins coûteuse de tourner cet obstacle serait d'utiliser la route de Tête à Chicoa, qui passe au sud des cataractes et qui pourrait servir à l'établissement d'une voie ferrée dans des endroits relativement plats ou du moins peu accidentés.

Je ne parle pas à dessein de l'aspect de chacune des cataractes, parce qu'elles changent continuellement de physionomie, selon la quantité d'eau qui les recouvre.

Tout près des cataractes, sur la rive droite, un gigantesque baobab montre encore aux passants l'inscription qu'y grava Livingstone :

```
        D. LIV........
         MA-ROB....
            188.
```

La partie inférieure droite de l'inscription a disparu. Le vieil arbre ne fait pas beaucoup d'ombre, mais j'y ai campé pour la même raison que Livingstone : il est le seul qui offre un peu d'abri contre le soleil dans cet endroit. D'autres y camperont après nous. J'avais commencé à y graver aussi mes initiales, mais ce travail a été interrompu par une aventure de chasse : je me suis mis à la poursuite d'antilopes, et je n'ai jamais revu l'arbre de Livingstone.

Du Tchindi aux cataractes de Kébrabassa, le Zambèze est navigable toute l'année pour des bateaux ne calant pas plus de soixante-quinze centimètres (1); son courant est d'environ trois à quatre nœuds aux basses eaux (juin, juillet, août, septembre et octobre); il en atteint quelquefois sept au moment des crues.

Lorsque j'aurai fait connaître au lecteur les différentes parties de la région, je reparlerai de ce fleuve et de la part qui lui reviendra dans l'avenir commercial de cette partie de l'Afrique.

En quittant le Zambèze, nous eûmes à nous séparer de notre camarade Jones, qu'une fièvre lente ne quittait plus depuis longtemps. Le malheureux arriva à Vicenti et, se sentant un peu mieux, refusa d'aller plus loin. C'est là qu'il est mort quelques jours après. Plusieurs de nos hommes étaient déjà malades, et nous avions hâte de quitter la vallée du fleuve.

(1) Deux vapeurs sont arrivés près de Massinangoué : le premier est le *Ma-Robert* de Livingstone, vers 1862; le second, le *Marave*, une petite canonnière portugaise, en 1890.

CHAPITRE X

Nous pénétrons dans l'intérieur. — Tchiouta. — Le calicot et la verroterie monnaie. — Ambassade au roi de Makanga et sa réponse décourageante. — Visite au roi Tchanetta. — Notre réception. — L'orchestre du roi des Atchécoundas. — Un plat et une boisson de l'ordinaire royal. — Quelques mots sur l'histoire de Makanga. — Les mzoungos et les donas. — Massacre d'une expédition portugaise.

La région où nous essayons de nous avancer est complètement inconnue : nous allons à l'aventure. Comme il faut que j'en fasse l'exploration, autant vaut commencer par là que par un autre côté. Nous nous dirigeons vers le nord-nord-ouest, espérant rencontrer plus loin, dans l'intérieur, des populations indigènes auprès desquelles nous pourrons prendre des informations ; mais la localité paraît déserte.

Comme pour faire contraste aux régions du Zambèze, le pays manque d'eau. Après bien des recherches, nous avons trouvé un petit ruisseau ; mais, comme il n'est pas prudent de s'aventurer dans un territoire inconnu sans en connaître les ressources, j'envoie en avant une petite expédition dans le double but de recruter des porteurs à n'importe quel prix et de nous renseigner sur les moyens d'existence : nous avons engagé deux cent vingt-cinq hommes à Massinangoué et aux alentours ; mais ces gens, ne connaissant pas le pays, n'avancent qu'avec répugnance, et ils prendront certainement la fuite à la première occasion.

Quatre ou cinq jours se passent ainsi en tâtonnements. Nos éclaireurs reviennent enfin nous annoncer la présence, à une quinzaine de milles, d'un petit village nommé P'handa, perdu au milieu des montagnes, et où nous pourrons trouver un peu de nourriture et rassembler des porteurs. Nous nous mettons immédiatement en marche par des sentiers impossibles, grimpant avec la plus grande difficulté et nous élevant sans relâche en passant d'une chaîne à l'autre. Enfin, à deux cent cinquante mètres au-dessus du niveau du Zambèze et à près de six cents au-dessus de celui de la mer, au milieu d'un décor aussi beau que celui des Alpes ou tout au moins des Ardennes, au sommet d'un plateau dont les flancs sont presque à pic, apparaît un petit hameau dont les habitants nous accueillent avec cordialité et mettent tout ce qu'ils possèdent à notre disposition. C'est P'handa.

Là, nous apprenons que peu de distance nous sépare de Mbioui, le plus ancien des chefs de la région, et que nous pourrons obtenir de lui des porteurs pour continuer notre route. Une demi-journée nous conduit au pied du Niampepo, une des plus hautes montagnes de l'endroit (huit cents mètres), qui n'est elle-même qu'une enfant à côté du Tchiouta, placé derrière elle, et qui forme le point culminant du massif montagneux s'étendant depuis les cataractes jusqu'aux plaines de Makanga.

Tchiouta veut dire « *celui qui a un arc* ». Je n'ai pu retrouver la légende qui doit certainement se rattacher à ce nom; mais j'ai remarqué que c'est, dans le massif, la seule montagne qui ne soit pas habitée. Elle s'élève à onze cent quatre-vingts mètres. Sur son sommet croissent de petites fleurs sauvages que jamais être humain n'avait cueillies avant moi. On voit très peu de fleurs, en général, en dehors des hauts plateaux. Je voudrais que ceux qui se représentent l'Afrique comme une plaine de sable avec un cocotier desséché par-ci par-là pussent jeter un coup d'œil sur ces sites incomparables, sur ces gorges abruptes, sur ces montagnes immenses au flanc desquelles l'œil distingue à grand'peine les petites cases jaunes des villages indigènes.

Nous campons sur un mamelon accroché au versant du Niampepo, à une portée de fusil du village de Mbioui, et nous renvoyons nos porteurs de Massinangoué. Pour mettre nos vivres et notre matériel à l'abri, je fais construire une maisonnette en paille à laquelle nous donnons le nom pompeux de *magasin de ravitaillement,* et nous dressons nos plans pour l'avenir.

A partir de Tchiouta, le calicot devient la monnaie courante : les gens du pays en ont grand besoin : vêtus de peaux de bêtes et d'écorce battue, armés d'arcs, de flèches et de sagaies, ils ont l'air de vrais sauvages, mais ce sont de braves gens, au demeurant. Ils cherchent à nous être utiles et, en même temps, à obtenir le plus possible de notre précieuse monnaie. Une brasse de calicot (deux mètres) vaut indifféremment six poules, quarante œufs, un panier de huit kilogrammes de farine, une journée de marche ou trois journées de travail sur place. La monnaie divisionnaire consiste en fils de perles : vingt fils valent une brasse. Par conséquent, on a deux poules pour sept fils, deux œufs pour un fil, etc.

C'est de cette façon que nous nous procurons tout ce que les ressources du pays peuvent nous offrir, et les indigènes substituent de leur côté à leurs peaux de civette, de léopard, de chat-tigre et d'antilope, des morceaux de calicot qui leur donneraient un air civilisé sans leurs coiffures extraordinairement pittoresques.

Il y a autour de nous et dans un rayon de quelques milles une dizaine de villages, dont un, Tchiparangondo, est très considérable. Tous relèvent de Mbioui, qui lui-même reconnaît la suzeraineté du roi de Makanga, dont le territoire commence au pied même de Tchiouta.

J'envoie des émissaires à ce chef puissant afin de lui annoncer ma visite. Il me fait répondre au bout d'une semaine (il faut trois jours de marche pour aller à sa capitale) qu'il me défend de venir ; mes ambassadeurs me rapportent qu'il a même ajouté que, si j'entrais chez lui, il me ferait couper la tête.

Je ne pouvais continuer mon voyage sans une partie aussi essentielle de mon individu ; d'un autre côté, il me fallait absolument, non seulement voir le roi de Makanga, mais obtenir de lui l'autorisation de me promener librement sur tout son territoire. Je savais bien que, s'il ne m'avait pas menacé officiellement, il avait du moins ajouté cette réflexion à sa réponse à seule fin qu'elle me fût répétée. Mais, sachant que l'audace et l'ignorance de la peur sont les qualités avec lesquelles nous frappons le plus facilement les indigènes, je résolus de ne communiquer à personne, sauf à Hanner, ces paroles peu encourageantes, et, ayant demandé des porteurs, je pris mes Arabes et me mis tranquillement en route pour Makanga, comme si j'avais été invité à hâter ma visite plutôt que dissuadé de la faire.

La veille de notre arrivée à Kamsikiri, résidence du roi Tchanetta, j'envoie en avant un Arabe avec deux hommes pour annoncer ma venue, et je dis aux autres ce qui en est : autrement dit, je leur dévoile l'hostilité apparente du roi et la possibilité d'un conflit.

Comme nous approchons du terme de notre voyage, des gens, placés sans doute en vedette, se lèvent et s'éloignent rapidement. Je m'arrête hors du village, sous un arbre, et j'attends. L'Arabe envoyé en avant avec un message de paix avait ordre d'expliquer au roi que je n'étais nullement ni ennemi, ni Portugais, que je venais chasser chez lui, habiter ou me promener dans son royaume, et qu'il pouvait tout attendre de ma générosité, etc., etc.

Au bout d'un instant, mon ambassadeur revient me dire que le roi a paru enchanté, qu'il a commandé la musique et des chevaux pour venir nous recevoir, que même il lui a donné un excellent repas de riz et de volaille; il ajoute d'ailleurs, sur ma demande, qu'il n'en ressent pas la plus légère indisposition, et que d'ailleurs un des Atchécoundas (gens du pays de Makanga) a bu et mangé de tout avant lui.

Comme cet air enchanté me paraît tout ce qu'il y a de plus suspect de la part du roi, je donne quelques instructions aux Arabes, en leur prescrivant de charger leurs armes, de les mettre au cran de sûreté et de ne pas s'éloigner de moi pendant la cohue que je prévois (1).

En effet, une clameur, d'abord lointaine, augmente et prend les proportions d'un tintamarre étourdissant : au fur et à mesure qu'elle se rapproche, on perçoit des sons criards et discordants accompagnés de tam-tams aux intonations diverses : c'est la musique sans doute. Puis une foule armée de fusils et de sagaies se dégage de l'entrée de la palissade qui entoure le village, et elle se répand en dehors. Nous cherchons à la dénombrer, mais nous y renonçons; ils sont près d'un millier, poussant des cris, des sons qui ont la prétention d'accompagner l'orchestre, gesticulant, dansant même.

Tous ces gens ont l'air très gai. C'est à souhaiter d'ailleurs, car je me demande ce que nous ferions s'ils avaient l'air très féroce : nous sommes juste vingt-cinq, les Arabes et moi, car les porteurs ne comptent pas.

La foule s'arrête à cinquante mètres de nous, et un homme vient nous dire qu'on va tirer des coups de fusil

(1) Chacun de mes Arabes était armé d'un martini-henry et de cinquante cartouches. J'avais avec moi ma carabine double (*express-rifle*) qui ne me quitte jamais.

FEMME DU HAUT ZAMBÈZE

sans balle : bien aimable! Est-ce la peur de blesser notre tympan ou de nous voir riposter qui nous vaut cet avis?

On tire quelques coups de fusil, les danses recommencent, entrecoupées par les sons de la petite flûte, des éclats de tam-tam et des détonations; pour ne pas être en reste, j'envoie un Arabe aviser que je vais aussi tirer à blanc, et nous brûlons quelques cartouches dont j'ai fait préalablement retirer les balles. Sur mon conseil, mes hommes donnent tous les signes d'une joie folle et exécutent quelques fantasias.

Quant à moi, je continue à regarder, et ce que je vois me persuade qu'il n'y a aucun guet-apens à craindre pour le moment. En effet, toutes les femmes et jeunes filles du village sortent derrière les hommes, dansent et chantent avec eux. Quand, chez les peuples africains, il y a ou va y avoir du danger, les femmes ne se montrent pas.

Le moment de la réception est arrivé. La foule s'entr'ouvre, et un homme grand et maigre s'avance assis sur les épaules d'un noir : celui-ci le dépose à terre en se baissant et retire sa tête d'entre les jambes royales. Sa Majesté s'avance à pied à une allure déhanchée, les pieds en dehors, les bras ballants. Il est suivi de quelques mulâtres et de noirs de marque, tous couverts de longues robes de couleur voyante, ayant la forme de celles que les Portugais appellent *camisa de fresco.*

Je m'avance également, mon fusil derrière l'épaule, suivi de mes hommes, et, après une légère hésitation, le roi me tend gauchement la main. Je m'aperçois qu'il est complètement ivre; il balbutie un *good morning* auquel je réponds et, faisant volte-face, me dit en me montrant le village : « *Cavallo, cavallo* » (cheval); puis, joignant le geste à la parole, il s'arrête en écartant les jambes. Aussitôt un noir se baisse et, le prenant sur sa nuque, le soulève délicatement. On me fait signe que mon porteur m'attend, et je me laisse enlever, comme mon hôte, par cette monture d'un nouveau genre. Nous reprenons le chemin du village, dominant la foule qui me regarde curieusement, mais sans hostilité apparente, et, suivis de l'orchestre, qui fait rage de coups de tam-tam et de fusil, nous entrons à Kamsikiri.

On s'arrête devant la palissade des cases du roi ; nous mettons pied à terre, et, une natte ayant été apportée, nous nous asseyons à l'ombre devant une des habitations. Je suis seul assis sur la natte du roi ; les grands ont la leur. On en donne aux Arabes, qui prennent place à trois ou quatre pas à ma gauche. Le peuple et les femmes s'asseyent par terre, et, tout autre bruit ayant cessé, l'orchestre nous donne à savourer quelques-unes de ses plus charmantes compositions : il se compose d'une caisse ou tambour, de deux petites flûtes, d'un *marimba* (1), de deux *santsi* (2) et de deux tam-tams. J'ai su plus tard que, lorsque le roi est ivre, il fait jouer ses musiciens jour et nuit. Comme il boit continuellement, ils sont souvent de service. Il les fait lever à n'importe quelle heure, et, quand ils refusent de jouer, il leur fait couper la tête, pour les décider sans doute. Il est dur d'être musicien du roi Tchanetta, mais il est peut-être encore plus dur d'être forcé d'écouter son orchestre.

Tout a une fin en ce monde, même les meilleures choses ; l'orchestre se tait sur un signe du roi, et nous échangeons, à l'aide d'un Arabe qui sert d'interprète, quelques phrases pour faire connaissance. Le roi fait ensuite apporter du *moa* (bière de maïs) et des mets dont il goûte avant moi. L'usage des pays où l'on connaît l'emploi des poisons veut

---

(1) Cet instrument, moins répandu aujourd'hui qu'autrefois, se compose de deux rangées de calebasses de différentes grandeurs sur lesquelles sont des traverses qui rendent des sons divers.

(2) C'est une calebasse au fond de laquelle on dispose un peigne en fer dont chaque dent rend un son différent. (J'en ai exposé les photographies au Cercle de la librairie en 1894.)

qu'on manifeste ainsi de la pureté de ses intentions. Le repas que nous faisons (avec nos doigts) consiste en du riz bien égrené, du poulet en sauce et une espèce d'herbe excellente, qui correspond à nos épinards. Après avoir déchiqueté la volaille sur le riz et ajouté les herbes, on mélange le tout en une pâtée épaisse dont on se remplit la bouche autant que le comporte sa capacité. J'ai trouvé ce plat délicieux. La bière de maïs est également une boisson rafraîchissante et fort agréable.

A partir de ce jour, nos relations avec le roi de Makanga furent des plus cordiales. Il fit tout ce qui dépendait de lui pour m'être agréable et utile : il s'occupait de mes hommes, veillait à ce qu'ils ne manquassent de rien, leur envoyait des pots de bière et des vivres toute la journée, me rendait tous les jours visite à mon camp et me recevait chez lui avec empressement quand j'avais à lui parler.

Malgré toutes ces avances, je me méfiais de lui, en songeant que quelques années auparavant il avait massacré lâchement, une nuit, des gens qui avaient cru à ses démonstrations d'amitié.

L'histoire du pays de Makanga peut se résumer en quelques mots. Il y a un siècle environ, un mulâtre portugais de Goa, Pedro Gaetano Pereira, fonctionnaire du gouvernement portugais, se mit à la tête de la population de Makanga pour la débarrasser du joug des Azimbas, et il réussit dans son entreprise après une guerre de plusieurs années et des dépenses considérables.

Dès que le pays fut libéré, il se fit nommer roi, et, se retournant aussitôt contre le gouvernement portugais, il fit des incursions dans le district de Tête et y opéra des razzias (1), si bien qu'il ruina à peu près complètement le

---

(1) Rapport du gouverneur de Sena (alors capitale de la province de Mozambique).

pays (1806). Il continua ses déprédations, et le pays de Makanga, déclaré rebelle par le gouvernement portugais, resta toujours en lutte avec les autorités locales. A la mort de Pereira, que les indigènes avaient surnommé Chamatowa (le Vainqueur), son fils lui succéda et continua à agrandir son territoire ; il fut surnommé Dombo-Dombo (le Destructeur) et prit le nom de Tchikokoula, qui resta jusqu'à nos jours à chacun des rois de Makanga et qui veut dire *le Grand*. Dombo-Dombo conquit presque tous les pays limitrophes de Makanga et les annexa à son royaume. Sous son règne, les Atchécoundas se firent une réputation de courage et de bravoure qui leur est toujours restée et qu'ils méritent toujours. Malgré les quatre fils qu'il laissa à sa mort, le pouvoir passa aux mains de son frère. Celui-ci laissa onze fils. Mais les descendants de Dombo-Dombo doivent régner avant eux : la loi du pays, en effet, transmet la succession au frère ou, à défaut, au fils aîné du frère aîné. Nous voyons ainsi défiler, entretenant toujours des hostilités avec le gouvernement portugais et leurs voisins, quinze rois : Kaniensi, Kaouta, Korouza, Katchimé, Mkassa, Tchinkomo (détrôné par ses propres sujets à cause de ses atrocités), Tchikouacha, Tchigbouata, Tchinkata, Tchitouzo (tué par l'éclatement d'un fusil), Kanienzi, Kankouni, fils de Mkassa, assassiné à Broma le 25 novembre 1886, Tchaneta, fils de Tchitouzou, celui qui me recevait en 1891 et qui mourut en 1893, Tchigaga qui lui succéda et gouverna à peine quelques mois, enfin Tchinssinga, le roi actuel (1).

Tous les descendants de cette famille, et ils sont très nombreux, portent le titre de *mzoungo,* qui veut dire « blanc » ou « monsieur », et qui a même, en certain cas, la signi-

(1) Chacun de ces rois porte, en même temps que ce surnom et celui de Tchikokoula, le nom de famille de Gaetano Pereira, précédé d'un nom de baptême quelconque, Louis, Cypriano, etc., etc.

ATCHÉCOUNDA. — HOMME

fication d'un titre. Les femmes portent celui de « dona » comme les Portugaises de la noblesse. On ne doit jamais prononcer le nom d'une personne de la caste des rois de Makanga sans le faire précéder du mot *mzoungo* ou *dona*, selon le sexe. Les fils sont de la classe à laquelle appartient leur père. Si un indigène épouse une dona, ses fils sont des indigènes; au contraire, si un mzoungo épouse une femme du pays, tous les enfants auront droit au titre. Ces détails sont très importants à connaître, car les Atchécoundas sont très à cheval sur l'étiquette. La distinction est d'autant plus difficile que les mzoungos et les donas sont aussi noirs que les autres et ne diffèrent extérieurement des indigènes que par un costume un peu plus soigné. Le conquérant et ses descendants ayant toujours épousé des femmes du pays, la race s'est absolument fondue avec celle des Atchécoundas. Quelques caractères pourtant subsistent de l'ancien mélange et se rencontrent parfois. Certains mzoungos ont une barbe très fournie, d'autres ont des yeux dont l'iris ne se confond pas avec la pupille, comme dans la race nègre. L'ensemble de la physionomie est agréable, quoique les traits examinés en détail ne soient pas beaux. C'est un des caractères marquants de la race des Atchécoundas : on voit chez eux peu de beaux types, mais beaucoup de physionomies sympathiques.

Maintenant que le lecteur a une idée de ce que sont les « mzoungos », reprenons l'odyssée courte, mais sanglante, de leurs rapports avec les Portugais.

Quoique très mécontent des agissements du roi de Mkanga, le gouvernement de Tête avait été depuis quelque temps forcé de fermer les yeux sur les razzias journalières opérées par les Atchécoundas sur leurs voisins; ne disposant que d'une milice indigène peu nombreuse, il n'était pas en état d'empêcher ces abus. Il tenta néanmoins d'y apporter remède par un moyen plus doux qui lui permît en même temps de reprendre une influence sur le pays. A l'aide d'une convention conclue avec le roi Luiz Gaetano Pereira, il envoya dans la capitale d'alors, qui était Mtchena, un représentant officiel avec une petite garnison.

En avril 1887, le lieutenant Mesquito e Solla prenait possession de ce poste; il supposait sa tâche facile à remplir, le gouvernement portugais ayant mis sur le compte de l'ignorance la plupart des déportements du peuple rebelle. Son mandataire espérait donc que, en conseillant et protégeant le roi, tout rentrerait dans l'ordre. Il vit bientôt qu'il s'était trompé, et que non seulement on ne faisait aucun cas de sa présence, mais qu'encore on se moquait de ses conseils. Les difficultés qu'il rencontra au début lui firent comprendre ce que lui réservait l'avenir. On l'empêcha de se fortifier, de se construire une maison en pierre, et il eut à loger dans une hutte de nègre; ses soldats devinrent bientôt l'objet des grossièretés et des railleries des indigènes; on singeait chez le roi ses appels aux armes et ses sonneries de tambour ou de clairon; enfin on ne sut bientôt plus qu'inventer pour lui rendre l'existence intolérable; les vexations et les bravades se changèrent rapidement en hostilités, et, impuissant à se faire respecter, abreuvé d'humiliations, voyant que, loin d'honorer le gouvernement portugais, on le tournait en ridicule, le lieutenant Solla quitta Makanga et rentra à Tête avec son détachement.

On ne comprit pas bien en haut lieu les motifs qui avaient fait agir cet officier; on ne se rendit pas compte qu'il était trop faible pour imposer sa présence, et qu'avec sa poignée d'hommes il n'eût fait qu'essuyer, le cas échéant, une défaite de nature à compromettre à jamais les vues du gouvernement sur le pays. On le traduisit devant un conseil de guerre pour abandon de son poste, et on le mit en disponibilité. Son successeur resta un mois et renonça de même à cette existence. Le troisième représentant du gouvernement, Antonio Joachim Gonzalves Macieiro, fut accompagné d'un sous-lieutenant, Francisco Xavier de Souza y Pereira; ils avaient avec eux environ cent cinquante hommes, dont plusieurs blancs, sergents et caporaux. Le 22 octobre 1888, trois ou quatre mois après son arrivée, toute cette nouvelle garnison fut massacrée; un seul homme, un caporal noir, blessé, fuyant à travers les bois, vint raconter à Tête ce qui s'était passé : un matin, au petit jour, ils s'étaient trouvés écrasés sous le nombre, criblés de projectiles, et les assaillants n'avaient quitté la place qu'après avoir égorgé toutes leurs victimes, pour être certains qu'elles ne survivraient pas aux balles.

Le 13 février 1889, le pays Makanga était une fois de plus déclaré traître et rebelle à la nation; défense était faite à ses habitants de venir à Tête. Le 23 du même mois, le lieutenant Solla était réhabilité comme ayant accompli au contraire un an auparavant un acte dicté par la raison et la sagesse.

Tel était le pays où nous nous trouvions; telle était la façon dont il avait traité des Européens, ses hôtes, ce roi sur la natte duquel je m'asseyais. Ce n'est donc pas sans raison que j'avais de la méfiance. Je faisais veiller mes Arabes à tour de rôle, et nous étions bien décidés, si on voulait nous faire subir le sort des Portugais, à vendre notre existence le plus cher possible.

Plus tard, à mon retour dans le pays, lorsque je connus mieux la langue et que le roi eut fait de moi son confident, je sus que tous ceux qui avaient trempé dans le complot dont les Portugais avaient été victimes regrettaient sincèrement ce qui était arrivé, et qu'ils redoutaient le châtiment qu'on leur réservait dans l'avenir. Mais, à cette époque, je ne savais rien de tout cela (1), et je montrais fort peu de confiance aux avances que me faisait mon hôte.

Ma première visite au roi Tchanetta se termina peu après, et nous nous quittâmes fort bons amis ; je promis pour ma part de revenir, et il s'engagea, à mon retour, à me faire visiter son territoire, avec licence d'y chasser à ma fantaisie.

Sur son ordre, l'orchestre nous accompagna hors du village pendant plus d'un kilomètre, malgré tous nos remerciements, nos gestes et même nos marques d'impatience ; il passa avec nous plusieurs ruisseaux à gué, nous suivant sous bois et dans la plaine, par monts et par vaux, faisant retentir les échos des notes perçantes de la flûte et de coups de tam-tam, sans souci de la mesure. Je commençais à souhaiter qu'il nous fût donné de tenir ces musiciens dans un endroit écarté, assez loin du village, pour leur administrer une volée ; mais ils comprirent sans doute à notre air exaspéré qu'il allait se passer quelque chose de terrible, et, comme les bois commençaient à devenir de plus en plus déserts, ils prirent le sage parti de s'arrêter en frottant leurs pieds, ce qui dans ces pays équivaut à une salutation d'inférieur à supérieur : on fait absolument comme si on décrottait ses pieds sur un paillasson (2).

Le maudit orchestre s'étant mis à l'abri du danger, en nous quittant, n'en continua pas moins, par vengeance sans doute, à jouer sur place, ce qui nous permit d'avoir encore pendant plus d'une heure la répercussion de son tintamarre. Ce bruit finit pourtant par s'éteindre dans le lointain, au fur et à mesure que nous nous éloignions.

Un an après, j'appris, non sans quelque satisfaction,

(1) Un voyageur anglais, M. D.-J. Rankin, rendit également visite au roi des Atchécoundas à cette époque.

(2) Pour saluer, les femmes croisent les bras, leurs mains ouvertes contre leurs épaules, fléchissent légèrement sur les genoux et se relèvent ensuite, en laissant tomber leurs bras.

que, pour des motifs à lui connus, le roi avait raccourci considérablement son orchestre : l'ignoble et perçante petite flûte était allée siffler dans l'autre monde, deux tambours avaient péri dans un incendie, et le piano indigène était excessivement malade. J'étais vengé.

CHAPITRE XI

Voyage dans la Maravie orientale. — Route à travers la brousse. — Essaim de tsé-tsés. — Le pays d'Oundi et le mont Mbazi. — Une bataille entre indigènes. — Attaque de l'expédition et mise en fuite des assaillants. — Explications. — Nouvelles escarmouches. — Impossibilité de sortir du pays. — Quelques nouveaux aliments : chenilles et termites. — Portrait d'Oundi. — Quelques mots sur les Agoas et les Azimbas. — Fin de notre captivité. — Passage du Kapotché. — Souffrances du voyage. — Famine. — L'éléphant pourri. — Retour à Tchiouta. — Les souliers du génie de féerie. — Visite aux mines d'or de Missalé. — Leur histoire et mes recherches. — Quelques mots sur Mpéseni et Tchikoussi. — Les caravanes d'esclaves.

En retournant à Tchiouta, je songeais à mettre à exécution le projet que j'avais formé de rendre visite au pays des Maravis, où d'anciens travaux faits par les Portugais au commencement du siècle indiquaient la présence de gisements aurifères. Le pays était fort peu connu, à l'exception des abords immédiats d'un sentier qui le traverse et qui conduit de la Lugia à Mpéseni ceux qui vont à Tête ou en reviennent.

Ce sentier était fréquenté surtout par des chasseurs d'éléphants, car, à l'époque dont il est question, cette chasse rapportait aux négociants de Tête d'assez gros bénéfices. Il servait aussi de sentier de guerre aux pillards de Mpéseni qui opéraient, sur les populations de la Maravie, des attaques continuelles.

Je résolus de compléter *de visu* mes informations sur le pays, attendu que, lorsqu'il s'agit de centres éloignés du leur, les indigènes ne vous donnent que des renseignements erronés ou dictés par un intérêt quelconque.

Je savais seulement que, à une centaine de milles de Tchiouta, vers le nord-ouest, commençait le pays d'Oundi, chef puissant et guerrier. Son territoire bordait les pays de Mano et de Missalé qui composaient autrefois ce que les premiers Portugais appelèrent la Maravie orientale, du nom des premiers occupants, les *Maravis,* dont la race est aujourd'hui disparue ou fondue dans d'autres tribus. A Missalé se trouvaient les gisements aurifères, s'étendant même, disait-on, jusqu'à Mano; à défaut d'or, on y trouvait sûrement des éléphants et, par conséquent, des régions inhabitées.

Je comptais faire dans le pays un séjour d'un mois au plus et reprendre ensuite mon chemin vers le nord. Ce voyage n'étant en somme qu'une petite exploration sur les flancs de mon grand itinéraire, je voulais y consacrer juste le temps nécessaire et revenir, autant que possible, avant les pluies qui commencent en décembre. Comme on le verra par la suite, je m'étais trompé, et non seulement mon séjour se prolongea au delà de mon désir, mais j'eus à subir pendant quatre mois les plus cruelles épreuves que j'aie jamais endurées.

Le pays où nous entrâmes en quittant Tchiouta était magnifique : c'était encore la région montagneuse, mais mélangée déjà aux grandes forêts, touchant à des plaines sans fin couvertes d'une végétation vierge peu élevée, mais qui procure au voyageur un chemin peu accidenté avec de l'air et un peu d'ombre. De temps à autre, de grandes étendues sans arbres, couvertes de hautes herbes, à travers lesquelles nous avions à nous frayer un passage, faisaient contraste avec le pays boisé que nous venions de traverser et que nous apprécions davantage quand nous y rentrions peu après, ruisselants de sueur et suffoqués par le manque d'air dont on souffre dans les hautes herbes.

Peu d'incidents marquants vinrent couper la monotonie du voyage. Le gibier était abondant, à en juger par les empreintes de toutes espèces que nous rencontrions; mais, comme on ne voit les animaux que lorsqu'on se consacre uniquement à leur recherche, le pays paraissait désert. Surveillés par les Arabes, plus de deux cents porteurs en file indienne, serpentant à travers les arbres, causaient à voix basse tout en marchant; chaque homme passait exactement où avait marché son prédécesseur, et tous suivaient le guide qui traçait à travers la forêt un chemin au milieu de la végétation, évitant les épines et les troncs d'arbres renversés, contournant les taillis épais et les mille obstacles que la nature met, dans ces régions, à une marche en ligne droite.

Intercalés en divers points de la colonne pour la surveiller et pour empêcher qu'il n'y eût des retardataires, les Arabes stimulaient les porteurs dont la bonne volonté semblait problématique. Les longs voyages sourient peu aux indigènes, qui ne se décident que difficilement à les entreprendre; d'où les délais considérables qui sont comme inhérents aux grands parcours; d'où, aussi, des retards auxquels il est impossible d'apporter remède.

Nous passâmes ainsi la rivière Tchiritsé, la Loangoué et la Louyia ou, ce qui est plus exact, le lit de cette dernière, car elle était complètement à sec.

Aux environs de la Louyia, j'ai vu en quelques heures plus de tsé-tsés que je n'en ai vu pendant tout mon séjour dans la brousse africaine : des essaims de ces insectes nous environnaient, nous couvrant de piqûres, à tel point que les porteurs jetèrent leurs charges à terre pour avoir les mains plus libres : chacun dut se fouetter en tous sens et sans relâche avec des paquets de feuilles, espérant ainsi éloigner les insectes ; mais, voyant que ceux-ci redoublaient leurs attaques, il nous fallut les fuir en reprenant notre marche à la hâte, presque au pas de charge, par une chaleur accablante, au milieu d'une végétation inextricable.

L'idée de camper sur les bords de la Louyia dut être abandonnée, et ce ne fut qu'après une fuite d'une demi-heure que les insectes, devenus moins nombreux, nous permirent de nous arrêter ; il n'y avait toutefois pas d'eau en cet endroit, et il fallut retourner en chercher à la Louyia dans une de ces petites mares qui subsistent au fond du lit des grandes rivières, en des endroits protégés par une épaisse végétation et où le soleil ne pénètre jamais. Ces réservoirs sont la seule ressource des animaux de la région et des voyageurs qui la traversent. A ce moment de l'année, la température est toujours de plus de 40°, au milieu de la journée ; vers onze heures du matin, les pieds des noirs, malgré l'épaisseur de leur plante et leur apparente insensibilité, sont brûlés par le sol dans les endroits où la végétation est rare, et il faut renoncer à reprendre la marche jusqu'à deux ou trois heures de l'après-midi. On ne peut pas toujours rester sous bois, le pays variant d'aspect au fur et à mesure qu'on avance.

En arrivant au bassin de la Louyia, nous étions déjà dans le pays d'Oundi. Devant nous des collines peu élevées émergeaient de plaines herbeuses ; au second plan, des éminences plus nombreuses, à l'aspect velu et plus sombre, mais en réalité couvertes de forêts basses, et enfin, dans l'éloignement, aussi loin que l'œil pouvait en apercevoir, de grandes montagnes bleuâtres, aux formes diverses, en chaînes ou isolées, comme autant de grands animaux couchés en des poses diverses, se détachaient sur la transparence du ciel.

Après la Louyia, nous traversâmes le lit du Kapotché, aussi large que le précédent : il est aisé de reconnaître que, au moment des crues, sa largeur dépasse souvent deux cents mètres. Je fis cette observation en passant et sans y attacher d'importance, ne me doutant pas qu'un peu plus tard je serais amené bien malgré moi à en vérifier l'exactitude. Au bord du Kapotché, nous prîmes un ou deux jours de repos; nous, c'est-à-dire les hommes, car je me suis mis à chasser, ce qui était pour moi un redoublement de fatigue, si compensé qu'il ait pu être par le plaisir de la chasse. Je tuai ainsi quelques antilopes, dont la chair, jointe au produit de la pêche dans les mares, apporta à notre ordinaire un changement fort agréable. Le gibier étant abondant dans la région, et des chasseurs d'éléphants que nous avions rencontrés nous ayant dit qu'il y avait beaucoup moins de ressources de ce genre dans la Maravie, je prolongeai mon séjour d'une semaine afin de mettre de côté, si possible, un peu de beltong (1) : j'avais comme un pressentiment que nous n'aurions pas toujours l'abondance.

Ce temps écoulé, nous entrâmes gaiement dans le pays d'Oundi, aux confins duquel nous nous trouvions. Je ne m'attendais pas à un accueil chaleureux; je supposais même que l'on se méfierait de moi, et que nous aurions quelque peine à persuader au roi que nous venions simplement visiter son pays, y chasser et le prier de nous montrer les mines de Missalé; mais on m'eût fort étonné en m'annonçant de quelle façon on allait nous recevoir.

Le lendemain de notre départ de Kopotché (nous nous trouvions alors dans les montagnes dont je viens de par-

---

(1) *Beltong*, mot boer qui signifie viande légèrement salée, séchée au soleil, tandis que la viande boucanée est séchée sur des feux, ou plutôt fumée. Le beltong est très nourrissant, très léger et inaltérable, tant qu'il reste à l'abri de l'humidité.

ler), nous vîmes devant nous une immense muraille grise qui, de l'endroit où nous étions, paraissait à pic : c'était le mont Mbazi, la résidence de Sa Majesté. Isolé des autres, l'énorme bloc de granit, qui n'a pas moins de dix-neuf cents mètres d'élévation, nous paraissait tout près et à peine à une heure de marche, tandis qu'il nous fallut encore un jour pour atteindre son pied.

En y arrivant, je fus étonné de ne rencontrer personne dans les cultures. Il y avait là quelques champs de maïs rabougri, quelques calebasses, des endroits où on avait commencé à bêcher pour préparer des semailles ; mais le tout avait l'air négligé, abandonné même. Ne voyant aucune habitation, même à l'aide de la lorgnette, sur les flancs escarpés de la montagne, je supposai qu'en raison de son exposition à l'est les vents qui soufflent de ce côté avaient obligé les habitants à s'abriter du côté opposé. N'ayant trouvé, au surplus, aucune trace de sentier pour commencer l'ascension, je me dirigeai vers l'extrémité nord, afin de contourner le mont Mbazi par la vallée. Je découvris en effet, en cet endroit, un sentier qui prenait la direction désirée.

Après une heure d'ascension en oblique, nous commençons à apercevoir de loin quelques cases de paille semées çà et là sur des escarpements ; d'énormes arêtes descendent, se détachant du tiers de la montagne, et ces contreforts s'avancent dans la vallée comme autant de cloisons gigantesques. Sans doute la première nous cache le village auquel ces cases détachées doivent appartenir. Encore un moment de marche, et nous allons arriver sur le tranchant de l'arête, d'où nous découvrirons probablement ce qui est de l'autre côté. Un peu avant que nous y soyons, une clameur confuse arrive par bouffées à nos oreilles ; mais il y a toujours tellement de bruits divers autour d'un grand village que nous n'y faisons pas autrement attention.

Au fur et à mesure que nous approchons, aux clameurs entrecoupées se joignent des cris sauvages, des vociférations aiguës ressemblant vaguement à ces cris de guerre que j'ai entendu autrefois pousser aux fanatiques amazones dahoméennes; des coups de fusil éclatent en ce moment et se répercutent de tous côtés, multipliés par les échos et ressemblant ainsi à des décharges de mousqueterie. (J'ai omis de dire que, tout autour de mont Mbazi et dominées par lui, se trouvent d'autres montagnes.) Nous pouvons enfin voir, et un coup d'œil suffit pour nous donner la certitude que les gens qui sont devant nous se battent. Sur l'arête qui fait face à celle que nous venons de franchir, et un peu au-dessus de nous, rangées en espalier sur un grand espace, se montrent plusieurs centaines de cases rondes, en paille, au toit pointu; cent mètres plus bas, des gens se précipitent les uns sur les autres, se frappent, se poursuivent de rocher en rocher dans la vallée à nos pieds, à peine perceptibles. Des petits êtres noirs arrivent au secours de ceux qui se battent,… à moins qu'ils ne viennent lutter contre eux. Car nous ne le savons pas au juste et ne comprenons rien du tout à ce qui se passe : les uns sont armés de boucliers, de casse-tête, de sagaies; les autres, de fusils. Arrivé à une centaine de mètres du champ de bataille, je fais arrêter mon escorte, et nous nous groupons, regardant ce qui se passe un peu au-dessus de nous.

A ce moment, les indigènes aperçoivent sans doute le groupe que nous formons et les gestes que nous leur faisons, car, tandis qu'une partie des assaillants continue la bataille, l'autre s'arrête, nous regarde et se met à pousser des cris aussi incompréhensibles pour nous que tout ce que nous venons de voir et d'entendre.

Bientôt, tous les combattants, attirés sans doute par l'appel de leurs camarades, semblent avoir oublié leurs griefs; mais les cris n'en persistent pas moins. Une minute ne s'est pas écoulée que voici des gestes de menaces. Ah! nous comprenons fort bien cette fois, d'autant plus que ces menaces sont suivies d'effet : sagaies, flèches, casse-tête s'élèvent dans les airs comme un feu d'artifice et passent en sifflant autour de nous ; des nuages de fumée nous annoncent que les fusils sont de la partie ; d'ailleurs, nous reconnaissons le bruit particulier des balles qui fendent l'air.

Ayant essayé en vain de parlementer et voulant éviter autant que possible d'avoir des blessés, je fais embusquer mon monde derrière des quartiers de roche, ce qui est aisé, les flancs de la montagne étant semés de milliers de blocs de toutes tailles et de toutes formes ornés de végétation. J'attends ainsi quelques minutes que la rage de ces braves gens soit passée. Mais les uns se rapprochent et continuent à envoyer des flèches, tandis que les autres font feu ou chargent leurs fusils avec une précipitation qui ne dénote aucune intention pacifique.

En une minute ou deux, je calcule vaguement qu'il doit y avoir deux à trois cents combattants et que, nos porteurs étant sans armes et prêts à prendre la fuite, nous sommes juste une douzaine d'hommes en état de riposter à cette attaque dont je cherche en vain le motif : je me demande quel parti prendre. J'ai déjà plusieurs blessés, et pourtant j'essaye de contenir les Arabes, qui veulent faire feu depuis le commencement ; mais il me faut bien y renoncer en voyant qu'un des leurs a été à son tour atteint par une sagaie ; ils ne veulent plus écouter les bons raisonnements ; alors je commande le feu, auquel je prends part, et nous ne tardons pas à mettre en déroute la population tout entière ; j'arrête aussitôt le tir et je fais crier que j'ai à parler ; mais ce n'est qu'au bout d'un moment qu'un individu se décide enfin à nous répondre, en demandant ce que nous voulons. Une longue conversation s'ensuit, rendue très difficile par notre position respective : rien n'est trompeur comme ces masses montagneuses, où tout a des dimensions auxquelles notre œil n'est pas habitué. Nous croyons être à cent mètres de notre interlocuteur, et nous sommes réellement à plus du double. Tandis que sans effort notre voix monte claire jusqu'à lui, c'est à grand'peine si nous pouvons distinguer ce qu'il nous vocifère à plusieurs reprises. Enfin, après force discours et protestations de part et d'autre, nous finissons par nous entendre et nous avons le mot de ce qui vient de se passer.

Les gens de Mpéseni, un roi puissant dont le territoire borne au nord celui d'Oundi, font depuis trois ans des razzias continuelles chez ce dernier, qu'ils ont réduit ainsi à la plus affreuse misère; ils lui ont pris tout son bétail et ont emmené en esclavage une partie notable de ses sujets. Autrefois, ils ne pénétraient chez lui qu'à la faveur des ténèbres; aujourd'hui, sûrs de leur supériorité, ils ne craignent pas de se présenter en plein jour. Ils sont pourtant encore souvent battus, n'étant armés que d'arcs, de boucliers, de sagaies et de casse-tête, tandis que leurs adversaires, les Agoas ou gens d'Oundi, ont des fusils et de la poudre. Ces hostilités continuelles n'en sont pas moins désastreuses pour le pays, parce qu'elles empêchent la culture : on n'ose plus s'éloigner de la montagne, et les vallées environnantes, autrefois couvertes de moissons, sont aujourd'hui abandonnées et livrées aux orties.

Au moment de notre arrivée, les Mafsitis (mauvais génies, brigands, pillards : c'est le nom qu'on donne aux gens de Mpéseni dans ces régions) étaient aux prises pour la cinquième fois depuis cette lune (ce mois) avec ceux d'Oundi, et à notre arrivée chacun des deux partis, croyant que nous venions au secours de l'autre, nous a traités en ennemis. Notre feu a mis en déroute les deux troupes adverses, sans distinction. Ce sont surtout les Mafsitis qui ont « écopé ». Trois d'entre eux sont morts, et quatre blessés, qu'on a achevés aussitôt ; au contraire, nous n'avons blessé que trois guerriers d'Oundi, dont un, même, très légèrement. De notre côté, il y a un Arabe et un homme tués, plus cinq blessés, à commencer par moi, qui ai reçu une balle morte dans la cuisse.

Après la première explication, la confiance revient, et la population aussi. Nous avons dans le village une longue palabre à la suite de laquelle le roi reçoit des cadeaux comme gage de notre amitié. Je me fais amener les blessés, et je les panse. Le village étant situé beaucoup trop haut à mon gré (à neuf cent cinquante mètres au-dessus de la vallée), j'installe mon campement sur le versant de la montagne, presque à six cents mètres au-dessous de lui. Le plateau du mont Mbazi n'est pas habitable à cause des vents violents qui y soufflent, du froid qu'il y fait et de la difficulté qu'on éprouve pour y accéder, ses bords n'étant pas seulement à pic, mais surplombant souvent leur base.

Si nous étions réconciliés avec les gens d'Oundi, il n'en allait pas de même avec leurs ennemis : les Mafsitis revinrent deux jours après et, ayant pu atteindre un de nos porteurs, le tuèrent à coups de sagaie. Les autres demandèrent vengeance ; pour avoir la paix, je tentai une sortie un matin, à l'heure habituelle de la retraite de l'ennemi depuis que nous sommes arrivés. Dissimulés derrière des quartiers de roche, nous guettons le passage d'une troupe, forte de trente-cinq hommes environ, et nous tirons dessus aussitôt que nous sommes découverts. Ce n'est pas sans peine que je maintiens les Arabes, qui veulent se battre corps à corps ; un d'eux, Mohammed ben Ali, est abattu d'un coup de casse-tête volant, deux de nos hommes sont blessés. Du côté de l'ennemi, huit morts et quatre blessés.

Mohammed ben Ali meurt au bout de vingt minutes, sans avoir repris connaissance. Voici donc encore un homme que cette folie nous a coûté, et je ne l'ai faite que parce que mes gens voulaient en commettre une plus grande encore : provoquer les Mafsitis et leur proposer un combat régulier. C'eût été notre perte.

Après ces escarmouches, on nous laissa tranquilles; nous veillions chaque nuit à tour de rôle, mais l'ennemi ne reparut pas, quoiqu'il ait continué à attaquer Oundi plusieurs fois pendant le mois d'octobre.

La première semaine de notre séjour se passa assez bien, mais les pluies ne tardèrent pas à commencer, ce qui rendit notre séjour en plein air des plus malsains. Telle est la violence des averses que les tentes doubles sont traversées et qu'on est obligé de s'envelopper dessous de couvertures ou d'imperméables. A l'eau succéda la famine. Les vivres se firent rares, les ressources habituelles du pays manquant totalement. Comme j'espérais profiter d'une éclaircie pour faire un voyage aux mines, je renvoyai une partie de mon expédition à Tchiouta pour demander à Hanner de m'expédier des provisions. Les incursions des Mafsitis continuaient, mais de nuit. Une fois, nous sommes réveillés à une heure du matin par des cris déchirants partant du village qui est au-dessus de nous : on égorge des femmes et des enfants. Nous ne sommes que treize en tout, y compris deux Arabes et moi; le reste est retourné à Tchiouta; mais, fussions-nous en nombre, puis-je me mêler des affaires d'Oundi? Il a évidemment le dessous, et ce n'est pas l'aide que je puis lui apporter qui lui sera de quelque utilité; d'un autre côté, je me mettrais à dos ses ennemis, et je n'ai pas le temps de guerroyer ici; je n'ai pas non plus les approvisionnements nécessaires. J'adopte le parti de rester neutre, ayant déjà assez perdu d'hommes et n'étant pas encouragé à me sacrifier pour mon hôte par la façon dont il me traite. J'ai eu beau le combler de cadeaux, il me refuse tout ce que je lui demande : après vingt jours de séjour au mont

Mbazi, je n'ai pu obtenir ni guide pour aller visiter le nord du pays, ni nourriture. Le roi est le seul à avoir quelques vivres de réserve : autour de lui, c'est la misère la plus noire, la plus triste que j'aie jamais été à même de contempler : des hommes maigres, hâves, qui courent les bois à la recherche de miel, toujours armés, toujours dans l'attente d'une attaque ; des femmes encore plus décharnées, si possible, pilant une espèce de graminée noire amère en une pâte peu nourrissante, déterrant des vers et récoltant des chenilles et des termites pour le repas quotidien.

Nous étions d'ailleurs logés à la même enseigne, attendant toujours de Tchiouta des vivres qui n'arrivent pas, n'ayant plus ni sel, ni poivre, ni farine, ni rien, ce qui s'appelle rien. Nous partions le matin sous la pluie, à la poursuite d'un gibier absent, inventant des pièges, n'ayant à nous mettre sous la dent, comme nos voisins, hélas! que des rats de champs, des agoutis, des termites et des chenilles.

Les indigènes continuant à me répéter que le roi a des provisions cachées, l'idée traverse un instant mon cerveau de fomenter une révolution, de le tuer et de distribuer ses approvisionnements à ses gens et aux miens ; mais je préfère m'en aller, et, un matin, je me mets en marche avec armes et bagages pour retourner au Kapotché.

En y arrivant, je m'explique et le retard que mettent mes gens à me revenir et le sourire d'Oundi lorsqu'il m'a dit au revoir. Un fleuve immense, roulant des flots gris, charriant des troncs d'arbres, des feuilles mortes et des végétaux, une masse d'eau de deux cents mètres de large, courant à une vitesse de cinq milles à l'heure, tel est le Kapotché maintenant, ayant repris possession de son lit et si complètement que ses berges, hautes de six mètres, sont presque submergées.

Je songe que je n'ai pas de pirogue, que les gens du

pays ne savent seulement pas ce que c'est, qu'il n'y a pas deux hommes avec moi qui sachent nager, et qu'après le Kapotché, là-bas, il y a la Louyia, puis plus loin le Loangoué, puis enfin le Tchiritsé, et je m'en retourne au mont Mbazi, le cœur serré, me demandant ce que l'avenir nous réserve.

Ah! les voyages! Ceux qui n'en font pas les croient exempts de soucis et de vicissitudes! Ils se trompent bien souvent. On a des moments agréables, j'en conviens; mais il en est de ceux-ci comme de tout dans la vie. Pour un peu de plaisir, que de déboires et de dégoûts, que de rages concentrées, que d'heures de découragement et de lassitude! On pense souvent à son pays, que l'on aime, et on maudit cette force inconnue qui vous pousse sans cesse en avant, qui vous attache malgré vous à cette existence nomade; puis, rentré dans sa patrie, oubliant toutes les peines, on regrette cette terre d'Afrique et on la pleure comme une amie perdue. Quelle chose bizarre que le cœur humain!

Mais je reprends le récit de mon séjour à Oundi, que je ne demande qu'à abréger. Pendant deux mois nous vécûmes uniquement du produit de ma chasse. Et il fut loin de nous suffire, vu la rareté du gibier dans le district; le manque de condiments m'obligea à le manger uniquement rôti, sans sel. Comme autres aliments, je l'ai dit plus haut, nous avions de grosses chenilles que nous faisions rôtir et qui ressemblaient passablement à de la gomme élastique amère, et des termites dont le goût est beaucoup moins désagréable qu'on ne serait tenté de le croire.

Le termite (*termes bellicosus*) est un insecte rongeur dans le genre d'une grosse fourmi. Ses mœurs sont des plus intéressantes, en raison de l'ordre parfait qui règne dans une de ces républiques, que j'appellerai termitières. On distingue quatre genres de termites : la femelle ou reine, qui ne fait que pondre du matin au soir et dont la grosseur est à peu près celle du doigt, les ouvriers, les soldats et les femelles. Les premiers, ayant un centimètre à peine et dépourvus d'organes de défense, sont exclusivement chargés de faire du mortier en mélangeant la terre à leur salive agglutinante et de construire des galeries à l'aide de ces matériaux. Les soldats surveillent le travail et défendent les abords des galeries contre les insectes étrangers; armés de puissantes mandibules, ils sont beaucoup plus gros que les ouvriers. Enfin les femelles grandissent et émigrent dès qu'elles sont en état d'aller fonder d'autres communautés; la nature leur prête dans ce but, et pour quelques instants seulement, une paire de longues ailes qui les emportent à quelque distance et les quittent dès qu'elles se posent à terre de nouveau. La taille des femelles dépasse deux centimètres.

L'émigration de ces insectes a lieu au moment des pluies et à la faveur de l'obscurité; mais en allumant un grand feu autour d'une termitière à cette époque de l'année, on provoque l'émigration, et les insectes sortent alors par milliers. On les abat à l'aide de branches feuillues et on les entasse dans des paniers, comme des crevettes; on les fait rôtir sur le feu dans des récipients à sec, comme des grains de café, et, lorsqu'ils sont suffisamment torréfiés, on peut les garder fort longtemps. Pourvus d'une épaisse couche de graisse, les termites ont un goût plutôt agréable, et les amateurs qui n'ont pas de parti pris s'en accommodent très bien. Je ne crois pas, néanmoins, que ce mets paraisse au moins de longtemps sur nos tables.

Nous achetions les termites comme une primeur très chère, par petits paniers, et nous leur faisions nous-mêmes une chasse soutenue. Les escargots du pays, énormes et fades, les grosses grenouilles indigènes et qui pouvaient ajouter quelque chose à notre ordinaire n'étaient pas dédaignés. Treize personnes mangent énormément quand on a à compter les bouchées, et un repas par jour était tout ce que nous pouvions nous permettre.

Je continuais à traiter Oundi avec générosité, malgré ses refus énergiques de faire pour moi quoi que ce fût. Il faut en passant que j'esquisse son physique, qui donnera une idée du moral : une taille plutôt petite que grande, un corps maigre, des ongles démesurément longs ; une figure composée de deux yeux tellement à fleur de tête qu'ils pendaient presque sur les joues ; une bouche édentée, un nez imperceptible, deux grandes oreilles percées. Ses cheveux tombaient autour de sa tête comme les branches d'un saule pleureur, mais huilés, en cordelettes crasseuses ; aux bras, au cou, aux poignets, des bracelets de fer et de nombreux fétiches ; le corps entier couvert de véritables plaques de crasse fendillées comme une flaque de boue sous les rayons du soleil. A sa naissance, l'Esprit lui avait annoncé, prétendait-il, que, s'il se lavait, il mourrait ; rien qu'en le sentant lorsqu'on s'approchait de lui, on devinait qu'il ne s'était jamais exposé à mourir. Malgré le rire idiot qui le prenait à tout propos et sans motif, il ne manquait certes pas d'intelligence et il comprenait fort bien, sans la moindre difficulté, ce qui l'intéressait directement, tandis qu'il semblait sourd à ce qui concernait les autres.

Ses sujets, les Agoas, sont également d'une race mal dotée sous bien des rapports. Leurs femmes sont certainement les plus laides personnes qu'il m'ait jamais été donné de voir. Comme chez toutes les peuplades qui avoisinent le sud du lac Nyassa (sauf toutefois les Atchécoundas), elles se parent en passant dans leur lèvre supérieure un objet qui commence par être une paille quand elles sont jeunes et finit, avec l'âge, par être un véritable godet en plomb ou en étain ayant jusqu'à quatre centimètres de diamètre. Ce bijou impose à la lèvre la position horizontale et la fait ressortir de quatre ou cinq centimètres, ce qui fait que lorsque ces dames veulent sourire, les muscles tirant les lèvres en arrière, le godet se renverse sur le nez et le cache en partie, en découvrant des dents noires qu'il est de mode de découper en lames de scie.

Les Agoas sont vêtus de peaux de bêtes ou d'écorce battue. Ils n'ont aucune industrie. Ils cultivent un peu de sorgho et de maïs, mais pas assez pour leurs besoins, c'est-à-dire pour attendre la nouvelle récolte. Même en temps de paix, lorsqu'ils ne sont pas inquiétés, ces peuples souffrent, par leur insouciance et leur paresse, d'au moins trois mois de famine par an.

Au point de vue moral, j'ai remarqué que les Agoas étaient peu hospitaliers, faux et d'une intelligence très bornée. La civilisation n'a jamais approché ces régions, où peu d'Européens ont passé. Les Arabes seuls y étaient connus, parce que chaque année leurs caravanes traversent les pays voisins, allant à Tête porter de l'ivoire. De croyances, ils n'en ont point; ils ne vénèrent aucune divinité et ne craignent qu'une chose, l'Esprit mzimou, être invisible sur le dos duquel on met tout ce qui arrive de bien ou de mal.

Les Azimbas (1) ressemblent aux Agoas sous tous ces rapports et diffèrent totalement des Atchécoundas, leurs voisins. Les tribus azimbas sont excessivement nombreuses et occupent toute la région montagneuse comprise entre le haut Zambèze et le sud-ouest du lac Nyassa.

Notre captivité dura jusqu'à fin décembre. A cette époque, les pluies étaient dans toute leur force, nous ne mangions plus qu'un jour sur deux, et, m'étant regardé un jour dans un miroir de poche, je me fis peur à moi-même. Réduits à l'état de squelettes, nous devions ressembler

---

(1) Ce sont les gens de Tchiouta et environs.

aux indigènes du mont Mbazi. L'idée de mourir de faim, quand le roi eût pu avec ses réserves de sorgho nous tirer d'embarras, et le soupçon que tel était peut-être son secret désir, me mirent hors de moi : j'allai le trouver, mon fusil à la main, et lui dis froidement le bruit qui courait sur son compte, ajoutant que je le tuerais sur l'heure s'il nous refusait ce que nous demandions. Le malheureux me montra sa fameuse cachette, une grotte où *il y avait eu* du sorgho ; mais, hélas ! le dernier grain en avait été soigneusement balayé ; nous visitâmes toutes ses cases, nous y fîmes une perquisition scrupuleuse et nous en revînmes convaincus que le roi Oundi souffrait de la faim tout comme ses sujets, et qu'il avait le même ordinaire qu'eux et nous.

Je résolus donc, puisqu'il n'y avait pas moyen d'obtenir de porteurs pour aller vers Missalé, de retourner sur les bords du Kapotché, où, devant me trouver tout aussi mal que sur la montagne, j'aurais du moins un peu plus de gibier pour me nourrir. Obligé, faute de personnel, d'abandonner une grande partie de mon bagage, je me gardai bien de rien laisser au roi ; je déchirai une de mes tentes et je défonçai la plus grande partie de ma batterie de cuisine à coups de pied, partant de ce principe que, lorsqu'on n'a rien à manger, les casseroles et les marmites sont du superflu. Je ne conservai que mes papiers, mes instruments, deux tentes, un peu de calicot et quelques objets indispensables, que je pus faire porter par mes hommes, et cette fois je dis adieu au mont Mbazi, avec l'intention de n'y plus remettre les pieds.

Je comptais essayer de remonter le Kapotché par petites étapes jusqu'à un endroit où je pourrais passer à gué. A cette intention je m'établis sur le bord du fleuve, à quelques kilomètres en amont de l'endroit où nous avions campé deux mois auparavant. Nous avions souvent rencontré des Mafsitis aux environs du mont Mbazi, où, pendant tout notre séjour, on avait continué à se battre, sans qu'on nous en eût rien dit. Mais ce qui se passait m'était révélé par les cadavres que je rencontrais fréquemment au cours de mes pérégrinations. Afin de me mettre à l'abri d'une surprise dans mon nouveau campement, je construisis une hutte autour de laquelle nous amoncelâmes quatre mètres d'épines acérées, et nous passâmes quelques jours à regarder le fleuve, cherchant un moyen de le traverser.

J'avais songé à faire un radeau, mais c'était un long travail. Avant de l'entreprendre, il me vint à l'idée d'essayer de construire une embarcation en écorce. La contrée étant très boisée, il nous fut facile de trouver près du fleuve un arbre dont le diamètre me parut suffisant. Après avoir passé deux jours à détacher l'écorce, je la gâtai et dus recommencer. J'avais pourtant vu faire des pirogues semblables au bord du Volta, sur la côte occidentale d'Afrique; mais j'avais retenu bien vaguement ce que j'avais observé autrefois pendant quelques minutes. A la deuxième tentative, je réussis par le procédé que voici à faire une pirogue assez présentable : ayant obtenu un demi-cylindre d'écorce correspondant à la moitié d'un gros arbre, j'en exposai les bouts à un feu vif, assez longtemps pour les ramollir sans les brûler; dès qu'ils furent devenus suffisamment flexibles, cinq ou six hommes les comprimèrent de façon à les aplatir et à les faire se toucher, opération qui demanda à être aidée du feu à plusieurs reprises. Les deux bords se touchant, je les fis coudre ensemble fortement à l'aide de lianes, et on boucha les joints, ainsi que les trous, interstices et fentes naturelles de l'écorce, avec de la cire ou avec de la terre glaise; on ramollit ensuite le centre pour en écarter les bords à l'aide d'un bâton, ce qui donna à l'esquif du ventre et plus de surface. Il ne resta plus qu'à augmenter la hauteur des bords en y ajoutant des roseaux attachés en paquet, et voici l'embarcation terminée. Celle que nous avions faite pouvait porter deux hommes et une charge, c'est-à-dire environ cent soixante kilogrammes. Il ne me resta plus qu'à constituer une pagaie avec des morceaux de roseaux passés en travers dans une pièce de bois fendue, et à enseigner l'usage de cet ustensile à ceux d'entre nous qui ne savaient pas pagayer.

Pourquoi n'avais-je pas pensé plus tôt à cet expédient? Je ne saurais le dire. J'avais songé plusieurs fois au radeau, plusieurs fois aussi à creuser une pirogue dans un arbre; mais l'idée ne m'était pas venue d'en faire une en écorce.

La traversée du Kapotché était une opération plus difficile que nous ne croyions. Au premier voyage, le frêle esquif fut entraîné par le courant sans que ceux qu'il portait pussent le maîtriser. Il fit ainsi, à la dérive, près de deux kilomètres avant d'atterrir de l'autre côté; l'homme qui restait eut toutes les peines du monde à le ramener. Chaque voyage dura à peu près trois heures, de sorte que le soir nous étions divisés en deux camps par le fleuve; la moitié d'entre nous n'ayant pu passer.

La traversée du Kapotché achevée, n'ayant personne pour porter l'embarcation qui nous avait coûté tant de peine, il fallut l'abandonner; nous la jetâmes à l'eau après l'avoir détruite. On prit un jour de repos, pendant lequel chacun s'en alla en quête de comestibles, et on s'achemina le lendemain vers la Louyia, qui est à environ cinquante kilomètres du Kapotché. Malgré la pluie, je tuai en route assez de gibier pour nous réconforter, ce qui ne m'était pas arrivé depuis plus d'un mois. Nous avions dû vivre pendant ce temps sur le beltong d'un rhinocéros que j'avais tué près du mont Mbazi, et dont j'avais parcimonieusement distribué chaque jour un petit morceau à chacun.

BORDS DE LA RIVIÈRE TCHIRITSÉ

A la Louyia, il fallut recommencer à choisir un arbre, à construire une embarcation, à passer, à détruire notre esquif et à nous enfoncer dans la brousse, sans un sentier ni une indication, marchant invariablement au sud-est, suivant les notes que j'avais prises en venant trois mois auparavant. Le gibier était abondant, et, pour la première fois depuis bien des semaines, chacun de nous mangea à satiété; ayant tué deux bubales, je décidai que nous mangerions l'un et ferions boucaner l'autre; nous construisîmes à la hâte une hutte près d'une mare, et, tandis que la viande séchait sur le feu, à défaut de soleil, mes hommes passèrent la nuit entière à manger.

Le lendemain, on repartit plus content, mais la chance sur laquelle nous avions compté un instant ne nous favorisa plus. Ma carabine fut muette, les bois restèrent silencieux, et le passage du Loangoué s'effectua sans vivres d'aucune sorte. Nous ne trouvions même plus une espèce d'euphorbiacée dont la racine a la forme et le goût du navet, et que nous avions récoltée entre la Louyia et le Kapotché.

Entre le Loangoué et le Tchiritsé, un matin, nous marchions tristement sous la pluie, lorsque quelques-uns d'entre nous aperçurent dans le ciel des vautours décrivant des cercles, comme ils ont l'habitude de le faire avant de se poser sur un cadavre.

Chacun hâta le pas, espérant qu'il y avait là quelque chose à manger; quant à moi, je supposai que ce devait être quelque charogne, et, quoique n'ayant rien pris depuis la veille, je ne me sentais pas disposé à goûter de cet aliment. En arrivant sur les lieux, en même temps qu'une odeur fétide me donnait des haut-le-corps, j'aperçus le cadavre d'un éléphant en complète décomposition, je dirai plus même : à moitié fondu par deux semaines de pluie. Tout autour et dessus, des centaines de vautours se disputaient à coups de bec des lambeaux d'une bouillie blanchâtre et nauséabonde.

Mes hommes se précipitèrent sur les vautours, les mirent en fuite et se disposèrent à entamer la charogne. Je les en dissuadai, leur expliquant que manger de la chair dans cet état équivalait à un empoisonnement. Malgré la faim qui les aiguillonnait, la majorité m'écouta; mais trois d'entre eux, ayant coupé des morceaux de l'éléphant, les avalèrent sans prendre le temps de les cuire complètement et de tuer ainsi la vermine qui s'y agitait : cette impatience devait leur être funeste.

Comme pour nous récompenser d'avoir résisté à la tentation, nous trouvâmes vers le soir du même jour un lit de champignons comestibles au milieu d'un terrain rocailleux, et nous en eûmes chacun quelques bouchées. Je n'ai jamais vu cette sorte de cryptogames que dans cette partie de l'Afrique. Ils sont de la taille du champignon de Paris, mais rose corail. A Oundi, nous en avions mangé de fort bons, de toutes les grosseurs et de toutes les tailles; la plupart des variétés rappellent celles d'Europe. Il y en a de vénéneux qui leur ressemblent, mais les indigènes les distinguent très bien.

La famine continua. Au Tchiritsé, nous eûmes l'agréable surprise de pouvoir passer à gué, ce qui nous sauva peut-être la vie, car c'étaient deux jours de gagnés. Là commençait la région montagneuse de Tchiouta, et le sol pierreux ne gardait pas l'empreinte des animaux : il n'y avait donc plus d'espoir de trouver des pistes de gibier.

Un des hommes qui avaient mangé de l'éléphant pourri tomba au Tchiritsé pour ne plus se relever : son cou avait enflé démesurément, ainsi que sa gorge et ses amygdales; la langue était devenue presque paralysée, le ventre était ballonné. Il avait jeté depuis la veille la charge qu'il portait, et, comme c'étaient mes papiers, je fis laisser à la place une tente que je posai sur un arbre, après avoir noté l'endroit avec des points de repère. Nous n'avions ni le temps ni l'envie de nous occuper de lui : il a dû mourir là où il est tombé. Un deuxième de ceux qui avaient refusé de m'écouter mourut dans les mêmes conditions, et une caisse contenant des collections précieuses pour moi, et peut-être pour la science, fut abandonnée avec lui sous un vieux baobab.

Après le Tchiritsé, avait commencé ce que l'on peut appeler vraiment le *struggle for life*. Tous mes hommes avaient déposé leur charge sous un rocher à l'abri des intempéries, et tout ce que je pus obtenir fut qu'on dissimulât l'endroit. Personne ne m'écoutait plus, et moi-même j'étais devenu indifférent à tout, sauf à ma propre conservation. C'est tout au plus si j'avais gardé mon fusil par un reste d'espoir. Dès que mes hommes eurent refusé, vu leur faiblesse, de continuer à porter leur charge, nous ne nous occupâmes plus les uns des autres, et je partis aussi vite que je pouvais marcher à travers la brousse, ayant reconnu d'un des points culminants que j'étais dans la direction de Mandjé. J'avais vu cette haute montagne qui est un des contreforts avancés du groupe de Tchiouta; mais la forme du terrain me la cachant, je me guidais sur ma boussole, à l'aide de laquelle j'en avais fait le relèvement exact. Deux hommes me suivaient : mon cuisinier, Vatel, et mon petit domestique, Fortuna, non qu'ils eussent le moins du monde le désir de m'être utiles, mais simplement parce qu'ils jugèrent la direction bonne.

Je dus m'asseoir plusieurs fois en route; la tête me tournait, et le poids de mon fusil me paraissait énorme; plusieurs fois je pensai à le jeter, mais, le moment venu, il me semblait que j'allais me séparer d'un ami, et je renvoyais la séparation à une heure plus tard. Il y avait alors quarante-huit heures que je n'avais pris que de l'eau et que je marchais sous la pluie, ce qui était encore bien heureux, car le soleil nous eût tous tués. En arrivant à Mandjé, après une nuit passée dans les bois, sans feu, adossé à un arbre, nouveau désespoir : un village, sur lequel je comptais et qui m'avait coûté une ascension fatigante, était complètement abandonné. Les Mafsitis, qui opèrent, comme on voit, sur un vaste territoire, l'avaient ruiné. Je redescendis la montagne, à moitié inconscient déjà. Mes domestiques avaient disparu. Heureusement Tchiouta n'est qu'à trois heures de Mandjé, car je ne serais jamais arrivé.

Quand Hanner accourut à ma rencontre, il parut effrayé de me voir : pâle, amaigri, en haillons, je ressemblais, me dit-il plus tard, à un cadavre. Je ne sais au juste ce qui se passa : je reconnaissais mon compagnon et mes gens comme dans un rêve. On me porta au haut du mamelon où nous étions campés, et chacun se mit à me questionner ; mais je ne sus que balbutier deux mots : « *A manger.* » Il y avait soixante-dix heures que je marchais sans relâche et que je n'avais rien pris !...

Mes hommes arrivèrent le soir, pendant la nuit et le lendemain, chacun isolément, faisant peur à voir. Le troisième de ceux qui avaient mangé de l'éléphant était mort dans la vallée, près de toucher au port ; un autre se coucha en proie à une fièvre violente. Quant à moi, ayant mangé à satiété, je fus complètement remis au bout de quarante-huit heures. J'envoyai une expédition, guidée par mes compagnons d'infortune, chercher les bagages ; mais ni la tente ni la caisse de collections (1) ne furent retrouvées. Je m'explique la disparition de la dernière

(1) La caisse de collections contenait des crânes de Mafsitis et d'Agoas, des spécimens en peau, des flacons d'insectes et quelques notes les concernant. Les matières animales ont pu attirer les carnassiers, qui souffrent eux aussi de la faim en cette saison.

à cause de son contenu, mais la tente a dû être mal cherchée.

Ainsi se termina mon expédition au pays d'Oundi. Hanner avait envoyé les vivres demandés, mais les porteurs s'étaient butés au même obstacle que moi, et ils étaient revenus, disant que nous avions quitté Oundi et que nous rentrions par le nord. Hanner ne s'était pas autrement inquiété, ayant eu le tort d'ajouter foi aux affirmations des indigènes. Ceux-ci avaient eu peur de tomber entre les mains des Mafsitis et avaient préféré nous laisser mourir de faim plutôt que de s'exposer à ce danger.

Il me revient sur ce triste voyage un détail qui me paraît assez comique maintenant. J'avais emporté quatre costumes de théâtre provenant de féeries du Châtelet. Je les avais achetés avant mon départ, dans le but de faire le bonheur des rois de l'Afrique centrale. J'en avais offert un à Oundi, celui d'un génie quelconque aux ailes de gaze, à la tunique de soie rose brochée d'or, au chapeau cerclé d'une auréole de clinquant. Il accepta le costume, mais me laissa pour compte les souliers dorés à talons, découpés à jour sur le cou-de-pied, ornés de paillettes et de verroteries.

Lors de nos malheurs, n'ayant plus de bottes, je fus heureux de trouver ces souliers pour faire le voyage de retour, et je me revois encore chaussé comme le génie de féerie, ma pipe bourrée de feuilles sèches et le ventre vide ! Les petits souliers, nés pour le feu de la rampe, n'avaient pas prévu qu'ils finiraient aussi tristement ! Je reconnais pourtant qu'ils étaient de fort bonne qualité, ce à quoi je ne m'attendais guère.

Je n'avais pas renoncé à ma visite aux mines de Missalé, qui étaient comprises dans le rayon de mon exploration ; j'avais seulement eu à la différer en raison des événements qui précèdent. C'est pourquoi, aussitôt remis et dispos, je repris la brousse, laissant à l'ouest, cette fois, les quatre rivières qui nous séparaient de la Maravie orientale et me dirigeant au nord-ouest de Tchiouta. Quelques promenades que j'avais faites aux environs de Tchiouta, une, entre autres, du côté de la Louyia, m'avaient permis de m'assurer que le Kapotché, le Loangoué et le Tchiritsé ne sont que ses affluents. Les indigènes m'avaient mal renseigné à ce sujet, et j'avais appris trop tard, comme toujours, une chose d'une grande importance, à savoir que les quatre rivières n'en forment qu'une seule à soixante kilomètres au sud, de sorte que nous eussions pu épargner la construction de deux des embarcations et les pertes de temps qu'elle avait entraînées. Cette fois, nous n'avions plus de rivières à passer, et, en cas d'éventualité, j'emportais un canot en toile à voiles avec des vivres en abondance.

Après un voyage exempt d'événements importants, à part quelques chasses à l'éléphant que je n'ai pas le loisir de raconter ici, nous arrivâmes sur l'emplacement des anciennes mines de Missalé.

Ces gisements aurifères furent exploités pour la deuxième fois en 1835 ou 1840 par des Portugais. Leur découverte remonte au quinzième siècle, d'après le Père Francisco da Souza (1). Il les décrit même en détail sous les noms de Mochinga, Michonga, Java, Cansissa, Tchidoundou, Missalé et Mano. Tous ces points sont situés dans le massif montagneux qui part du nord-ouest du pays de Makanga et s'étend jusqu'aux frontières de Mpéseni, en passant au nord-est du pays d'Oundi. Les anciennes cartes les font figurer sous le nom de *bares* de Missalé, de Mano, etc. Ce mot veut dire sans doute colonies naissantes. On les appelait aussi *aldeias volantes*. Il y avait là toute une population

---

(1) *Oriente conquistado.*

de pionniers et même des chapelles où des prêtres disaient la messe. Plus tard, d'après ce que j'ai retrouvé dans de vieilles archives de la province, le roi de Portugal avait érigé tous les « bares » de Maravie en une colonie du nom de Marambo (1825).

Il est certain que ces tentatives d'exploitation furent plusieurs fois abandonnées et reprises. Dans un *Dictionnaire de géographie universelle* de 1859, j'ai vu signalées à cent quatre-vingts milles au nord de Tête « *des localités où l'or était travaillé* ».

Pour en revenir à l'actualité et à ce qui résulte de mes observations sur les lieux, ce n'est qu'avec la plus grande peine que j'ai retrouvé des traces *probables* de la main de l'homme : tout a disparu ; les tranchées se sont comblées, les excavations remplies ; depuis quarante ans, les arbustes sont devenus forêts et ont recouvert l'emplacement de la plupart des travaux. Au nord de Missalé, une galerie creusée à même dans le roc et où l'on voit encore la trace des coups de mine et des pics européens, remplie par les pluies, servait, lors de mon passage, à abreuver les éléphants qui traversaient la région.

Il reste des témoins qui eussent pu nous renseigner : ce sont les populations, nombreuses autrefois, qui habitaient les montagnes de la région. Mais aujourd'hui, chassées ou décimées par les gens de Mpéseni, par les Mafsitis, que nous connaissons déjà, elles ont disparu, et ce pays est un désert ; c'est bien pour cela, d'ailleurs, qu'on y trouve les grands animaux, et que les chasseurs d'éléphants y établissaient presque chaque année leur quartier général (1). Le colonel Païva d'Andrada, dont j'ai déjà parlé lors de mon passage dans le Manica, alla visiter, il y a quelques années,

---

(1) Cette chasse est aujourd'hui presque abandonnée, faute d'éléphants.

les gisements de Montchinga (Mochinga), dans le pays de Makanga, ainsi que quelques-uns des anciens bares que je viens de citer. Il était accompagné de plusieurs ingénieurs, et leur rapport conclut à la reprise des travaux.

Je m'assurai par des observations astronomiques que Missalé et les gisements de Mano étaient bien dans la sphère d'influence portugaise définie par le traité de 1890, au point de vue non seulement de la latitude, mais aussi de la délimitation par bassins qui a été faite depuis entre les deux puissances, et je me promenai quelques jours chez Mpéseni, dont la frontière est à plus de quinze milles au nord de Missalé.

Comme j'ai souvent parlé de ce roi puissant et des pillards qu'il gouverne, deux mots en passant sur son origine.

Mpéseni et son voisin Tchikoussi, roi des Angonis, sont de race zouloue. Lorsque j'ai parlé de l'émigration des Zoulous, venus du Nord, j'ai déjà dit que certains d'entre eux étaient restés au nord du Zambèze.

Or, nous retrouvons chez les peuples de Mpéseni et de Tchikoussi les mêmes mœurs que dans l'Afrique du Sud : beaucoup de cultures, des troupeaux nombreux, des instincts belliqueux et conquérants, même armement, même dédain des armes à feu et une intelligence supérieure à celle des races locales (1).

Mpéseni et Tchikoussi sont en brouille : tandis que les sujets du premier ont acquis dans les pays environnants la réputation de brigands, ceux du second, les Angonis, travaillent pour gagner leur vie et vivent heureux et tranquilles.

Le 20 juillet 1889, en présence de ses fils, héritiers et

(1) Il va sans dire que la race a beaucoup dégénéré depuis un siècle de contact avec les indigènes, et qu'aujourd'hui il y reste fort peu de vrais Zoulous. Mais, tels qu'ils sont, ces gens sont supérieurs à leurs voisins.

grands du pays, Mpéseni signait un traité par lequel il reconnaissait le protectorat du Portugal et s'engageait à favoriser le commerce, ainsi qu'à cesser les expéditions guerrières par lesquelles il jetait la désolation et la ruine dans le pays des Maravis et des Azimbas ; il s'engageait de plus à garder ouverts les chemins du Zambèze.

On a vu par le commencement de ce chapitre comment il tint ses engagements.

Avant de quitter le pays des Azimbas, je fis encore un voyage dans le nord de Makanga pour reconnaître la région, la source de la rivière Revougoué et le pays compris entre ceux de Makanga et des Angonis. Je rendis visite à Tchipembéré, roi de Mouanamaroungo, pays aussi petit que son nom est long : un massif montagneux entourant quelques plaines et des forêts, et voilà tout.

C'est par là que passe une des routes des caravanes arabes : j'en ai signalé une autre dans la Maravie. Ces caravanes viennent généralement de Moasi, à l'ouest du lac, où se fait un grand commerce d'esclaves et d'ivoire, et où le gouvernement anglais travaille actuellement de tout son pouvoir à arrêter la traite. L'ivoire va à Tête ou au lac Nyassa, et, avec le produit de la vente, les Arabes achètent à Mpéseni ou à d'autres les esclaves provenant des razzias de la Maravie et du pays des Azimbas. Deux fois j'ai rencontré inopinément les caravanes arabes. La première fois, c'était au nord de Mikorongo (que les Portugais appelaient autrefois *terras de Chissaca*), entre les montagnes dites de Kirk et le pays des Angonis. La caravane comprenait soixante et un esclaves, hommes et femmes, sans compter les enfants ; ils étaient retenus captifs de différentes façons, les uns liés par des cordes, d'autres, moins soumis sans doute, attachés par deux à une pièce de bois, le cou passé dans une fourche formée par chacune des extrémités. En plus de cette sorte de joug dont le poids dépasse vingt-cinq kilogrammes, tous avaient sur la tête des paquets de nourriture ou les bagages de leurs surveillants, au nombre de dix-huit ; parmi ces derniers, je ne comptai que quatre Arabes ; les autres étaient des noirs musulmans ressemblant par les traits et le costume aux Souahilis de la côte de Zanzibar.

Je ne pus que répondre à leur bonjour obséquieux. Je n'avais avec moi que mes quatre chasseurs, et nous n'étions pas assez nombreux pour intervenir ; nous échangeâmes quelques mots en arabe, et je leur demandai s'ils voulaient me vendre un esclave contre une paire de petites défenses provenant d'un éléphant que j'avais tué quelques jours auparavant. Ils me répondirent avec force salamalecs qu'ils avaient besoin de tout leur monde pour porter leur bagage ; je fis remarquer que les enfants ne portaient rien, mais ces braves gens n'avaient pas le cœur, dirent-ils, de les arracher à leur mère !

Une autre fois, près de *Katouza*, chez les Azimbas, la nouvelle de mon arrivée fit partir subitement une caravane qui était sans doute occupée à traiter dans le voisinage ; nous la vîmes décamper de loin en une longue file indienne : à la lorgnette, je comptai ce jour-là quarante et quelques captifs ; nous en trouvâmes deux le surlendemain tombés de fatigue ou de maladie et achevés d'un coup de couteau ou de lance à large lame. On ne les avait pas même enterrés, et c'est le vol circulaire des vautours qui nous les avait dénoncés. Je voulus garder leur crâne, mais mes chasseurs faillirent s'enfuir, rien qu'à cette idée, persuadés que, si nous emportions les têtes, les corps nous suivraient jour et nuit dans une ballade fantastique, nous accablant de leurs plaintes et réclamant leur chef. Mes hommes s'opposèrent avec tellement d'énergie à mon projet que je dus renoncer une fois de plus à apporter à nos anthropologistes un document intéressant. Je fis enterrer les deux cadavres, malgré la répugnance de mes hommes, qui prétendaient qu'on ne touchait jamais chez eux un étranger mort ainsi dans les bois. Et tout le reste de la journée ils mirent des pierres dans la fourche des arbres, ce qui a pour effet, selon la croyance indigène, de ralentir la marche du soleil. Dans leur superstition bizarre, ils retardaient ainsi la pendule pour nous donner le temps de nous éloigner davantage de l'endroit où reposaient les deux malheureux esclaves.

CHAPITRE XII

Retour chez les Atchécoundas. — Leurs croyances religieuses et leur supériorité sur leurs voisins. — Rapports de ce monde-ci avec l'autre. — Le moavi et ses verdicts. — Justice du pays. — Morts, enterrements, deuils, cimetières. — Les danses du pays. — Industries diverses. — Avenir de Makanga. — L'or et le charbon. — Les prazos. — Métis dans l'administration portugaise. — Adieu aux Atchécoundas.

Lorsqu'on revient de pays misérables comme ceux dont je viens de parler, on est heureux de rencontrer des régions prospères et florissantes comme Makanga, et je ne puis m'empêcher d'y ramener avec moi le lecteur afin de lui donner une idée plus complète des Atchécoundas. Leurs mœurs ne manquent pas d'une certaine originalité, et leur niveau moral est certainement supérieur à celui de leurs voisins.

Ce qui caractérise le mieux l'état intellectuel d'un pays, c'est peut-être ses croyances religieuses : les superstitions sont d'autant plus nombreuses que les peuples sont moins avancés au point de vue moral. Ainsi les Atchécoundas croient en l'Être tout-puissant qui les a créés, eux et tout ce qui les entoure; mais là s'arrête leur religion : ils n'ont ni idoles, ni esprits, ni aucune de ces petites pratiques si communes partout ailleurs.

Deux de leurs articles de foi sont pourtant passablement étranges. Ils croient que de l'autre monde l'âme des rois peut répondre quand on l'interpelle; à cet effet, il y a toujours auprès de la capitale deux ou trois cases, généralement isolées, où le roi va de temps à autre converser avec ses pères. Leur seconde superstition consiste à s'en rapporter, pour les verdicts de culpabilité, à une infusion que l'on fait boire à l'accusé et qui produit des effets divers.

La case des esprits royaux, comme qui dirait leur cabine téléphonique spéciale avec l'autre monde, est toujours propre et bien tenue : une vieille femme en a généralement la garde. Le roi se rend assez souvent dans cet endroit, toujours seul, et il ne fait part à personne de ses impressions. Tout le monde peut, en réalité, aller interroger les esprits : il suffit de donner un mètre de calicot à la gardienne pour qu'elle échange en votre présence quelques mots avec ses correspondants mystérieux.

Un jour, avant de partir pour la chasse à l'éléphant, les hommes qui m'accompagnaient insistèrent pour que nous allassions nous assurer avant de partir du succès de l'expédition. J'y consentis volontiers, n'ayant jamais eu occasion jusqu'alors de pénétrer dans le sanctuaire, quoique ma qualité de mzoungo me donnât le droit de m'asseoir dans cette case, dont les indigènes ne franchissent jamais le seuil.

Ayant pris rendez-vous avec la vieille prêtresse, je payai largement mon entrée et je pénétrai avec elle dans la case sombre, tandis que mes hommes s'asseyaient dehors, silencieux et recueillis. Je gardai naturellement un sérieux imperturbable et, comme je parlais déjà un peu la langue, j'expliquai moi-même à la vieille femme le but de ma visite.

Après m'avoir écouté attentivement, elle disparut dans le fond de la hutte, et je l'entendis poser à quelqu'un les questions téléphoniques d'usage : « Êtes-vous là? Qui êtes-vous? etc. »; à quoi répondaient des sifflements ayant exactement le son d'un appeau à alouettes. La vieille les traduisait, faisant très adroitement son dialogue entrecoupé de coups de sifflet et de paroles.

Le roi Kankouni, prédécesseur de Tchanetta, que je n'avais pas l'honneur de connaître, était au téléphone. Il voulut bien s'informer de ma santé et daigna répondre, sur ma question, qu'il se trouvait très bien là-bas où il était : il ajouta, avec force restrictions, que je rencontrerais certainement des éléphants, mais il se tint sur une prudente réserve en ce qui concernait le résultat de la chasse. Je ne pus rien tirer de plus, et, comme je devenais trop embarrassant, le roi Kankouni me fit dire qu'il était fatigué et qu'il se retirait. J'entendis le sifflet s'éloigner graduellement, puis cesser, et je pris congé.

Si cette légère superstition ne fait de mal à personne, il n'en est pas de même de l'infusion dont j'ai parlé plus haut, qui s'appelle le *moavi,* et dont l'usage est répandu dans toute la région.

L'épreuve du moavi donne lieu à une véritable cérémonie publique qui attire toujours foule. C'est le docteur du pays qui prépare la boisson. Je n'ai jamais pu en connaître la composition complète ; je sais seulement que les feuilles d'un arbre qui donne son nom au médicament sont mélangées à d'autres substances et pilées avant d'être infusées. Les effets de la drogue ont certains rapports avec ceux de l'ipécacuana : une certaine dose amène des vomissements suivis d'une grande faiblesse ; une autre provoque une diarrhée considérable. Là où s'arrête la comparaison, c'est que la mort de l'individu suit de quelques instants l'apparition de la diarrhée, laquelle est accompagnée de coliques atroces.

On a deviné sans doute la façon dont l'oracle est rendu : dans le premier cas, l'individu est proclamé innocent ; dans le second, on atteint un double but, puisqu'il est en même temps reconnu coupable et puni de mort.

Les cas d'adultère sont ceux qui donnent le plus souvent lieu à cette cérémonie : le mari qui a du soupçon fait boire le moavi à sa femme. La croyance en la justice du moavi est à un tel point enracinée que, pour des peccadilles, les accusés eux-mêmes demandent à subir l'épreuve. Si un accusé prend franchement l'écuelle que lui tend le docteur et la porte à ses lèvres d'une main ferme, on peut être certain qu'il est innocent ; le coupable, même s'il a demandé le moavi par forfanterie, se trahit à ce moment-là en refusant de le boire. Le vol, le meurtre, sont jugés de cette façon dans la plupart des cas.

Chez les Magandjas, où l'on croit à la sorcellerie, à la magie, à l'anthropophagie clandestine, le moavi fait de nombreuses victimes ; car, est-il besoin de le dire ? l'oracle rendu dépend du docteur.

Au début de mon séjour dans le pays, ne connaissant ces usages que par ouï-dire et n'ayant jamais pu voir ces cérémonies, je refusais d'y croire. Mais, plus tard, lorsque je fus pour ainsi dire de la famille et que les indigènes ne firent plus attention à moi, j'ai assisté à de nombreuses séances de moavi et j'ai remarqué que, s'il y avait fraude de la part du docteur, elle était faite avec beaucoup d'adresse. Ainsi, une fois, il puisa, avec une petite défense d'éléphant, dans le petit mortier où il pilait les feuilles, le contenu de quatre écuelles réunies. Quatre personnes burent l'infusion, deux seulement en moururent.

Dès que le patient a avalé la drogue, il s'assied à terre, immobile, et tout le monde en fait autant, suivant silencieusement sur sa physionomie les effets du moavi.

Les premiers symptômes se manifestent plus ou moins vite, suivant les constitutions : d'après mes observations, de dix minutes à une demi-heure. Le patient ne tarde pas à donner des signes de grande faiblesse : il devient pâle et s'appuie péniblement, la salive coule de sa bouche, la sueur perle sur son front : s'il doit rendre la drogue, le mal au cœur et les nausées ne tardent pas à le prendre et sont suivis à bref délai par..... la proclamation de son innocence ; ses amis l'entourent et poussent des cris de joie, tandis que ses ennemis s'éloignent mécontents.

Si, au contraire, le résultat doit être tout autre, après avoir fait des efforts impuissants pour vomir et quelquefois y avoir réussi en partie, le malheureux ne tarde pas à donner les signes de la plus grande détresse : il se roule à terre, poussant des gémissements ou des cris, et il est bientôt accablé par les huées et les invectives des spectateurs, quelquefois même avec accompagnement de coups.

Il meurt ainsi sans secours, abandonné de tous, même des siens, qui auraient honte, du moment qu'il est coupable, de lui manifester quelque pitié. Le cadavre est laissé sur place, et aucune sépulture ne lui est accordée ; comme ces cérémonies ont toujours lieu en dehors des villages, les animaux carnassiers font bientôt disparaître les traces de la justice du pays.

Le moavi n'est administré que dans le cas de doute sur la culpabilité ; lorsque celle-ci est flagrante, les choses se passent différemment. Chez les Atchécoundas, le roi réunit ses chefs subalternes et, dans une séance publique, entend la cause d'une façon plus régulière. Après avoir écouté l'accusation et les témoins, il discute, s'il le juge convenable, l'affaire avec les hommes qui ont une influence dans les affaires publiques et prononce un verdict sans appel. En cas de condamnation à mort, l'exécution a lieu presque immédiatement.

Le roi de Makanga, pendant notre séjour chez lui et à des intervalles différents, fit jeter à la rivière Revougoué, pour servir de pâture aux crocodiles, cinq de ses épouses avec une grosse pierre au cou. Il en avait fait pendre une autre à un arbre, à l'aide d'une chaîne passée sous les aisselles, et Hanner et moi, nous obtînmes à grand'peine qu'il fit grâce à cette malheureuse. Nous sûmes plus tard que nous n'avions fait que différer son exécution et qu'elle avait disparu. Le roi Tchanetta, qui avait alors plus de cent femmes, se débarrassait ainsi de celles dont il avait ou croyait avoir à se plaindre. Il était d'une sévérité extrême sur l'adultère et accomplit dans ce cas à plusieurs reprises des cruautés inouïes qu'il m'est impossible de décrire ici.

Pour faire diversion à ces tristes choses, il reste à considérer les mœurs atchécoundas d'un côté plus riant. Je n'ai jamais vu de peuple aussi passionné pour la danse. Il n'est pas de jour ou de nuit, dans aucun village, où le tam-tam ne retentisse, accompagné de chants et de battements de mains, indiquant que les habitants se divertissent. J'ai suivi et décrit dans les notes nombreuses que j'ai rapportées sur l'ethnographie de ces pays, soixante-dix danses diverses ayant chacune leurs figures, leurs règles, leur musique, et dont plus de vingt sont spéciales aux Atchécoundas. Les unes sont pour les femmes seules, d'autres pour les hommes ou pour les deux sexes; il n'est pas jusqu'aux vieux qui n'aient leurs danses attitrées auxquelles les jeunes assistent avec une gaieté mélangée de respect.

La morale n'est jamais mise de côté dans ces exercices chorégraphiques, dans le Makanga moins que partout ailleurs. Selon la mode de ces pays, jamais un danseur ne doit même frôler la danseuse avec laquelle il exécute une figure : ce sont des quadrilles de cavaliers seuls où la plupart du temps on trottine en battant des mains et en décrivant des figures ou des pirouettes qui ne manquent pas d'ensemble. Certains airs sont très agréables à entendre. Dans le genre de danses appelées *tchouêrés,* qui ont assez de rapport avec nos gavottes, il y a des vis-à-vis solos pendant que le reste des danseurs chante et bat des mains.

A côté des exercices qui précèdent, il existe des danses officielles léguées par les ancêtres guerriers et qui s'exécutent en armes, en guise de réjouissance et de deuil; on s'y prépare à l'avance, et elles attirent dans les grandes occasions une foule venue de loin exprès pour y assister.

Les coutumes relatives aux enterrements et aux deuils sont à peu près semblables à celles que j'ai observées au Dahomey (1). Au moment des funérailles, on ne fait que chanter; on ne danse que lorsque l'enterrement a eu lieu. On prend le deuil en se rasant la tête et en se couvrant d'étoffes noires ou bleues; tout ornement de verroterie ou de métal est défendu. Les proches parents portent le deuil pendant un an.

Les cimetières sont choisis généralement dans des endroits abrités de grands arbres; on y laisse croître la végétation, et chaque année, au moment où le feu brûle toutes les herbes sèches, on nettoie les abords des cimetières, afin que l'incendie ne s'y propage pas (2).

Les morts sont enterrés dans des fosses très profondes (plus de deux mètres), et, sur le tertre qui surmonte leur dernière demeure, on amoncelle et on brise tous les objets qui ont servi à leurs usages domestiques. Leur case est abattue.

Les cases sont rondes, en paille; leur paroi est recouverte d'une couche de terre glaise. Les ustensiles de ménage sont ceux que tout le monde connaît déjà et qui se rencontrent presque partout dans ces régions : mortier et pilon en bois, pierre pour repasser la farine, marmites, pots et écuelles en terre.

---

(1) Voir mon livre sur le *Dahomey*, page 195. (Paris, Hennuyer.)
(2) La croyance générale est que, lorsqu'un cimetière brûle, le Créateur punit les vivants de ce manque de soin en les privant de pluie et par conséquent de récoltes pendant une année.

Au point de vue de l'industrie, les Atchécoundas laissent bien loin derrière eux les autres peuples de la région. Ils sont laborieux, et la famine n'a sévi chez eux que par la faute des rois qui employaient à guerroyer le temps indispensable aux cultures. Les environs des lieux habités (car une grande partie du pays est sauvage et livrée à elle-même) sont couverts de champs de maïs, de sorgho, de patates, de manioc, d'arachides, de sésames, de citrouilles et de légumes indigènes dont plusieurs sont excellents et pourraient être importés avec succès sur nos marchés européens. Le bétail ne peut vivre chez eux, à cause de la quantité de tsé-tsés qui couvrent le pays, comme l'ont prouvé plusieurs tentatives faites pour importer des animaux de Tête. La volaille et les œufs sont abondants.

Les indigènes tissent des bandes d'étoffe de dix centimètres avec du coton indigène et les cousent ensuite ensemble pour en confectionner des pagnes. Le roi de Makanga était le seul à posséder quelques-uns de ces tisserands.

Il a aussi d'excellents forgerons, spécialement dans le nord du pays, où le fer est abondant; ils y confectionnent des bêches, des pioches, des couteaux, des sagaies, qui sont dans la région l'objet d'un petit commerce entre indigènes. Quelques forgerons plus adroits, dressés sans doute par les Portugais, y font avec des roupies (monnaie anglaise en usage aux Indes et valant environ 1 fr. 65) des bracelets et boucles d'oreilles très primitifs et en cela très curieux. Au moyen d'une légumineuse appelée *p'inda*, les Atchécoundas teignent en noir le calicot du commerce.

Les dispositions des indigènes sont en somme excellentes et font contraste avec la paresse et l'état presque sauvage des peuples voisins. Il est évident que la présence des mulâtres ou mzoungos a été pour quelque chose dans ce pas fait vers la civilisation. Mais, d'un autre côté, tant que le pays sera gouverné par cette race vicieuse et insubordonnée, il sera impossible d'en faire une colonie européenne, à moins d'appeler à son aide la force armée et de chasser ceux qui gouvernent actuellement les Atchécoundas, leur insufflant l'esprit de révolte et la haine des nations civilisées.

Une partie des gisements aurifères de Missalé s'étend, comme je l'ai dit, jusqu'à Montchinga, dans le pays de Makanga, et à quelques milles seulement de la résidence du roi. Les mêmes gisements passent dans le nord, et j'ai trouvé de l'or alluvial dans plusieurs des rivières qui arrosent le pays et se jettent directement ou indirectement dans le Zambèze.

C'est en réalité aussi sur la limite du territoire de Makanga que se trouvent les gisements houillers du Moatize (affluent du Revougoué). Les rapports de deux ingénieurs français, M. Lapierre, il y a quelques années, et M. Angelvy, en 1893, ont confirmé l'existence d'un charbon parfaitement utilisable pour le commerce et l'industrie locaux. Ces mines, dont l'exploitation doit être amorcée à l'heure qu'il est, sont destinées à prendre une grande importance dans un pays où la navigation à vapeur ne fait que commencer et va en augmentant tous les jours. Un de leurs grands avantages est leur proximité de deux rivières, ce qui permet de transporter le charbon rapidement et avec des frais minimes.

Le roi s'opposant ou se montrant hostile à toute visite européenne, il est impossible, sans risquer sa vie, de chercher à développer le pays. Y pénétrer en grand nombre serait la guerre, et c'est par là, d'ailleurs, qu'il faudra finir un jour ou l'autre.

Pendant ma seconde visite, je vécus plusieurs mois dans l'intimité avec le roi Tchanetta et j'eus le temps, tout en observant les mœurs et faisant des levers du pays, de me pénétrer de l'esprit qui régnait dans le royaume ; j'acquis ainsi la conviction que je viens d'énoncer, tout en ayant chaque jour la preuve que la puissance des mzoungos était encore loin de son déclin. Tout ce que je désirais, je l'obtenais, mais à la condition de le demander au roi : sans son ordre, pas un indigène n'eût été me chercher même un pot d'eau. Nous étions traités avec respect et déférence, mais uniquement parce que nous étions les amis du roi ou du moins reconnus comme tels.

Avant de quitter la sphère d'influence portugaise, il sera peut-être intéressant d'esquisser rapidement la façon dont cette influence s'exerce et le mode d'administration du pays.

Le territoire portugais est divisé en *prazos da coroa*, c'est-à-dire concessions de la couronne. Ces *prazos* sont autant de petits départements dans la région, ayant chacun son administration ; ils sont adjugés aux enchères à des particuliers moyennant une redevance annuelle, et il faut malheureusement ajouter que la plupart d'entre eux ne rapportent presque rien à la province de Mozambique. A côté de ceux qui sont perdus dans la brousse et qui donnent à peine quelque nourriture aux rares habitants du sol, il en est d'autres qui sont des merveilles de culture, de commerce et de mouvement, et qui, par conséquent, forment l'unique revenu de la province.

Quant à la façon d'administrer ces prazos, qu'il me soit permis ici de dire qu'elle laisse beaucoup à désirer : tous les adjudicataires ne traitent pas leurs sujets avec une égale bonté ; il en est qui veulent trop pressurer les indigènes qui sont sous leur direction, et ils ne réussissent qu'à faire évacuer le pays, dont ils diminuent ainsi la population et les bras. Il y a aussi de nombreuses plaintes à élever contre les mulâtres portugais auxquels le gouvernement local confie des places de surveillants, de douaniers ou même de chefs de district, et qui ne méritent pas l'autorité qui leur est conférée. Ils commettent de nombreuses injustices, des crimes même, et la rumeur publique met ce qui arrive sur le compte des Portugais, ignorant que ce ne sont pas des Portugais, mais des métis, et souvent des nègres, qui sont en cause. Je crois être utile aux intérêts locaux en signalant ces abus, dont M. G. Wiese a déjà fait un portrait fort exact et très juste dans le récit de son voyage à Mpéseni (1).

Nous quittâmes bientôt, Hanner et moi, le pays des Atchécoundas pour d'autres territoires, non sans regret. Le jour de notre départ, le roi était à Mfambé, où il avait une résidence fortifiée et où il faisait de fréquentes visites ; cela nous épargna les délices d'un départ en musique. Nous étions allés la veille prendre congé de lui, et il avait paru au désespoir lorsque je ne pus promettre de revenir. Il nous donna une escorte d'honneur chargée de recommandations pour les chefs voisins, et fit une fois de plus grandement les choses, comme un roi qui sait tenir son rang.

Quelques mois après, nous apprîmes qu'il était mort, et qu'avant de rendre le dernier soupir il avait chargé son successeur de nous envoyer une députation ; celle-ci mit longtemps à nous rejoindre, comme bien l'on pense. Le successeur de Tchanetta (déjà détrôné aujourd'hui par un héritier plus direct) était un homme totalement différent et qui, dès le jour de son avènement, se fit haïr par tout le monde.

Sur ce, nous prendrons définitivement, cette fois, congé des Atchécoundas.

(1) Société de géographie de Lisbonne : *Relacão d'unna expedicao Portugueza en Mpéséni*.

CHAPITRE XIII

Chez les Magandjas. — La colonisation du Nyassaland. — Planteurs de café. — Les grands animaux et leur disparition prochaine. — Un village qui déserte. — Le roi forgeron. — Le fer ; sa fonte ; son utilisation dans la région. — Comment on est renseigné par les noirs. — Le pays de Mikorongo. — Quelques mots sur le Chiré et les cataractes de Murchison. — Projet de chemin de fer. — Voyage à l'est du Chiré. — Adieux à Mikorongo. — Chez les Angonis. — Leur pays. — Parures de dames. — Mœurs des Angonis. — Arrivée au lac Nyassa.

Les Magandjas forment une des plus nombreuses tribus de la région, et le territoire qu'ils ont occupé autrefois est considérable ; il commence à cinq ou six milles de la rive droite du Zambèze et s'étend de Missongoué jusqu'aux gorges de Lupata au sud, jusqu'au lac Nyassa au nord.

Il y a peu à dire sur leurs mœurs, qui ressemblent de tous points à celles des autres peuples de la région, et encore moins sur leurs qualités : ils l'emportent sur tous leurs voisins par leur paresse, leur nonchalance et la complète insouciance qu'ils montrent d'augmenter ou non leur bien-être. Si j'ajoute que la race est laide en général et mal douée comme force physique, j'aurai dit à peu près tout sur les habitants.

Le pays, en revanche, est plus intéressant, d'abord parce qu'il est resté inexploré jusqu'en 1891, et ensuite parce qu'il offre un aspect très changeant selon la région que l'on visite.

Dans sa partie sud-ouest, le pays des Magandjas ressemble, comme conformation du sol, à celui des Atchécoundas; mais, tandis que le dernier est peuplé, au moins relativement, le premier est désert; on n'y compte pas un village dans un rayon de trente kilomètres, et le nord des gorges de Lupata n'est couvert que de végétation sauvage et épaisse. Quelques habitants commencent à apparaître quand on se rapproche du Zambèze, dans la sphère qui est sous l'influence effective du gouvernement portugais. Les Jésuites ont passé par là autrefois et y ont laissé d'immenses forêts de manguiers, où l'on peut marcher pendant plusieurs heures à l'ombre d'arbres séculaires. Cette région, quoique très intéressante pour un chasseur et un naturaliste, n'a aucune importance au point de vue du commerce et de l'industrie. Passons donc au centre du pays des Magandjas.

Il est baigné par le fleuve Chiré, qui reçoit comme affluents la Lasoungoué, le Moukouromadzi, le Mouapanzi, la Moanza, la Koudzi, la Mapéréra, la Mkombedzi, la Fodia, la Mkate, la Tchidzimbi, Tchiméra, Mirobé, le Mikorongo, Nakamba, Larandjé, Tangadzi, Niaminiala, Tchirondjé, Toa-Toa, Massétché, Gonacomo, et enfin les embranchements du Ziou-Ziou allant au Zambèze.

M'étant trouvé dans la région ou dans ses alentours depuis l'arrivée des Anglais, j'ai pu assister de loin à sa colonisation et à toutes les phases de son développement: j'ajouterai même que cette étude en vaut la peine, et qu'il n'est pas sans intérêt pour un Français de suivre la façon dont, en quelques mois, un pays sauvage se transforme en une colonie prospère et florissante. Ce n'est pas en restant exclusivement chez nous que nous pourrons faire des observations sur l'esprit pratique et le bon sens que nous reconnaissons nous-mêmes à nos voisins en cette matière, ni apporter à notre système les améliorations dont nous l'aurons jugé susceptible.

FEMMES MAGANDJAS AUX TRAVAUX DU MÉNAGE
(NORD DU ZAMBÈZE)

Pour résumer un long travail que j'ai fait sur ce sujet, voici en quelques lignes l'histoire de ce qui, ayant été autrefois une partie du pays des Magandjas et des Yaos, constitue aujourd'hui le Nyassaland (1).

Le district bordant le Chiré et arrosé par ses affluents, qui va du lac Nyassa jusqu'à la Ruo pour la rive gauche, et jusqu'à Missandjé (2) pour la rive droite, a été cédé à la *Chartered Company* par l'arrangement survenu entre l'Angleterre et le Portugal en 1890.

A cette époque, à l'exception de deux ou trois négociants et d'un ou deux planteurs de café qui se trouvaient à Blantyre, il n'y avait absolument rien qui annonçât un développement prochain. Les Portugais occupaient militairement Chiromo et avaient plusieurs fois exercé des représailles contre les indigènes. Blantyre n'était que la résidence d'une mission protestante, la *Scotch Church*, installée par Livingstone et baptisée ainsi du nom du village d'Écosse où est né le grand voyageur.

Blantyre n'avait rien de ce qu'il faut à une ville commerciale et mouvementée : son emplacement était fort mal choisi ; son seul avantage était une salubrité relative, en raison de l'élévation des montagnes sur lesquelles elle est perchée et qui ont près de deux mille mètres au-dessus du niveau de la mer. Il eût pourtant été facile, si on l'eût voulu, de trouver à la même altitude un endroit plus propice à l'érection d'une ville.

Les avant-coureurs de la civilisation furent des agents de la *Chartered Company* qui apparurent vers 1889 et 1890. Il y avait, à vrai dire, un agent consulaire à Blantyre depuis une dizaine d'années ; sa présence était, sinon motivée, du moins expliquée par les nombreux

(1) Ce pays a été déclaré protectorat anglais en 1892.
(2) Aujourd'hui surnommé Port-Herald. La frontière est à sept ou huit milles plus bas ; elle est indiquée par un poteau en fer.

missionnaires qui étaient alors établis sur les lacs. En plus des rares négociants et de la *Scotch Church Mission,* limitée au sud du lac, il y avait la *London Missionary Society,* occupant le nord, ainsi que la *Scotch Free Church.*

Aussitôt après la convention anglo-portugaise, le gouvernement de Lisbonne céda à l'Angleterre une concession au Tchindi, avec privilège d'y débarquer les marchandises en transit pour le territoire anglais du Chiré.

Peu après, les fonctionnaires commencèrent à débarquer : receveurs des douanes et des postes, juges de paix, etc., etc. Une milice prise chez les Yaos (1) fournit la police et les corvées, tandis qu'un détachement de sicks (2), sous les ordres d'un officier, veillait à la sécurité des Européens.

Ceux-ci vinrent surtout de l'Afrique du Sud, attirés par l'attrait d'un pays nouveau et voulant soit des emplois dans le gouvernement local, soit des concessions de terrain pour planter du café. Peu nombreux au début, ils devaient bientôt devenir une véritable population.

Il est à remarquer que, à l'apparition des premiers d'entre eux, il n'y avait dans le pays ni commerce, ni rendement d'aucune sorte. Inconnu en grande partie, il n'avait d'autre importance, à un point de vue purement politique, que sa position géographique : placé sur le chemin des lacs de l'Afrique centrale, il était appelé à bénéficier forcément un jour du développement de ces régions.

Voilà donc la première raison d'être du Nyassaland : il était la porte d'entrée de l'Afrique centrale. On en créa une deuxième en faisant des essais de plantations de café qui réussirent très bien.

Tout cela ne constituait que les avantages futurs du

(1) Yaos, race habitant le sud-est et l'est du lac Nyassa, qui a conquis aux Magandjas la région de Blantyre et du Zomba.
(2) Milice des Indes.

pays. Le gouvernement local voulant un rendement moins aléatoire et plus immédiat, chaque indigène eut à payer par case un impôt annuel en travail, en nature ou en argent, équivalant à 3 fr. 75. Il va sans dire que, la première année, les indigènes se prêtèrent peu volontiers à ces règlements : quelques villages furent brûlés à titre d'exemple, et on confisqua aux habitants ce qu'ils avaient. La deuxième année, la rentrée de l'impôt fut plus satisfaisante, et maintenant elle ne donne plus guère de préoccupation, tellement l'habitude en est prise.

En plus de l'impôt indigène, les ports d'armes, les permis de grande chasse, les droits d'importation et les ventes de terrain ont mis en trois ans les finances locales dans un état très satisfaisant. Si un commerce se développe, ce qui est presque certain, la région y gagnera encore de l'importance, et les revenus en seront augmentés d'autant.

Le Nyassaland a passé progressivement des mains de la *Chartered Company* dans celles du *Foreign Office*.

Aujourd'hui, le nombre des planteurs de café dépasse cinquante individus, ayant environ deux cent mille acres de terrain couvertes de caféiers dont l'aspect est plein de promesses (1). Le gouvernement local a établi son quartier général à Zomba; l'administration, le tribunal, la recette générale, les postes, sont à Blantyre; les douanes, à Tchiromo; la station navale, au Tchindi : on parle d'un chemin de fer, d'une compagnie de transports. Sur les bords du lac Nyassa, il y a des forts, entre autres le fort Johnston, qui porte le nom de M. H.-H. Johnston, le commissaire du gouvernement à l'initiative et à l'activité duquel le Nyassaland doit son rapide développement.

(1) Dans les notes que je donne plus loin à l'usage de ceux que la culture du café peut intéresser, on trouvera des détails sur cette industrie. L'acre vaut environ 4,600 mètres carrés.

Tout cela a défilé devant mes yeux depuis trois ans : lors de mon arrivée dans la région, en 1892, rien n'annonçait l'état actuel des choses : je vis un pays bien tranquille, habité par des indigènes très paresseux ; aujourd'hui, voilà une colonie à demi-européenne qui fait chaque jour des progrès. N'est-ce pas très curieux?

J'ai montré rapidement au lecteur le sud du pays des Magandjas inculte et sauvage, l'est qui se civilise ; il me reste à parler du nord-ouest, qui touche immédiatement au pays des Angonis, et du centre. Les amateurs de pittoresque aimeraient à visiter cette région. Nous retrouvons ici les mêmes caractères que dans la Maravie, Tchiouta et Missalé : des masses granitiques énormes, d'immenses montagnes, des gorges abruptes, un paysage où l'homme éprouve une admiration involontaire, où il se sent petit et faible devant les gigantesques travaux de la création.

En plus de sa beauté, cette région avait un charme tout particulier pour moi : déserte d'êtres humains, elle était fréquentée par conséquent par les grands animaux, que la présence de l'homme fait reculer chaque jour davantage, jusqu'à ce qu'ils disparaissent exterminés.

J'ai eu souvent à ce sujet une idée que quelques-uns pourront trouver absurde ou tout au moins peu pratique, mais dont l'exécution n'est pas impossible. Pourquoi les puissances européennes, qui de tous côtés s'acharnent à démembrer l'Afrique, ne laisseraient-elles pas, d'un commun accord, un coin de terre de quelques milliers de kilomètres où ces pauvres animaux puissent se réfugier sans être inquiétés et où leurs espèces, au lieu de disparaître, se reproduiraient en toute tranquillité? Il y a pour cela plus qu'un motif sentimental ou scientifique : il y a une raison pratique.

Il n'est pas prouvé que l'éléphant africain ne puisse

être réduit en domesticité : il l'a été autrefois ; pourquoi n'en serait-il pas de même aujourd'hui? Quels services ne pourrait-il pas rendre dans son propre pays, où les distances sont le plus grand des inconvénients? Eh bien ! quand la civilisation arrivera au cœur de l'Afrique, alors qu'elle aura le plus besoin de ce précieux auxiliaire, l'éléphant africain aura disparu ; il n'existera plus, comme son ancêtre le mammouth, que dans le domaine de l'histoire ancienne. Le rhinocéros blanc (*r. simus*) en est déjà à ce point : il se fait de jour en jour plus rare ; il n'est pourtant pas malfaisant dans toute l'acception du mot. L'autruche, la girafe, diminuent également : le zèbre ou les espèces similaires, l'élan, qui pourraient être utilisés comme animaux domestiques, tombent peu à peu sous le fusil de l'homme, et, le jour où le grand problème de la colonisation sera résolu et où l'Afrique sera le vaste champ de travail de l'Europe, il faudra y importer et y acclimater à grand'peine des animaux d'autres régions, après avoir détruit ceux que la nature y avait placés dans le même but. Ceux qui élaborent les législations coloniales devraient être plus prévoyants.

Comme chasseur, j'ai pris une bonne part à cette destruction, j'en conviens ; mais ceux qui liront mes souvenirs de chasse verront que je n'ai presque jamais tué pour le seul plaisir de tuer, et que j'ai vécu de ma carabine pendant plusieurs années. Je n'ai pas à me reprocher d'avoir jamais gaspillé le tribut que je prélevais sur les ressources du pays, et j'estime que ceux-là commettent une mauvaise action qui tuent une pauvre bête pour satisfaire leur orgueil de chasseur et l'abandonnent ensuite aux vautours.

En m'excusant de cette digression, je reprends le récit de mon séjour dans le nord-ouest du pays des Magandjas.

Entre les divers massifs montagneux se trouvent d'immenses plaines couvertes de hautes herbes, marécageuses en certains endroits, où un homme ne peut marcher qu'à grand'peine. Quelques rivières, appartenant pour la plupart au bassin du Zambèze, sillonnent le pays pendant les pluies, mais elles sont à sec plus de six mois par an.

De temps à autre, sur une haute montagne, un village m'était signalé, et j'allais rendre au chef une visite presque toujours intéressée, pour avoir les porteurs, la nourriture ou les renseignements dont j'avais besoin. Je n'étais pas toujours heureux dans mes tentatives, malgré les longs détours et les ascensions qu'elles me coûtaient. Quelquefois nos entrevues avec ces gens demi-sauvages étaient fort curieuses.

Un jour, un petit roitelet, du nom de Tchimbiri, me fit dire d'attendre à l'entrée de son village parce qu'il allait, disait-il, venir me recevoir. Cette façon cérémonieuse, à laquelle je n'étais pas accoutumé, ne laissa pas que de m'étonner. J'attendis, néanmoins, à une portée de fusil. Les habitations étaient sur le versant d'une haute montagne; le sentier contournait son flanc, formant une corniche naturelle, d'où on avait un coup d'œil merveilleux : je m'assis à contempler une immense vallée où quelques forêts se détachaient comme des taches noires sur les tons gris des broussailles : un léger brouillard planait au-dessous de nous, tandis que le soleil, commençant à monter derrière notre sommet, couvrait déjà les montagnes en face de sa lumière éblouissante.

Ce beau coup d'œil ne m'occupa qu'un instant; on se blase vite des beautés de la nature quand on vit au milieu d'elles, et je trouvais déjà que mon hôte en prenait à son aise, quand deux vieillards vinrent au-devant de nous et, s'asseyant auprès de moi, me demandèrent si on m'avait fait du mal ou volé quelque chose pour que je vinsse ainsi leur faire la guerre. Je m'efforçai en vain de les rassurer sur mes intentions, et, pendant que les deux bons vieux, qui s'étaient dévoués sans doute pour leurs concitoyens, parlementaient avec moi, tout le village déménagea lestement, emportant par le versant opposé les poules, les chèvres, qui sont fort belles dans cette région, les provisions et les bagages.

Je ne me doutais de rien ; je trouvais seulement les deux émissaires bien bavards : ils me racontaient avec de nouveaux détails la toujours semblable histoire des incursions mafsitis, des vols, des massacres, etc., dont ils avaient souffert depuis quelques années, et, tout en leur disant combien leurs malheurs me touchaient, j'avais essayé en vain d'en venir au sujet de ma visite, qui était d'acheter du maïs et des œufs, s'il y en avait. Enfin je me levai, laissant les ambassadeurs à leur quinzième massacre ou enlèvement de prisonniers, et je me dirigeai vers le village sans plus de discours : du premier coup d'œil, je vis qu'il était désert ; mais des feux mi-éteints, des emplacements balayés, des crottins de chèvre frais me montrèrent que c'était depuis fort peu de temps. Comme, d'ailleurs, à notre arrivée et pendant que nous gravissions la montagne, nous avions aperçu du monde et entendu beaucoup de bruit, je compris ce qui en était et je me tournai vers les deux indigènes pour leur demander la raison de cette fuite précipitée. Ils étaient là tremblants, ne sachant le sort qui leur était réservé, et ils ne répondirent qu'évasivement à ma question.

Je ne pus m'empêcher de rire de ce déménagement : il indiquait des gens vivant sur le qui-vive et en état de se mobiliser au premier signal. Je fis un cadeau aux deux vieillards, les priant de dire au roi qu'il était un imbécile, ce qui se traduit en langue indigène par « être stupide comme une bête des bois ». J'ajoutai que les blancs ne faisaient pas de mal aux noirs sans provocation, et que j'étais venu apporter du calicot pour que les gens du pays s'habillent et pour qu'ils me donnent un peu de maïs. Je partis, les laissant stupéfaits. Ces gens devaient avoir quelque chose à se reprocher, ou bien ils avaient cru à un faux bruit sur notre compte.

Quelques jours après, je fus reçu, au contraire, avec un plaisir évident par le fameux Tchipembéré, le grand roi des Montagnes ou le roi de la Grande Montagne. (Je n'ai jamais pu savoir au juste, car il est d'une stature exceptionnelle, et la montagne qu'il habite domine la région.) Ce nègre colossal était, en même temps que roi, un forgeron remarquable : dans cette contrée, d'ailleurs, presque tous les hommes travaillent le fer.

Ce qu'ils en font est simple et utile à tous leurs voisins : ce sont des bêches, des couteaux, des pointes de flèches et de lances, des harpons, des hameçons, des outils de forgeron, pinces, marteaux, enclumes, etc., que l'on vient acheter de fort loin. Il est très curieux, quand on parcourt les environs de leurs villages, de voir de tous côtés les creusets où les forgerons font fondre leur minerai. Ces fonderies primitives se composent d'une grosse tour de pierres recouvertes d'une épaisse couche de terre glaise et surmontées d'un récipient de forme ronde où quatre hommes trouveraient aisément place. A côté de la tour se trouve un échafaudage qui permet aux hommes qui alimentent les foyers d'atteindre l'orifice de la fournaise. Au ras de la terre sont percés de nombreux trous où, au moyen de tubes de terre cuite, des soufflets du pays chassent l'air dans le foyer : un peu au-dessus, un ou deux orifices bouchés en temps ordinaire donnent issue, lorsqu'il y a lieu, à la matière en fusion.

Le récipient intérieur reçoit des morceaux de minerai mélangés à du charbon de bois. Le foyer est alimenté avec du bois pendant plus de huit jours et huit nuits et activé par les soufflets qui entourent l'appareil. Une quinzaine d'hommes sont nécessaires pour accomplir ces différents travaux. Avant d'allumer leur foyer, ils doivent employer des semaines à couper et à transporter la grande quantité de bois que la fournaise dévorera pendant l'opération ; et si l'on résume toute la peine qu'une fonte de minerai donne aux forgerons, on ne s'étonne pas qu'ils vendent leur fer fort cher.

Je ne suppose pas que la quantité de métal obtenue dépasse vingt à trente kilogrammes. La matière en fusion est reçue dans des moules en glaise humide qui lui donnent une forme de barre carrée.

Le minerai de cette région est excessivement riche. En certains endroits, son poids est presque égal à celui du métal pur, et la quantité qu'il en contient est considérable ; il est noir, aussi dur que lourd, couvert d'oxydes sur les surfaces exposées à l'air, et l'eau qui y séjourne se colore de rouille.

« Mamaïne ! (ma mère !) comme cette montagne doit être lourde ! » disait derrière moi un noir en riant, tandis que nous montions chez le seigneur Tchipembéré. Il y avait une heure que nous marchions, faisant à chaque pas rouler sous nos pieds des fragments du pesant minerai.

Après une visite de plusieurs jours, nous reprîmes notre route avec des vivres et des hommes frais, laissant derrière nous ce pays étrange où tout était noir, le sol encore plus que les hommes, où les boussoles affolées ne savaient plus marquer le nord, où le bruit du marteau remplaçait le tam-tam et les fourneaux de fonte les feux de joie.

J'emportais quelques souvenirs de ces montagnes noires, et entre autres le marteau dont se servait le chef, marteau qu'il avait fabriqué lui-même et qu'il m'offrit ; j'avais aussi acheté contre du calicot des pincettes, des soufflets. Je ne pus m'embarrasser de l'enclume, qui consistait simplement en un morceau de minerai fort lourd présentant une surface plane. Quelques chèvres du pays, fort grandes et fort belles, suivirent, plus ou moins à contre-cœur, nos pérégrinations des jours suivants.

On pourra voir tous les objets dont je viens de parler au Musée ethnographique du Trocadéro, dans les collections que j'ai rapportées de mon voyage; mais je crains bien qu'on n'y trouve aucune trace des chèvres, qui étaient d'une nature moins indigeste et plus nourrissante.

En entrant chez Tchipembéré, nous quittions le pays des Magandjas, peu de temps toutefois, pour revoir des Azimbas (montagnards). Quelques jours après, nous pénétrions chez Mouana-Maroungo, un roi dont la réputation de grandeur, de puissance et d'énergie m'a semblé considérablement usurpée.

Les noirs racontent toujours des choses extraordinaires sur quelqu'un ou quelque chose, simplement parce qu'ils les ont entendu dire par d'autres, et cherchent une occasion d'y ajouter des détails de leur cru.

Je devais trouver chez Mouana-Maroungo des troupes aguerries ayant des fusils et approvisionnées de poudre, deux villages populeux, un jeune éléphant captif à vendre pour un fusil, un baril de poudre et deux pièces de mouchoirs Madras, beaucoup de patates douces à bon marché, des porteurs à volonté, du grand gibier et spécialement une antilope noire, l'inyala (*tragilaphus Angasi*), que je cherchais en vain. Tout cela était précieux, et cette région était décidément favorisée.

Comme je m'y attendais, les troupes n'existaient pas, et les sujets du grand roi avaient une moyenne de deux fusils et huit arcs sur dix hommes; les deux villages étaient misérables; le jeune éléphant n'avait pas attendu acquéreur : il avait été égorgé comme un veau six mois auparavant et mangé par ces sauvages affamés; les patates douces n'avaient jamais pu croître dans le sol rocailleux du pays ; on me fit attendre quatre jours pour me donner quelque quinze hommes ; quant à l'antilope noire, je la chercherais encore si le hasard ne me l'avait envoyée quelques mois plus tard.

Cet exemple pris entre mille montre la façon dont on est renseigné en passant dans ces pays : pourtant, lorsqu'on y séjourne et que l'on gagne la confiance des habitants, on peut finir par obtenir des détails moins inexacts.

Mais laissons derrière nous Mouana-Maroungo, traversons le Kamouankoukou (1), affluent du haut Revougoué qui arrose le pays de Makanga, et engageons-nous dans une de ces immenses vallées dont j'ai parlé, qui font oublier pendant quelques heures que l'on se trouve dans la région montagneuse. C'est là que nous arrêterons le lecteur. La suite de cet itinéraire nous conduit aux frontières de Tchikoussi, roi des Angonis, tracées à cet endroit par la petite rivière Donda et le mont Foulankoungo, et, comme nous avons dévié légèrement vers le nord-ouest depuis Mouana-Maroungo, nous nous retrouvons dans la partie est du pays de Tchipéta et de Missalé dont j'ai déjà parlé précédemment (2). J'ajouterai que la plupart des points de ce parcours, pour ne pas dire tous, sont nouveaux pour la géographie, et qu'aucun Européen n'avait passé par là avant nous.

Nous reprenons la suite et la fin de l'exploration du pays des Magandjas qui dura presque jusqu'à la fin de l'année 1892 ; elle avait pour théâtre, cette fois, le centre ou pays de Mikorongo. C'est là que la population est le moins clairsemée.

Les bassins de la Moanza et de la Mkombedziia-fodia exceptés, cette région est aride et privée d'eau pendant la

---

(1) *Kamouankoukou* : le bec de poule.
(2) Chapitre XI, page 296.

plus grande partie de l'année : c'est ce qui explique l'agglomération de la population sur le bord de ces rivières, tandis que le reste du pays est à peu près désert.

C'est à Mikorongo, une des plus grandes villes indigènes de la région, que vivait Tchibissa, le roi des Magandjas, dont parle Livingstone, et qu'à l'époque de notre passage se trouvait le descendant direct du souverain légitime des Magandjas de l'intérieur.

Il n'entre dans le cadre de mon récit aucune considération politique, et je m'abstiendrai de critiquer quoi que ce soit. J'étais un simple voyageur qui traverse la région et qui prend les choses et les gens comme ils sont ; néanmoins, je dois dire que j'ai assisté, pendant mon séjour dans ce pays, à d'incroyables abus de pouvoir de la part des agents subalternes du gouvernement local. J'ai le regret d'ajouter qu'ils n'ont pas été désavoués.

Le pays de Mikorongo est couvert d'une végétation épaisse, ce qui lui a peut-être valu son nom (1). Avant la carte que j'en ai dressée en 1892, toute la région située entre le Chiré et le Zambèze était totalement inconnue ; les gens de Mikorongo n'allaient pas du côté du Zambèze, étant en très mauvaises relations avec les peuplades riveraines. J'ai fait le voyage de Mikorongo à Tête et de Kapako à Tête à travers des territoires où il n'existait pas un sentier indigène sur un parcours de cent quinze kilomètres ! Nous avons eu, chaque fois, à nous créer un passage dans la jungle, allant à la boussole, un peu au jugé d'abord, car notre position par rapport à Tête était très incertaine ; plus tard, je pus placer exactement les deux points et tracer la ligne droite qui est représentée aujourd'hui par un chemin qui va du Chiré à Tête et où on vient d'installer récemment le télégraphe. Ce travail a été entre-

(1) *Karango* : bois sombre, forêt épaisse

pris par les Anglais d'un côté et les Portugais de l'autre, au début de 1893.

Ce télégraphe et cette route sont les premiers jalons de la politique future entre les deux puissances : ils commencent par indiquer entre le Nyassaland et le sud du Zambèze une ligne de communication qui réunit ainsi les territoires de la *Chartered Company* au Nyassaland, en attendant qu'on le joigne effectivement en acquérant d'une façon ou d'une autre les territoires en question.

Le Chiré gagnera toujours plus d'importance à mesure que la région se développera. Ce fleuve provient, comme on sait, de l'écoulement des eaux du lac Nyassa dans le Zambèze; il est malheureusement coupé au milieu de son cours par des rapides qui le décomposent, comme le Zambèze, en bas fleuve et haut fleuve : ces rapides, dits de Murchison, proviennent de ce que le fleuve passe sur les derniers contreforts de la chaîne où est située Blantyre.

A l'époque de l'année où j'ai visité les rapides, j'ai observé qu'ils n'étaient pas causés par une différence de niveau aussi grande que celle qui se rencontre à Kébrabassa, mais bien par un fonds très accidenté où l'eau est tour à tour arrêtée ou précipitée.

Il m'a donc semblé qu'il n'était pas au-dessus de l'industrie humaine de supprimer, ou tout au moins d'améliorer ce passage difficile, tandis qu'à Kébrabassa cela nécessiterait des travaux hors de proportion avec les avantages qu'on pourrait en tirer.

D'un autre côté, à droite et à gauche des rapides de Murchison, la configuration du terrain est tout à fait propice à la construction d'une voie ferrée, presque en vue du fleuve. Il est même à souhaiter que l'on fasse usage de cette voie tout ouverte, au lieu de faire monter un chemin de fer à Blantyre pour le faire redescendre de l'autre côté, projet grotesque et qui est cependant étudié par des gens sérieux. Comme je l'ai déjà dit, Blantyre n'a aucun commerce qui justifie le passage d'une voie ferrée, et les quelques planteurs réunis ne payeront pas, avec tout le café qu'ils pourront expédier une fois l'an, la centième partie des frais. Au point de vue de l'agrément, il est certain qu'il serait fort avantageux de monter à cinq mille pieds en chemin de fer, au lieu de grimper avec ses jambes, comme je l'ai fait plusieurs fois, pendant les quarante et quelques kilomètres que représentent les détours et spirales de la route; mais qui va payer? Je ne prendrai certainement pas d'actions de ce chemin de fer-là.

Si la voie ferrée traverse la plaine ou des terrains menant directement de n'importe quel point de la côte au lac Nyassa, ce sera une excellente affaire qui tuera presque tout le transport par rivière, si long et si ennuyeux, et le cœur de l'Afrique sera relié au monde civilisé.

En deçà des cataractes de Murchison, le Chiré ne baigne pas encore le territoire des Magandjas, mais bien celui des Angonis à l'ouest et des Yaos à l'est. La partie supérieure de son cours n'est ni plus ni moins navigable que l'autre, et, si ce n'étaient les rapides et quelques bancs où l'eau est très basse, on pourrait naviguer avec la même embarcation du Tchindi à l'entrée du lac Pamalombé, qui est la porte naturelle du lac Nyassa.

Pendant la fin de l'année 1892, je visitai les deux côtés du haut Chiré : d'abord Blantyre, Zomba, Matpé, Mlanjé et les environs. La rareté du gibier et la persistance des pluies me firent battre en retraite, d'autant plus qu'il n'y avait pas grand'chose à voir ni à noter à cette époque dans ces montagnes et ces vallées verdoyantes et humides : le cri du tinga-tinga (1) en a fait fuir la dernière antilope,

---

(1) C'est le nom que l'on donne à Blantyre et dans le Nyassaland aux porteurs de profession.

et tous les nègres, élèves de la Mission, y sont impolis, impertinents et habillés à l'européenne, toutes choses insupportables à un voyageur qui cherche du primitif.

Je m'enfuis donc sur la rive opposée, et, pénétrant dans le pays des Angonis, dont j'ai déjà parlé plus d'une fois, je m'avançai vers la résidence de Tchikoussi, avec l'intention de lui faire une visite et de me rendre compte de l'aspect du pays, que l'on m'avait décrit comme fort beau.

Cette direction était comprise sur mon itinéraire, et, mon intention étant d'aller encore plus loin, j'avais quitté définitivement Mikorongo, qui avait été pendant quelques mois mon campement principal, et d'où j'avais rayonné à peu près dans toutes les directions, pour visiter ce pays intéressant.

Nous franchîmes la chaîne dont j'ai parlé, qui forme la frontière naturelle des Angonis, et, coupant plusieurs fois sur notre parcours la route des caravanes arabes, nous pûmes enfin nous dire avec un soupir de soulagement que, au moins pour quelques jours, il n'y aurait plus de montagnes à escalader.

En effet, quelques molles ondulations, un terrain que l'on ne saurait mieux comparer qu'à une mer houleuse, fait de petites éminences et de petites vallées, de creux et de bosses, un pays bien arrosé par des cours d'eau nombreux et parsemé çà et là de collines de peu d'élévation, tel est en quelques mots l'aspect du pays des Angonis.

Pour la première fois, depuis le Zoulouland et le pays de Gaza, nous pûmes acheter du lait de vache aux indigènes et refaire un peu nos forces avec ce précieux aliment.

Le voyage à travers le pays des Angonis m'apprit beaucoup de détails géographiques intéressants et qui complètent sur les cartes des espaces restés en blanc. Ainsi, nous rencontrâmes successivement la Tsoumba, la Tamba, la

Rivisé, toutes trois affluents du haut Nkondedzi (1), la Karchironga, le Niabsipoulo, le Lirongoué et le Lissouri, quatre rivières qui se jettent dans le Nidipé, un fleuve assez important qui, courant à peu près ouest-sud-ouest est-nord-est, va se jeter dans le lac Nyassa. Le fleuve et ses quatre affluents sont également nouveaux pour la géographie de la région.

Quelques groupes montagneux se détachent de la grande chaîne qui borde dans le lointain la rive droite du haut Chiré, et au milieu de l'un d'eux, près du Lissouri et du Nidipé, est le mont Domoué, portant le village de Ndedza, résidence du roi Tchikoussi, à un jour de marche de la rive sud-ouest du lac Nyassa.

Le roi n'y était pas lors de mon passage ; il faisait lui-même un voyage sur les frontières de Mpéséni, son voisin de l'ouest. Mais son ministre, Tchiparandjéra, étant à Tête, à peu de distance, j'allai lui demander des porteurs pour remplacer les miens qui, partis de Mikorongo, refusaient d'aller plus loin. Il me donna ce que je lui demandais, moyennant un cadeau, bien entendu, et je pus enfin contempler deux jours après les rives pittoresques d'un des grands lacs africains.

Avant de quitter le pays des Angonis, j'ajouterai qu'au point de vue ethnographique, je n'y ai rien remarqué de particulier. Dans cette région, pourtant, les femmes sont ornées du pelélé, ce précieux embellissement de la lèvre supérieure que j'ai déjà décrit. Il y prend des proportions énormes, chez les vieilles femmes surtout : il dépasse souvent le diamètre d'une pièce de 5 francs, ce qui fait que, quand elles sourient (?), non seulement elles découvrent leur lèvre supérieure, mais au milieu du cercle renversé

---

(1) Le Nkondedzi se jette dans le Revougoué, à trente kilomètres du Zambèze, après avoir arrosé l'est du pays de Makanga.

PORTEUR DE LETTRES CHEZ LES ANGONIS

sur leur visage on voit le nez entier. C'est tout à fait gentil !

Ces dames se couvrent aussi de verroteries, dont quelques morceaux atteignent la dimension d'un œuf de pigeon et semblent même vouloir l'imiter : un collier d'œufs de pigeon bleus, verts ou jaunes, d'énormes ronds aux oreilles dont les lobes déformés atteignent le même développement que la lèvre, une tête rasée et la bouche que j'ai décrite montrant des dents noires, telle est la parure d'une dame du lac.

Les hommes n'ont rien conservé des anciens Zoulous ; on assure que les chefs seuls en parlent encore la langue avec le roi. L'esclavage domestique, celui qui augmente la famille, se rencontre chez les Angonis presque partout. Il n'y a pas de malheureux dans ce pays où tout le monde travaille, particularité qui fait un contraste frappant avec la fainéantise et la misère des voisins, les Magandjas et les sujets de Mpéséni.

Les Angonis sont, par excellence, cultivateurs et pâtres ; non seulement ils mettent en valeur de vastes cultures chez eux, mais encore ils se déplacent et viennent travailler pendant plusieurs mois de l'année dans le Nyassaland pour un salaire modique qu'ils économisent et rapportent dans leur pays à leur retour. Leur sobriété est remarquable : pendant leurs mois d'exil volontaire, ils vivent uniquement avec du maïs sec, rôti à même sur une feuille de fer-blanc, et on ne les rencontre jamais sans un lambeau de boîte de conserve emmanché dans un morceau de bois fendu, ce qui résume leurs ustensiles domestiques.

Revenus chez eux, ils achètent avec leurs économies quelques têtes de bétail, s'ils sont libres ; s'ils ne le sont pas, ils remettent le produit de leur travail à leur maître, et celui-ci leur en abandonne une partie.

On pourra faire quelque chose d'utile et de durable

dans un pays comme celui-là, mais je ne crois pas que la force réussisse jamais. L'indigène qui se suffit à lui-même et qui est heureux chez lui a toujours plus d'indépendance que celui auquel l'Européen apporte le bien-être, et ceux qui colonisent devraient distinguer l'homme pour lequel la civilisation est simplement un bienfait de celui qui deviendra pour elle un puissant auxiliaire. L'un et l'autre doivent être traités différemment.

CHAPITRE XIV

Quelques mots sur l'historique du lac Nyassa (Maravie des anciens). — Lutte contre la traite des esclaves dans l'Afrique centrale. — Notre joie en arrivant en vue du Nyassa. — Le pays environnant. — Chez Mponda. — État sanitaire de l'expédition. — Notre costume de marche. — Visite à Blantyre. — Mes projets de retour. — Dissensions entre indigènes et impossibilité de nous diriger vers la Rovouma. — Efforts infructueux pour obtenir des porteurs. — Nous rentrerons par le Sud. — Quelques mots sur la culture et le rendement du café dans le Nyassaland.

Quoiqu'il n'y ait pas place ici pour des développements historiques, il est pourtant utile d'initier en quelques mots le lecteur au passé du lac Nyassa.

En 1624, le Père Luiz Marianno, Jésuite portugais, passa à Tête en revenant du lac. Il décrit avec exactitude ce lac, qu'il appelle Hémozoura (du nom d'un chef voisin très puissant) : il ajoute que ses eaux s'écoulent dans la rivière Chérim (Chiré). D'après lui, le pays des Maravis se trouve à une demi-lieue du lac, et des traitants portugais font, dans la région, un commerce assez important. Tout ces renseignements sont contenus dans une longue lettre qu'il adresse à ses supérieurs d'Europe, avec de nombreux détails.

En 1665, un autre voyageur portugais, Manoel Godinho, qui remontait la Kouama (c'est ainsi que le Zambèze s'appelait alors), parle du lac Zachaf dont les eaux s'écoulent dans le grand fleuve par le Chéri. Mais la direction qu'il donne et les détails sur l'aspect du lac n'étant rapportés que sur des on dit, je passe à d'autres documents anciens.

En 1710, le Père Francisco da Souza, Jésuite de Goa, écrivait que toutes les populations du lac Maravi (c'est le nom que le lac Nyassa a porté pendant longtemps autrefois) étaient sous l'influence portugaise. Il donnait une description détaillée de la ville de Maravi, située à une demi-lieue du lac, et à laquelle celui-ci devait son nom; il disait aussi que les prêtres de la Société de Jésus voulaient essayer d'y naviguer pour se rendre en Éthiopie, mais qu'ils avaient besoin, pour pouvoir le faire, d'une autorisation spéciale et des fonds nécessaires à la construction de bâtiments faits pour tenir la mer, le lac ayant des vagues énormes chaque fois que le vent soufflait.

De 1824 à 1846, Ignacio de Menezes, Joao de Jesus Maria, Caetano Xavier Velasquez, J.-B. Abreu da Silva, V. Romao da Silva, J. Bocarro, etc., etc., fréquentèrent la région.

En somme, les documents qui existent dans les archives historiques de Lisbonne (1) prouvent surabondamment que du seizième au dix-huitième siècle ces régions ont été constamment fréquentées par les Portugais; ils s'y battaient déjà il y a deux cent cinquante ans, et ils y ont exercé une influence incontestable. Ils peuvent seuls fournir des renseignements de la plus grande importance sur la découverte des grands lacs africains.

Ce que j'ai dit de Livingstone, à propos du Zambèze et de ses cataractes, est également vrai en ce qui concerne le lac Nyassa. En 1859, on a lu dans ses récits de voyage et partout « *Discovery of Lake Nyassa* », etc., et aujourd'hui il n'est pas un écolier en Angleterre qui ne soit élevé dans cette croyance; je dirai même que la génération qui

---

(1) Torre (tour) do Tombo, province de Mozambique, *Antiga Correspondencia*, etc.

a déjà quitté les bancs de l'école il y a plus de dix ans considère cette découverte comme due à l'illustre voyageur.

Ce qui dément cette affirmation, c'est que Livingstone lui-même, toujours si modeste et si sincère dans tout ce qu'il a fait pour la science, raconte que c'est Candido da Costa Cardozo qui lui a donné, à Tête, la position exacte du lac Maravi des géographes.

Joao de Jesus Maria, dont il est parlé plus haut, était malade au moment où Livingstone remontait le Zambèze. Il fut soigné par le docteur Kirk, qui faisait partie de l'expédition et qui donna à Livingstone une foule de renseignements détaillés sur le lac.

Mon impression est que Livingstone n'a jamais dû se vanter d'avoir découvert le lac Nyassa; l'honneur lui en a été plutôt attribué par des amis désireux de faire sonner plus haut les travaux remarquables qu'il avait accomplis. La rumeur publique, peu scrupuleuse en matière d'histoire, fait remonter la découverte du lac Nyassa à 1859, et beaucoup de gens n'en démordront pas.

Comment et pourquoi l'ancien lac Maravi fut-il débaptisé? *Nyandja*, *Nyanza*, en langue indigène, veut dire cours d'eau, eau en grande quantité; de là les noms des grands lacs de l'Afrique centrale : Albert Nyanza, Edward Nyanza, Victoria Nyanza et Nyassa, qui n'est certainement qu'une corruption du même mot. Lorsqu'on a demandé le nom aux indigènes, ceux-ci ont répondu « Nyandja », eau, et on a écrit Nyandza; de même que, sur le Zambèze, en beaucoup d'endroits, ils ont répondu « kaia » (je n'en sais rien), et les premiers voyageurs ont religieusement inscrit sur leurs cartes des kaias nombreux, trop nombreux même pour ne pas avertir du quiproquo.

Deux mots maintenant sur la topographie du lac Nyassa.

Sa longueur est d'un peu plus de trois cent soixante milles, et sa plus grande largeur de soixante. Il affecte la forme d'une immense langue d'eau, allant nord-sud, mais dont la partie supérieure incline légèrement vers l'est. Sa profondeur est parfois considérable, et les vents agitent sa surface comme une mer ; ses eaux, très transparentes et très belles en certains endroits, deviennent sombres très souvent, et de grosses lames déferlent sur ses plages. Son état, habituellement agité, lui avait mérité de Livingstone le surnom de « lac des Tempêtes ». L'altitude de la région en fait un des plateaux saillants du centre de l'Afrique ; il est donc naturel que les vents s'y fassent sentir souvent et avec violence.

Seuls, les navires de gros tirant d'eau peuvent y naviguer, ce qui obligera les colons de l'avenir à avoir deux genres de bâtiments bien distincts dont les uns, ne calant pas plus de trente à quarante centimètres, s'arrêteront à l'entrée du Chiré, et là ceux du lac, calant plus d'un mètre cinquante, commenceront leur navigation (1).

On prétend que les eaux du Nyassa, après avoir baissé pendant une dizaine d'années, augmentent sensiblement de nos jours. Il y a actuellement sur le lac un petit vapeur, le *Domira,* appartenant à une importante maison anglaise, l'*African Lakes Company,* et deux canonnières anglaises. Il y avait quelques boutres arabes, mais il paraît qu'il n'en reste plus, le dernier de ces bâtiments, exclusivement consacrés à la traite des esclaves, ayant été capturé récemment par les canonnières. Le chemin des caravanes arabes venant de l'ouest avec leurs esclaves s'en trouve allongé : privées du moyen de traverser le lac, elles en feront le tour en passant soit au nord, soit au sud. Quant à supposer qu'en capturant trois ou

(1) Quelques milles après être sorti du lac Nyassa, le Chiré se répand en un petit lac qui se nomme Pamalombé ; il reprend ensuite son cours ordinaire. Le lac Pamalombé n'est guère plus profond que le fleuve.

quatre vieux bâtiments sans importance, les autorités locales auront un instant arrêté la traite des esclaves, c'est un leurre. Ce négoce dure depuis des siècles. Il continue comme par le passé, ayant un peu moins ses aises, je l'accorde, mais tout aussi activement qu'autrefois, en dépit des postes antiesclavagistes, en dépit des obstacles qu'essayent de lui susciter les nations civilisées.

Pour empêcher la traite dans l'Afrique centrale, il faudrait, de jour et de nuit, un agent de police à tous les cent pas, au coin de chaque bois. Ou bien alors — aux grands maux les grands remèdes! — qu'on emploie tout l'argent de l'antiesclavagisme à subjuguer l'Arabe et à l'empêcher d'avoir des esclaves, et on aura plus fait pour la traite en quelques années que depuis le commencement du siècle.

Que diriez-vous si on établissait un poste de gendarmerie dans les Cévennes pour surveiller une route soi-disant suivie par les voleurs, si ce poste était le seul pour toute la France? Peut-être les voleurs, ignorant l'arrivée de la maréchaussée, se montreront-ils une fois, et encore ils seront deux cents, tandis que le poste ne compte qu'une dizaine d'hommes sur la route en question. La prochaine fois, ils auront bien soin de passer ailleurs, car la France est grande par rapport au kilomètre carré qui est surveillé; bientôt les gendarmes, ne voyant plus de voleurs, rendront compte qu'il n'en existe plus à leur connaissance et qu'ils n'en entendent plus parler : l'ordre public sera assuré, et le pouvoir se félicitera d'avoir arrêté le fléau!

Tel est le cas pour l'antiesclavagisme en Afrique, et je crois même que les postes ou empêchements effectifs de la traite sont encore plus clairsemés et moins efficaces par rapport à l'étendue de l'Afrique que dans l'exemple que je viens de donner pour la France. Je n'en admire pas moins, de tout cœur, les efforts que l'on fait dans ce but d'humanité, je déplore leur impuissance; mais j'ai vécu trop longtemps loin des centres occupés par des Européens pour ne pas savoir ce qui se passe réellement en dehors de la sphère de la civilisation : seul ou presque seul, et, par suite, en bonnes relations avec chacun, je passais sans éveiller les soupçons de personne, ce qui m'a permis d'écouter et d'apprendre bien des choses dont j'ai fait mon profit.....

Je reprends maintenant la fin de ma description du lac, ou du moins de la partie que j'en ai vue.

Le pays avoisinant est réellement très beau. Je me rappellerai toujours le moment où, émergeant du sommet des collines qui bordent le lac à l'ouest, ayant le Nidipé à mes pieds, je découvris pour la première fois le Nyassa. Mon émotion fut profonde, bien que je fusse préparé depuis plusieurs jours déjà à contempler cette mer intérieure, car tout eût fait croire que nous étions sur les bords de l'Océan : quoique trop loin pour voir les vagues, on les devinait par l'aspect terne des eaux, par le vent qui courbait les arbres, par les grands nuages gris qui projetaient leurs ombres immenses et mouvantes sur le panorama que nous contemplions.

Le lac Nyassa ! C'était le but du voyage, le couronnement du devoir accompli en conscience ! J'avais derrière moi vingt-cinq mois de fatigues, de déboires, de privations; mais j'oubliais mes peines et la maladie (car j'étais loin de me bien porter), pour me réjouir d'avoir enfin atteint mon but.

Le pays que nous avions traversé depuis la résidence de Tchikoussi, ainsi que celui qui se présentait devant nous, est merveilleusement propice à la culture. De nombreux petits ruisseaux, dont quelques-uns au cours fort pittoresquement orné d'une végétation luxuriante, apportent la fraîcheur et la vie à un terrain peu accidenté, parsemé çà et là de bouquets d'arbres et de petites éminences.

En face de nous, au large du lac, à une quinzaine de milles environ vers le sud-est, on apercevait la terre environnée des brumes du matin : c'était le cap Maclear, où est établie la station de missionnaires écossais qui s'appelle Livingstonia. A nos pieds, quelques îlots plus ou moins couverts de végétation, paraissant inhabités; à notre gauche, un pic éloigné, le Rifou, je crois.

L'embouchure seule du Nidipé est signalée sur quelques cartes sous le nom euphémique de Lintipé; son cours était, comme je l'ai dit, à peu près inconnu.

Trois jours de marche autour de la pointe sud-ouest du lac nous menèrent à Mponda, grand village situé entre le lac Pamlombé et le lac Nyassa, mais sur le bord de celui-ci. La forme de l'extrême sud du lac affecte vaguement celle d'une botte à haut talon, formant par conséquent un premier golfe que nous avions contourné, un cap où est Livingstonia et un autre golfe dont l'extrémité sud, celle où est Mponda, a reçu le nom de Monkey Bay. A quelque distance de Mponda, nous installâmes notre camp et nous prîmes quelques jours de repos.

L'expédition était alors réduite à sa plus simple expression : Hanner était fatigué, amaigri, usé; les Arabes avaient laissé onze des leurs en route, victimes des échauffourées d'Oundi, des fièvres, de la petite vérole et surtout de la dysenterie. Moi-même, j'étais affaibli : j'avais souffert de forts accès de fièvre à plusieurs reprises, et si j'ai épargné au lecteur le détail de toutes ces misères, c'est pour ne pas avoir l'air de chercher à l'apitoyer sur notre sort. L'état de notre santé était la conséquence naturelle de la vie que nous avions menée : couchant sans châlits sur la terre humide, dans des tentes en lambeaux qui ne nous garantissaient ni de la pluie ni du soleil, vêtus de morceaux de peau et de toile de tente, chaussés d'espadrilles que nous avions faites nous-mêmes avec du cuir d'antilope, nous ressemblions à de véritables mendiants. Si j'ajoute que notre costume s'était toujours composé, bon ou mauvais, d'un pantalon allant jusqu'aux genoux, d'une chemise sans manches et d'un casque, on se figurera l'état de nos bras et de nos jambes.

Dans les régions où nous arrivions, ce costume faisait contraste avec celui des Européens résidant dans ces endroits, qui se seraient crus déshonorés s'ils n'avaient pas eu une cravate de soie claire autour du col de leur chemise de flanelle; beaucoup d'entre eux sont toujours soigneusement rasés, portent des bagues aux doigts et ont des chaussettes de soie.

Je crus devoir me tenir prudemment à l'écart, ayant appris à Blantyre, quelques mois auparavant, que l'on jugeait habituellement les gens sur la mine. J'étais allé à la future capitale du Nyassaland pour acheter quelques articles de provisions dont je manquais, et, n'y connaissant personne, ou fort peu de monde, je comptais loger sous ma tente; de plus, comme il y a quarante kilomètres de Katounga (bord du Chiré) à Blantyre, et que c'est une ascension fort dure malgré la route tracée et les massoucos (1) que l'on mange en route, j'avais naturellement pris le costume de marche que j'ai décrit plus haut. Je rencontrai en chemin plusieurs voyageurs en machilla (hamac) qui répondirent avec étonnement à mon salut poli. En arrivant dans la ville, si toutefois les quatre ou cinq maisons éparses à cette époque sur des collines méritaient ce nom, je décidai de ne faire mes achats que le lendemain, et je m'informai de l'endroit où je pourrais planter ma tente. Je dus pour cela entrer dans plusieurs habitations : chaque fois, on me toisa curieusement de la tête aux pieds et on répondit à ma question avec l'air que l'on prend quand un fâcheux vient vous

---

(1) Fruit indigène ayant quelque rapport avec la nèfle.

emprunter de l'argent. C'était l'heure du thé, et jamais un Anglais ne reçoit un visiteur à cette heure sans lui en offrir une tasse. Je l'avoue, fatigué comme je l'étais, j'eusse accepté avec plaisir de me réconforter; mais on se garda bien de rien m'offrir, et on resta debout jusqu'à ce que je fusse parti. Ayant choisi pour camper un endroit sur les bords du Moudi, ruisseau qui traverse la ville, je pus boire bientôt une tasse de thé qui ne devait rien à personne. Inutile de dire que, le lendemain, après plusieurs bains, vêtu d'un costume de piqué blanc bien propre, et désormais méconnaissable, je fus reçu partout avec politesse et affabilité : j'eusse pu boire, l'eussé-je désiré, non seulement plusieurs tasses de thé, mais aussi de nombreux wisky-and-sodas. (La même chose arriva à Hanner un peu plus tard.) Or, comme en arrivant au lac Nyassa il y avait longtemps qu'il ne nous restait plus un vestige de vêtement blanc quelconque, nous nous sommes abstenus d'aller voir personne prendre le thé.

Nos projets, à cette époque, étaient de continuer notre chemin par le nord-est du lac jusqu'à Zanzibar, ou, si nous ne pouvions absolument pas y arriver pour cause de force majeure, jusqu'à la Rovouma, que nous comptions descendre jusqu'à un port de la côte.

A cette époque, le sud-ouest du lac Nyassa était le théâtre des exploits de pillards dans le genre des Mafsitis, que le lecteur connaît. Cette fois, c'étaient les Mangouan-gouaras, que l'on prétendait parents des Angonis et par conséquent anciens Zoulous; c'étaient aussi des roitelets de race yaos, gens fort déplaisants, ma foi, qui se battaient entre eux à propos d'une vieille affaire. Il s'agissait, si j'ai bien compris, d'esclaves enlevés par l'un des chefs à l'autre. Les gens que Mponda nous donna refusèrent d'aller de ce côté, prétextant que les chefs yaos les vendraient comme esclaves, s'ils tombaient en leur pouvoir. Ils consentaient bien à partir avec nous, mais c'est le retour qui, disaient-ils, leur coûterait la vie.

Je ne pouvais pourtant pas revenir sur mes pas pour les ramener chez eux. De guerre lasse, je m'adressai aux Yaos eux-mêmes. Personne ne consentant à aller les trouver, je m'y rendis moi-même, mais j'essuyai encore là une fin de non-recevoir : aucun des chefs ne voulut me donner les cent vingt hommes qui m'étaient nécessaires, chacun craignant qu'ils ne fussent pris par son adversaire ou, s'ils en réchappaient, qu'ils ne tombassent à leur retour au pouvoir des Mangouangouaras, dont il fallait traverser le territoire.

J'offris jusqu'à quatre fois le prix ordinaire, plus un cadeau au roi, ce qui faisait environ 22 francs par homme pour les cent quatre-vingts milles qui nous séparaient de la Rovouma. Les yeux leur sortirent presque de la tête à l'idée du payement, mais la peur l'emporta sur la cupidité des indigènes; sauf sept ou huit individus qui ne craignaient ni Dieu ni diable et que je trouvai prêts à marcher, tout le monde refusa mes avances.

Je tentai cependant un nouvel effort : je pris six des hommes qui se présentaient et je les envoyai avec un Arabe demander des porteurs aux Mangouangouaras. Malgré la promesse de cadeaux nombreux, ils répondirent qu'ils ne pouvaient aller ni chez les Yaos au sud, ni chez les Makoas au nord, parce qu'ils étaient en guerre avec les uns et les autres.

L'Arabe, selon mes instructions, poussa plus loin encore, mais il revint après vingt jours d'absence sans avoir obtenu le moindre résultat.

Ces vingt jours d'attente nous avaient fait beaucoup plus de mal que vingt jours de marche. Habitués à une altitude beaucoup plus basse, nous avions été saisis par la différence de climat de ces hauts plateaux, et chacun de nous avait eu des fièvres violentes.

Des renseignements pris, il résultait que j'aurais au nord autant de difficultés que j'en rencontrais pour me rendre du sud du lac Nyassa à la côte. Alors, que faire? Ayant tenté en vain tout ce qui était en mon pouvoir, je décidai le retour par le sud, c'est-à-dire par le Chiré et le Zambèze.

Avant de quitter le Nyassaland, deux mots sur la culture du café (*coffea Arabica*), qui y prend chaque jour plus d'extension.

Une acre de terrain (1) se vend aujourd'hui environ 6 francs. Dans les collines du Nyassaland, d'après les calculs des gens du métier, il en coûte 200 francs pour la mettre en valeur. On y plante une moyenne de mille caféiers; total de la dépense : 206 francs. Ajoutons-y l'intérêt de ce capital à 5 pour 100 pendant deux ans : 20 fr. 60; soit 226 fr. 60. La troisième année, on compte que chaque caféier donne environ une demi-livre de café, ce qui fait deux cent cinquante kilogrammes par acre. Le café du Nyassaland commence, paraît-il, à rivaliser sur les marchés avec celui des Antilles et vaut au bas mot 2 francs le kilogramme. Total du rendement : 500 francs. Retranchons 10 pour 100 pour les pertes et le déchet : reste 450 francs. Bénéfice net par acre : 223 fr. 40, c'est-à-dire 100 pour 100 du capital.

Ces chiffres, pris à la meilleure source et calculés au maximum pour les dépenses et au minimum pour le rendement, expliquent le grand développement que la culture du café a pris dans ces pays pendant les dernières années.

Si l'on ajoute que sur les montagnes, aux altitudes exigées par la culture du *coffea Arabica,* le climat est très supportable pour les Européens, on comprendra que la région attire de nombreux colons.

---

(1) Mesure anglaise qui correspond à un carré ayant environ soixante-huit mètres de côté.

En dehors des plantations de café, quel développement n'est-on pas en droit d'attendre des pays magnifiques qui existent aux environs des lacs? Quelles ressources ne pourra-t-on pas en tirer? De tous côtés on ouvre des communications; dans quelques années, un chemin de fer traversera la contrée et des locomotives passeront en mugissant là où autrefois, dans le silence des forêts, nous les premiers pionniers, nous marchions tranquillement le fusil sur l'épaule

CHAPITRE XV

Retour de l'expédition vers le Sud. — La vallée de la Moanza. — Description du chemin de fer devant un auditoire peu civilisé. — Tchiromo et l'Elephant Marsh. — Gisements de charbon à l'est du Chiré. — Faune aquatique et poissons. — Arrivée de l'expédition au Tchindi. — Retour en France.

Vers le mois de juin 1893, l'expédition était de retour à Mikorongo, après environ trois mois de pérégrinations, et je comptais me rendre dans le bas Chiré en longeant sa rive droite à travers un pays qui, à cette époque, était tout à fait inconnu des Européens. Comme je me suis attaché, dans ce rapide exposé de notre voyage, à décrire de préférence les régions dont nous avons été les premiers Européens à fouler le sol, je prierai le lecteur de m'accompagner encore une fois. Ce sera la dernière.

Quittant Mikorongo vers le Sud cette fois, nous allions couper à la boussole notre parcours vers Tchiromo. Connaissant la position exacte de ce dernier point (1) et celle de Mikorongo, j'avais ma direction fort exactement déterminée et, à vol d'oiseau, j'estimais le parcours à cent vingt-huit kilomètres, c'est-à-dire à peu près à six jours de marche.

La vallée de la Moanza, très peuplée et bien arrosée,

---

(1) Déterminée par un explorateur anglais, M.-D J. Rankin, en 1892.

comme je l'ai déjà dit, a un aspect de prospérité qui ne se rencontre ailleurs que chez les Atchécoundas; mais à peine l'a-t-on quittée, qu'on se trouve dans une région diamétralement différente : aux plaines ondulées, couvertes de cucurbitacées, de maïs, de sorgho, de patates et de petites tomates indigènes, aux villages bruyants et gais, succèdent brusquement des gorges rocailleuses et des collines de même aspect, sans une goutte d'eau, sans un habitant. L'écoulement naturel des eaux forme bien quelques cours d'eau pendant la saison des pluies, mais il n'en reste plus trace dès le mois de mai, et c'est à peine si parfois, en creusant un trou dans leur lit, on voit suinter encore un peu d'eau à cette époque.

Les cynocéphales babouins, grands singes qui abondent dans ces pays, sont au courant de cette particularité. Aussi creusent-ils de ces trous eux-mêmes et abandonnent-ils le district dès qu'ils n'y trouvent plus de quoi se rafraîchir. Nous rencontrâmes beaucoup de ces excavations, mais elles étaient déjà à sec depuis longtemps, ce qui, joint à l'absence complète de traces fraîches de gibier, ne laissait aucun doute sur la sécheresse des environs.

Je fus donc obligé, dès le premier jour, de renvoyer des hommes à la Moanza pour prendre de l'eau, et j'achetai de plusieurs individus, dans les villages, des pots du pays et même des dames-jeannes vides ayant contenu de l'alcool, quoique dans le Nyassaland on en défende l'importation (1). Ces récipients, qui nécessitaient un nombre égal de porteurs, vinrent ainsi grossir le bagage de l'expédition.

De longs parcours sans une mare, ou bien au contraire la rencontre de mares très rapprochées, nous obligèrent tour à tour à faire des étapes excessives ou des marches insignifiantes.

(1) C'est une des clauses de l'Acte de Bruxelles (1890).

Sur les bords de la Mkombedzi-ia-Fodia, petite rivière qui se jette dans le Chiré à quelques milles de l'embouchure, nous campons chez Zéfa, un village gouverné par une femme. Ce fait est assez rare et particulièrement curieux chez des peuples qui considèrent la femme comme bien inférieure à l'homme. Nous n'y sommes guère habitués nous-mêmes, puisque nous n'avons pas de féminin correspondant aux mots chef, gouverneur, seigneur ou roitelet; le titre de « reine » est bien pompeux pour un misérable petit village de trente cases.

Quel que soit son titre, la vieille dame nous reçut fort bien, et, pour ne pas être en reste, je cherchai dans le cours d'une conversation à lui décrire un chemin de fer et à lui faire comprendre la prodigieuse différence qu'il y a entre la façon dont on voyage chez elle et chez nous. Tout le monde roule des yeux étonnés, et l'incrédulité commence à se montrer bientôt sur toutes les figures, lorsque j'affirme que « les petites charrettes en fer amarrées « les unes aux autres, courant sur des barres de même « métal, la première avec du feu et de l'eau dedans, « les autres avec des êtres humains, pourraient aller de « Mikorongo à Oundi (sept cents kilomètres) en une jour- « née » : mes auditeurs croient que je veux me moquer d'eux, et, n'y pouvant plus tenir, ils se lèvent en riant bruyamment; la vieille Zéfa s'éloigne, secouée par un petit rire saccadé et convulsif, et toute la matinée mon histoire court les cases en y semant la gaieté. Je les envoie à tous les diables et, étant ce jour-là d'humeur peu charitable, je leur souhaite de se trouver un jour dans deux trains qui, se rencontrant à toute vitesse, les mettent en mille morceaux; ils ne riraient peut-être plus aussi librement.

Chaque fois que vous voulez expliquer à un noir quelque chose qui se rapporte à notre civilisation, son air incrédule, la façon dont il accueille vos efforts finissent toujours par mettre votre patience à bout. Nous oublions que nous avons mis dix siècles pour devenir ce que nous sommes, tandis que le noir, lui, en est encore à notre point de départ. Il lui faudra une longue préparation avant de pouvoir admettre les merveilles que le génie humain a enfantées.

En attendant que ces merveilles arrivent ici, nous reprenons notre marche monotone vers le Sud et, après de considérables détours qui durent une dizaine de jours, nous approchons de Tchiromo.

Quelque six ou sept milles avant d'y arriver, nous traversons une immense plaine, nue en grande partie, sauf quelques roniers ou palmiers à éventails (*hyphœnæ*) semés dans le fond au pied des collines dont nous avons débouché : c'est l'*Elephant Marsh* de Livingstone, qui s'étend jusque sur l'autre rive du Chiré. On l'appelle ainsi parce qu'autrefois les éléphants, vivant en paix dans ces régions, se montraient de préférence dans le terrain marécageux de cette plaine. Aujourd'hui, il n'y en a plus un seul dans cette partie de l'Afrique ; il reste seulement quelques troupeaux de buffles, quelques hardes de zèbres et de kobs qui seront bientôt décimés par les nombreux chasseurs qui tiraillent continuellement sur eux.

Tchiromo, qui commence à être une ville, n'était à l'époque de mon passage qu'un grand village indigène au confluent du Chiré et du Ruo. C'est là, sur la rive gauche seulement, que commence le territoire portugais.

En quittant Tchiromo, après quelques jours de repos, nous continuons notre chemin par la rive droite, en passant à peu près au milieu du pays compris entre le Chiré et la chaîne de montagnes que nous avons déjà signalée avant l'Elephant Marsh. Elle va parallèlement au fleuve et se prolonge jusqu'à peu de distance de Msandjé (*Port-Herald* des Anglais). En cet endroit commencent, sur les deux rives, des terrains marécageux.

Chemin faisant, j'ai ramassé, dans le lit de plusieurs rivières, entre autres le Niaminiala (à Mpatsa), des échantillons de charbon, de formation plus ou moins complète, dont quelques-uns excellents. Comme les montagnes d'amont se trouvent dans la direction nord-est de celles qui renferment les mines de charbon de Tête, et que, sur cette même ligne et dans le lit de la Mindjova (1), j'ai trouvé d'autres traces de houille, l'hypothèse d'un bassin houiller allant de Tête à la Rovouma par une ligne nord-est se trouve ainsi confirmée en partie.

Sur la rive gauche du Chiré, entre Tchiromo et le Moroumbala, pic isolé qui semble présider à la jonction des deux fleuves, le pays est plus riche encore que celui de la rive droite : mieux arrosé, il se prête admirablement à la culture du sucre, du tabac et des autres produits qui ont besoin d'humidité.

De même que la rive droite, la rive gauche est bordée au fond par de hautes montagnes dont les premiers contreforts commencent un peu au-dessus de Pinda pour finir à Mlanjé, dans les environs de Blantyre. Il en résulte des rapides au point où la rivière Ruo traverse la chaîne.

Il y en a aussi dans le Chiré, en face du village de Pinda, dont ils portent le nom; mais ils sont peu dangereux. Ils proviennent d'inégalités de terrain et ne sont réellement infranchissables que pendant deux mois de l'année, lorsque les eaux sont basses.

La faune aquatique vient souvent distraire le voyageur sur le parcours du Chiré. En certains endroits, les crocodiles font des ravages parmi les populations : chaque année, de-

(1) C'est un affluent du Zambèze qui naît à trente-cinq milles de Mikorongo et se jette dans le grand fleuve un peu au-dessous des gorges de Lupata.

nombreux individus de tout âge et de tout sexe sont enlevés par ces reptiles. Les noirs recueillent précieusement leurs œufs et s'en délectent, ce qui fait qu'il y a réciprocité.

Les pélicans, les jacanas, l'aigle pêcheur, la poule d'eau et de nombreuses variétés de canards sauvages peuplent les bords, et les crocodiles sortent de l'eau pour dormir à la chaleur du soleil; mais ils sont très méfiants et plongent généralement avant qu'on soit arrivé à portée de fusil.

Les hippopotames se rencontrent dans les endroits profonds, n'émergeant à la surface que juste pour respirer. Ils ont tous plus ou moins essuyé le feu des chasseurs, et le caractère de quelques-uns s'est aigri à la suite de vieilles blessures; ils se vengent en coulant les embarcations, ce qui leur est facile : une morsure de leurs énormes dents fait dans un bateau plusieurs trous qui ont le diamètre d'une bouteille, et un coup de leur dos suffit pour soulever et renverser un petit canot.

Au moment de mon passage à Msandjé (octobre 1893), un hippopotame rageur avait coulé au même endroit trois ou quatre embarcations ayant toutes des Européens à bord. Je me félicitai d'avoir passé par voie de terre, car tous nos objets précieux eussent été perdus si nous avions fait naufrage.

Le poisson abonde dans toutes ces rivières. Les pêcheurs indigènes élèvent le long des rives des plates-formes de roseaux où la nuit, à l'aide d'un feu, ils attirent le poisson. Ils s'emparent ensuite de celui-ci à la ligne, au filet et à la sagaie.

Dans certains pays, chez les Azimbas, les Magandjas du Nord, etc., on empoisonne le poisson une fois par an. Les indigènes se servent pour cela d'une écorce qu'ils font bouillir en grande quantité. Ils vont jeter cette infusion le plus près qu'ils peuvent de la source de la rivière, tandis que des filets tendus de loin en loin arrêtent les poissons fuyant en aval. Cette drogue est sans inconvénient pour l'homme, mais elle tue le poisson en quelques minutes. J'ai souvent pris part à ces pêches et mangé du poisson tué ainsi.

Ayant déjà décrit au lecteur le parcours du Zambèze et le Tchindi, et le voyage sur un paquebot, j'en arrive à la fin de mon récit.

Nous atteignîmes Tchindi le 12 octobre, et le 29 du même mois nous repartions pour l'Europe. Après avoir rapatrié à Zanzibar les Arabes de l'expédition et mis Hanner sur le sentier, désormais moins solitaire, de son pays natal, je rentrai à Paris le 16 décembre, après une absence de trente-deux mois.

La Société de géographie de Paris et le monde savant m'ont fait un accueil des plus sympathiques et des plus chaleureux. Cet accueil, que ma faible contribution à la science n'a certainement pas mérité, je ne le considère que comme un encouragement pour l'avenir, et je remercie ici du fond du cœur ceux à qui je le dois.

Mikorongo, mai 1893. — Chiromo, octobre 1894.

APPENDICE

Quelques mots sur la façon de voyager. — Les règles d'hygiène
à suivre dans l'Afrique centrale.

L'expérience est une précieuse acquisition qu'on peut, chose assez rare, partager avec les autres sans en diminuer sa part. Aussi ai-je cru utile, avant de prendre congé du lecteur (si toutefois il a bien voulu me suivre jusqu'ici), de joindre à mon récit quelques notes sur la vie vagabonde que j'ai menée, sur les soins hygiéniques à prendre et sur les règles que m'a inspirées une longue pratique.

Un voyage qui n'apprend rien et ne profite à personne est un voyage stérile, inutile. Le cadre restreint de cet ouvrage ne m'ayant pas permis d'y ajouter, comme je l'aurais voulu, les résultats scientifiques de mon exploration, je consacre ces quelques lignes à ceux qui voudraient aller dans cette partie de l'Afrique, ou qui désireraient simplement connaître les détails de cette existence si différente des autres.

Que de fois, dans le cours de cet ouvrage, n'ai-je pas parlé de notre marche journalière! Quand on pense que des hommes entraînés peuvent marcher comme nous pendant vingt-six mois consécutifs, cela paraît difficile à croire, et pourtant cela est. Tout est affaire d'habitude.

Lorsque nous quittâmes Prétoria, nous eûmes à faire notre apprentissage, moi comme les autres; dans mes précédents voyages en Afrique, j'avais usé de plusieurs moyens de locomotion, selon les circonstances; mais, cette fois, il fallait y renoncer pour des raisons péremptoires.

Moyens de transport. — On n'a pas idée, en général, de la façon dont les distances sont franchies dans ces régions. En Algérie, on possède le cheval, l'âne, le chameau ; dans les pays sillonnés de lagunes, la pirogue rend d'immenses services ; à Angola, le bœuf est dressé comme monture ; au Cap et dans l'Afrique du Sud, on l'attelle aux lourds chariots que j'ai décrits, véritables maisons roulantes, caravanes de bohémiens.

Dans leurs colonies, les Portugais ont vulgarisé l'usage du hamac pour les Européens : il se nomme hamac sur la côte occidentale et machilla sur les bords de l'océan Indien. Mais, dès que l'on quitte la côte et, par conséquent, les centres de résidence des Européens, on ne trouve plus que difficilement des porteurs de hamac ou hamacaires, profession qui demande une grande habitude, si on veut éviter des contusions au voyageur. D'un autre côté, le hamac, bon pour une promenade (quoique je trouve plus salutaire de marcher), fatigue énormément les hommes, et ils se refusent généralement à faire des parcours de plus de deux ou trois jours.

Pour le voyageur même, il finit par devenir insupportable ; condamné à l'inaction forcée, on souffre d'autant plus de la chaleur qu'aucun air ne pénètre dans le sac en toile à voiles dans lequel on s'enferme pour être à l'abri des épines et des branches aveuglantes qui se succèdent le long du sentier. Bientôt on se sent plongé dans une somnolence pernicieuse ; les maux de tête, la fièvre, les accès bilieux sont le résultat du séjour en hamac. Au bout de huit jours de ce régime, un homme ne peut plus se traîner. Les débutants croient échapper, en voyageant ainsi, aux petits inconvénients de la marche ; mais ils ne tardent pas à devoir au hamac les plus belles de leurs journées de fièvre.

Marche. — La marche, au contraire (et ceci est connu de tous), permet à l'organisme de fonctionner ; on respire à pleins poumons, une transpiration salutaire s'établit. Quand on peut trouver assez d'eau, un bain vous repose complètement à la fin de l'étape. La grosse fatigue passée, l'appétit vient, et la santé prospère autant qu'il lui est permis dans ces climats peu salubres. Les ampoules se montrent bien aux pieds de ceux qui passent sans transition d'un repos à des marches forcées ; c'est le cas de nos troupes, le jour où elles quittent le casernement ; mais, à la fin des manœuvres, tout le monde a les pieds faits. Seulement il ne faut pas de chaussures défectueuses ou trop étroites, ou qui se refusent à prendre la forme du pied. Une transpiration anormale des pieds constitue une affection qui, elle non plus, ne permet pas de grosses fatigues.

Costume. — Le plus succinct est le plus propice. Un bon casque protégeant la tête et la nuque des rayons du soleil ; une chemise légère ; un pantalon ; des chaussettes de coton (jamais de laine) ; des souliers en cuir jaune, souple, ayant la forme du godillot de l'infanterie, un peu plus hauts toutefois et faits sur mesure pour chaque pied ; des guêtres ou des jambières, si on ne veut pas rester les jambes nues : affaire de goût ; un ceinturon solide portant un couteau qui sert à mille usages, et une ou deux pochettes de cuir pour la montre et la boussole. Tel est l'équipement le plus simple pour un voyageur dans ces régions.

Étapes. — Au début, on fait des parcours de 5 ou 6 milles (8 à 10 kilomètres) par jour, puis on arrive graduellement à faire l'étape ordinaire d'un noir portant sur la tête sa charge de 25 kilogrammes, c'est-à-dire 15 milles (25 kilomètres). La nuit, au clair de lune, et les jours pluvieux, les porteurs peuvent faire jusqu'à 35 kilomètres ; la moyenne d'une journée ou d'une nuit de marche est de six heures le matin et de quatre heures le soir, soit dix heures, dont deux, au moins, doivent être déduites pour les haltes et les incidents. Total : huit heures de marche, la moyenne du parcours par heure étant de 3 kilomètres 125. Cela n'est pas bien pénible, comme on voit. Il faut encore diminuer cette moyenne d'un tiers en pays de montagnes. En revanche, avec de l'habitude et de l'entraînement, on peut, quand il y a nécessité absolue, franchir jusqu'à 35 milles par jour (56 kilomètres) sans en être autrement affecté (1).

Charges. — Avant de se mettre en route, puisqu'on ne dispose que de porteurs, le premier soin est d'arranger et de composer les charges. Il s'agit de répartir tout son bagage en paquets ou lots de vingt-cinq kilogrammes environ, ni trop ni trop peu volumineux. Chaque porteur s'occupe d'attacher lui-même et de confectionner l'emballage de sa charge, dès qu'il l'a reçue. Avec de la pratique, on en arrive à faire cette distribution en quelques minutes. Il faut avoir soin de mettre ensemble les objets dont on peut avoir besoin dans le cours du voyage, tandis qu'on isole les uns des autres ceux entre lesquels il y a incompatibilité de nature. Ainsi, on séparera l'huile d'olive de la papeterie, la farine des casseroles noires, les bouteilles et les flacons de la ferraille, la viande crue des étoffes, etc. Certaines choses délicates demandent des soins particuliers : telles les collections; tels aussi les instruments. On enveloppe ceux-ci dans des étoffes (tente, sac vide, etc.). Il est des matières qui se détériorent au soleil : les médicaments, par exemple, les produits photographiques, les caisses contenant des plaques. D'autres craignent la pluie, comme le sel, le calicot, les paperasses, etc. Si on transporte des animaux vivants, chèvres ou autres, il faut recommander au porteur de les faire boire à chaque occasion; si ce sont les volailles, on lui remet un sac de grain pour leur nourriture (2). Les caisses de bouteilles doivent être portées les bouchons en dessus et — cette recommandation est également à faire — avec les

---

(1) Je ne parle ici, bien entendu, que de la marche avec une colonne de porteurs; car, à la poursuite d'éléphants, avec des chasseurs indigènes bien entraînés, j'ai parcouru souvent de 60 à 70 kilomètres par 12 heures, pendant plusieurs jours consécutifs.

(2) On ne donne jamais à boire aux poules en route, mais seulement à manger. Le soir, au repos, on leur donne à boire parce qu'elles ont toute la nuit pour se reposer. L'expérience a démontré que l'eau administrée pendant la chaleur et les secousses du transport les tue invariablement en grand nombre.

plus grandes précautions. On a soin de prévenir le porteur que, en cas de renversement accidentel, une médecine qui brûle horriblement tombera sur sa tête et ses épaules.

Selon l'importance de la colonne (car on marche toujours à la file indienne), elle doit être surveillée de distance en distance, selon les aides dont le chef de l'expédition dispose. Pour cent porteurs, un homme en tête, un homme au milieu et un à la queue suffisent à empêcher les retardataires, à stimuler les autres et à aider ceux qui, ayant été obligés de s'arrêter, ont à remettre leur charge sur leur tête.

Il est agréable de partir avant la colonne avec quelques hommes ; mais, si on a hâte d'être à destination, il est plus pratique de rester derrière elle. Sans cela, en arrivant à l'étape, il manque toujours une dizaine d'hommes, parmi lesquels, naturellement, ceux qui portent les objets les plus indispensables : lits, tentes, provisions de bouche, batterie de cuisine, etc. ; ou bien vous avez une cafetière et pas de café, une tente sans ses supports, ou d'autres choses du même genre.

Itinéraires. — Dans tous les endroits où il y a des populations et assez loin autour de ces localités, l'Afrique centrale est sillonnée de petits sentiers quelquefois à peine visibles, qui sont d'un grand secours pour le voyageur.

Comme direction générale, à vol d'oiseau, ces sentiers sont habituellement très directs et représentent le plus court chemin d'un village à un autre ; mais, comme détail de parcours, ils sont continuellement en zigzag, non parce que la fantaisie des indigènes les a tracés ainsi, mais pour des causes matérielles. Il n'est pas un de ces détours qui n'ait eu sa raison d'être et son histoire à une certaine époque : ici, c'est un arbre tombé en travers du chemin et qu'on a contourné, ou bien il a fallu éviter des branches trop basses qui empêchaient de passer avec un fardeau : le temps a pu faire disparaître l'arbre, le détour n'en est pas moins resté. Ailleurs, il s'est trouvé une grosse pierre que le premier passant a été trop paresseux pour enlever ; il en a fait le tour, et les autres l'ont suivi. Et ainsi à chaque pas. Les crevasses, les racines, les fourrés sont autant d'obstacles à une marche en ligne droite, et c'est ainsi que le petit sentier serpente à l'infini, disparaissant tour à tour au milieu de la forêt sans qu'on y trouve plus de cinquante mètres en ligne droite.

A côté du trajet par sentier qui existe dans les lieux habités, il y a celui qui coupe à travers le pays vierge, la brousse. On a à se frayer un passage dans la végétation, et, quelle que soit sa nature, c'est long et pénible. Le plus grand trajet que j'aie jamais fait dans la brousse, sans rencontrer un sentier, a été entre Tchiouta et Oundi : il a duré huit jours (1).

On fait, dans ces conditions, des étapes naturellement plus courtes, mais plus fatigantes ; à travers la jungle, c'est tout au plus si on atteint douze à quinze kilomètres, malgré l'ombrage des forêts, même si on trouve des endroits où le terrain est praticable sans qu'on ait à se servir du sabre d'abatis. La fatigue d'une marche de ce genre est excessive : on lève les jambes fort haut pour se dépêtrer des ronces, des racines et des herbes, tandis qu'on se courbe continuellement pour passer sous des branches ; on s'arrête pour se dégager des épines, on enfonce dans des trous qu'on ne voit pas et l'on se heurte à d'invisibles troncs renversés ; les porteurs sont obligés de garder leur charge dans leurs bras et de marcher courbés en forêt. De là, la nécessité de repos nombreux, ce qui rend les voyages interminables.

Il est bon de se procurer un guide ou tout au moins de recueillir des renseignements exacts pour les longs parcours. Les points d'arrêt sont déterminés par la rencontre de l'eau, et on doit combiner sa marche pour y arriver à temps pour le repas ; il faut donc s'informer auprès des indigènes de l'heure (ce qu'ils indiqueront assez exactement par la position du soleil dans le ciel) à laquelle on atteindra l'eau ; l'habitude et la moyenne connue de la distance parcourue aideront à évaluer la distance. Après l'eau, ce qu'il est indispensable de demander, c'est s'il existe des lieux habités. Il faut toujours passer

---

(1) Je ne parle pas, bien entendu, de la chasse en général, où on évite à dessein les lieux habités.

par les villages, même au prix d'un détour; on y trouvera d'abord des vivres et de l'eau, et surtout des renseignements et des guides (1).

La prudence exige que l'on ne compte pas sur les vivres à acheter en route; avant d'entreprendre un voyage de cinq jours, par exemple, on se munira de quinze jours de vivres, ce qui comprend l'aller, le retour, le séjour, et donne de quoi parer à la perte d'une caisse de provisions volée, égarée, détériorée, etc. Si l'on est chasseur, les munitions sont une question de toute première importance; elles doivent passer, par ordre d'utilité, immédiatement après les vivres, avant même le lit et les autres objets que l'on est habitué à regarder comme indispensables, mais qui sont superflus pendant la plus grande partie de l'année, comme je le dirai tout à l'heure.

Un ou plusieurs guides appartenant à la localité sont infiniment plus utiles pendant le voyage que tous les renseignement que l'on aura pu prendre; ils pourront vous renseigner sur le nom des montagnes, des forêts, des objets curieux, des arbres, des animaux, des insectes, que vous rencontrerez; de plus, ils vous servent de carte d'introduction dans les villages du parcours. Étant du pays, ils obtiennent plus facilement que vous ou vos hommes ce qui vous est nécessaire, et, si vous les avez bien payés, vous en trouvez d'autres pour continuer votre route. Quand vous arrivez dans un village, le chef vous apporte généralement un cadeau que vous acceptez. Vous savez qu'il donne un œuf pour recevoir un bœuf. Ne trompez pas son attente, sans que toutefois votre générosité dépasse le double de la sienne. Les petits cadeaux ayant créé l'amitié, profitez du bon moment pour demander au chef et à ceux qui l'entourent les renseignements que vous désirez. Il ne tardera pas à vous quitter, et vous aurez toute la soirée (je suppose que vous passiez la nuit dans un village) pour réfléchir à votre plan du lendemain.

(1) S'il existe dans la région une langue indigène répandue, il est bon d'en apprendre tout au moins les expressions courantes, de façon à pouvoir poser quelques questions importantes.

Porteurs. — La question des porteurs est la plaie de l'Afrique centrale : que de déboires, que de contretemps, que de journées perdues en discussions, que de moments de découragement elle a suscités! Les grandes expéditions qui ont traversé l'Afrique, comme celles de Stanley et de Cameron, avaient pris à Zanzibar, pour toute la durée du trajet, des porteurs qui coûtaient très cher. De plus, aux soucis du voyage, venait se joindre le véritable tourment d'avoir à assurer la subsistance de ces centaines d'hommes d'autant plus exigeants que le voyageur s'était engagé à les nourrir. Loin de se plier aux circonstances, souvent difficiles, ou de supporter sans murmure la plus petite privation, ils refusaient, au moindre prétexte, de porter leur charge. Beaucoup prenaient la fuite, laissant ainsi l'expédition dans l'embarras, de sorte que, après avoir fait de grosses dépenses, on en était réduit à recruter des porteurs sur place et à les renouveler de village en village.

Cameron, qui me témoigna toujours beaucoup d'intérêt, m'avait prévenu de ces inconvénients avant mon départ. Il m'engagea à prendre seulement une escorte, non pour lutter avec qui que ce soit, mais simplement pour avoir des hommes à moi, en qui j'eusse confiance et aux mains desquels je pusse laisser mes intérêts, qui fussent, en d'autres termes, des compagnons capables de m'aider dans n'importe quelle occasion.

La première partie de mon voyage s'est effectuée en chariot, comme on sait; mais, de la rivière Poungoué au lac Nyassa, y compris les nombreux itinéraires que j'ai parcourus rayonnant à partir de cette ligne principale et s'y ramifiant, je recourus à l'aide de porteurs indigènes engagés de localité en localité. J'ai parcouru ainsi un itinéraire plus long que celui de Stanley du Congo à Zanzibar.

En arrivant dans un village, je commençais par faire le compte exact des hommes dont j'avais besoin ; s'il ne m'en fallait pas plus d'une vingtaine et si le village était d'une cinquantaine de cases, je pouvais espérer les trouver tous; mais le plus grand des villages n'a jamais fourni cent porteurs. Pour les réunir, il faut parcourir une localité en demandant à chaque hameau les hommes de bonne volonté. Si, tout compte fait, il en manque dix, il faut chercher et chercher encore; on ne peut pas partir sans eux.

Que de fois ne m'est-il pas arrivé, faute de porteurs, de jeter ou de confier au chef du village des objets dont je croyais pouvoir me passer! Que de fois n'ai-je pas laissé non seulement le superflu, mais le nécessaire, pour ne pas retarder le départ! On envoyait ensuite des hommes, pris en chemin ou au point d'arrivée, chercher les charges restées en souffrance; quelquefois, on ne les revoyait jamais!

Pour obtenir des porteurs, il faut naturellement faire un cadeau au roi sur le territoire duquel on entre. On se rend à la capitale, d'abord parce que c'est presque toujours un des plus grands centres habités, ensuite parce qu'on a plus de chance d'y trouver vivres et hommes.

Le prix moyen se calcule par nuit couchée dehors, c'est-à-dire par journée de voyage. A raison de quatre mètres de calicot par jour et par homme, chaque porteur apporte sa nourriture; ou bien on donne trois mètres pour le voyage et un mètre pour la nourriture. Dans ce dernier cas, le mètre destiné aux vivres se paye d'avance, mais le salaire est toujours donné à l'arrivée. Souvent les indigènes demandent à être payés d'avance, mais on aurait grand tort de le faire, en se disant que le calicot destiné à les payer (il en faut quelquefois deux mille mètres) est autant de moins à porter. Pour ce seul avantage, que d'inconvénients! Les hommes, au moindre mot, prennent la fuite. Ou bien ils sont paresseux et arrogants. Vous ne les avez plus dans votre main, parce que vous ne pouvez plus rien leur retenir sur leur paye. Ils choisissent le chemin, ils vous font coucher où ils veulent et non où vous voulez, et ils racontent à l'arrivée que vous les avez payés d'avance, ce qui fait que les nouveaux engagés exigent la même faveur.

J'ai rarement pu garder les mêmes hommes pour des parcours de plus de huit jours. Cependant, dans les districts où les indigènes sont avides de viande, j'ai pu en conserver pendant plus d'un mois, en leur fournissant quotidiennement du gibier. La viande est alors considérée comme un payement, cinq lanières de beltong (épaisseur du poignet) valant environ deux mètres de calicot. En pareil cas, je faisais des arrangements préalables avec les porteurs pour le payement en calicot ou en viande. Il m'arriva une fois d'avoir à payer soixante-dix hommes dans un district où je chassais l'éléphant; au jour convenu, la chance ne m'ayant pas favorisé, j'apprêtais mon calicot pour régler mes comptes avec eux, mais ils déclarèrent qu'ils préféraient de la viande et qu'ils attendraient que je fusse plus heureux. J'y consentis volontiers. Un mois après seulement, ayant tué une femelle d'éléphant, je les fis appeler; mes soixante-dix hommes accoururent à la hâte, comme bien l'on pense, et, ayant prélevé les défenses, le cœur et quelques morceaux pour mes autres hommes, je m'en allai, les laissant disputer et se battre autour du gigantesque cadavre qui représentait leur payement, soit quatre mille huit cent quarante mètres de calicot.

Le métrage de ce tissu se fait par brasses d'environ deux mètres. Les indigènes demandent généralement à l'auner eux-mêmes; si l'on y consent, ils en confient le soin à quelque immense gaillard de vaste envergure, ce qui prend généralement beaucoup plus d'étoffe que de raison. Il est donc sage de faire cette opération soi-même ou bien d'en charger un *alter ego*.

Il faut avoir un carnet où l'on inscrit, en face de chaque charge, sa composition et le nom du porteur, comme ceci :

Lit, couvertures, souliers jaunes, { Katchépa, du 16 au 21 ;
pliant, filet. { Matinga, du 23 au 28.

En laissant la charge toujours avec la même composition, on s'y reconnaît beaucoup mieux, surtout lorsqu'on a, comme nous, de cent vingt à cent soixante porteurs.

Approvisionnements. — Après la question des porteurs, celle des approvisionnements est des plus importantes. Il est impossible d'entrer dans le détail des règles à suivre, mais voici en quelques mots ce qu'il faut toujours faire : savoir exactement ce qui reste de vivres; calculer d'après l'expérience la consommation journalière probable; s'informer du point le plus rapproché où l'on peut se ravitailler; calculer le temps qu'il faudra pour y aller et en revenir; y envoyer des émissaires assez tôt pour que ce qui reste à manger dure jusqu'à leur retour, en laissant une marge pour l'imprévu; ne jamais laisser échapper une occasion d'acheter, quand on peut le faire; vivre, tant que l'on est en bonne santé, sur la nourriture indigène; garder les provisions européennes pour le moment où on est malade et où l'estomac affaibli a besoin de soins. On trouve dans tous les lieux habités, ou à peu près, du maïs frais, des patates, qui sont un aliment agréable, sain et très nourrissant, des poules et des œufs. Mais ceux-ci sont généralement couvis, si l'on n'y prend garde. On ne doit jamais les acheter sans les essayer dans l'eau, car il n'est pas rare que ceux que l'on vous apporte aient quinze jours de date (1). En certains endroits, on trouve du manioc, du sorgho, des chèvres, etc.

Bagage. — Quand on n'a qu'une chemise, on n'en perd pas le compte : moins on a d'effets, moins on a de soucis. Six chemises en coton simili-flanelle (la laine est insupportable dans ces pays, quoi qu'en disent ses partisans; de plus, elle se rétrécit, étant mal lavée et séchée au soleil); quelques tricots (de coton également); vingt-quatre paires de chaussettes et six paires de chaussures jaunes; une veste pour la fraîcheur des nuits; quatre ou cinq vieux pantalons; du fil, des aiguilles, des boutons et des pièces (le mouchoir, bien qu'étant article de luxe, ne prend pas assez de place pour qu'on s'en refuse une douzaine); deux casques; une casquette ou un bonnet quelconque pour le soir; et en voilà pour un an.

(1) L'expérience m'a appris qu'un œuf frais reste couché au fond de l'eau. Dès qu'il a plusieurs jours, l'embryon de poulet ayant consommé déjà pour son existence une partie du blanc, le petit espace vide fait soulever l'œuf d'un côté. S'il prend une inclinaison de quarante-cinq degrés, l'œuf est encore mangeable, mais dur; s'il se tient droit, il ne l'est plus, et, arrivé presque au terme de la naissance, il surnage. Je crois que la plupart de nos cuisinières connaissent ces règles

Autant d'années de voyage, autant de fois cela. Ajoutez-y une petite réserve pour les accidents, feu, vol, pertes, etc., qui viennent contrarier vos plans. Joignez-y aussi un supplément de chaussures si, en plus de la marche habituelle, vous comptez vous livrer aux fatigues de la chasse (1). Ce ne sont là, bien entendu, que des indications générales : chacun est à même d'en modifier les détails pour sa commodité particulière.

J'ai toujours limité les charges personnelles d'un Européen au maximum de dix, comprenant : batterie de cuisine, tente, lit, couvertures, munitions, armes, effets d'habillement, papiers et menus objets, soit deux cent cinquante kilogrammes (2). Je me suis imposé cette règle à moi-même sans en souffrir, et il est bon que le chef de l'expédition soit intransigeant sur ce chapitre, autrement il est tel de ses compagnons qui apporterait ses pantoufles et sa chemise de nuit, son fauteuil, cinquante caisses de liquides, un ballot de romans, un piano portatif et un billard.

Quelques douzaines de crayons, du papier, des plumes, de l'encre, une vingtaine de carnets de petite dimension et du papier écolier sont indispensables pour les observations, ainsi que les ouvrages spéciaux, almanachs, tables de logarithmes, etc., se rapportant à l'usage des instruments de précision. Il faut aussi un « Guide médical » et des renseignements relatifs à la récolte et aux soins à donner aux collections. Tout cela ne fait pas la moitié d'une charge.

Pendant la saison sèche, où les nuits sont admirables, un gros arbre sert parfaitement d'abri pour la nuit, une natte du pays et une couverture font le reste, et on évite ainsi, pendant cette saison, les deux charges du lit et de la tente. Il s'agit ici naturellement de petits voyages rayonnant autour d'un quartier général.

Il est sage d'ailleurs, à moins d'y être forcé, de ne pas

(1) Tous les jours, après l'étape, j'avais coutume de chasser plusieurs heures pour entretenir le garde-manger.
(2) J'ai fait confectionner, pour mon usage personnel, un panier de voyage qui réunit en peu de volume tout ce qui est nécessaire pour la table, et j'en mets le modèle à la disposition des voyageurs.

voyager pendant la saison des pluies, c'est-à-dire de décembre à mai.

Notes. — Le voyageur doit avoir grand soin de prendre souvent des notes sur tout ce qui frappe son attention ; à toutes les haltes, il sort de sa poche un carnet et un crayon qui ne doivent jamais le quitter, et il met à profit ce court repos en consignant sur son carnet l'heure exacte, la durée de la dernière halte, l'heure du départ, le nom des collines, celui des montagnes qu'il a rencontrées en route ou qu'il a aperçues, celui d'un arbre ou d'un animal curieux, etc.

Pour les observations à faire avec des instruments de précision, sextant, théodolite, compas de relèvement, etc., il devra prendre l'habitude de les faire le matin à six heures, ou à midi, ou le soir à six heures, sinon à ces trois moments-là, pour les observations diurnes ; pour les observations nocturnes, il devra se rapporter à l'heure indiquée par l'almanach pour les passages des étoiles ou de la lune, en se rappelant la différence de méridien. Pour ne pas manquer le moment, il faut être prêt au moins une heure à l'avance, car les montres, en voyage, sont loin d'avoir une exactitude satisfaisante. Un carnet spécial doit être affecté aux résultats des observations astronomiques, atmosphériques et autres.

En plus des remarques faites en route, les notes journalières contiendront tous les menus incidents des vingt-quatre heures. Elles doivent être distinctes des carnets des porteurs, lesquels donneront, d'un côté, le nom de chaque homme de l'expédition et, de l'autre, les comptes de dépenses et de provisions. Il faut ajouter à ces carnets ceux où l'on consigne les renseignements relatifs aux spécimens d'histoire naturelle.

Ces livrets peuvent être confiés à des individus différents, quand on est plusieurs ; si l'on est seul, on les réunit dans un sac où ils ne tiennent guère plus de place qu'un livre. Une fois qu'ils sont terminés, on les étiquette, on y fait une table des matières et on les classe dans les papiers à rapporter au retour.

Correspondance. — Pour recevoir des lettres et des journaux, on se les fait adresser à un point quelconque ayant un bureau de poste, et il faut les y envoyer chercher de l'intérieur, ce qui demande souvent bien longtemps (1). Après avoir appris les nouvelles du pays, on se débarrasse des journaux et l'on brûle les lettres, en n'en conservant qu'une ou deux si elles viennent d'une personne chère; autrement, deux ou trois ans de lettres formeraient des paquets encombrants et lourds qu'on risque de perdre et qui n'ont plus beaucoup d'intérêt, vu leurs dates, dès qu'on a reçu des nouvelles plus fraîches.

Pour écrire en Europe, vous attendez les occasions, et ceux qui vont chercher vos dernières lettres mettent à la poste vos réponses aux précédentes. En Afrique centrale, pour les lettres comme pour tout, il ne sert à rien d'être pressé : il faut prendre les événements avec philosophie, les privations avec indifférence, la maladie avec courage, et un jour, avec l'aide du ciel, on rentre dans son pays, fier de lui avoir été utile, heureux de le revoir.

(1) J'ai reçu ainsi pendant mon dernier voyage des journaux et des lettres ayant parfois huit mois de date, et en ayant toujours au moins quatre ou cinq.

LANGUE TCHINIOUNGOUÉ ou LANGUE DE TÊTE

PARLÉE DANS TOUT LE BASSIN DU ZAMBÈZE JUSQU'AU LAC NYASSA

VOCABULAIRE

TCHINIOUNGOUÉ-FRANÇAIS

AVEC LA

TRADUCTION DES EXPRESSIONS TCHINIOUNGOUÉ LES PLUS USITÉES

A

A (il), il y a, il y en a, *alipo, zelipo, ana.*
A (il n'a pas), il n'y a pas, etc., *koulibi, palibi.*
Abcès, gros furoncle, *p'uté.*
Abeille, *nioutchi.*
Abîmer, blesser, faire mal, *koupotéka.*
Accompagner, conduire, *kouperékeza.*
Accoucher, reproduire (chez les animaux et végétaux), *koubâla.*
Agenouiller (s'), *koutsokota.*
Aiguille, *tzingano.*
Aisselle, *pouapoua.*
Ajouter, *koutamizira.*
Aller, *kouyenda, kougoudouka.*
Allumer (le feu), *kougassa.*
Allumettes, *fociko.*
Ami, *chamoaré.*
Amulette (espèce d'), *pinfou, tchitoumoua.*
Ancien, vieux, *iakalékalé.*
Anglais, *ingrez.*
Antilope, *roumza.*
Appeler, *koutchimela.*
Apporter, transporter, *koupatiguiza.*
Après-demain, *mtondo.*
Après, derrière, en arrière, *koumbouiou.*
Arachide, *mandôui.*
Araignée, *kandaoudé.*
Arbre, *mouti, miti, mtengo.*
Arc (bois de l'), *mtalala.*
Arc (complet), *outa.*
Arc-en-ciel, *outabouaréza.*
Arrêter (s'), rester debout, mettre debout, *kouima, kouimissa.*
Arriver, *koufika.*
Arroser, *koutiriza.*
Asseoir (s'), *koukazikika, koukala.*

Assez, *ndipo*.
Attacher, *koumanga*.
Aujourd'hui, *lèro*.
Aussi, encore, *pomoué*.
Aussi, quand même, *mazi*.
Avaler, *koudioula*.
Avant, devant, *koutsagolo*, *patsagalo*.
Avec, *nai*.

B

Baigner (se), *kousamba*.
Baisser (se), *koukotama*.
Balayer, *koupsaira*.
Balle (projectile), *bala*, *tchipolopolo*, *zanga*, *roti*.
Bambou, *tsoungoué*.
Banane, *mafiko*.
Baobab, *mlambé*.
Barbe, *ndébo*.
Bas (adj.), *moa*, *badoua*.
Battre, *kouménia*.
Bêche, *p'aza*.
Bêcher, travailler la terre, cultiver, *koulima*.
Belle-mère, *p'ongozi*.
Bien, *zédi*.
Bière de maïs, *moa-badoua*.
Blanc (adj.), *ioutchéna*.
Blesser, abîmer, frapper avec une arme, *koulossa*, *koupotéka*.
Bœuf, *ngombé*.
Boire, *koumoua*.
Bois à brûler, *nk'oussi*.
Bois (dans les), *pamtengo*.
Boisson (la), *tchakoumoua*.
Boîte en bois, caisse, *kachoti*, *bokossi*.
Boîte en fer-blanc, *lata*.
Bon, *koukoma*.
Bonnet, calotte, *tcharabouca*.
Bôo antilope, *mbòo*, *mbararé*, *nyassa*.
Bord (au), *pa mpép'eté*.

Border (couture), *koubaniâré*.
Bouc, *tondé*.
Bouche, *mkamoua*.
Boudeur, sérieux, *kounonkidoua*.
Bouc, *matopé*.
Bougie, *véla*.
Bouillir, *kouîra*, *kougadouka*.
Bourre, *maboucha*.
Bouton, *bsissungo*.
Bras, *mandja*.
Brousse (dans la), *pamtengo*.
Brûler (aux doigts), le soleil brûle, *koupsa*.
Brûler, incendier, *koutenta*.
Buffalo, *niati*, *djati*.
Bushbuck, *mbaouala*.

C

Cacher, *koubissa*.
Cadeau, *sagouati*, *malangéno*.
Cage, panier à claire-voie, *k'angara*.
Caisse, boîte en bois, *kachoti-bokossi*.
Calebasse pour boire, *mcombo*.
Calicot, *ngouo*, *nsâlo*.
Canard domestique, *mabata*.
Canard sauvage, *psinçança*.
Cancrelas, *bandoulé*.
Canne à sucre, *missalé*, *dzimbé*.
Canot de bois, *mâdia*, *ngallaoua*.
Canot d'écorce, *tchécondo*.
Caoutchouc, *mpira*.
Capsule (munition), *spouléta*.
Capturer, piller, ruiner, *koupassouka*.
Carpe, *pendé*.
Case, *nioumba*.

Casser, briser, *koussouéka*, *koutchola*, *koukobola*.
Casserole, *tchikarango*.
Cauris (coquille), *mbéra*.
Causer, tenir compagnie, visiter, *koutchéza*.
Ceinture, petit morceau d'étoffe, *mtchéka*.
Cendre, charbons ardents, *makara*.
Chaleur, transpiration *karouma*.
Chandelle, *véla*.
Chanson, *nimbo*.
Chapeau, *tchapéou*.
Charge, fardeau, *mitoro*, *mzombo*.
Charger (se — de porter), *koutakoula*.
Chasseur, *niakonbaroumé*.
Chassie, *maut'ongo*.
Chat, *p'aka*.
Chat sauvage, *bonga*.
Chaussette, *méa*.
Chaux, *mtoto*.
Chef, roi, *nfoumo*, *mambo*.
Chemin, sentier, *njira*.
Chemise, *kamazi*.
Chenille, *nt'oa*.
Chercher, *koufouna*.
Cheveux, *tsitsi*.
Chèvre, *mbouzi*.
Chien, *gallo*.
Choisir, *kousankonla*.
Chou, *covi*.
Cigare (indigène), *kandoudou*.
Cils, *ntsié*.
Cimetière, *manda*.
Cire, *p'oula*.
Ciseau, *tizola*.
Citron, *ndimou*.
Civette, *tchomboué*.
Cochon sauvage ou domestique, *koumba*.
Coco (noix de), *côco*.
Combien, *mangassi-zingati*.
Comme, *nanga*, *ninga*.
Commencer par, *kout'oma*.

Comment? *koutássi*.
Comprendre, entendre, *koumva*.
Concombre, *macaca*.
Conduire, accompagner, *kouperikeza*.
Coq, *tambala*.
Coquillage, *k'ouingo*.
Coquillage bivalve, *louirou, knningo*.
Corde, *c'ombála*.
Corde (d'arc), *tsinga*.
Corne ou défense, *minianga*.
Corps de troupe, grande réunion d'hommes de guerre, *c'ondo*.
Coton, *nt'otché*.
Cou, *c'ossi*.
Coucher (se), *kougonessa*.
Coudre, *kousona*.
Couler (récipient), *koutchoutcha*.
Couper, *koutchéka*.
Couper (du bois), *kout'ema*.
Courge, *matanga*.
Courir, *koutamanka*.
Couteau, *tchisso, mpéné*.
Couverture, *manta*.
Couvrir, *koufounica*.
Couvrir une maison, *koupsampira*.
Crabe, *k'anou*.
Cracher, *koupsibamata*.
Crapaud, *tchoulé*.
Crevette, *mikambo*.
Crocodile, *niakoko, ngona (gn)*.
Cueillir, *koutchola*.
Cuire (faire), *koup'ika*.
Cuisse, *tchaffo*.
Cultiver, travailler la terre, *koulima*.
Cuvette, baignoire, *bassio*.

D

Danse, *goulé*.
Danser, *kouvina, kouzoungoulira*.

Déchirer (une étoffe), *kougampika (gn)*.
Défense ou corne, *minianga*.
Demain, *nangbouana*.
Demander, *koufounza*.
Démanger, *kouniereza, kouïaboua*.
Dépêcher (se), se hâter, *kouformiza, koukourmiza*.
Descendre, *koutsika*.
Détacher, *koussoudzoula*.
Dévêtir (se), *kouvoula*.
Différend, discussion, affaire, *mirando*.
Dire, *koupanga*.
Doigt, *bzala*.
Donner, *koupassa*.
Dormir, *kougona*.
Dos, *msana*.
Droit (côté), *dzanjadzanja*.

E

Eau, *madzi*.
Écorce (lien en écorce), *rouzi*.
Écorcher, meurtrir, *koumsikissa*.
Écraser, piétiner, marcher sur, *koupouda*.
Effrayer, épouvanter, *kougopsa*.
Égaliser, niveler, *koutsékétéza*.
Éland, *ncheffou*.
Éléphant, *nzóou, djovo*.
Empêcher, *koumletsa*.
Empreinte, *mapazi*.
Enfant, *mouana*.
Enlever, *koutchiossa, koubouroussa*.
Entendre, comprendre, *koumva*.
Envoyer, déléguer, *kout'ouma*.
Épaules, *papéoua*.
Épinards indigènes, *bonongboué*.
Épine, *minga*.

Escargot, *k'ono*.
Esclave, *kapolo, bzakazi*.
Esprit, *mzimou*.
Estomac, *sakaida, mimba*.
Étendre, déployer, *koutendika*.
Étendre (s'), *koussamira*.
Étoiles, *nieniezi*.
Européen étranger, blanc ou mulâtre, *mzungo*.
Éveillé (être), voir, *koupénia*.
Éveiller, réveiller, *kounamoutsa*.
Excrément, *mtoubsi*.

F

Fâcher (se), s'irriter, *kouzangari, koukalipa, koupsoma*.
Fâcher, vexer (se), *koupsoma*.
Faire, *koutchita*.
Fardeau, charge, *mitoro, bzombo*.
Farine, *oufa*.
Fatigue, *kouréta, kouréma*.
Faucon, *kabavi*.
Femme ayant eu un enfant, *tchembéré*.
Femme (en général), *nkazi*.
Femme, jeune fille nubile, *namouaré*.
Femme, petite fille, *atzékana*.
Femme, toute jeune fille, *boutou*.
Fenêtre, *janella*.
Fer, *nganjo, ferro*.
Fesse, fesses, *tako-matako*.
Feu, *moto*.
Feuille, *massamba*.
Filet de pêche, *okondé*.
Finir (c'est fini), *amála, at'a*.
Flèche, *mouvi*.
Fleur, *tchiroué*.

21.

Fleurir, pousser, bourgeonner (végétation), *koup'ouka.*
Flûte (petite), *pifoura.*
Foie, *tchiropa.*
Fossé, trou, *dindi.*
Fou, *msala, kouiarouka.*
Foudre (la), *tchipaliouali.*
Fourmi, *niaréré.*
Frais, *tchivissi.*
Frapper avec une arme, blesser, *koulassa.*
Frère, *abalé.*
Froid, *mpépo, tchissanou.*
Front, *koumalizira.*
Fruit, *mouana.*
Fuir, *kout'aoua.*
Fumée, *outsi.*
Fumer (du tabac), *koumoua.*
Fusil, *mfouti.*

G

Gale, *p'ézi, p'élé.*
Ganse, *nianfoutou.*
Gauche (côté), *dzéri.*
Gencive, *bouïvo.*
Genou, *babondo.*
Gens (au pluriel), *antou.*
— un individu, *mountou.*
Gibier (en général), *niama.*
Glace, miroir, *spelio, kalirolé.*
Graine, *mbéou.*
Graisse ou huile, *mafouta.*
Grand, *nkoulou.*
Gratter, *koukou'égna.*
Grenouille, *tchoulé.*
Grillon, *tchété-njéréré.*
Guêpe, *maroumi.*
Guerre, *c'ondo.*

H

Habituer (s'), s'accoutumer, *kouzorovéra.*
Hachette, *badzo.*

Hameçon, *medzo.*
Hanches, *mtchiounou.*
Haricot, *tchibamba.*
Haricot petit (indigène), *niemba.*
Harpon, *tchidambé.*
Hartebeest, *ngondo.*
Haut, *itari.*
Haute (rivière), *koutzala.*
Herbe, *oussoua.*
Hier, *dzoulou.*
Hippopotame, *nvouo.*
Hochet, *nsouáou.*
Homme (sexe), *mamouna.*
Hoquet, *msoukouma.*
Huile ou graisse, *mafouta.*

I

Ici, *kounou.*
Iguane, *gondoua.*
Il, lui, *ouiou.*
Ile, *nsoua.*
Incendier, brûler, *koutent'a.*
Indigènes, *massendzi, bzissendzi.*
Insuffisant, *koutchépa, kousaouka.*
Insulter, *koutoukouana, koupouta.*
Intestins, *matoumbo.*
Inutile, sans valeur, vide, *pézi.*

J

Jamais, *makadani.*
Jambes (ensemble), *miendo.*
Jaune, *safráo.*
Je, *ni.*
Jonc, *mapoutou.*
Jour, *ntsiko.*
Jujube (sauvage), *massáo.*

K

Klipspringer, *kasségné.*

Koodoo, *n'goma.*

L

Là-bas, *koumouéko.*
Laid, *kouipa.*
Laisser, *koussia, kouléka.*
Lait, *mkáka.*
Lampe, lanterne, *kandiéro.*
Lapin, *kaloulou.*
Larmes, *missozi.*
Lasser (se), se fatiguer, se dégoûter, *koussoukira.*
Laver (du linge), *koufoula.*
Laver (se), *koussamba.*
Léopard, *niarougoué.*
Lettre, papier, pli, *krata.*
Leur (pronom possessif), *iáou.*
Lèvres, *mroma.*
Lion, *pandoro.*
Lit, *kama.*
Loin, *koutari.*
Loup, *p'oupi.*
Lui, il, *ouiou.*
Lune (la lune), *mouézi.*

M

Mâcher, *koutafouna.*
Mâchoire, *sagouada.*
Main, *tchit'ata.*
Maintenant, à l'instant, *tsapano iapa.*
Maïs, *tchimanga.*
Maison, *nioumba.*
Maître, *mbouia.*
Mamelle des animaux, Mamelle humaine, *massuko.*
Manger (verbe), *koúdia.*
Manger (substantif), *tchacoulia.*
Mangue, *manga.*
Manioc, *magamba, mandioca, boani.*
Manquer, *kousaia.*

Manquer de, *kousoa.*
Marcher, *kouyenda.*
Marmite, *tchikarango.*
Marteau, *niondo.*
Matin, *matchibessi.*
Matin (au premier chant du coq), *tambala i bodzi.*
Matin (de très bonne heure), *matchibessi-bessi.*
Mauvais, *kouipa.*
Médecine, malade, *mank'ouala.*
Méfier (se), *kouchendjera.*
Mêler, mélanger, *koussanganiza.*
Melon, *tchétéka.*
Mensonge, *kounama, bodza.*
Mentir, *kounamiza.*
Menton, *kadévo.*
Mère, *mama.*
Mettre, *koutira.*
Meurtrissure ou écorchure, *msikissa.*
Miel, *outchi.*
Moi, *iné.*
Mollet, *kassoumbo.*
Mon, *anga.*
Montagne, *p'iri.*
Monter, *kouira.*
Monticule, *tchoulou.*
Moquer (se), *koussindjivera.*
Mordre, *kourouma.*
Mort, *kouffa.*
Mortier, *banda.*
Morve, *mamina.*
Mouche, *tch'enché.*
Mouche à miel, *tongolé.*
Mouche (à hippopotame), *tongola.*
Moucher (se), *koumina.*
Mouchoir, *lenco.*
Mouillé, *koutota.*
Moustiquaire, *moskitero.*
Moustique, *mboudou-odzoulzou.*
Mouton, *mbira.*
Muscle, *ouzingo.*
Musulman, Arabe, Indien (vêtus de longues robes). *mouénié.*
Myriapode (venimeux), *niakariza.*

N

Naître (être né), *koubadoua.*
Nasse, *mono.*
Natte de palmier, *foumba.*
Natte de roseaux, *p'assa.*
Naturel, de naissance, né ainsi, *kakalidoué.*
Nettoyer, *koupoukouta.*
Nez, *mponou.*
Nicotine, *konda.*
Noir, *ioussipa.*
Nombril, *mtchombo.*
Non, *aïaï, saï, nénéné, nio-nio.*
Non pas dutout, point, *bi.*
Notre, *ouňtou.*
Nourriture, ration, *p'osso, mboũa.*
Nous, *ifé.*
Nuages, *mitambo.*
Nuit, *ousiko.*

O

OEil, yeux, *disso, masso.*
OEuf, *mazâe.*
Offrir, faire cadeau, *kounink'a.*
Oie à éperons, *tsékoni.*
Oie sauvage, *ngango* (gn au commencement).
Oiseau, *mbalamé.*
Ongle, *ntchara.*
Orange, *laranché.*
Oreille, oreilles, *macoutou.*
Oreiller, *msamiro.*
Oublier, *koudiouala, kou-i'éboua.*
Oui, *inde, se.*

P

Paiement, *pagamento.*
Paiement (sans), pour rien, *pezi, tchavé.*
Palmier à éventail, *goulangboua.*
Palmier (sa feuille qui sert de lien), *ntchéou.*
Panier à claire-voie, cage, *k'angara.*
Panier haut, *t'adza.*
— plat (grand), *tchisséro.*
— plat (petit), *tsengoua.*
Papier, lettre, pli, *krata.*
Papillon, *gargoufi.*
Parler, *koulonk'oula.*
Passer, *koupita, koupinda.*
Pastèque, *vembé.*
Patate, *patata.*
Pays, contrée, *dzico.*
Peau, *kanda.*
Peau, cuir, fourrure, *mp'aramé.*
Peigne, *tétérouka-penti.*
Peigner, *koupfékoula.*
Pendre, suspendre, *koumanika.*
Perdrix, *koualé.*
Père, *baba.*
Perles bleues, *oussanga nizoulou.*
Perles (de cuivre), *niatimbi.*
Perles (grosses), *miniala.*
Perles jaune ocre, *oussanga kabzékatchia.*
Perles jaune canaris, *oussanga nsosso.*
Perles (petites), *oussanga.*
Perles rouges (petites), *oussanga granada.*
Perles rouges avec l'œillet blanc, *oussanga ingazi.*
Perles de Venise dorées ou nacrées, *miniala-y offeri.*
Petit, *ngono* (gn).
Peur (avoir), *kougopa, koutchita, manta.*
Pièce de tissu, *péça.*
Pièce (rapiéçage), *tchapa.*

Pied, *pazi.*
Piège à fosse, *mbouna.*
Pierre, *miniala, mouara.*
Piétiner, écraser, marcher sur, *koupouda.*
Pigeon, *kangaioua.*
Piler, *kondéla.*
Piller, capturer, ruiner, *koupassouka.*
Pilon, *mounsi.*
Piment, *mp'iripiri.*
Pincer, *koutsounia.*
Pinces, *ténaça.*
Pintade, *k'anga.*
Pipe, *kachimbo.*
Piquer, démanger, *koupfika, kouïaboua.*
Piste, *tchikoua.*
Pleurer, *koulira.*
Plomb, *tchumbo.*
Pluie, *nvoula.*
Plus tard, tout à l'heure, *bouino.*
Pointe, *ntzonga.*
Pois, *kabaiça.*
Poisson, *nsomba.*
Porc, *koumba.*
Porte, *msouo, tchitséko.*
Porter, *kouniamoula.*
Porter (se charger de), *koutakoula.*
Porteurs, *niamitoro, niabzombo.*
Porteurs de Machilla, *nïamachilla.*
Portugais, *niamatanga.*
Pot en terre, *msouko, mkaté.*
Pot, *nt'atcho, mpirikalé.*
Pou, *nsaouaoua.*
Poudre, *ounga.*
Poule, *nk'oukou.*
Poumons, *mpoué.*
Pourquoi, *sagouanchi, nintchi.*
Pousser, *kongbouinia, koufitsa.*
Poussière, *mataka.*
Prendre, saisir, *koutenga, koutola, koup'ata.*
Près, *pafoupi.*
Prix, *preço.*
Propre, blanc, *kouiéra.*

Propriétaire, *mounétchiro.*
Puce, *karoumbi, roumbi.*
Punaise, *msikidzi.*

Q

Quelque chose, *chintou.*
Queue (d'animal), *mchilla.*
Queue d'éléphant, *kanga.*
Quoi, *tchiani.*

R

Raison (motif), *tchifouka.*
Ramasser, *koulocota.*
Rappeler, *koukombouka.*
Rappeler (se), *koukombouka.*
Rapprocher, *koufendeza.*
Raser, *kouméta.*
Rat à trompe, *jolo.*
Rat (de cannes), *tsendzi.*
Rat (des champs), *mbéoua.*
Rat (domestique), *kossoué.*
Rate, *mapoupou.*
Raviver (le feu qui s'éteint), *p'atiza.*
Recouvrir de terre (terme de culture), *koufoutchila.*
Reedbuck, *mp'oio.*
Refuser, *koukana, kouramba.*
Regarder, *kouóna.*
Regretter, *kousoua.*
Remettre, *kouika.*
Rencontrer, *koumananazo.*
Rendre, *koubouéza.*
Renvoyer, *kouperikeza.*
Répondre, consentir, *koudavira.*
Respiration, *beffou.*
Rester, *koutsala.*
Réveiller, éveiller, *koulamoutsa.*
Rêver, *koulota.*
Rhinocéros, *pembéré.*

Rhume de cerveau, *tchimsiné.*
Ricin, *nsatsi.*
Rien (pour), inutile, sans importance, *pézi.*
Rire, *kousséca.*
Riz, *mpunga.*
Rognons, *imso.*
Roi, chef, *mfoumo, mambo.*
Roseau, *mitété.*
Rosée, *mámé.*
Rôtir, griller, *kouótcha, kousinga.*
Rouge, *ioufira.*
Rouler, *koubsikissa.*

S

Sable, *mtchenga.*
Sable antilope, *mp'alopala.*
Sabre d'abatis, *tchissenga.*
Sagaie, *t'oungo.*
Sale, *souzo.*
Salive, *mata.*
Sang, *mropa.*
Sanglier, *mdjiri.*
Sauter, *koumoga.*
Sauterelle à gros ventre, *bzimbzi.*
Sauterelle ordinaire, *tchouala.*
Sautiller, *koutchotchamira.*
Savoir, *koudzioua.*
Scorpion, *mp'iri.*
Seau, *kaboungo.*
Sec, *ouma.*
Sécher, *kouóuma.*
Sel, *mounio, mchéré.*
Sérieux, boudeur, *kounonkidoua.*
Serpent, *nioka.*
Sésame, *tchitoé.*
Seul, *ouéka, néka.*
Silure, *miramba.*
Sœur ou frère, *abalé.*
Soleil (le), *dzoud.*
Sommeil (avoir), *toulo.*
Son (pr. poss.), *iatchi.*

Son (résidu de farine), *gaga*.
Sorcier anthropophage, *mfiti*.
Sorgho, *mapira*.
Soufflet de forge, *toukoutou*.
Soulever, *koufoutoula*.
Sourcils, *tchikopé-nsié*.
Souris, *pindzi*.
Souvenir (se), *koukombouka*.
Souvenir, *mòoné*.
Springbuck, *nsouala*.
Sucre, *soukiri*.
Sucré, doux (ce qui est), *koutapira*.
Suffisant, *koukouana*.
Suspendre, *koumanika*.

T

Tabac, *fodia*.
Table, *méza*.
Talon, *kadendéné*.
Tamarin, *msika*.
Tambour moyen, *ngoma* (gn).
Tambour plat (caisse européenne), *cacha*.
Teindre, *koukandira*.
Teinte noire, *pinda*, *gonono*.
Terminé, c'est fini, *amála, at'a*.
Terminer, finir, *koumalizira, koutà*.
Termite (femelle comestible), *souaia*.
Termite (gros roux), *mchénjé*.
Termite (petit blanc), *tchissoué*.
Terre, *doti*.
Tête, *missoro*.
Thé, *cha*.
Tirer, *koufoua*.
Tirer (faire feu), *kouliza*.
Tissu, calicot, *nsálo, ngouo*.
Tomates, *matomati*.
Ton (pr. poss.), *ouako*.
Tonnerre, *p'ambé*.
Tourbillon de vent, *kavounvoulé*.
Tourner, retourner, *koussandouliza*.
Tourterelle, *ndjioua*.
Tousser, *koutzoumoula*.
Transpiration, chaleur, *karouma*.
Travail, *bassa*.
Travailler, *koutchibassa, koup'atabassa*.
Trompe d'éléphant, *tchitamba*.
Tromper (se), *koutaza*.
Trou, fossé, *dindi*.
Trouver, *koudna*.
Tu, *ioué*.
Tuer, *kouppa*.

U

Urine, *katoundo*.

V

Vache, *ngombé* (gn).
Vallée, vallon, creux, *p'ompo*.
Variole, *t'omba*.
Vautour (busard), *magora*.
Vautour (tête blanche), *qp'ouazi*.
Vent, *p'epo*.
Ventre, se mettre à plat ventre, *mimba-koufoumimba*.
Vert, *massamba*.
Vessie, *foridzo, tondidoué*.
Vêtir (se), *kouvala*.
Viande, *niama*.
Vide, inutile, sans importance, pour rien, *pézi*.
Vieillard, *nkaramba*.
Vieux, ancien, *iakalékalé*.
Vigne sauvage, *mpéça*.
Vilain, *kouipa*.
Ville ou village, *moudzi, moui*.
Vivant, *namoyo*.
Voie lactée, *malagamba* (gn).
Voir, y voir, être éveillé, *koupénia*.
Voix, cri, *mafara*.
Voler, *kouba*.
Vomir, *koussandza*.
Votre, *ouanou*.
Vouloir, *koufouna*.
Vous, *imoué*.
Voyage, *ourendo*.
Voyageur, *mrendo*.
Waterbuck, *niakodzoué*.

Z

Zèbre, *bidzi*.

EXPRESSIONS TCHINIOUNGOUE

B

Bemberedzi, guêpe qui bâtit un nid en terre dans les habitations.
Bizi, assiette en bois.
Boani, un des noms du manioc.
Bonongoué, espèce d'épinards sauvages comestibles.
Boui, grosse araignée jaunâtre.

Boutou, jeune fille non nubile.

D

Doka, coucher du soleil.
Doudoua, herbe comestible qui croît sur le bord de l'eau.

F

Fouka, petit morceau d'étoffe intime.

G

Gondo-gondonga, antilope-bubale.
Gorongondo, tatouage en cercle.

K

Kachâo, requin d'eau douce (Zambèze).
Koboué,
Kodi, vraiment.
Kopa, petit morceau d'étoffe intime.
Kossa, corde tendue.
Koua, espèce de bracelet en cuivre que les femmes portent aux chevilles.
Koualé, perdrix rouge.
Koudjé, genre d'aloès sauvage (plante textile).
Koumdjiri, espèce de bracelet en cuivre que les femmes portent aux poignets.
Kouombéza, interroger le ou les esprits.
Koupakoula nsima, distribuer, faire le partage de l'« nsima ».
Koupalamoula mouana, cas d'adultère.

Kouroussou, tatouage en croix.
Koutchédoua, être en retard, aller lentement, rester en arrière.
Koutchola mizoula, saluer, remercier à la mode du pays (femmes).

L

Lédé, morceau de bois qui sert à porter sur la tête.
Louko, cuiller en bois.

M

Mataki iatsano, herbe comestible ressemblant à la mâche.
Matoungboua, petit panier plat à couvercle.
Matsano, première femme d'un polygame.
Mbaiaré, oréotrague (petite antilope).
Mbeoua, espèce de rat des champs.
Mdzongo, cordon de viande sèche.
Menderira, bracelet de cuivre que les femmes portent aux chevilles.
Mkounda ou *mokoundou*, bois très dur (*Lignum vitæ*).
Mlanzi, perche de Machilla.
Moambo, baiser.
Moavi, qui a qualité pour désigner les sorciers et les anthropophages.
Moéré, petit morceau d'étoffe qui passe entre les jambes des femmes.
Mòoné, souvenir (objet).
Mouanadoukoumoua, herbe comestible ressemblant à la mâche.

Moukko, c'est mal.
Mouliti, dans trois jours.
Mouriou, ragoût d'herbes cuites.
Mpandoua, grand plat en bois.
Mp'assi, espèce d'abeille sans aiguillon.
Mpirou, herbe comestible.
Mpoua, espèce de rat des champs.
Mpoumboudza, espèce de mouche à miel.
Msetché, panier étanche.
Mtanga, ragoût de feuilles et fleurs de courge ou de calebasse.
Mtchéné, poisson à dents et à queue rouges.
Mtsagna, arbre Mopané de Livingstone.

N

Nadzi, herbe comestible.
Ncheffou, éland (grande antilope).
Ndilo, assiette en bois.
Nembo, ornementation, sculpture, tatouage.
Niakarémourémou, chauve-souris.
Niakaroukouaré, herbe comestible.
Niani, femme noire d'un msungo.
Niassa, duïker (petite antilope).
Nionkoloa, herbe comestible.
Niouma, grand poisson.
Nkarango, bosquet, endroit couvert en forêt.
Nk'ata, coussinet sous le fardeau.
Nkoupé, poisson à museau.
Nsana, espèce de rat des champs.
Nselokoula, petit panier plat.

Nsoua, île.
Ntéma, fouet en cuir d'hippopotame.
Ntingo, espèce de rat des champs.

P

P'agna, espèce de rat des champs.
Péréré ou *koboué*, bijou qui traverse la lèvre supérieure.
Pinfou, espèce d'amulette.
Pini, ornementation, sculpture, tatouage.
Pout'a, poisson à museau.

R

Retrouka, *penti*, peigne.
Roda, espèce de bracelet de cuivre que les femmes portent aux chevilles.
Rouni, herbe comestible, espèce de trèfle.

S

Singassoro, tour de tête en perles.
Sissiri, petit oiseau (Bengali).
Soubijo, bout de cigare.
Sougo, espèce de rat des champs.
Soumo, jus de citron salé et pimenté.
Soungouroungbé, herbe comestible.

T

Tchenga, genre de poisson.
Tchenzi, gros canne-rat.
Tchimsiné, rhume de cerveau.
Tchinamoué, cérémonie du pays.
Tchipéta, grandes herbes épaisses.
Tchissi, maladie spéciale aux poules.
Tchissimba, Dieu vous bénisse! (Après l'éternuement.)
Tchissimpo, petit pagne qui couvre la poitrine des femmes.
Tchitanga, piège.
Tchitoumoua, genre d'amulette.
T'cmankouni, insecte qui se loge au milieu de morceaux de bois assemblés.
T'inta, anguille.
T'iti, espèce d'insecte (*palophus*).
Tongola, mouche à hippopotame.
Toumboué, *cabo*, arbres du pays.
Tsokakoumouendo ou *niangadékandi*, coléoptère dont les tibias se montent en guise de perles allongées.

Z

Zioula, tatouage près de l'oreille.
Zolo, espèce de rat à trompe.

HARMONIE IMITATIVE

ou

EXPRESSIONS TYPIQUES USITÉES DANS TEL OU TEL CAS

Alé gbà, quelque chose qui est collé à plat par terre.
Alé mbê,
Alé mboú, quelque chose qui est blanc, éblouissant.
Alé mbiribiribiri, quelque chose de tout rouge.
Alé mbi, noir, très noir.
Alé ndandanda,
Alé ndendendé,
Alé ndoundoundou, beaucoup.
Alé oua oua oua, la pluie qui tombe.
Alé tapi tapi tapi, c'est bon, c'est doux.
Alé tchété tchété, immobile, tranquille, sans bouger.
Alé tou, c'est brûlant.
Alé tso, très sale.
Alé zi zi zi zi, quelque chose de glacé, de froid.
Kobo, kobo, quelque chose qui se brise, branches cassées.

Nota. — L'apostrophe indique l'*h* aspiré, comme dans *p'iri* (montagne). Le *g* nasal, comme *ngoma* (tambour), est indiqué par la notation (*gn*). Le même mot (*ngoma*) avec le *g* dur désigne une variété d'antilope.

TABLE DES MATIÈRES

Avant-Propos. VII

CHAPITRE PREMIER

De Paris à Lisbonne. — Un accident à la frontière. — A travers l'Espagne et le Portugal à toute vapeur. — Le *Dunotar-Castle*. — Notre voyage. — Madère. — Comment je m'imaginais le Cap. — La réalité. — La ville; son aspect. — Quelques mots sur l'historique du Cap. — Géographie, topographie, altitude, climat, population. — Commerce. 1

CHAPITRE II

Du Cap à Kimberley. — Description succincte de la ville. — Visite aux mines de diamants. — L'extraction du minerai. — Les floors, le lavage, le triage. — Production moyenne et prix. — Quelques mots sur la couleur du diamant. — Comment je fus sur le point de devenir propriétaire. 19

CHAPITRE III

Fin du réseau ferré. — Péripéties et détails du voyage en coach. — Rencontre d'un charlatan. — Arrivée à Johannisburg. — Visite aux mines d'or. — L'extraction et les manipulations diverses. — L'or en barre. — Quelques mots sur l'histoire du Transvaal et de l'État libre d'Orange. — Organisation politique. — Progrès actuels.

— Les derniers noirs indépendants. — Projet de voyage à Natal. 42

CHAPITRE IV

Les indigènes. — Les Hottentots et leurs femmes. — Coolies. — Malais. — La vieille Cafrerie. — Son étendue; ses anciennes tribus. — Population. — Les Cafres-Zoulous; un mot sur leur origine et leurs conquêtes. — Les Matabélés. — La guerre anglo-zoulou. — Annexion du Natal. — Démembrement de la Cafrerie. — Langues. — Mœurs cafres. — Lois, usages, nourriture, costume. — Le Cafre comparé au noir de Guinée. — Suite de mon voyage. — En coach. — Un repos à l'hôtel. — Le chemin de fer du Natal. — Durban. — Pietermaritzburg. — Retour décidé par le Zoulouland. — Transport de mes bagages à Victoria. — Description d'un chariot à bœufs. 68

CHAPITRE V

A travers le Zoulouland. — La situation politique. — Les Swazis. — En route pour la rivière Tugela. — Le voyage en chariot. — La maladie des chevaux; ses principaux symptômes. — *Salted horses.* — Arrivée à la rivière Tugela. — Chasse. — Passage de la rivière. — Arrivée à Ekoué et à Oumlandela. — Un Anglais polygame. — Visite au mont Isandlouana. — Souvenir de la mort du fils de Napoléon III. — Oloundi. — Arrivée à Wackerstroom. — Dernier voyage en coach. — Arrivée à Prétoria. — La fièvre du Mashonaland. — La *Chartered South Africa Company*. — Les champs d'or du Mashona. — Quelques lois sur le *prospecting* au Mashona. — Les Matabélés et leur roi Lo-Bengoula; ses indounas et ses impis. — Le Béchuanaland et son roi Kama. 94

CHAPITRE VI

Préparatifs de voyage. — L'itinéraire. — Impossibilité de trouver des porteurs. — Achat d'un chariot et d'un attelage. — Macaron. — A la recherche des Bushmen. — Une journée de chasse. — Quelques mots sur le Bushman. — Ses mœurs, ses armes, sa façon de chasser, etc. — Arrivée de mes compagnons de voyage. — Matériel de l'expédition. — Départ de Prétoria. 113

CHAPITRE VII

La mouche empoisonnée *tsé-tsé*. — Description de l'insecte et de ses mœurs. — Les ravages qu'elle cause. — Effets de la piqûre sur les animaux. — A travers le district de Lydenburg. — Quelques pages de mon Journal de voyage. — Comment nous campions. — Chasse à l'antilope. — Difficulté de trouver un défilé. Le Zoutpansberg. — Paysages pittoresques. — Concert de lions. — Trente heures sans eau. — Méfaits de la tsé-tsé. — La rivière des Crocodiles. — Les villages indigènes et leurs cultures. — Chasse au buffle, à l'éland et au koudou. — Perte de chèvres. — Pluies violentes. — Chargé par un buffle furieux. — La capitale du pays de Gaza, Gougouniana. — Zimbaoé, la cité des ruines. — L'ancien Monomotapa. — Fragments d'histoire. — Nahanji. — Une fête indigène. — Quelques danses diverses. — Panique, fausse alerte, feu d'artifice. — Mort de plusieurs bœufs. — Déchargement du chariot au moyen de porteurs. — Bœuf tué par un lion. — Rixe entre indigènes. — Mort d'un de nos conducteurs. — Arrivée à Bomora, sur les bords du Poungoué. — Changement d'itinéraire. — Description rapide du pays de Gaza. — Son histoire indigène. — De la conquête portugaise de chacune des villes. — Détails sur les trois districts; villes, leur histoire. — Cours d'eau, caps, îles; administration, commerce, rendement moyen. — Le Manica; son histoire, ses cours d'eau, ses montagnes, son avenir. — Principales explorations du pays de Gaza. — Arrivée à Quilimane. 141

CHAPITRE VIII

Quilimane. — Notre hôtel. — Les environs. — Le Rio dos Bons Signaes. — Aspect de la ville. — La découverte du Tchindi. — Rendement des douanes. — Départ de Macaron. 211

CHAPITRE IX

Le Kouakoua et les agréments du voyage. — Mopéa; les plantations de tabac, de sucre et d'opium. — Les Banians. — Vicenti. — Première vue du Zambèze. — Quelques mots sur son histoire. — Le Tchindi. — Le début de notre voyage sur le Zambèze. — Les premiers massifs montagneux. — Sena. — Les gorges de Lupata et le Rocher du Padre. — Bonga, ses luttes et sa défaite. — Tête ; quelques mots sur son passé et son histoire. — Boroma et la mission. — Les anciens Jésuites et leurs travaux. — Kébrabassa et ses cataractes. — Concert de lions. — Mort de Jones. — Fin du voyage sur le Zambèze. 221

CHAPITRE X

Nous pénétrons dans l'intérieur. — Tchiouta. — Le calicot et la verroterie monnaie. — Ambassade au roi de Makanga et sa réponse décourageante. — Visite au roi Tchanetta. — Notre réception. — L'orchestre du roi des Atchécoundas. — Un plat et une boisson de l'ordinaire royal. — Quelques mots sur l'histoire de Makanga. — Les mzoungos et les donas. — Massacre d'une expédition portugaise. 258

CHAPITRE XI

Voyage dans la Maravie orientale. — Route à travers la brousse. — Essaim de tsé-tsés. — Le pays d'Oundi et le mont Mbazi. — Une bataille entre indigènes. — Attaque de l'expédition et mise en fuite des assaillants. — Explications. — Nouvelles escarmouches. — Impossibilité de sortir du pays. — Quelques nouveaux aliments : chenilles et termites. — Portrait d'Oundi. — Quelques mots sur les Agoas et les Azimbas. — Fin de notre captivité. — Passage du Kapotché. — Souffrances du voyage. — Famine. — L'éléphant pourri. — Retour à Tchiouta. — Les souliers du génie de féerie. — Visite aux mines d'or de Missalé. — Leur histoire et mes recherches. — Quelques mots sur Mpéseni et Tchikoussi. — Les caravanes d'esclaves. 272

CHAPITRE XII

Retour chez les Atchécoundas. — Leurs croyances religieuses et leur supériorité sur leurs voisins. — Les rapports avec l'autre monde. — Le Moavi et ses verdicts. — Justice du pays. — Morts, enterrements, deuil, cimetières. — Les danses du pays. — Industries diverses. — Avenir de Makanga. — L'or et le charbon. — Les Prazos. — Métis dans l'administration portugaise. — Adieu aux Atchécoundas. 302

CHAPITRE XIII

Chez les Magandjas. — La colonisation du Nyassaland. — Planteurs de café. — Les grands animaux et leur disparition prochaine. — Un village qui déserte. — Le roi forgeron. — Le fer; sa fonte; son utilisation dans la région. — Exactitude des renseignements. — Le pays de Mikorongo. — Quelques mots sur le Chiré et les cataractes de Murchison. — Projet de chemin de fer. — Voyage à l'est du Chiré. — Adieu à Mikorongo. — Chez les Angonis; leur pays. — Parures des dames. — Mœurs des Angonis. — Arrivée au lac Nyassa. 313

CHAPITRE XIV

Quelques mots sur l'historique du lac Nyassa (Maravie des anciens.) — Lutte contre la traite des esclaves dans l'Afrique centrale. — Notre joie en arrivant en vue du Nyassa. — Le pays environnant. — Chez Mponda. — État sanitaire de l'expédition. — Notre costume de marche. — Visite à Blantyre. — Mes projets de retour. — Dissensions entre indigènes et impossibilité de nous diriger vers la Rovouma. — Efforts infructueux pour obtenir des porteurs. — Nous rentrerons par le Sud. — Quelques mots sur la culture et le rendement du café dans le Nyassaland. 333

CHAPITRE XV

Retour de l'expédition vers le Sud. — La vallée de la Moanza. — Description du chemin de fer devant un auditoire peu civilisé. — Tchiromo et l'Elephant Marsh. — Gisements de charbon à l'est du Chiré. — Faune aquatique et poissons. — Arrivée de l'expédition au Tchindi. — Retour en France. 345

APPENDICE

Quelques mots sur la façon de voyager. — Règles d'hygiène à suivre dans l'Afrique centrale. 353

VOCABULAIRE TCHINIOUNGOUÉ-FRANÇAIS. 367

PARIS

TYPOGRAPHIE DE E. PLON, NOURRIT ET Cie

8, RUE GARANCIÈRE

A LA MÊME LIBRAIRIE :

L'Afrique centrale. Expéditions au lac Victoria-Nyanza et au Makraka Niam-Niam, à l'ouest du Nil Blanc, par le colonel Chaillé-Long. 3ᵉ édition. Traduit de l'anglais. Un vol. in-18, avec carte et gravures. Prix. . . . 4 fr.

L'Afrique équatoriale : Gabonais, Pahouins, Gallois, par le Mⁱˢ de Compiègne. 3ᵉ édition. Un vol. in-18, enrichi d'une carte et de gravures sur bois. Prix. 4 fr.

L'Afrique équatoriale : Okanda, Bangouens, Osyéba, par le Mⁱˢ de Compiègne. 3ᵉ édition. Un vol. in-18, enrichi d'une carte et de gravures sur bois. 4 fr.

Afrique orientale : Abyssinie, par Achille Raffray. 2ᵉ édition. Un vol. in-18 orné d'une carte spéciale et de gravures sur bois dessinées par L. Breton, d'après des aquarelles et des croquis de l'auteur. Prix. . . . 4 fr.

A travers l'Afrique australe. par Jules Leclercq. Un vol. in-18 accompagné de gravures et d'une carte. 4 fr.

Souvenirs de la côte d'Afrique, *Madagascar, Saint-Barnabé,* par le baron E. de Mandat-Grancey. Ouvrage orné de huit gravures. Illustrations de Riou. Un vol. in-18. Prix. 4 fr.

Mer Rouge et Abyssinie, par Denis de Rivoyre. Un vol. in-18. Prix. . . . . 3 fr. 50

Le Congo français du Gabon à Brazzaville, par L. Guiral, ancien attaché à la mission scientifique de l'Ogooué et du Congo. In-18, avec carte et grav. 4 fr.

Mission Binger. **France noire (Côte d'Ivoire et Soudan),** par Marcel Monnier, membre de la mission. Un vol. in-8°, accompagné de 40 gravures d'après les photographies de l'auteur. Prix. . . . . 7 fr. 50

Algérie et Tunisie. Récits de voyage et études, par Alfred Baraudon. Un vol. in-18. Prix. . . . . . 3 fr. 50

Cinq ans de séjour au Soudan français. Ouvrage accompagné d'une carte, par Eugène Béchet. Un vol. in-18. Prix. 4 fr.

Niger et Bénué. *Voyage dans l'Afrique centrale,* par Adolphe Burdo. Un vol. in-18, enrichi d'une carte spéciale et illustré de dessins par Camille Renard. 4 fr.

Un été dans le Sahara, par E. Fromentin. 11ᵉ édition. Un vol. in-18. Prix. . . . . 3 fr. 50

Paris. Typ. de E. Plon, Nourrit et Cⁱᵉ, 8, rue Garancière. — 1706.

www.ingramcontent.com/pod-product-compliance
Lightning Source LLC
Chambersburg PA
CBHW050903230426
43666CB00010B/2005